Henning Köhler

War Michel aus Lönneberga aufmerksamkeitsgestört?
Der ADS-Mythos und die neue Kindergeneration

Henning Köhler

War Michel aus Lönneberga aufmerksamkeitsgestört?

Der ADS-Mythos und die neue Kindergeneration

Mit einem Nachwort von Georg Kühlewind

Verlag Freies Geistesleben

Henning Köhler, geboren 1951, arbeitet als Heilpädagoge in ambulanter Praxis in dem von ihm mitbegründeten «Janusz Korczak Institut» in Wolfschlugen bei Stuttgart. Im Verlag Freies Geistesleben sind von ihm u.a. erschienen: *Jugend im Zwiespalt; Die stille Sehnsucht nach Heimkehr; Vom Rätsel der Angst; Von ängstlichen, traurigen und unruhigen Kindern; Schwierige Kinder gibt es nicht; Was haben wir nur falsch gemacht? Kindernöte, Elternsorgen und die verflixten Schuldgefühle; Vom Ursprung der Sehnsucht. Die Heilkraft von Kreativität und Zärtlichkeit* und *Vom Wunder des Kindseins.*

ISBN 3-7725-1937-7
2. Auflage 2002
Verlag Freies Geistesleben
Landhausstr. 82, 70190 Stuttgart
Internet: www.geistesleben.com

Umschlag: Thomas Neuerer unter Verwendung eines Fotos von Zefa Visual Media
Gesamtherstellung: Clausen & Bosse, Leck

Inhalt

Immer dieser Michel …

«Michel aus Lönneberga hieß ein Junge, der in Lönneberga wohnte. Das war ein kleiner wilder und eigensinniger Junge, nicht etwa so brav wie du. Obwohl er nett aussah, das tat er wirklich. Wenn er nicht gerade schrie.

Fünf Jahre war er alt und stark wie ein kleiner Ochse und er wohnte auf dem Hof Katthult in dem Dorf Lönneberga in Smaland, und das ist ein Teil von Schweden.

Er wollte über Mama und Papa bestimmen, über ganz Katthult und am liebsten noch über ganz Lönneberga, aber da machten die Leute von Lönneberga nicht mit. «Sie können einem Leid tun, die Svenssons auf Katthult, die einen solchen Lausejungen zum Sohn haben!», sagten sie. «Aus dem wird nie was.» Das dachten die Lönneberger, ja! Wenn sie gewusst hätten, was noch aus Michel werden sollte, hätten sie nicht so geredet. Wenn sie gewusst hätten, dass er einmal Gemeinderatspräsident werden sollte, wenn er groß war! …»

In Lönneberga, so erzählt Astrid Lindgren weiter, gab es nicht einen einzigen Menschen, der den schrecklichen kleinen Jungen der Katthulter nicht kannte. Denn Michel machte mehr Unfug, als das Jahr Tage hat, und er jagte den Lönnebergern solche Schrecken ein, dass sie Michel sogar nach Amerika schicken wollten.

Die Leute aus Lönneberga glaubten, es würde in ihrem Dorf viel ruhiger werden, wenn Michel nicht mehr da wäre, und damit hatten sie wohl auch recht. Darüber aber wurde Michels Mama so wütend, dass sie das Geld, das die Leute gesammelt hatten, um Michels Reise nach Amerika zu finanzieren, aus dem Fenster warf. *«Michel ist ein netter kleiner Junge»*, sagte sie. *«Wir haben ihn lieb, so wie er ist.»*

Trotzdem machte sich Michels Mama wohl Sorgen um ihren Jungen. Als Michel am Abend im Bett lag, setzte sie sich ein Weilchen zu ihm und fragte ihn, was aus ihm wohl noch werden solle, wenn er erst in die Schule ginge. Michel mit seinen runden blauen Augen und seinem hellen wolligen Haar antwortete nur: *«Halli hallo, halli dallido»*, denn so ein Gerede wollte er am liebsten nicht hören …

Zitate aus: Astrid Lindgren, *Immer dieser Michel*,
Verlag Friedrich Oetinger

Vorwort

Worum geht es in diesem Buch? Es geht um Kinder, die den Erwachsenen das Leben schwer machen. Es geht um Kinder, denen die Erwachsenen das Leben schwer machen; um Kinder, denen es in der Realität, die ihnen aufgezwungen ist, so eng wird, dass sie fortfliegen wollen. Aber sie können nicht fortfliegen.

Es geht um Kinder, die sich weigern, Vernunft anzunehmen, insoweit Vernunft bedeutet, den Anspruch auf ein richtiges Leben im falschen aufzugeben. Was ist aus kindlicher Perspektive das richtige Leben? Dafür gibt es ein Zauberwort: Spiel. Es geht um Kinder, die den Anspruch auf spielerisches Leben nicht aufgeben wollen in den Zeiten der «Herrschaft des Gestells». Die Wendung stammt von Martin Heidegger und meint die Diktatur der Maschine – nicht nur im äußeren Leben, sondern auch in unseren Köpfen; den Terror der Zweckmäßigkeit; die Magie des reibungslosen Funktionierens. Das «Gestell» ist vor allem eine Bewusstseinshaltung. Zu ihren Hauptkennzeichen gehört tiefer Argwohn gegen den kindlichen Eigen-Sinn, der sich entfalten und erhalten will «im spielerischen Handlungsdialog, tanzend und im Duett» (Eckhard Schiffer).

«Schatzsuche statt Fehlerfahndung!» ruft Schiffer im Namen der Kinder. Den Anspruch auf spielerisches Leben zu verteidigen im Gestell, bedeutet: aus dem Rahmen fallen, auffällig werden, Regeln verletzen. Es geht um Kinder mit «Anpassungsschwierigkeiten» – ein hässlich richtiges Wort.

Wenn ein Lebewesen, Pflanze oder Tier, in einer bestimmen Umgebung nicht gedeihen kann, schließt man: Es ist die falsche Umgebung. Wenn sich ein erwachsener Mensch durch die Lebens- oder Arbeitsbedingungen, denen er unterworfen ist, in seiner Persönlichkeitsentfaltung gehemmt fühlt, gesteht man ihm zumindest hypothetisch zu, dass er unter anderen, besseren Umständen zeigen könnte, wer er wirklich ist und was er wirklich kann. Wenn aber ein *Kind* offensichtlich Tag für Tag mit den Gegebenheiten kollidiert; wenn es wie ein verirrtes Vögelchen herumflattert im Gestell, dann scheint ganz klar zu sein: Es liegt nicht an der Umgebung, es liegt nicht an den Bedingungen – das Kind ist «defizitär». Es wurde schon defizitär *geboren*.

Und wenn das nichts weiter als ein Unsinn wäre, eigens zu dem Zweck ersonnen, uns darüber hinwegzulügen, dass die Welt, wie wir sie inzwischen zugerichtet haben, keine Welt für Kinder mehr ist? Wenn der Kern des

Übels darin läge, dass wir allen Ernstes glauben, im Interesse der Kinder zu handeln, indem wir ihren Widerstand gegen die *Enge* brechen, aus der sie nicht fortfliegen können? «Das falsche Selbst wird auf der Grundlage von Gefügigkeit aufgebaut», wusste schon Donald W. Winnicott.

Das Unwort «Verhaltensstörungen» benutze ich, wenn überhaupt, nur in Anführungszeichen. Korrekt müsste es «Verhältnisstörungen» heißen. Erstens weil nicht die Kinder, sondern die Verhältnisse defizitär sind; zweitens weil unser Verhältnis zu den Kindern, die wir defizitär nennen, defizitär ist (was sich darin ausdrückt, dass wir sie so nennen). *Das Kind, der unheimliche Fremdling.* In Themen wie Hyperaktivität oder Legasthenie kulminiert ein Entfremdungsprozess zwischen Kindheitswelt und Erwachsenenwelt, der zunehmend feindselige Züge annimmt. Wie reagiert die Erwachsenenwelt? Ihren Machtvorteil nutzend, lokalisiert sie das Dilemma *in* den Kindern (in ihren Genen, in ihren Gehirnen) und verleiht dieser Fiktion allerlei einschüchternde Namen, die suggerieren sollen, es handle sich um einen objektiven Sachverhalt. (Moment mal, werden jetzt manche rufen, die Neurologen legen *Messergebnisse* vor! Das sind doch keine *Meinungen*. Gemach. Vielleicht sehen Sie die Sache etwas anders, wenn Sie meine diesbezüglichen Ausführungen im ersten Teil des Buches gelesen haben.)

ADS = Aufmerksamkeits-Defizit-Syndrom
ADD = Attention Deficit Disorder (wörtlich: Aufmerkamkeitsmangelunordnung)
ADHD = Attention Deficit Hyperactivity Disorder (wörtlich: Aufmerksamkeitsmangelüberaktivitätsunordnung)
ADHS = Aufmerksamkeits-Defizit-Hyperaktivitäts-Syndrom
HS = Hyperaktives Syndrom
HKS = Hyperkinetisches Syndrom
POS = Psychoorganisches Syndrom

All dies sind wissenschaftliche Bezeichnungen für ein so genanntes Störungsbild.

Divergierenden Angaben zufolge sollen heute null bis fünfzehn Prozent aller Kinder von dieser Störung befallen sein. Null Prozent? Ja, Sie lesen richtig. Einige Fachleute (Psychiater, Neurologen, Pädagogen, Soziologen) behaupten: Es gibt keine Störung oder Krankheit namens ADS, ADHD oder POS. Ich werde diese Stimmen ausführlich zitieren, denn sie präsentieren gute Argumente. Auf der anderen Seite des Spektrums finden sich schwindelerregend hohe Schätzungen bis zu 30%, die wir jedoch im Rahmen einer seriösen Betrachtung beiseite lassen können.

Wie kommt es zu dermaßen unterschiedlichen Häufigkeitsangaben? Die Antwort liegt auf der Hand: Niemand weiß so ganz genau, was ADS, ADHS, HKS, POS und so weiter eigentlich bedeutet und wie man die Störung – falls es denn eine ist – sicher diagnostiziert. «Es ist einfach so», schreibt Lawrence Diller, «dass der Begriff ADD alle möglichen Zustände meinen kann, die unterschiedlichste Verhaltensprobleme von Kindern mit vielerlei Ursachen umfassen.» Wolfgang Jantzen spricht von einer «sozialen Konstruktion».

Sicher ist nur so viel: Es gibt Kinder, die sehr impulsiv und umtriebig sind und sich nicht lange auf eine Sache konzentrieren können (oder wollen). Bei einigen von ihnen nimmt das impulsive, umtriebige und flatterhafte Verhalten solche Ausmaße an, dass die Erwachsenen pädagogisch überfordert sind. Dann kommt der Begriff ADS ins Spiel. Er kommt ferner ins Spiel, wenn ein Kind extrem verträumt ist. Allerdings darf nach übereinstimmender Auffassung aller Fachleute erst dann von ADS gesprochen werden, wenn eine Reihe anderer möglicher Ursachen ausgeschlossen worden sind. – Bei näherer Betrachtung ist die diagnostische Frage freilich viel komplizierter, um nicht zu sagen: heillos verworren. Sie wird im ersten Teil des Buches immer wieder gestreift, und im zweiten Teil habe ich ihr ein langes Kapitel gewidmet. Wenn Sie wollen, liebe Leserin, lieber Leser, können sie nach hinten blättern und dieses Kapitel zuerst lesen (S. 189ff.).

Hinter dem Kürzel ADS steckt eine Ursachentheorie, die Mitte der 80er Jahre aufkam. Man sagte sich: Wenn die Symptomatik nicht erworben ist (keine Erziehungsfehler, keine Milieuschädigung, keine traumatisierenden Erlebnisse, keine Hirnverletzung), dann muss es sich wohl um ein angeborenes Defizit handeln, genauer: um eine genetisch bedingte Hirnreifeverzögerung, noch genauer: um eine neuronale Stoffwechselstörung, die unter der Bezeichnung Dopaminmangelsyndrom bekannt geworden ist. Wir werden sehen, dass es sich hierbei nicht um eine erwiesene Tatsache handelt, sondern um die populärste unter verschiedenen Arbeitshypothesen. Sie wird in letzter Zeit massiv in Frage gestellt. Ihre Karriere neigt sich wahrscheinlich dem Ende zu.

Über die Frage möglicher psychologischer Ursachen oder lebensgeschichtlicher Hintergründe (familiäre Spannungen, Schockerlebnisse, emotionale Vernachlässigung, unbewältigte Ängste u.v.m.) herrscht Uneinigkeit. Manche Autoren geben zu bedenken, solche Ursachen seien oft verhüllt, und man müsse sich viel mehr Mühe mit der psychologischen Diagnostik geben, statt immer gleich den ADS-Stempel zu zücken. Andere stehen der ganzen tiefenpsychologischen Geheimniskrämerei, wie sie es nennen, skeptisch gegenüber. Sie schwören auf biologische

Ursachen, wenngleich sie natürlich nicht bestreiten können, dass es auch Verhaltensauffälligkeiten infolge von seelischen Belastungen gibt. – Eine andere Annahme lautet: Die meisten so genannten ADS-Kinder leiden unter Stress infolge von körperlichen und seelischen Umweltbelastungen, Reizüberflutung, Bewegungsmangel und exzessivem Medienkonsum. Es gibt auch Autoren, die von einem so genannten multifaktorellen Entstehungshintergrund sprechen und damit irgendwie allen Recht geben: biologisches Grundrisiko, Erziehungsfehler, Familienkonflikte, Umweltgifte, Fehlernährung, Reizüberflutung, Medien, Stress ... von Fall zu Fall kommen immer mehrere Belastungsfaktoren zusammen. Mir ist unter den gängigen Erklärungsansätzen dieser noch der sympathischste, denn er verlangt eine vorurteilslose Einzelfallprüfung

Durch die Theorie einer angeborenen Hirnreifeverzögerung fühlen sich viele Eltern entlastet. Nun könne niemand mehr behaupten, sie hätten ihre Kinder verzogen. Andererseits erklären fast alle Fachleute: Durch die genetische Veranlagung ist noch lange nicht entschieden, ob eine Störung daraus wird, denn das hängt in erster Linie von der Erziehung ab. – Und schon stehen sie wieder am Pranger, die armen Eltern. Sind sie nun schuld? Oder nicht?

Auf die Elternschuldfrage bin ich diesmal nur beiläufig eingegangen, denn ich habe sie in meinen letzten Büchern ausführlich behandelt und kann nicht immerzu alles wiederholen. Jeanne Meijs (1996), eine erfahrene niederländische Kollegin, schreibt, es sei ihr aufgefallen, dass sich die «schwierigen» Kinder oft besonders feine Eltern aussuchen. So ist es.

Man könnte über all die angerissenen Fragen gelassen diskutieren wie über jedes andere interessante wissenschaftliche Thema, wenn nicht eine alarmierende Entwicklung zu konstatieren wäre: Immer mehr und mehr so genannte ADS-Kinder werden in immer früherem Alter mit den bewusstseinsverändernden Medikamenten Ritalin und Medikinet (Wirkstoff Methylphenidat) behandelt. Ein regelrechter Ritalinboom ist ausgebrochen. Jahr für Jahr steigt hierzulande der Absatz um 100%. Dabei weiß bis heute niemand mit Sicherheit, *wie* das Medikament wirkt, und es gibt keine zuverlässigen Untersuchungen über mögliche gravierende Spätfolgen. Doch selbst wenn sich diesbezügliche Befürchtungen *nicht* bestätigen sollten, ist die Tatsache als solche bestürzend genug, dass massenhaft Kinder, deren Verhalten nicht den Erwartungen entspricht, eine Droge erhalten, deren einziger Zweck darin besteht, sie gefügig zu machen. «Soziale Kontrolle durch Neuropharmakologie» nennt Francis Fukuyama in seinem neuen Buch diesen aus Amerika importierten Trend. Der österreichische Arzt Hannes Brandau schreibt: «Als Zähmungsversuch (von) Impulsivität,

Unruhe und kreativer Neu-Gier ist Ritalin abzulehnen.» Immer mehr kritische Stimmen werden laut.

Gleichwohl klage ich nicht einfach Ritalin an. Das wäre zu kurz gegriffen. (Meine Auffassung war immer: Wenn es Usus wäre, das Mittel nur in extrem zugespitzten Situationen ausnahmsweise für einen kurzen Überbrückungszeitraum anzuwenden, hätten wir kein Problem.) Ich lege besonderen Wert auf die Feststellung, dass es mir nie in den Sinn käme, Eltern, die sich für Ritalin entschieden haben, an den Pranger zu stellen. Dennoch kann und will ich in der Sache nicht mit meiner Überzeugung hinter dem Berg halten. Der Ritalinboom ist das Resultat eines (Un-) Geistes, den man durchschauen lernen muss. Es ist dieser (Un-) Geist, der auch den ADS-Mythos hervorgebracht hat, oder sagen wir trockener: das aus systematischen Denkfehlern und unreflektierten Vorurteilen zusammengezimmerte ADS-Konstrukt. Ich will meinen Beitrag dazu leisten, dieses Konstrukt zu demontieren. Nur so bekommen wir den Blick wieder frei für die *Kinder* und ihre wirkliche Not in der heutigen Zeit. Meine Leserinnen und Leser mögen mir also verzeihen, dass ich das Thema zunächst auf eine Art angehe, die man als sehr theorielastig empfinden kann, aber so, wie die Dinge heute liegen, blieb mir keine andere Wahl. Ich schalte mich in eine erbittert geführte Grundsatzdebatte mit ungleich verteilten Chancen ein (Außenseiter gelten von vornherein als unseriös), und in dieser Situation bloße Glaubensbekenntnisse abzugeben, würde bedeuten, die Legende zu nähren, auf der einen Seite stünden die exakten Wissenschaftler und auf der anderen Seite die versponnenen Idealisten mit ihrem Gutmenscheneifer und ihren Öko-Ressentiments gegen alles «Schulmedizinische». – Im übrigen haben mich viele Menschen gebeten, ein Buch vorzulegen, das ihnen argumentative Schützenhilfe gibt. Denn Ritalinkritiker werden attackiert, überall, massiv. Auch in Waldorfkreisen. Und das beliebteste Totschlagargument lautet: «Es ist wissenschaftlich erwiesen, dass ...»

Im ersten Teil des Buches wird streckenweise ein scharf gesellschafts- und wissenschaftskritischer Ton angeschlagen, aber ich ziele nie auf Personen. Es liegt mir fern, denen, die ich in diesem Streit als Gegner betrachten muss, böse Absichten zu unterstellen.

*

Diejenigen Leserinnen und Leser, die sich – was ich sehr bedauern würde – nicht durch den ersten, wissenschaftlichen Teil des Buches hindurcharbeiten wollen, können natürlich gleich mit Teil 2 beginnen. Dort greife ich in der Form eines fiktiven Gesprächs verschiedene Fragen auf, die mir häufig auf Fortbildungsveranstaltungen und in der Beratungssprechstunde gestellt werden. In Teil 3 schließlich finden Sie alles zur Diagnose, Wesenskunde, Therapie und Pädagogik, was im Rahmen eines solchen Buches gesagt werden kann. Man muss nur eben wissen, dass meine praktischen Anregungen nicht einfach wie neuer Wein in den alten ADS-Theorieschlauch gefüllt werden können. Deshalb wäre es *doch* ratsam, das *ganze* Buch zu lesen.

Eingefügt in den dritten Teil ist eine Betrachtung zum Thema «Sternkinder». Dazu kam es so: Ich wollte ursprünglich einen Leserbrief an eine anthroposophische Zeitschrift schreiben, um Georg Kühlewind gegen unsachliche Angriffe auf sein gleichnamiges Buch zu verteidigen. Der Brief wuchs und wuchs und wuchs ... und was am Ende dabei herauskam, finden Sie ab Seite 171. Georg Kühlewind hat sich mit einem Nachwort bedankt. Dafür wiederum danke ich ihm. Aus entgegengesetzten Himmelsrichtungen kommend, begegneten wir uns an einer Wegkreuzung, und im Augenblick der Begegnung war klar, dass wir eine (hoffentlich lange) Strecke gemeinsam gehen würden. Am Schluss des dritten Teils findet sich ein Beitrag meiner Kollegin und langjährigen Mitarbeiterin Ute Wagner-Zavaglia. Sie ist Diplom-Pädagogin und als solche seit 1994 am Janusz-Korczak-Institut tätig. Es handelt sich um einen Versuch, Einsichten ins Bild zu setzen, wie sie nur zu gewinnen sind durch das erkennende Fühlen, von dem Georg Kühlewind so oft spricht.

Zum Thema «Schule und ADS» werde ich mich ein anderes Mal äußern (im Rahmen einer allgemeineren Betrachtung über Integration und Begabungsdifferenzierung).

Henning Köhler, im Sommer 2002

Teil 1

Fragezeichen, so weit das Auge reicht

Anmerkungen zur Relativität des ADS-Konzeptes und zum Stand der Diskussion über Psychostimulanzien

«Die Entdeckung der pharmakologischen Disziplinierung in Form von psychoaktiven Drogen und anderen Medikamenten unserer Zeit charakterisiert den Wandel von der mechanischen zur chemischen Behandlung des ‹Eigensinns›.»

Reinhard Voß

Defekt im Kopf?

Über kaum ein anderes Thema im Überschneidungsbereich von Pädagogik, Heilpädagogik und Medizin wird gegenwärtig so viel diskutiert wie über das so genannte Aufmerksamkeitsdefizitsyndrom (ADS). Im Grunde genommen ist ADS eine Sammelbezeichnung für Kinder (auch für Erwachsene, aber wir richten unser Hauptaugenmerk auf Kinder), die sich nicht so konzentrieren und einfügen können, wie es in der heutigen Zeit erwartet wird. Viele von ihnen sind zappelig, ungehorsam und frech, andere still und verträumt. Die Symptome Unaufmerksamkeit, heftiger Bewegungsdrang (Hyperaktivität) und mangelnde Impulssteuerung gelten als «klassische Trias». Nimmt man das häufig erwähnte so genannte oppositionelle Problemverhalten hinzu, müsste eigentlich von einer «klassischen Quart» die Rede sein.

Unterschieden werden drei Subtypen:

1. die in erster Linie hyperaktiv-impulsiven Kinder, bei denen Unaufmerksamkeit nicht das Kernproblem, sondern nur eine Folge ihrer Unruhe ist
2. die hyperaktiv-impulsiven und gleichermaßen unaufmerksamen Kinder
3. die unaufmerksamen Kinder ohne Hyperaktivität und Impulsivität.[1]

Stellen wir uns also eine Familie mit drei Kindern vor: Der Älteste ist ein temperamentvoller, bewegungsfreudiger, tatendurstiger, neugieriger, leicht erregbarer, oft ungehorsamer Junge. Es fällt ihm schwer, lange bei einer Sache zu bleiben, obwohl er im Prinzip dazu fähig wäre. Sein Ideenreichtum versetzt alle in Erstaunen, aber er bringt nichts zu Ende, weil ihm ständig wieder etwas Neues einfällt. – Der Mittlere ist ähnlich veranlagt: ein rast- und ruheloser, zappeliger kleiner Trotzkopf, der dauernd ungefragt dazwischenredet, Anweisungen nicht befolgt (oder gleich wieder vergisst), Handlungsimpulse kaum unterdrücken kann und, anders als sein Bruder, völlig unfähig zu sein scheint, sich länger als fünf Minuten zu konzentrieren. Er hasst jede Art von Einengung seines Aktionsspielraumes. Richtig gut geht es ihm eigentlich nur, wenn er draußen herumstromern darf und niemand ihn hindert, wie ein neugieriges Vögelchen kreuz und quer durch die Gegend zu flattern. Außerdem redet er für sein Leben gern. Man kann das ungnädig als «Verbaldurchfall» oder, verständnisvoller, als unbändiges Mitteilungsbedürfnis bezeichnen. Ach, was gibt es Schöneres als einen unendlich geduldigen, interessierten Zuhörer, dem man – unzensiert! – erzählen kann, was einem im Kopf herumgeht und wovon das Herz überläuft! – Die Jüngste schließlich ist ein stilles Wasser. Sie träumt am liebsten vor sich hin. Im Gegensatz zu ihren umtriebigen Brüdern wirkt sie eher verlangsamt. Es fällt ihr schwer, einen praktischen Handlungsablauf (zum Beispiel Tischabräumen nach dem Essen) von Anfang bis Ende selbstständig und zügig durchzuführen. Immer wieder schweift sie ab, lässt das Begonnene liegen, vergisst, was sie gerade tun wollte. Wer sie näher kennt, zweifelt nicht an ihrer Intelligenz. Sie verfügt über einen großen Reichtum an inneren Bildern und imponiert als kluge Gesprächspartnerin. Aber logisches Schritt-für-Schritt-Denken und exaktes Beobachten sind ihr ungefähr so wesensfremd wie einer Schwalbe das Buddeln in der Erde. Sie reagiert unter Umständen sehr ungehalten, wenn man sie nötigen will, aus ihrer Fantasiewelt in die Niederungen des Alltags herabzusteigen.

In unserer fiktiven Familie sind die oben genannten Subtypen des ADS-Spektrums durch je ein Geschwisterkind repräsentiert. Alle drei haben gemeinsam, dass sie eine bestimmte Bewusstseinsleistung, die in unserer Kultur hoch – über Gebühr hoch? – veranschlagt wird, nicht im geforderten Maße erbringen: den fokussierenden (auf einen zentralen Punkt gerichteten), distanzierenden (Abstand herstellenden), diskriminierenden (andere Eindrücke «ausblendenden») und kontinuierlichen (beharrenden) Aufmerksamkeitsakt. Fokussierung, Distanz, Diskrimination und Beharrung sind die vier Merkmale, welche zusammengenommen den Zustand des «Auf-etwas-konzentriert-Seins» im objektivierenden Sinne («bei der Sache bleiben») ausmachen. (Über meditative Konzentration müsste gesondert gesprochen werden.) Außerdem teilen unsere drei Geschwister eine ausgeprägte Neigung zur Befehlsverweigerung. Was ist mit ihnen los?

Tonangebende Forscher vermuten den Grund des Übels in einer «dominant vererbten Störung der Funktion der Botenstoffe im Gehirn» (Spallek 2000). Diese zwar unbewiesene, aber dafür schön griffige und in jeder Hinsicht zeitgeistkonforme Theorie kam Mitte der achtziger Jahre auf und löste die Hypothese einer leichten frühkindlichen Hirnschädigung ab. Anfang 1992 meldete der Kinder- und Jugendpsychiater Martin H. Schmidt im *Deutschen Ärzteblatt* unter der Überschrift «Das MCD-Konzept ist überholt»: «Eine bestimmte Psychopathologie lässt sich für (diese Kinder) nicht nachweisen, ebenso wenig ein vorhersehbarer Verlauf, ... von der Vorstellung einer globalen minimalen cerebralen Dysfunktion als häufiger kinderpsychiatrischer Störung ... müssen wir Abschied nehmen.» Schmidt verband mit der Revision des seit den vierziger Jahren vorherrschenden Deutungsmusters die Hoffnung, «Stigmatisierungen als frühkindlich hirngeschädigt (würden) den betroffenen Kindern (künftig) erspart» bleiben. Hatte man bis dahin eine erworbene *strukturelle* Hirnschädigung (etwa durch Sauerstoffmangel bei der Geburt) für wahrscheinlich gehalten, konzentrierte sich die Forschung nun auf vermutlich angeborene *funktionelle* Defizite. Das Stigmatisierungsproblem war damit natürlich nicht gelöst.

*

Müssen wir die Streiche des legendären Lausbuben Ludwig Thoma auf eine «genetisch bedingte gestörte Reizweiterleitung im Gehirn» (Reinmann-Höhn 2001) zurückführen? Lag es an der «unzureichenden Verfügbarkeit des Botenstoffes Dopamin» (Lauth u.a. 1999), dass Michel aus Lönneberga immer nur Unsinn im Sinn hatte? Oder denken wir an Momo, die kleine Traumtänzerin aus Michael Endes gleichnamigem Roman. Lebte sie nur deshalb mehr in der Fantasie als in der Realität, weil bei ihr «der Aufnahmefilter für Informationen und das Teamwork in der Verarbeitungszentrale Gehirn nicht optimal funktionierten?» (Aust-Claus u. Hammer 1999).

Nun werden manche sogleich einwenden, es sei unsachgemäß, diese entzückenden kleinen literarischen Helden mit ADS-Kindern zu vergleichen. Wirklich? Schmökern Sie mal wieder in Thomas Lausbubengeschichten und Lindgrens Michel-Büchern! Ludwig ist ein aussichtsloser Fall, schlichtweg unerziehbar. Er gilt als moralisch verdorben, weil er mit seinen Streichen und Frechheiten so ziemlich alle Autoritätspersonen auf die Palme bringt. Seine Mutter muss sich schrecklich grämen. Einmal schickt sie ihn sogar zu einem pensionierten Lehrer, der als letzte Instanz für verzogene Kinder gilt. (Die Sache geht schlecht aus: Ludwig schneidet dem gestrengen Manne, als dieser im Ohrensessel eingenickt ist, kurzerhand den Rauschebart – und damit die Ehre – ab.) Und Michel aus Lönneberga erst! Wo er hinkommt, richtet er ein heilloses Durcheinander an. Zur Tante nach Amerika soll er geschickt werden, weil niemand mehr dazu in der Lage ist, ihn zu bändigen.

In der Fantasie solidarisieren wir uns gern mit den «bösen» Buben, empfinden Abneigung gegen die engstirnigen Erwachsenen und ihre penetranten Anpassungsforderungen und kämen nie auf den Gedanken, dass Ludwig oder Michel unter einer Hirnfunktionsstörung leiden könnten. Aber was ist, wenn wir es mit einem leibhaftigen Ludwig zu tun bekommen, der seine Lehrer zur Weißglut treibt und jeden Tag für neue unliebsame Überraschungen sorgt? Wenn uns ein leibhaftiger Michel ununterbrochen mit seinen skurrilen Einfällen und waghalsigen Experimenten in Atem hält? Wenn eine leibhaftige Momo entschlossen ihre Traumwelt verteidigt und sich den Tugenden, die in der Werteskala der Erwachsenen ganz oben stehen – Fleiß, Disziplin, Erfolg usw. –, nicht nur nicht beugt, sondern einen großen Kampf dagegen führt? Solidarisieren wir uns dann auch? Es ist so einfach, *theoretisch* ein großer Kinderfreund zu sein ...

Grob überschlagen, sind acht von zehn Kindern, die mit ADS-Diagnose (oder wegen eines entsprechenden Verdachts) in unserer Sprechstunde auftauchen, Ludwige, Michels oder Momos. Viele von ihnen treffen wir allerdings in einem desolaten Zustand an – nicht krankheitshalber, sondern weil sie sich unverstanden, abgelehnt, ausgegrenzt, qualvoll eingeengt und schuldig (!) fühlen und allmählich selbst zu glauben beginnen, sie litten unter einem Hirndefekt. Originalton: «Hat dir meine Mami schon gesagt, dass bei mir im Kopf was nicht richtig ist?» Diese Kinder bräuchten, wenn es mit rechten Dingen zuginge, keine Therapie, denn Kindsein ohne Maske ist nicht pathologisch, wie man es auch dreht und wendet. Aber es geht nicht mit rechten Dingen zu. Deshalb benötigen viele Ludwige, Michels, Momos, Huckleberry Finns unserer Tage eine «seelsorgerische» – stützende, ermutigende, tröstende, Wertschätzung vermittelnde – Begleitung, um wieder an sich glauben zu können und der schleichenden Resignation zu entgehen. (Ich erwähne Huck Finn mit Seitenblick auf Eckhard Schiffers sehr empfehlenswertes Buch *Warum Huckleberry Finn nicht süchtig wurde.*) In zweiter Linie kommen dann vielleicht auch konzentrationsfördernde und behutsam verhaltenskorrigierende Maßnahmen in Betracht. Vor allem aber muss der Prozess der Entwicklung eines immer negativeren Selbstbildes unterbrochen und umgekehrt werden. «Aus meiner Erfahrung», schreibt der Kinderpsychiater Stefan Kette (2001), ist die Symptomatik «fast immer ein Wegweiser des Kindes auf eine seelische Notlage in ihm selbst und in seinen Beziehungen.»

Kindsein ohne Maske ist nicht pathologisch, wie man es auch dreht und wendet.

Eine provozierende Anfrage

Führt man gelehrt klingende Formulierungen wie «dominant vererbte Störung der Funktion der Botenstoffe im Gehirn» auf ihren Kerngehalt zurück, bleibt wenig Gelehrtheit übrig. Nach Substraktion aller akademischen Ausschmückungen ist die Diagnose ADS keinen Deut origineller als etwa die Redensart «Du tickst ja nicht mehr richtig». «Die Tendenz, schnelle Lösungen zu suchen, hat zugenommen» (Kette 2001), und schnelle Lösungen beruhen auf simplen Erklärungen. Diese werden nicht dadurch intelligenter, dass man sie in fachwissenschaftliche Termini kleidet.

In der Umgangssprache wimmelt es nur so von verächtlichen Wendungen, die auf hirnorganische Defizite anspielen. Wir verwenden sie oft ganz unwillkürlich, ohne ihre eigentliche Bedeutung zu reflektieren. Es wäre also gewiss falsch, jedes Wort auf die Goldwaage zu legen. Aber täuschen wir uns nicht: Der so genannte Volksmund verrät viel über unterschwellige Ressentiments. Hinter Sprüchen wie «Dachschaden», «hirnrissig», «Schraube locker» etc. verbirgt sich zwar meistens keine ernstlich denunziatorische Absicht, doch andererseits gehört die klammheimliche Annahme, dass sich bei ungewöhnlichen, aus dem Rahmen fallenden Menschen etwas Pathologisches im Gehirn abspielen müsse, zum fixen Vorurteilsbestand all derer, die sich – mit oder ohne akademische Vollmacht – dazu berufen fühlen, einen gleichmacherischen, kleinkarierten Maßstab für ordnungsgemäße Lebensführung und anständiges Verhalten gegen abweichlerische Zumutungen aller Art zu verteidigen. Hier nun kann von Harmlosigkeit keine Rede mehr sein.[2] Die biologisch argumentierende Intoleranz, d.h. die Denunziation alles Fremdartigen mit Verweis auf eine naturgegebene Idealnorm, gehört keineswegs der Vergangenheit an. Meine Generation hegte die illusionäre Hoffnung, dieses Gespenst sei ein für alle Mal besiegbar, aber es kommt in immer neuen Verkleidungen hervor und erfreut sich gegenwärtig wieder wachsender Beliebtheit. (Man denke an die Infragestellung des Lebensrechtes behinderter Kinder durch so genannte Bio-Ethiker. Über die präventive Entsorgung *genetisch minderwertigen Nachwuchses* wird wieder offen diskutiert, wenngleich man sich in der Wortwahl noch ein bisschen ziert.)

Wir sind inzwischen wieder so weit, dass die neuropathologische Deutung abweichenden Verhaltens (vgl. Voß 1990, Jantzen 2001) wie eine Selbstverständlichkeit hingenommen wird. Seltene Wahrnehmungs-, Kommunikations- und Lernstile dürfen, nennen wir es beim Namen, als erbbiologische Entartungen definiert werden,[3] und nur ganz vereinzelt erhebt sich Protest. «Stößt der ... Mensch an für ihn unüberwindbare protonormalistische (einer starren Vorstellung von regulär und irregulär entsprechende, H.K.) Grenzen, wie sie beispielsweise von einer medizinisch-biologistisch konstituierten Normalität vorgegeben sind, so sind ... Spezialisten als Vertreter der ‹Normalisierungsmacht› dazu legitimiert, den Normverstoß medizinisch-psychiatrisch zu etikettieren und in Richtung institutionell erwünschter Normalität therapeutisch zu korrigieren, was beispielsweise in jüngerer Zeit vermehrt im Zuge der medikamentösen Disziplinierung von Kindern mit Verhaltens- und Lernschwierigkeiten festzustellen ist», schreibt Dieter Mattner, Professor für Heil- und Sonderpädagogik in Darmstadt (2001).

Hinter dieser mehrheitsfähigen und wissenschaftlich beglaubigten Verirrung des Denkens lugt, unschwer erkennbar, jener Ungeist hervor, der, ließe man ihm freien Lauf, Minoritäten (z.B. Homosexuelle), Angehörige fremder («primitiver») Kulturen, Kriminelle oder Bildungsbenachteiligte als hirnorganisch fehl- bzw. unterentwickelt einstufen würde. Wenn sich das uniforme Mittelmaß zur Gott-Attitüde aufschwingt, gebiert es den Leitgedanken: «Wer nicht so denkt, empfindet, lernt, wahrnimmt, wertet und handelt wie wir alle, ist kein voll gültiger Mensch; also müssen wir einen voll gültigen Menschen – einen wie uns – aus ihm machen.» (Und es muss leider ausgesprochen werden, dass in der gegenwärtigen psychologischen und psychomedizinischen Wissenschaft nur noch sehr wenige Stimmen zu vernehmen sind, die sich deutlich von diesem platten Niveau abheben.) «Unter der Prämisse des am medizinischen Paradigma orientierten impliziten Menschenbildes werden Verhaltensbesonderheiten ... meist auf cerebral bedingte Informations- und Wahrnehmungsverarbeitungsstörungen zurückgeführt. (So) wird in der medizinischen paradigmatischen Blickverengung moderner Konzeptionen zu kindlichen Verhaltensauffälligkeiten ... von der Annahme einer unspezifischen, bisher kaum belegbaren cerebralen Verursachung ausgegangen. Ihre ‹Krankheit› versieht man mit Etiketten wie ‹Teilleistungsschwäche›, ‹frühkindliches psychoorganisches Syndrom›, ‹Aufmerksamkeitsdefizitsyndrom›, ‹Hyperaktivität› oder ‹Minimale cerebrale Dysfunktion›. (...) Abhilfe scheint hier lediglich eine medikamentöse Korrektur des kindlichen ‹Eigen-Sinns› zu schaffen, die die innere cerebrale Steuerungsinstanz in ihre ‹normalen› Schranken verweisen soll. (...) Hier offenbart sich ein am empiristischen ‹Welt-Vorurteil› (Merlau-Ponty) orientierter protonormalistischer Normalitätsbegriff» (Mattner).

Die lange und traurige Geschichte des damit umrissenen Vorurteilskomplexes wird erst ein Ende haben, wenn wir Abschied nehmen von der unseligen Gleichung *gesund = normal.* In Anwendung auf die seelisch-geistige Entwicklung des Menschen – auch des kindlichen Menschen – stiftet sie nur noch Verwirrung, und es gehört zu ihren fatalsten Auswirkungen, dass sie den Legitimationsrahmen für die forcierte Ausdehnung des Krankheitsbegriffs auf ungewöhnliche Persönlichkeits- oder Verhaltensmerkmale (so genannte Devianzen) abgibt. In den letzten zwanzig Jahren wurde das international gebräuchliche statistische Nachschlagewerk der Geistesstörungen (DMS) um mehrere Dutzend neue «Syndrome» erweitert, darunter auch am ADHD. Wenn es so weitergeht, gilt bald jeder als krank, der es nicht versteht, sich hundertprozentig unauffällig im Mainstream zu bewegen. «Das ‹Andere des Normalen›», resümiert Mattner, «wird so zum pathologischen Unsinn, der auf (einer) cerebral bedingten, ‹wahnsinnigen› beziehungsweise ‹irrsinnigen› Realitätsverarbeitung begründet ist.» Der Soziologe Dietmar Kamper (2001) erkennt in dieser (auf Kosten unangepasster Menschen – und vor allem Kinder! – vorangetriebenen) egalisierenden Tendenz die Spiegelung einer Wissenschaftsgesinnung, die darauf aus ist, «mittels Forschung und Technologie das Leben zur Strecke zu bringen» – Anlass genug, «die so genannte Normalität als historische und biografische Sackgasse verstehen zu lernen» und aufzuhören, die «exzentrische Paradoxie» zu verachten. «Um in ein nicht lügenhaftes Verhältnis zu sich selbst zu kommen», lautet einer von Kampers Aphorismen, «ist die Kommunikationsstörung der reibungslosen Kommunikation vorzuziehen.» Diesen Satz sollte man allen Eltern, Berufspädagogen, Ärzten und Therapeuten, die eifrig nach «effizienten Strategien» suchen, um so genannte ADS-Kinder zum «Funktionieren» zu bringen, ins Stammbuch schreiben.

Mir ist kürzlich eine Doktorarbeit in die Hände gefallen, die den Titel *Das Lust-und-Laune-Syndrom* trägt. Wenn die Wünsche des – sehr klugen, sehr belesenen – Autors in Erfüllung gehen, werden wir im DMS bald eine neue Krankheit finden, die darin besteht, dass Kinder nur fleißig sein wollen, wenn sie Lust haben. «Ein absoluter Begriff von Normalität (wird) als Ordnungsmaßstab gesetzt, vor dem alles andere Abweichung in Form von Krankheit oder Devianz ist» (Jantzen 2001). Dabei macht es in Hinsicht auf den Diskriminierungsgrad keinen Unterschied, ob man sagt «Der hat eine Reizweiterleitungsstörung im Gehirn» oder «Der ist nicht ganz richtig im Kopf». Bedenken wir stets, dass unter der Sammelbezeichnung ADS Menschen subsumiert werden, die *nicht* nachweislich krank sind, sondern einen hypothetischen Krankenstatus zugewiesen bekommen. (Das ist eindeutig belegbar.) Reinhart Lempp, Altmeister der deutschen Kinder- und Jugendpsychiatrie, stellt fest, der medizinische Krankheitsbegriff sei allenfalls «im übertragenen Sinne» auf Verhaltensauffälligkeiten wie ADS anwendbar. Er hält es jedoch prinzipiell für «unsinnig, hier von Krankheit zu sprechen» (in: J. Hartmannn 1997).

Die biologisch argumentierende Intoleranz, d.h. die Denunziation alles Fremdartigen mit Verweis auf eine naturgegebene Idealnorm, gehört keineswegs der Vergangenheit an.

Das Problem der Krankheitszuschreibung

Lempp stellt das defektologische Deutungsmuster schon seit langem in Frage. Er hat früh erkannt, dass man durch Lokalisation der Probleme in den Gehirnen der Kinder nur von den gesellschaftlichen und insbesondere schulischen Missständen ablenkt (1975). Andere wollen sich lieber nicht mit Zweifeln herumplagen. In ihrem viel gelesenen *ADS-Buch* (1999) vergleichen Aust-Claus und Hammer ADS-Kinder mit Rennautos, bei denen «vielleicht an der Schaltung etwas repariert werden muss» oder «der Motor zusätzlich Öl braucht», weil er «nur noch bockt und oft stehen bleibt.» Hier zeigt sich, wie fließend die Grenze zwischen akademisch frisierten und umgangssprachlichen Defektzuschreibungen ist. (In diesem Fall soll offensichtlich bei technikverliebten, auf Michael Schuhmacher und Co. abfahrenden «Hypis» Eindruck geschunden werden. Das Buch wendet sich auch an die betroffenen Kids persönlich.) Sobald allgemein verständlich gesprochen werden muss, zeigt sich, worauf die gängige Theorie wirklich hinausläuft. Die Autoren versuchen, durch Beleihung einer populären, von Begriffen aus der Maschinenwelt durchsetzten Redeweise den «Laien» zu erreichen, mit dem sie sich einig wähnen in der Grundauffassung, der Mensch sei ein Apparat, der reibungslos funktionieren soll und repariert werden muss, wenn er es nicht tut. So lautet das ungeschriebene Hauptgesetz des pädagogischen und therapeutischen Diskurses in der neuen vulgärmaterialistischen Ära, die dem «Klischee der Perfektion» verfallen ist und gar nicht bemerkt, welche «rettungslos hohle Nuss» sie da vergöttert (Kamper).

Kann es Kindern zugemutet werden, dass man so über sie denkt, so mit ihnen umgeht? Mattner (2001) und andere halten dies sogar bei offenkundigen und nachweisbaren schweren Behinderungen für einen Skandal.[4] Das so genannte ADS freilich ist keine Behinderung im klassisch-heilpädagogischen Sinne, sondern ein unter fragwürdigen gesellschaftlich-historischen Prämissen *konstruiertes* Syndrom (vgl. Bühler-Niederberger 2001, Jantzen 2001), dem gegenüber es reine Ermessenssache ist, ob man überhaupt die geringste Berechtigung hat, es in irgendeiner Weise als *Gebrechen* einzustufen. Die schon 1961 von Thomas Szasz formulierte Kritik an «Diagnosen (als) stigmatisierende Etiketten», die «Menschen angehängt (werden), deren Verhalten andere ärgert oder verletzt», scheint hier ins Schwarze zu treffen (zitiert nach Rattner 1995).

Wie mag es sich anfühlen, wenn einem mitgeteilt wird, man habe von Geburt an eine Art Wackelkontakt oder Schaltfehler im Kopf und bedürfe nebst Medikamenten eines speziellen Überwachungs- und Trainingsprogramms, um überhaupt annehmbar zu sein und später nicht auf die schiefe Bahn zu geraten? (Die meisten Experten empfehlen ja, man solle den Kindern die Diagnose mitteilen und erläutern.) Man kann sich an fünf Fingern ausrechnen, dass auf diese Weise das Selbstwertgefühl beschädigt wird. Das immer wieder vorgebrachte Argument, die Diagnose werde als Entlastung empfunden (ähnlich wie mildernde Umstände vor Gericht), hat sich in meiner langjährigen Praxis kein einziges Mal bestätigt. Ganz im Gegenteil bin ich mittlerweile überzeugt, dass in vielen Fällen der Effekt einer *selffulfilling prophecy* eintritt: Das Kind kann nicht anders, als den Richtspruch, es sei aufgrund einer Hirnfunktionsstörung sozusagen nicht ganz zurechnungsfähig, unbewusst zu verinnerlichen. Es unterwirft sich dem Urteil und erfüllt die entsprechenden Erwartungen, exekutiert gewissermaßen die Diagnose, indem es zum Beispiel nach Medikamenten *verlangt*, bei Lockerung der strengen Führung sofort die Orientierung verliert (weil es überzeugt ist, in allen Lebenslagen auf Hilfe angewiesen zu sein), sich selbst tatsächlich für einen inakzeptablen Störenfried hält, dem stets mit eiserner Konsequenz die Grenzen aufgezeigt werden müssten. Nach und nach «wird (es) nicht mehr an sich selbst glauben können und in der Folge eher dazu neigen, falsche Entscheidungen zu treffen, ein Aussteiger, drogenabhängig oder straffällig zu werden» (Freed u. Parsons 1998). Eine andere Möglichkeit müsste psychoanalytisch orientierte Therapeuten interessieren: Das Kind, stets umgeben von überwachenden, kontrollierenden, reglementierenden Erwachsenen, stets in Angst vor sich selbst (wenn niemand auf mich aufpasst, bin ich unberechenbar), baut nach und nach eine übermächtige *innere* Überwachungs-, Kontroll- und Reglementierungsinstanz auf. Ich will hier nicht näher darauf eingehen, welche Gefahren die daraus resultierende zwanghaft-hyperreflexive und selbstverurteilende Grundhaltung für das spätere Leben heraufbeschwört. Es sind jedenfalls keine geringen.

Wie immer das defektologisch stigmatisierte Kind auf die Diagnose und den ihm auferlegten pädagogisch-therapeutisch-medikamentösen Diziplinarkatalog reagiert – es internalisiert die Botschaft: Du bist – so, wie du bist – für die Mitwelt unzumutbar. Und das hat Folgen.

Man muss, um dies zu verstehen, auch nonverbale Faktoren in Betracht ziehen: Mienenspiel, Augenausdruck und Körpersprache der Erwachsenen signalisieren dem Kind, was und wie über es gedacht wird: Du hast ein Handicap, du bist ein Problemfall, bei dir muss man immer auf der Hut sein ... Das Phänomen des so genannten physiologischen Synchronismus ist genügend erforscht, um mit Sicherheit sagen zu können, dass jeder Dialog von einem subtilen, der bewussten Kontrolle weitgehend entzogenen «Meta-Dialog» begleitet ist. Dieser spielt sich auf der Ebene der *verräterischen kleinen Zeichen* ab und bestimmt das wechselseitige Geschehen in hohem Maße mit. Die Annahme, dass unsere Gedanken und Gefühle eine *unmittelbare* Wirkung auf andere Menschen haben könnten (man müsste dann wohl von «paranormalen» Phänomenen sprechen), ist noch sehr umstritten, lässt sich aber erfahrungswissenschaftlich so gut belegen, dass man grundsätzlich damit rechnen sollte.[5]

Wie auch immer: Unwillkürliche Übertragungen finden mit Sicherheit statt, Kinder sind besonders empfänglich dafür – allemal so genannte ADS-Kinder –, und die pädagogische Misere wird nur zu überwinden sein, wenn man dies zu berücksichtigen und konkret damit umzugehen lernt.[6] Ich kann in Wahrheit nicht verbergen, wie ich zu einem anderen Menschen stehe, welche Gefühle er in mir auslöst, was ich von ihm denke. Feinste Nuancen des Verhaltens verraten alles, ob ich will oder nicht. Mein Gegenüber reagiert körperlich und seelisch hoch empfindlich auf diese vor- oder metasprachlichen Mitteilungen, auch wenn sie ihm nicht zu Bewusstsein kommen. Fasst man, wie heute üblich, in erster Linie den physiologischen Aspekt des Geschehens ins Auge, kann man es so ausdrücken: «Unsere Körper empfangen die Botschaften der Körper anderer Menschen. Die vegetativen Nervensysteme ‹reden miteinander› – ein Schlüsselelement jeder Beziehung, einschließlich therapeutischer Interaktionen» (Ciaramicoli 2001).

Zudem sollten, wie gesagt, auch Phänomene der «übersinnlichen» Kommunikation in Betracht gezogen werden. Man schließt dergleichen nicht mehr aus, wenn man – zum Beispiel – soundso oft erlebt hat, dass Kinder über räumliche Distanz hinweg Gespräche zu belauschen scheinen. Ich wage die Behauptung, dass es lediglich eine Frage der unvoreingenommenen Aufmerksamkeit ist, auf solche Phänomene zu stoßen, auch bei sich selbst. Dass sie sich weitgehend dem systematisch reproduzierbaren Experiment entziehen, verwundert nicht, denn wir haben es mit einer unberechenbaren, spontan auftretenden Qualität zu tun. (Es gibt ja vieles, was sich nicht oder nur sehr schwer unter Laborbedingungen abrufen lässt.) Weltanschauliche Bedenken sollten hier nicht dem Bemühen um eine Bereinigung der Atmosphäre im Wege stehen. Nochmals: Wir können letztlich nichts verbergen! In einem höchstwahrscheinlich sehr viel umfänglicheren Sinne, als die naturwissenschaftlich festgelegten Metakommunikationsforscher annehmen, teilt sich unsere *innere Haltung* mit, und in diesem Zusammenhang kommt es nicht zuletzt darauf an, von welchen Bildern und Ideen wir uns leiten lassen, von welchen Grundannahmen wir ausgehen, in welchem begrifflichen Rahmen wir uns bewegen. Es geht um die *Geisteshaltung*. Sie ist von der *Seelenhaltung* nicht zu trennen. Wie ich einen Menschen *ansehe*, hängt davon ab, wie ich innerlich zu ihm stehe. Dies wiederum lässt sich nicht abkoppeln von der Frage, wie (und was) ich über ihn denke. «Esse est percipi – Sein ist Wahrgenommenwerden» (James Hillman). Wir müssen uns dieser Verantwortung stets bewusst sein. (Vgl. dazu das Kapitel *Achtsamkeit, S. 165ff.*)

Man muss sich also *sehr* gründlich überlegen, ob man einem Kind zumuten will, damit aufzuwachsen, dass die Erwachsenen vereinbart haben, es leide unter neurologischen Defiziten und sei aufgrund dieses Makels nicht nur permanent überwachungsbedürftig und auf Medikamente angewiesen, sondern darüber hinaus gefährdet, sein ganzes Leben zu verpfuschen. Ich habe viele Kinder mit ADS-Diagnose gefragt, wie sie sich fühlen und was sie von dem Ganzen halten. Die meisten waren lehrbuchgerecht über ihren Zustand informiert. Wie setzten sie das für sich um? Nun, sie hielten sich kurz und bündig für «nicht ganz richtig im Kopf». David, zehn Jahre alt: «Meine Konzentration ist nicht so gut, und mein Benehmen auch nicht; dafür kann ich aber eigentlich nichts, weil irgendwas bei mir im Gehirn falsch abgeht, so ähnlich, wie wenn der Fernseher flimmert.»

Nun könnte man einwenden, es kümmere die Wahrheit wenig, ob sie einem gefalle oder nicht. Eine unangenehme Wahrheit verdauen zu müssen sei im Übrigen immer noch besser, als permanent das eigene Ungenügen wahrzunehmen und die Gründe nicht zu kennen. Viele Menschen mit nachweislichen Zerebralschädigungen hätten ihr Selbstreflexionsvermögen nicht eingebüßt und wüssten um ihren Zustand. Offen mit ihnen darüber zu reden sei schlicht ein Gebot der Ehrlichkeit und weit entfernt von Geringschätzung. So weit, so gut. Zwar ist für mich auch im Hinblick auf neurologische Anomalien, wie sie z.B. Oliver Sacks in seinen unnachahmlichen Büchern beschreibt, die Frage durchaus offen, ob es nicht an der Zeit wäre, die biologische Definitionsmacht und mit ihr das *Klischee von der Unversehrtheit des so genannten Normalen* heftig in Frage zu stellen (vgl. Mattner 2001, Kamper 2001). Aber Behinderungen des klassischen heilpädagogischen Spektrums und psychiatrische Krankheitsbilder sind im Augenblick nicht unser Thema. Hier geht es um etwas anderes, nämlich zunächst darum, dass man den Unterschied nicht verwischen darf zwischen

a) der Konstatierung einer Krankheit oder eines objektiven Handicaps, wie immer man im Hinblick auf mögliche übergeordnete Sinnzusammenhänge darüber denken mag, und
b) der defektologischen Auslegung oder Pathologisierung bestimmter Eigenschaften, die man offensichtlich auch anders deuten kann, ja bei leidlich intaktem Differenzierungsvermögen anders deuten *müsste*.

Ein Beispiel für die willkürliche Verwischung dieses Unterschieds hat traurige Berühmtheit erlangt: die Psychiatrisierung von Dissidenten in den ehemaligen Ostblockstaaten. Sind die Kinder, von denen wir jetzt sprechen, in gewisser Hinsicht wiederum Dissidenten, die im Zuge einer «kultursozialistischen» Gleichmacherei zwangseingegliedert werden sollen? Hier lohnt sich ein Rekurs auf Michel Foucaults (1976) vortreffliche Analyse der Mittel, mit denen die moderne Gesellschaft Uniformität erzwingt. Für «irreguläre» Individuen ist heute der medizinisch-psychologisch-pädagogische Überwachungs- und Versorgungsapparat zuständig. Abweichler werden zunächst ausgesondert und etikettiert, um sie dann «durch Behandlung oder Erziehung umzuformen und in den sozialen Verkehr zu reintegrieren.» Das Prinzip der «inneren Einschließung (durch) normative Integration» ist als «ökonomischere Strategie der Normalisierung und … Disziplinierung an die Stelle offener Gewalt» getreten (zitiert nach Fink-Eitel 1990). Ob Foucault ahnte, wie stark sich diese Tendenz im Westen – und ausgerechnet gegenüber Kindern – durchsetzen würde?

*

Kranke, gebrechliche, leidende Menschen wissen in der Regel um ihre Hilfebedürftigkeit. Sie nehmen sachkundige Beratung, einfühlsame Pflege oder ärztliche Unterstützung dankbar an. Hier liegt die Wertschätzung gerade im Ernstnehmen der «Wunde» und in der (echten) therapeutischen Haltung, die von Achtung, Mitgefühl und heilkundigem Engagement geprägt ist. «Therapeutik ist Wahrnehmung in Begleitung des Anderen – als Passion für das Andere» (Kamper). Dies schließt die Möglichkeit eines extrem ungleichen Verhältnisses ein, in welchem sich der Schutzbefohlene nahezu bedingungslos unter die Führung des *helfenden Begleiters* – wörtliche Übersetzung von «Therapeut» – begibt. (Hier hängt nun viel davon ab, darauf aufmerksam zu werden, dass es «hinter» der augenscheinlichen Rollenverteilung eine Ebene gibt, wo sich das Verhältnis umkehrt.) Es hat in der Tat nicht das Geringste mit Herablassung oder Abwertung zu tun, dem Hinkenden Krücken anzubieten, um es bildhaft auszudrücken. (Kamper hat freilich Recht, wenn er auch dies wiederum durch die Feststellung einschränkt: «Hinken und Stolpern sind im Verhältnis zu Gehen und Laufen die menschlich aufschlussreicheren Bewegungsarten.»)

Anders und wesentlich komplizierter liegt der Fall, wenn *kein* klar definierbares Leiden oder Gebrechen vorliegt, sondern jemand nach allen Regeln der Kunst dazu gebracht werden soll, anzuerkennen, dass seine ungewöhnliche *Wesensart*, mit der er, wenn es die Mitwelt zuließe, ganz einverstanden wäre, als pathologisch einzustufen sei und eine Art therapeutische Umerziehung ins Werk gesetzt werden müsse, um einen akzeptablen Menschen aus ihm zu machen. Hier beginnt nun das Unwesen der Gleichsetzung von Devianz mit Defizienz. *Dies* zehrt am Selbstwertgefühl. (Wenn der Betroffene das über ihn verhängte Urteil annimmt und sich in den Status des «Dauerpatienten ohne Wunde» fügt, weil er darin die einzige Möglichkeit sieht, Anerkennung zu finden, tritt oft eine trügerische Entspannung ein. Man sollte diesem Effekt misstrauen und etwas mehr Weitsicht walten lassen!)

Für ‹irreguläre› Individuen ist heute der medizinisch-psychologisch-pädagogische Überwachungs- und Versorgungsapparat zuständig.

Was heißt hier «dysfunktional»?

Vor Jahren pflegte ich freundschaftliche Beziehungen zu einem Mann, der in dem ländlichen Flecken, wo wir damals wohnten, in sehr schlechtem Rufe stand. Man hielt ihn für einen halb irren Nichtsnutz. Die Leute nahmen ihm übel, dass er in seinem Garten selbst gefertigte bizarre Skulpturen statt

Gartenzwerge aufstellte, Selbstgespräche führte, nächtelang auf seiner verglasten Veranda saß und – von der Straße her gut sichtbar – bei Kerzenlicht schrieb, keiner geregelten Arbeit nachging, ständig in Geldnot war, ein grellbunt bemaltes Auto fuhr und zu jeder Jahreszeit und bei jedem Wetter endlos lange, einsame Spaziergänge machte. «Der hat sie ja nicht mehr alle, bei dem ist eine Schraube locker», wurde hinter vorgehaltener Hand gelästert. Zum Glück berührte ihn das Geschwätz nicht. Er war frappierend unabhängig vom Urteil der Mitmenschen, wofür ich ihn sehr bewunderte. Freilich hatte er sich diese Souveränität von Kindesbeinen an hart erkämpfen müssen, um seelisch zu überleben. Denn er galt, wie er mir erzählte, schon immer als Außenseiter und Sonderling. Bei Lehrern unbeliebt – er gehorchte nur, wenn es ihm passte, vergaß ständig die Hausaufgaben, versagte im Rechnen und in der Rechtschreibung –, von Mitschülern gemieden – wie es den ungeschickten Eigenbrötlern nun einmal ergeht –, verlebte er triste Schuljahre. Eines freilich hatte er den anderen voraus: Er kannte keine Langeweile, denn es gab so gut wie nichts auf der Welt, was ihn nicht brennend interessierte – solange er sich *frei* fühlte.

Bald erfuhr ich, dass er Gedichtbände in einem kleinen Verlag veröffentlichte und auch als Bildhauer arbeitete und gelegentlich einmal auf Ausstellungen vertreten war. Brotlose Kunst. Die Einkünfte reichten vorn und hinten nicht. Der Mann, der noch als Viertklässler Diktate mit dreißig Fehlern geschrieben hatte, war immens belesen und sprachgewandt. Er spielte virtuos Gitarre, steckte voller Fantasie und hatte dermaßen hohe Ideale, dass ihm die real existierende Welt wie eine einzige Groteske vorkommen musste. Diese Meinung tat er auch kund. Sie spiegelte sich in seinen bitteren, manchmal zynischen, stets aber idealistischen Versen und Liedtexten. Er war oft traurig, ohne bestimmten Grund. Andererseits vertrat er die Ansicht, man dürfe sich nicht lähmen lassen, die kleinste schöpferische Tat vermöchte, wenn die Sterne günstig stünden, Welten zu bewegen. Ich schätzte seine Eigenart, die Kommunikation über alltäglichste Dinge poetisch zu würzen; seine Selbststilisierung, hinter der doch eine Menge Ernsthaftigkeit steckte. Ab und zu rauchte er Haschisch, was ihn bei der Dorfbevölkerung, die zu schätzungsweise fünfzig Prozent aus Gewohnheitstrinkern bestand, in den Verruf brachte, ein Drogenabhängiger zu sein. Ich bin sicher, ein Vergleich seines neuronalen Aktivitätsmusters mit demjenigen der über ihn herziehenden Stammtischbrüder und Tratschschwestern hätte deutliche Unterschiede erbracht. Aber wäre damit der «Dachschaden» meines Freundes wissenschaftlich erwiesen und die Hetzerei der lieben Mitbürger (wenn schon nicht ethisch, so doch sachlich) legitimiert gewesen? Wohl kaum. Denn ob man einen extravaganten Menschen als Schadensfall einstuft, bleibt Ermessenssache, auch wenn sich das neurochemische Korrelat der Extravaganz abbilden lässt. Die Harfe spielt nicht von selber. Der Harfenist spielt auf ihr. Das Gehirn ist die Harfe.

Vergessen wir nie: Die Behauptung, so genannte ADS-Kinder litten unter einem Defekt, ist als solche nicht etwa eine Frucht wissenschaftlichen Forschens, sondern ein vorgefertiges Urteil, das in die Untersuchungen hineingetragen wird und ihnen als Rechtfertigungsgrundlage dient. Man dekretiert (!) eine hirnorganische Störung, und fortan werden alle neurologischen Befunde als Störungszeichen gewertet. Methodenkritiker sprechen hier von «systemimmanenten Implikationen» (vgl. Jüttemann 1991). Die Grundannahme könnte aber beispielsweise auch lauten: Wir haben es mit einem abweichenden Wahrnehmungs- und Kommunikationsstil zu tun, der bis in die feinen neuronalen Strukturen hinein eine relativ seltene, aber allem Anschein nach immer häufiger auftretende Intelligenzvariante repräsentiert. Diese bedarf, wie jede andere Intelligenzvariante auch, der umsichtigen Förderung. Anderenfalls kommt es zu permanenten Frustrationserlebnissen, was wiederum zu einer Eskalation der sozialen Verhaltensprobleme führen kann, die bis zu einem gewissen Grad – sozusagen als Grundrisiko – in dieser Wesensart angelegt sind.

Damit wäre eine dem Dysfunktionalitätsparadigma völlig gleichwertige Annahme formuliert. Sie käme mit den vorliegenden empirischen Daten überhaupt nicht in Konflikt. Die neurologischen Befunde wären nunmehr als physiologischer Niederschlag oder physiologische Basis (wie man will) einer Intelligenzvariante zu «lesen» – nicht länger als Symptome einer unterstellten Krankheit. Ich behaupte, mit dieser Arbeitshypothese käme man in der Praxis viel weiter. Im Übrigen sollten wir uns weigern, auf der Suche nach Lösungsansätzen ethische Ansprüche zurückzuschrauben. Das heißt: Im Zweifelsfall ist diejenige Grundannahme zu favorisieren, die am wenigsten mit dem Postulat kollidiert, dass «die Würde der menschlichen Biografie allen Anpassungsforderungen übergeordnet» zu sein hat (Müller-Wiedemann 1994). Je mehr wir uns von der physisch-materiellen Ebene hinaufbewegen zur seelisch-geistig-zwischenmenschlichen, ist «Wahrheit» nicht mehr das einfachhin Gegebene, sondern muss *getan* werden. Hier hängt nun alles davon ab, *wie* wir die Gegebenheiten beleuchten und befragen. Eine «ethisch inspirierte» Wahrheit, eine Wahrheit der «Beziehung mit dem Anderen als Beziehung mit seiner Transzendenz» (Lévinas 1993), ist unauffindbar innerhalb des Denk- und Wahrnehmungsgefüges, das für den Bereich der unverrückbaren Fakten und mechanischen Wirkungen Gültigkeit hat.

*

An der Störungsprämisse kommen spätestens dann Zweifel auf, wenn man sich mit den Biografien ungewöhnlich kreativer Persönlichkeiten beschäftigt und erstaunt feststellt, dass viele von ihnen in jungen Jahren nach heutigen Maßstäben als verhaltensgestört gegolten hätten (vgl. Köhler 2000, Hillman 1998). Damit will ich nicht etwa sagen, alle pädagogisch schwer führbaren oder schulisch versagenden Kinder seien prädestinierte Berühmtheiten. Berühmtheit ist völlig unwichtig. Wohl aber gilt, dass auffallend viele herausragende Gestalten, berühmt oder nicht, schon in frühen Jahren irgendwie auffällig waren und ihren Eltern und Lehrern Kopfzerbrechen bereiteten. Man ist nun einmal gezwungen, auf publizierte Biografien zurückzugreifen, wenn man sich für die Werdegänge von Menschen interessiert, denen eine starke schöpferische Unruhe – oder eine in träumerischer Weltabgewandtheit sich entfaltende ungewöhnlich regsame Fantasie – offenbar schon in die Wiege gelegt war.[7] Mein oben erwähnter schrulliger Freund ist ja ein völlig unberühmtes Beispiel, und von dieser Sorte sind mir noch einige mehr begegnet.

Im Übrigen würde mich brennend interessieren, wie die Dysfunktionalitätsexperten zu neueren Ergebnissen der so genannten Exzentrikforschung stehen. Ich suche in der greifbaren Fach- und Ratgeberliteratur über Aufmerksamkeitsstörungen vergebens nach Zeichen der Kenntnisnahme dieser Untersuchungen. David Weeks und Jamie James (1996) beispielsweise konnten nachweisen, dass unangepasste, aufmüpfige, eigensinnige, extravagante, risikobereite Menschen im Vergleich mit anderen, die sich reibungslos einfügen, nicht nur über ein höheres Selbstwertgefühl verfügen, sondern zudem – man höre und staune – gesünder, nämlich widerstandsfähiger sind (vgl. auch Guggenbühl 2001). Besonders pikant: Aus den Befragungen geht hervor, dass die meisten *Eccentrics* schon als Kinder ihre erwachsenen Mitmenschen hart auf die Probe stellten. Sie galten als erzieherisch schwer bis sehr schwer führbar. Wie es scheint, müssen wir dahingehend umdenken, dass kindliche Verhaltensauffälligkeiten nicht von vornherein als negatives Omen zu bewerten sind, sondern sogar einen wichtigen salutogenetischen Faktor darstellen können, vorausgesetzt freilich, man geht pädagogisch sinnvoll mit ihnen um und nimmt davon Abstand, sie medikamentös niederbügeln oder die Auffälligkeiten den Kindern abdressieren zu wollen.

Man sieht also: Die Begriffe «Verhaltensstörungen» und «Devianzen», die heute fast synonym gebraucht werden, lassen viele Fragen offen.[8] ADD bzw. ADS dient inzwischen, wie Thomas Armstrong (1997) mit Recht bemängelt, als «Sammelbezeichnung für alle Kinder ..., die nicht den gängigen Vorstellungen entsprechen». Der Rahmen für tolerierbares Verhalten wird immer enger gesteckt und alles davon Abweichende in die medizinische Zuständigkeit verschoben (vgl. Voß 1987, Krawitz 1992, Schön 1994). Neurologische und erbbiologische Erklärungen für jedes tatsächliche oder vermeintliche psychische Krankheitsbild liegen im Trend – Grund genug, ihnen mit Skepsis zu begegnen. Modetheorien, die über alle Medienkanäle verbreitet werden, können nicht viel mit der Wahrheit zu tun haben, denn letztere ist niemals so simpel, wie es eine Theorie sein muss, um den Popularitätsgrad eines Gassenhauers zu erreichen. Man achte einmal darauf: Egal, um welche psychischen Probleme es geht – stets ist in der Fach- und Ratgeberliteratur und im wissenschaftlichen Feuilleton von Synapsen und Neurotransmittern die Rede. Und natürlich von den Genen. «Der humangenetisch verkleidete ‹Mythos der Normalität›» (Mattner) verbindet sich mit dem «therapeutisch» maskierten Mythos der Funktionalität zur neuen Weltreligion. Was sich da abspielt, trägt durchaus die Züge einer Manie (Besessenheit). Kollektive Besessenheiten in der Wissenschaft haben den Vorteil, dass auf Teilgebieten sehr fleißig gearbeitet und massenhaft empirisches Material zusammengetragen wird. Andererseits hören die Forscher auf, *über* ihren Zuständigkeitsbereich nach- und hinauszudenken. Sie denken nur noch innerhalb dieses Bereichs. Er bedeutet für sie die Welt. Und das bedeutet für die Welt nichts Gutes.

Ob man einen extravaganten Menschen als Schadensfall einstuft, bleibt Ermessenssache, auch wenn sich das neurochemische Korrelat der Extravaganz abbilden lässt.

Exkurs: Positionen zum Gehirn-Geist-Problem

Glücklicherweise haben sich in der jüngeren Vergangenheit einige bedeutende Neurowissenschaftler dagegen gewehrt, «die Beziehung zwischen Geist und Gehirn rein materialistisch (aufzufassen und) dem Gehirn die absolute Herrschaft zuzusprechen» (Eccles 2000). Der 1994 verstorbene Nobelpreisträger Roger Sperry (1985) schrieb: «Der gesamten materialistisch-reduktionistischen Konzeption vom menschlichen Wesen und

Bewusstsein, die aus dem derzeit vorherrschenden objektiv-analytischen Ansatz in der Erforschung von Gehirn und Verhalten hervorzugehen scheint, muss ich energisch widersprechen. – (Ich) fürchte, dass wir reingelegt worden sind.» Schon in den sechziger Jahren hatte Sperry die Vermutung geäußert, «dass das Bewusstsein ... auf die Gehirnfunktionen einwirken könnte». Um diese Annahme theoretisch zu untermauern, entwickelte er den Begriff der «emergenten Kontrolle». Emergenz (von emergieren = auftauchen, emporkommen) bedeutet im philosophischen Sprachgebrauch, dass höhere Seinsstufen durch neu auftauchende Qualitäten (!) aus niederen entstehen. Demnach ist im Bereich evolutionärer Bildeprozesse das aktuelle Ganze stets mehr als die Summe der Teile, aus denen es generiert. Das bedeutet in Anwendung auf das Gehirn-Geist-Problem: Geist ist mehr als die Summe der Gehirnerregungen. Aus dem komplizierten Zusammenspiel physikalischer und chemischer Vorgänge im Gehirn entstehen «höhere» Eigenschaften des Bewusstseins. Diese lassen sich jedoch nicht einfach aus jenen addieren bzw. monokausal von ihnen herleiten, sondern eröffnen sozusagen eine eigene Werkstatt und greifen «von oben» in das Nervensystem ein. Sperry nannte diesen Vorgang *downward causation* («Abwärtsverursachung»). Demnach decken sich die spezifisch menschlichen psychischen und mentalen Fähigkeiten nicht mit den «neuro-physikalisch-chemischen Ereignissen, aus denen sie aufgebaut sind». Das individuelle Bewusstsein emanzipiert sich von den materiellen Bedingungen, aus denen es hervorgegangen ist, und wirkt auf diese zurück, ähnlich wie es die Menschheit im Verlaufe der Evolution getan habe. Jede Form des «bewussten Gewahrseins» sei in diesem Sinne eine «emergente, dynamische Eigenschaft cerebraler Erregung» und gegenüber ihrer physiologischen Basis «aus eigenem Recht etwas Anderes und Besonderes». Damit ist der Primat der Biologie nicht wirklich in Frage gestellt. Dennoch wird in einem gewissen Sinne «Geist über Materie gesetzt ..., jedoch nicht als ein ... übernatürliches Agens».

John Eccles (1903 – 1997), ebenfalls Nobelpreisträger, ging weiter. Für ihn war das Gehirn im radikalsten Sinne ein Instrument des Geistes. Mit seinem «dualistischen Interaktionismus» und seiner «Drei-Welten-Theorie» (zuletzt 1996, zuvor u.a. 1982 mit Karl R. Popper) versuchte er den cartesianischen Dualismus ebenso zu überwinden wie den materialistischen Monismus.[9] «Der selbstbewusste Geist ist aktiv damit befasst, (aus den neuronalen Strukturen) Informationen herauszulesen. Je nach seiner Aufmerksamkeit und seinem Interesse trifft (er) seine Wahl und integriert diese Wahl jeden Augenblick neu.» Eccles warb für die Annahme eines übernatürlichen Agens. Sein Modell sieht nichtphysikalische Felder vor, so genannte «Psychonen», die mit den messbaren Hirnvorgängen eng korrespondieren, aber nicht mit ihnen identisch sind. Man könnte von *Bedeutungsfeldern* sprechen. Das Gehirn wäre demnach – strukturell und funktionell – die stoffliche Repräsentationsebene eines «metarealen» Bildekräftegefüges.[10] Über den Nutzen der Psychonenhypothese lässt sich streiten. Sie hat, wie mir scheint, viel mit Rupert Sheldrakes Idee der gestaltenden («morphogenetischen») Felder gemein. In einem Dialog mit dem Theologen Matthew Fox (1996) spricht Sheldrake auch von «mentalen Feldern». Allerdings bergen solche Zuordnungen die Gefahr, einem fruchtlosen psycho-physischen Parallelismus Vorschub zu leisten. (Wenn man jedem sichtbaren Phänomen eine unsichtbare Rückseite zuschreibt, ist eigentlich noch nicht viel gewonnen.) Wie jedoch Eccles im Schulterschluss mit dem Philosophen Karl R. Popper das unableitbare geistige Subjekt mit Verweis auf seine phänomenologische Evidenz rehabilitierte und der Annahme entgegentrat, Denken und Fühlen seien nur eine Art Hintergrundrauschen des Nervenapparats (vgl. dazu auch Schulte 2000), nötigt Respekt ab. Popper resümierte, «dass das Gehirn dem Ich gehört und nicht umgekehrt». Dieselbe Ansicht vertrat Wilder Penfield, der 1976 verstorbene große Hirnchirurg. Er bezeichnete es als «absurd», Denken, Fühlen und intentionale Akte allein auf körperliche Vorgänge zurückführen zu wollen, und hielt sogar eine nachtodliche Weiterexistenz des Geistes für wahrscheinlich. Da habe er sich «in seinen eigenen Spekulationen verfangen», heißt es in einem aktuellen Übersichtsband zur Geschichte der Hirnforschung (Düweke 2001). Jüngst hat jedoch ein englisches Ärzteteam Forschungsergebnisse vorgelegt, die ihm postum Recht zu geben scheinen.[11]

Auch Sperry kam auf dem Umweg über die Emergenztheorie zu der entscheidenden Schlussfolgerung, dass neurophysiologische Prozesse in hohem Maße von geistigen Vorgängen abhängig seien. «Die bewussten Eigenschaften der Gehirnaktivität haben nach (unserem) Konzept kausale Wirkungen auf die Gehirnfunktionen.» Anders gesagt: Das menschliche Bewusstsein wächst nicht nur über seine organischen Bedingungen hinaus, sondern macht sie sich im Gegenzug gefügig. Jeder ist sein eigener neuronaler Plastiker und bearbeitet das ihm gegebene Material so, wie es seinen individuellen Neigungen entspricht. Letztere kristallisieren sich auf einer *nicht* physiologisch reduzierbaren – emergenten – Ebene des subjektiven Erlebens heraus. Damit hat Sperry, von Fachkollegen heftig angefeindet, eine über genetische Verlegenheitserklärungen hinausweisende Arbeitshypothese zum besseren Verständnis des Phänomens der *Autonomie in Lernprozessen* formuliert. Jegliche Persönlichkeitsentwicklung ist Lernen. Aber lernen wir nur passiv und unwillkürlich? Trifft das Wort «Umweltprägungen» den Sachverhalt? Genau genommen ist das Gegenteil der Fall. Menschen, die sich aus irgendwelchen Gründen nicht ausreichend gegen das «Geprägtwerden» schützen können, brauchen Hilfe, sonst gehen sie seelisch zugrunde. Ihre eigentliche (autonome) Lernfähigkeit ist blockiert. Sie fühlen sich ausgeliefert, fremdgesteuert, leiden unter Angst- und Sinnlosigkeitsgefühlen. Psychische Erkrankungen können die Folge sein. (Hier liegt es nahe, wieder einmal zu fragen: Ist unser Schulwesen ein großes Arbeitsbeschaffungsprogramm für die Psychiatrie?) Gesundes Lernen geschieht durch aktive, wählerische Aneignung und individuelle Zubereitung des Angeeigneten. Teilnahmsloses Imitieren oder «Abspeichern» verdient nicht, Lernen genannt zu werden. Echtes Interesse und Gestaltungslust gehören dazu. Beides lässt sich niemals erzwingen.

Man verkennt das Wesen des angeborenen Gestaltungswillens – ein anderer, besserer Ausdruck für Lernfähigkeit –, wenn man ihn als unspezifisches, richtungsloses Potenzial auffasst. Vielmehr weist er bei jedem Menschen von Anfang an eine individuelle Nuancierung auf, wobei es zweifellos Ähnlichkeiten gibt, aber keine Gleichheiten. Das Geheimnis liegt in der Eigenmotivation. (Für Motivationspsychologen ein alter Hut? Gewiss. Aber die entscheidende Silbe «-eigen» wird gern vernachlässigt, und dann ist die ganze schöne Motivationspsychologie doch wieder eine Menschenabrichtungspsychologie.) Der mit innerer Anteilnahme Lernende ist auch als Empfangender produktiv: Er internalisiert nicht einfach, sondern «durchfühlt» und «plastiziert», was in den Raum seiner Aufmerksamkeit eintritt.

Ich wiederhole an dieser Stelle, was ich schon so oft gesagt und geschrieben habe: Es gibt keine lernfaulen Kinder. Allenfalls wird ihnen die Lernlust ausgetrieben, oder man versteht nicht, auf welche besondere Art sie lernen wollen und können (vgl. dazu auch Gronemeyer 1996 und 1999, Schiffer 1997). Eigenmotivation mit besonderer Betonung auf *Eigen* geht der entwickelten Denkfähigkeit voraus. Man begeht oft den Fehler zu glauben, das autonome Subjekt offenbare sich zuerst und vornehmlich in der Selbstreflexion oder im zielgerichteten intellektuellen Prozess. Zwei Gegenfragen: Erstens: Wie erklärt sich das Ereignis der *intuitiv richtigen Wahl?* (Hyperreflexivität ist bekanntlich der sicherste Weg, in anspruchsvollen Entscheidungssituationen zu versagen.) Zweitens: Aus welchen Quellen schöpfen wir in künstlerischen Prozessen? (Jeder Komponist weiß, dass es keinen größeren Fehler gibt, als sich die Musik «ausdenken» zu wollen.) – Bei kleinen Kindern dominiert das intuitive, spielerische Element. Von objektiver Distanz (einschließlich Selbstdistanz) noch weit entfernt, agieren sie unverkennbar intelligent und *eigensinnig*. Es ist eine situative, identifikatorische Intelligenz. Man tut gut daran, sich den inneren Zugang zu dieser Quelle zu erhalten. Denn anderenfalls sind wir irgendwann nicht mehr dazu in der Lage, unserem *Gespür* für das Richtige zu trauen und geistesgegenwärtig zu handeln. In diesem Zusammenhang ist der seit einigen Jahren diskutierte Begriff der «emotionalen Intelligenz» von Interesse (vgl. Goleman 1996, Greenspan u. Benderley 1997, Shapiro 1999, Dreitzel 1992), wenngleich man einigen Autoren, die sich des Themas bemächtigt haben, anmerkt, dass sie offenbar nichts so sehr fürchten, als bei den materialistischen Gralshütern in Ungnade zu fallen.

Neuere Ergebnisse der Säuglingsforschung belegen, dass der Mensch in der Tat von Beginn seines Lebens an ein im Wortsinne eigenwilliges und aktiv wählerisches Wesen ist. Man ging ja lange davon aus, das Neugeborene sei ein bloßes Trieb- und Affektbündel. Diese Vorstellung wird mehr und mehr durch das «Bild eines aktiven, planenden, nach Meisterung strebenden Subjekts» verdrängt (Dornes 2001). Die Spuren einer «Abwärtsbeeinflussung» lassen sich also mindestens bis in die ersten Lebenswochen zurückverfolgen. Andere Autoren gehen einen Schritt weiter. Laut Zohar und Marshall (2000) verfügen kleine Kinder über eine angeborene «spirituelle Intelligenz». Armstrong (1994) sieht die «umgekehrte Verursachung» schon im Empfängnis- und Geburtsgeschehen wirksam.

Alexander R. Lurija, Begründer der Neuropsychologie, stellte bereits in den siebziger Jahren fest, die Hirnforschung sei an einem Wendepunkt angelangt, denn das Rätsel des menschlichen Bewusstseins könne «nie durch Modelle (gelöst) werden, die Vergleiche zwischen dem Gehirn und mechanischen Vorrichtungen ziehen». Einen mechanischen Apparat anzunehmen, der «Zukunft vorwegnimmt und sich darüber hinaus in seinem Verhalten dieser Zukunft unterordnet», sei widersinnig (Lurija 1998). Kein seriöser Neurowissenschaftler wird leugnen, dass das Phänomen des Sich-Ausrichtens am noch zu Verwirklichenden unerklärlich bleibt. (Es gibt durchaus noch einige Hoheitsgebiete der Metaphysik.) Auch hier wieder ist zu bedenken, dass Zukunftsorientiertheit nicht unbedingt bewusste Planung bedeutet. Ereignungen «aus dem Jenseits der Entwürfe», wie es Lévinas (1993) einmal ausgedrückt hat, lösen, lange bevor sie sich zu Bildern verdichten, aktive Suchbewegungen aus, deren eigentümliche Richtungstendenz ihren individuellen Charakter verrät. Wir sind dann von Ahnungen des uns Aufgegebenen oder in der Ferne auf uns Wartenden erfüllt. In den ersten Lebensjahren ist dies geradezu die existenzielle Grundbefindlichkeit. Obwohl kleine Kinder noch nicht darüber reflektieren können, nehmen sie in viel höherem Grade als die Erwachsenen fortwährend «Zukunft vorweg». Das erwartungsfreudige, fragende, tastende Zuleben auf schon anwesendes (!) Künftiges ist ihr Lebenselement. Später sind wir in Gefahr, Gefangene unserer Vergangenheiten zu werden. Dann verkümmert der Sinn für den Realitätscharakter dessen, was «aus dem Jenseits der Entwürfe» *einleuchtet.*[12]

Fassen wir Sperrys Standpunkt noch einmal zusammen: In jeder Einzelbiografie wiederholt sich gewissermaßen die menschheitlich-bewusstseinsgeschichtliche Dynamik, die zur schrittweisen Emanzipation von den natürlichen Lebensbedingungen geführt hat. Kultur bezwingt Natur. Zwar wird der dialektisch-materialistische Grundsatz, das Sein – in diesem Fall das Gehirn – bestimme das Bewusstsein, nicht grundsätzlich verworfen, aber de facto vollziehe sich eine immanente Revolution. Im Bild gesprochen: Der Diktator setzt, kaum inthronisiert, sogleich alle Hebel in Bewegung, um seinen eigenen Sturz in die Wege zu leiten: Das Gehirn muss sich dem aus ihm hervorgetriebenen Geist unterordnen. Die Neurochemie «gehorcht» der Individualität. Diese ist «mehr und anders» als ihre stoffliche Grundlage und verfügt über die Kapazität, formend auf sie zurückzuwirken. Die entsprechenden Gestaltungsimpulse sind nicht determiniert. Sie ergeben sich vielmehr aus lebendigen, interaktiven Prozessen: Der Mensch erwacht an der Welt. Die frei gewordenen, individuell verfügbaren Kräfte treten in eine schöpferische (und das heißt immer auch: konflikthafte) Wechselbeziehung mit den Gegebenheiten.

Sieht man alles zusammen, dann resultiert nach der Emergenzhypothese die Wesensart eines Menschen *nicht* aus der Beschaffenheit seines Gehirns, sondern umgekehrt. Was anlagebedingt vorgegeben war, verändert sich in lebensgeschichtlichen Wandlungen durchgreifend. Indem das Gehirn den Geist gebiert, beginnt eine paradoxe Dynamik, die dazu führt, dass bald schon die Folge über die Ursache triumphiert.

Gewiss, das alles wirkt etwas mutwillig. Die Theorie hat logische Schwächen und wird dadurch angreifbar. Sie wäre schlüssiger, wenn Sperry die zur Ursache mutierende Folge *gleich* als Ursache gesetzt hätte. Francis Crick (1997) meint säuerlich: «Es fällt mir schwer, mit dieser Art zu denken etwas anzufangen.» (Crick ist Nobelpreisträger für Medizin und Materialist reinsten Wassers. Er verkauft die abgegriffene Geschichte, das so genannte Individuum sei «nichts weiter als ein Bündel Neurone», unter dem Titel «astonishing hypothesis» als sensationelle Neuheit – mit durchschlagendem Erfolg.) Man könnte, wenn man übel wollte, Sperrys Vorschlag als faulen Kompromiss bezeichnen. Aber ich finde, das wäre ungerecht. Immerhin verdanken wir ihm einen interessanten Versuch, das eingleisige Kausalitätsprinzip zu überwinden. Seine Motive gingen weit über den fachlichen Diskurs hinaus. Schon 1952 äußerte er, in Anerkennung seines Modells würden sich «die moralischen Implikationen der Wissenschaft von Grund auf ändern». Deutlich stand ihm vor Augen, dass die humanistische Ethik jederzeit mit stichhaltigen Argumenten als Hokuspokus hingestellt werden kann, solange ihr Dreh- und Angelpunkt, das Postulat der unantastbaren – besser gesagt: bedingungslos zu respektierenden – *Würde*, nicht durch eine Theorie gedeckt ist, die mit der geistigen Individualität ernst macht. Letztere bleibt allerdings auch in Sperrys Sicht eine abgeleitete, irgendwie aus wesenlosen Bestandteilen resultierende Größe, und hier liegt die Schwäche seines Modells.

Eccles war diesbezüglich konsequenter. Für ihn stand der Primat des Geistes außer Frage. Ich glaube, dass man seinen dualistischen Interaktionismus (s.o.) falsch versteht, wenn man sich an dem Wort «dualistisch» festhakt und ihm vorwirft, er sei im Cartesianismus stecken geblieben. Vielmehr hat er, teilweise sehr überzeugend, versucht, die alte Weisheit zu aktualisieren, dass der Mensch auf qualitativ unterschiedlichen Seinsebenen agiert, von denen die physisch-leibliche nur *eine* ist. Seit den siebziger Jahren bezog er sich auf die von Popper entwickelte Drei-Welten-Theorie. Sie stellt, wie der Name schon ausweist, kein cartesianisch-dualistisches, sondern ein trinitarisches Modell dar und besagt, dass wir uns erstens in einer Welt der physikalischen Objekte und Zustände, zweitens in einer Welt der subjektiven Erfahrungen und Seelenzustände, drittens in einer übergeordneten geistigen Sphäre bewegen. (Dort wurzelt auch unser schöpferisches Vermögen.) Unter Verwendung eines Zitates von Charles Sherrington stellte Eccles jedoch klar: «Die ganze Vielfalt des Selbst geht (letztlich) in einer Einheit auf.» Der dualistische Interaktionismus ist, genau besehen, eine *Dreigliederung*, und diese wiederum erweist sich als spiritueller Monismus, auch wenn Eccles diesen Begriff nicht verwendet.

Trotz einiger Missverständnisse scheinen sich Sperry und Eccles gegenseitig respektiert zu haben. Jedenfalls ging Eccles, der nicht mit Rundumschlägen gegen Andersdenkende sparte, bemerkenswert nachsichtig mit dem Kollegen um. Die Möglichkeit einer übernatürlichen Veranlassung wurde von Sperry, wie schon erwähnt, zwar zurückgewiesen, aber er argumentierte oftmals so, dass dieser Vorbehalt nur noch pflichtschuldig wirkte. Eccles hingegen trat ganz unerschrocken «idealistisch» auf und versuchte die erkenntnistheoretische Unhaltbarkeit der Annahme nachzuweisen, (Selbst-)Bewusstsein entstehe aus Materie. Alle Konzepte, behauptete er, die kein «geistiges Selbst» als übergeordnete Steuerungsinstanz gelten lassen, müssten an ihren immanenten Widersprüchen scheitern. Er verstand sein Werk als «Herausforderung für alle Materialisten». Zwar finden sich auch bei ihm Formulierungen, die man als halbherzige Zugeständnisse an den Darwinismus lesen kann, doch im Kern ging es ihm um die Verteidigung und Aktualisierung der Schöpfungsidee – via Hirnforschung: «Es ist die Gewissheit des inneren Kerns einer einzigartigen Individualität, die keine andere Lösung als eine ‹göttliche Schöpfung› zulässt.»

Andrew Newberg (2002), Neurologe an der University of Pennsylvania/USA, nahm Hirnstrommessungen bei betenden und meditierenden Menschen vor. Dabei entdeckte er, dass in dem Zustand, der als Gottnähe erlebt wird, ein charakteristisches Bild entsteht. Gott sei also keine Schimäre, sondern der Name für eine bestimmte Art des Wahrnehmens. «Vielleicht hat es einen Sinn, dass unser Gehirn solches vermag», spekuliert Newberg. «Denn wenn es einen Gott gibt», so handelte er «vernünftig», als er beschloss, «das Gehirn so zu konstruieren, dass wir (mit ihm) in Interaktion treten können.» Das hätte Eccles vermutlich gefallen.

Jeder ist sein eigener neuronaler Plastiker und bearbeitet das ihm gegebene Material so, wie es seinen individuellen Neigungen entspricht.

Einwände gegen das biozentrische Menschenbild

Dass die Gehirn-Geist-Debatte unser Thema direkt berührt, ist offensichtlich. Hans von Lüpke (2000) zieht die «aus der medizinischen Tradition (stammende) Annahme» in Zweifel, dass beim Zusammentreffen einer psychischen Auffälligkeit und einer organischen Abweichung dem Organbefund in der Regel eine ursächliche Bedeutung zuzuschreiben sei. Indem bestimmte «Zusammenhänge ... als selbstverständlich vorausgesetzt und daher gar nicht erst diskutiert werden», kommen seiner Meinung nach «schwerwiegende Fehlschlüsse ... zustande». Simple Erklärungsmodelle wie die Zurückführung so genannter Aufmerksamkeitsdefizite auf eine vererbte Fehlregulation im Transmitterbereich verdanken ihre Meinungsführerschaft nicht zuletzt der Tatsache, dass originellere und differenziertere Denkansätze zum Gehirn-Geist-Problem an den Rand gedrängt werden. «Materialistische Lösungen versagen (darin), unsere erfahrene Einzigartigkeit zu erklären» (Eccles 1989). Man versucht, kindliche Verha ltensauffälligkeiten unter Ausklammerung des im Verhalten sich kundgebenden Subjekts zu deuten. Solange wir auf biologische Vorgänge fixiert sind, befinden wir uns sozusagen noch unterhalb der Repräsentationsebene des Subjekts. Aber auch wenn Umweltwirkungen in die dominant biologische Argumentation einbezogen werden, bleibt der Subjektbegriff im Ungefähren. Genau dieser Begriff könnte jedoch, konsequent gefasst, das so genannte ADS in einem ganz anderen Licht erscheinen lassen.

Nach Jean Piaget und Bärbel Inhelder (1978) eignet dem Menschen eine durchaus rätselhafte Fähigkeit zur «Selbstregulierung», die es zu erforschen (statt permanent zu leugnen) gälte. Die Autoren fragten damals: «Warum fürchtet man sich davor, dem Subjekt operative Strukturen (im Kontext ein anderer Ausdruck für Kompetenzen, H.K.) zuzuschreiben», die zwar als solche «unbeobachtbar» sind, aber doch keinem Zweifel unterliegen, da sie «ein ständiges Auswählen ..., ein ständiges Erobern des Möglichen» erlauben und «in den höchsten Errungenschaften des menschlichen Geistes gipfeln?» Eccles (2000) gab die Antwort: «Materialisten haben (einen) Horror vor dem Bewusstsein.» Daher rührt ihr Lieblingsbegriff «Funktionsstörung». Das ADHD-Konstrukt ist ein Musterbeispiel dafür, wie aufgrund der Weigerung, sich vorurteilslos auf Bewusstseinsphänomene einzulassen, aus einer «spezifischen Kompetenzstruktur» (Jantzen 2001) ein Krankheitsbild gezimmert wird. Auch Manfred Gerspach (1998) hält die Fixierung auf Hirnfunktionsstörungen für irreführend. «(Solche) Erklärungsversuche verstehen nicht den subjektiven Sinngehalt und fragen auch erst gar nicht danach.» Indem wir Verhaltensauffälligkeiten «auf Verschaltungsprobleme des Hirns reduzieren», ignorieren wir, so Gerspach, «die konkreten Bedeutungsvollzüge. Die Betrachtung des Bedeutungsaspekts (aber) wirft uns unentrinnbar auf den Beziehungsrahmen ... zurück.»

Um Missverständnissen vorzubeugen: Nicht nur die Eltern bilden den «Beziehungsrahmen»! Eine Fülle von außerfamiliären Einflussfaktoren sind in Betracht zu ziehen, wenn man versuchen will, ungewöhnliche kindliche Verhaltensweisen unter dem Gesichtspunkt des *Antwortens auf die Welt* zu verstehen. Einige Autoren, die das neurobiologische Deutungsmuster anzweifeln, tappen flugs wieder in die Elternbeschuld igungsfalle (sehr lehrreich in diesem Zusammenhang: Beckmann 1999). – Gerspach wundert sich, warum ausgerechnet in der Diskussion über so genannte aufmerksamkeits- oder teilleistungsgestörte Kinder die längst bekannte Tatsache, dass es «eine wechselseitige Beeinflussung zwischen Gehirnfunktionen und Änderungen des Verhaltens (gibt,) nicht beachtet wird». Bedenken wir dabei: *Menschliches* Verhalten ist stets in einem sozialen Kontext zu «lesen» und besteht bei weitem nicht nur aus unwillkürlichen Reaktionsmustern, sondern schließt alles ein, was aus Spiel- und Erkundungsfreude, Kommunikations- und Gestaltungslust, Sorge und Verantwortung, kurz: ohne Nötigung und in freier Zuwendung geschieht.

Die Reziprozität zwischen Gehirn und Verhalten kann also nicht als Automatismus beschrieben werden. Vielmehr lässt sich, so Eccles (2000), nachweisen, dass «das Selbst auf die Ereignisse im Neokortex (das ist der entwicklungsgeschichtlich jüngste Teil der Hirnrinde, der die beiden Hirnhälften bildet, H.K.) subtil und verständig einwirken und sie beeinflussen kann».

Die Vorstellung, wir seien gewissermaßen von einem Computer im Kopf gesteuert, ist zwar ein wissenschaftsfeuilletonistischer Evergreen, aber in Fachkreisen hängt ihr kaum mehr jemand an. Das gilt auch für Forscher, denen es nicht einfallen würde, ein autonomes Selbst in Betracht zu ziehen. «Bücher, die von (maschinenartigen) Gehirnmodellen handeln, bieten keine Hilfe. Viel eher versperren sie den Weg zur wissenschaftlichen Erfassung des Gehirns als Organ des menschlichen Geistes», befand schon Lurija (1998). In den meisten Büchern zur ADS-Thematik wird die Neurobiologie jedoch unverkennbar vor dem Hintergrund eines grob vereinfachenden Maschinenmodells abgehandelt. (Die Autoren sind keine Neurologen. Sie lesen sich ein bisschen Neurologie aus zweiter oder dritter Hand an. Das klingt dann sehr gelehrt.) Ähnlich wie Lurija äußert sich Damasio (2001), ein glühender Materialist vor dem Herrn, aber (das muss man ihm lassen) keiner von der verbiesterten Sorte. Er lässt durchblicken, dass er die Kollegen, denen es unmöglich erscheint, das Rätsel des Geistes jemals im Hirnforschungslabor zu lösen, gut verstehen kann. Denn das Nervensystem ist ein schier unergründliches «Supersystem aus Systemen» und die Entstehung von Bewusstsein im Zusammenspiel zwischen Neuronen, Lebensprozessen und Umwelteinflüssen in der Tat höchst mysteriös. «Wahrscheinlich sollten wir gar nicht von einem Problem sprechen, sondern von einem Geheimnis.» Er sei allerdings zuversichtlich, dass die Naturwissenschaft den Fall eines Tages lösen werde.

Auch Hans von Lüpke (2000) weist in einem kritischen Beitrag zum ADS auf die unerhörte Komplexität des Gehirns und den noch sehr dürftigen Kenntnisstand der Wissenschaft hin. (Er zeigt in diesem Zusammenhang auf, wie wenig fundiert die Dopaminmangelhypothese ist. Gleichwohl dient sie als Rechtfertigungsgrundlage für die Vergabe von möglicherweise gefährlichen Medikamenten an Millionen Kinder.) Zwar geistern immer noch unpassende Metaphern wie «intelligente Maschine» (Rubner 1999) in der populärwissenschaftlichen Literatur herum, aber man weiß doch heute zumindest, dass die Entwicklung des Gehirns in hohem Maße mitbestimmt wird von allem, was wir im Wechselverkehr mit der Welt erleben und tun. Die Fundis unter den Behavioristen beharren darauf, dass es sich hierbei um nichts anderes als unwillkürliche Reiz-Reaktions-Mechanismen handle. Das «Ich» in der so genannten Ich-Welt-Beziehung sei pure Einbildung. Diese Leute «untersuchen das Verhalten, also Handlungen, übersehen dabei aber … die schöpferische Qualität des Handelns», bemängelte schon Piaget (1987). «Es gibt (jedoch) zwischen der Ebene der vererbten Merkmale und der des Erwerbs von Eigenschaften infolge von Umwelteinflüssen noch eine Ebene der Selbstregulierung …, die eine wichtige Rolle in der Entwicklung spielt.» Wir haben demnach kein Recht, automatisch «als angeboren zu betrachten, was nicht durch exogenes Lernen zustande gekommen ist».

Immer mehr namhafte Hirn- und Entwicklungsforscher bestätigen, dass beim Menschen im Unterschied zu den Tieren eine bislang unbekannte Kraft im Spiel sein muss, die auf geheimnisvolle Weise das Identitätserlebnis oder eine entsprechende Illusion hervorruft und nicht ohne weiteres – aber, wie man hofft, letztlich vielleicht doch – aus dem Zusammenwirken von Erbfaktoren und Umweltprägungen erklärbar ist. (Apropos Illusion: Jemand soll mir mal erklären, welchen Unterschied es macht, ob ich ich bin oder mir einbilde, es zu sein.) Damasio (2001) spricht von einem «Drittkraft-» oder «Metaselbst-Komplex», der dafür sorgt, «dass die meisten unserer Erfahrungen eine gleichbleibende Perspektive haben». Das Problem ist nur: Unter rein physiologischen Gesichtspunkten dürfte es nichts dergleichen geben. Niemand hat bisher auch nur die Spur eines organischen Korrelats dessen gefunden, was im Seelenleben als «Ich» erscheint. Es erscheint aber. Hier klafft die «Erklärungslücke der Neurowissenschaft» (Horgan 2000). Ob das Rätsel im Rahmen des biozentrischen Menschenbildes zu lösen sein wird oder nicht, ist die eigentliche Streitfrage. Damasio hält es, wie gesagt, für möglich. Wenngleich er einräumen muss: «Der wahrhaft verkörperte Geist, den ich im Sinn habe, gibt keineswegs seine höchsten Funktionsebenen preis – jene Ebenen, die wir unter dem Begriff Seele zusammenfassen.»

Eccles war entschieden der Meinung, wir seien «gezwungen, die Einzigartigkeit des Selbst oder der Seele auf eine … spirituelle Schöpfung zurückzuführen.» Ich erwähnte Wilder Penfields inzwischen bestätigte Annahme einer nicht gehirngebundenen Postexistenz des Geistes. Die von Sam Parnia und Peter Fenwick vorgelegten Ergebnisse sind, anders als frühere narrative Studien (z.B. Moody 1989), wissenschaftlich abgesichert und legen den Schluss nahe, dass in gewisser Hinsicht «Bewusstsein und

Gehirn unabhängig voneinander bestehen» (Fenwick). Natürlich bilden sie in der Lebenswirklichkeit eine Einheit. Aber es sind verschiedene Qualitäten, die sich da zu einer Einheit verbinden. Körper und Geist ergeben zusammen den geisterfüllten Körper oder «wahrhaft verkörperten Geist», wie Damasio sagt. Das ist sozusagen der Minimalkonsens zwischen Materialisten und Idealisten.

Was aus dem Körper wird, wenn ihn der Geist verlässt, ist geklärt: Er zerfällt. Was aus dem Geist ohne Körper wird, weiß niemand. Dass es jedoch legitim ist, danach zu fragen, lässt sich nun nicht mehr bestreiten. Mit dem Nachweis postexistenter Phänomene ist das Tor aufgestoßen, um auch nach einer *prä*existenten Dimension zu fragen, wie es Eccles implizit getan hat. Er kann mit seinem Hinweis auf eine «spirituelle Schöpfung» eigentlich nichts anderes gemeint haben, als dass sich jene unerklärliche Kraft, die später «erfahrene Einzigartigkeit» wird, im biologischen Zeugungsakt gleichsam *hereinsenkt*. Ein fast schon vergessenes Bild aus der christlich-esoterischen Tradition könnte wieder zu Ehren kommen: die Inkarnation (Verkörperung) des Geist-Keimes oder göttlichen «Funkens». Das ist nicht so weit hergeholt, wie man vielleicht glauben möchte. Der 1989 verstorbene geniale Querdenker Ronald D. Laing führte den Inkarnationsbegriff expressis verbis in die Psychiatrie ein. Vermutlich verdankte er die Idee seiner intensiven Beschäftigung mit östlichen Weisheitslehren. Er sah den Menschen in einem ständigen Zwiespalt zwischen dem Wunsch nach «geistigem Bei-sich-selbst-Sein» und «Im-Leibe-Wohnen», worauf er viele seelische Konflikte zurückführte. Die so genannten psychiatrisch Kranken seien oftmals nicht bereit oder fähig, sich vorbehaltlos – so heißt es wörtlich – zu «inkarnieren».

Kein anderer hat diese Grundgedanken so konsequent verfolgt wie Rudolf Steiner. «Danach frägt man immer wieder und wieder: Was setzt sich fort, wenn der Mensch stirbt? Danach aber frägt man wenig: Was setzt sich fort, wenn der Mensch geboren wird?» (GA 296) Er legte allen Pädagogen ans Herz, «hinzuschauen auf den vorgeburtlichen Menschen (und) zu empfinden ... das Rätsel der Geburt».[13] Als verborgene Seite des Geburtsgeschehens und der Entwicklungsjahre beschrieb Steiner das Sich-Einwohnen in die Leiblichkeit, den «Inkarnationsprozess». Ähnliche Äußerungen sind von Maria Montessori (1987) überliefert: «Der Menschengeist muss Fleisch werden, um den Weg ins Dasein zu erschließen, ... und dieser Vorgang ... stellt das erste Kapitel im Leben eines Kindes dar. Somit muss es im Kinde ein Seelenleben geben, das ... früher da ist als jeder wahrnehmbare Ausdruck.» James Hillman (1998) schreibt: «Das bildhafte Leben fragt nicht nach der Familiendynamik oder den Erbanlagen. – Jeder von uns ... ist in die Welt gerufen worden. – Ohne eine Theorie, die dem Kind von Anbeginn den Rücken stärkt, und ohne eine Mythologie, die das Kind mit dem verbindet, was ihm vorausgeht, betritt (es) die Welt als bloßes Produkt, ungeplant oder geplant, aber ohne ... Authentizität.»

Ich habe mich zu dieser Thematik in verschiedenen meiner Bücher ausführlich geäußert und immer versucht, es so zu tun, dass kein kritisch denkender Mensch davor zurückschrecken muss. Dies soll hier nicht wiederholt werden. Ich bin jedoch sicher, dass die Erklärungslücke der Neurowissenschaft niemals durch eine neurologische Entdeckung zu schließen sein wird, denn «durch die Lücke in der Vererbung senkt sich das wahre Ich in den Organismus» (Georg Kühlewind).

Niemand hat bisher auch nur die Spur eines organischen Korrelats dessen gefunden, was im Seelenleben als ‹Ich› erscheint. Es erscheint aber.

Bedeutungsweltschöpfung

Wie immer man das Individuell-Einzigartige deuten mag – es verrät seine Anwesenheit, noch bevor es als «Ich» zur Sprache kommt. Im kindlichen Eigen-Sinn liegt der Schlüssel. Achten wir auf frühe Andeutungen von Interessenschwerpunkten (bevorzugte Objekte der Neugier, Nachahmungspräferenzen) und erste Anzeichen wählerischen (selektiven) Verhaltens einschließlich der Gunstverteilung im zwischenmenschlichen Bereich. Achten wir auch auf Weigerungen oder Zurückhaltungen, ohne sie vorschnell als Defizite zu bewerten. Die innere Führung äußert sich zuweilen «in Wutanfällen und Starrsinn, in Schüchternheit und Zurückgezogenheit», schreibt Hillman (1998). Etwas «scheint das Kind gegen unsere Welt (oder gegen manches, was wir für normal und angemessen halten, H.K.) einzunehmen. Doch es könnten auch Schutzmaßnahmen jener Welt sein, mit der und aus der es kommt.» Und achten wir schließlich auf den unverwechselbaren, in *Feinheiten* des Verhaltens sich offenbarenden «Bewegungsstil» (Hillman) des Kindes. «Andacht zum Kleinen»

(Steiner, GA 317) ist der Weg, um hierfür auffassungsfähig zu werden. Dann zeigt sich, wie es Hillman ausdrückt, dass «Kinder ... den besten Beweis für eine Psychologie der Vorsehung (liefern)». Es sind «die alltäglichen Wunder, durch die die Zeichen des Charakters zum Vorschein kommen».

«Eine häufige und auf den ersten Blick plausible Antwort (auf das Ich-Rätsel, H.K.) ist die Versicherung, der bestimmende Faktor sei die Einzigartigkeit der im Laufe des Lebens gesammelten Erfahrungen», schrieb Eccles (2000). Zwar sei er «gerne bereit, (dies) zuzugeben», aber der Hinweis auf die Erfahrungsgestalt erkläre noch lange nicht, warum «bei allem Druck der Umstände» und «so extrem die Veränderungen auch sein mögen» im Zentrum des Geschehens «immer dasselbe Selbst» steht – von der Wiege bis zum Sterbebett. Die Tatsache, dass es «unmöglich (ist), ein Selbst auszulöschen und ein neues zu schaffen», interessierte Eccles tief. Und dass ein Selbst unmöglich aus dem Zusammenspiel noch so vieler Nicht-Selbst-Faktoren entstehen kann, stand für ihn außer Zweifel.

Kommen wir auf die *Bedeutungen* zurück. Was Gerspach (1998) als «konkrete Bedeutunsgvollzüge» bezeichnet, muss irgendwie mit dem Rätsel des Eigen-Sinns zusammenhängen. Wir betreten die Welt offenbar mit einer Ur-Frage. Sie lautet: Was bedeutest *Du* für mich? Im Bewusstsein des kleinen Kindes gibt es nichts, was nicht Du wäre. Ihm offenbar sich «die Welt als Du» (Buber 1998) – oder sie offenbart sich ihm nicht. Und erstaunlicherweise ist auch die Urteilsfähigkeit von Anfang an keimhaft vorhanden: *Sofort* beginnt das Kind, zwischen mehr oder weniger bedeutsamen Dingen und Ereignissen zu unterscheiden. Mag sein, dass die Gene hierbei einen Rahmen abstecken, aber sie sind beim besten Willen nicht in der Lage, Unterscheidungen zu treffen. «Die Bedeutung ist es, die Wachstums- und Vernetzungsprozesse im Zentralnervensystem organisiert, auf der molekularen Ebene, auf der Ebene der Synapsen und ... Zellstrukturen», schreibt von Lüpke (2000) unter Berufung auf einschlägige Publikationen jüngeren Datums (u.a. Roth 1999 und Deneke 1999).

Nun kann allerdings eine Bedeutung nichts tun. Sie wird erkannt bzw. verliehen. (Das ist in diesem Fall kein Widerspruch.) Wer aber verleiht bzw. erkennt Bedeutungen? Es bleibt uns nichts anderes übrig, als zu antworten: das Individuum. Drücken wir uns also präzise aus: Das *Individuum* organisiert Wachstums- und Vernetzungsprozesse im Zentralnervensystem, indem es sich seine Bedeutungsrealität schafft. Über diesen Vorgang lässt sich bislang nichts Genaueres sagen, als dass er erstens gleich nach der Geburt einsetzt und zweitens von Anfang an einem – freilich noch unbewussten – individuellen Wahl- und Bewertungsmodus folgt, der nicht «erlernt» sein kann, da er bereits die ersten Lernschritte lenkt.[14] Sperrys «downward causation» hat, wie mir scheint, gute Aussichten, doch noch als Arbeitsbegriff zu Ehren zu kommen. Dabei wird die Tatsache für Verwirrung sorgen, dass das «von oben eingreifende» Selbst als der, wie es bei Popper und Eccles (1982) heißt, «aktive Programmierer des Gehirns» offenbar kein Resultat dieser oder jener Entwicklungsschritte ist, sondern, zumindest keimhaft, zur Grundausstattung des Menschen gehört. Charakteristische Ich-«Funktionen» (ich würde lieber von Kompetenzen sprechen) sind zweifellos schon beobachtbar, bevor die Selbstreflexionsfähigkeit einsetzt und das Kind «ich» zu sich *sagt*.

Gerald Hüther (2001) schreibt: «Jedes Kind ist einzigartig und verfügt über einzigartige Potenziale zur Ausbildung eines ... zeitlebens lernfähigen Gehirns.» Der Autor setzt die Unwiederholbarkeit der Person wie eine Naturtatsache voraus (worüber ich mich freue), verrät aber nicht, worauf er das Phänomen zurückführt. Man könnte es mit der folgenden simplen Erklärung versuchen: Eineiige Zwillinge ausgenommen, liegt rein rechnerisch die Wahrscheinlichkeit, dass am Ende der Evolution zwei – natürlich geborene – Menschen mit identischer DNA gelebt haben werden, bei Null (vgl. Hillman 1998, Plomin u.a. 1990, Eccles 2000). Anders ausgedrückt: Jeder kommt mit einem nie dagewesenen und nie wiederkehrenden genetischen Bausatz zur Welt. «Die erfahrene Einzigartigkeit» wäre demnach das «Ergebnis einer ... genetischen Lotterie», spöttelte Eccles. Mutter Natur würfelt, und jedes Mal fallen die Zahlen anders. Das Übrige besorgt die Umwelt.

Kann man sich damit zufrieden geben? In diesem Zusammenhang sei erwähnt, dass aus der Zwillingsforschung wieder einmal Neuigkeiten zu vermelden sind. Daten des Münchener Max-Planck-Instituts für psychologische Forschung zwingen dazu, den genetischen Einfluss auf die Persönli chkeitsentwicklung stark zu relativieren. Die berühmte Minnesota-Studie (1979) hatte eine jahrzehntelange Diskurshoheit der Bio-Deterministen begründet. Nun präsentieren die Münchener Forscher zahlreiche Beispiele von eineiigen Zwillingen mit völlig unterschiedlichen Lebensläufen, Neigungen, Gewohnheiten, Einstellungen und so weiter. Schon als Kinder wichen sie deutlich voneinander ab. Verhaltenssynchronizitäten in den ersten Lebensjahren sind höchstwahrscheinlich auf einen Nachahmungseffekt mit zwillingstypischer Rollenverteilung zurückzuführen.[15] Bereits frühere Untersuchungen (Plomin u.a. 1990) hatten ergeben, dass die genetische Identität nicht etwa das Seelenleben von Zwillingen gleichschaltet, sondern – genau andersherum – in dem Maße, in dem «psychische Faktoren einfließen, ... die Übereinstimmung abnimmt» (Hillman 1998).

Damit bestätigt sich, was im Grunde längst bekannt ist: Die angeborene Beschaffenheit des Gehirns legt den Menschen in keiner Weise fest. (Wir sehen von schweren Handicaps ab; darüber müsste gesondert diskutiert werden. Ich erinnere daran, dass das so genannte ADS nachweislich *nicht* auf strukturellen Anomalien beruht.) Niemand weiß mit Sicherheit, ob geringfügige *funktionelle* Normabweichungen, wie sie bei hyperaktiven Kindern unter Laborbedingungen gemessen werden, vererbt sind. Aber selbst wenn dem so wäre, hätten wir es nicht mit einer genetischen Programmierung (oder gar *Fehl*programmierung) zu tun, sondern mit einer maximal gestaltungsoffenen physiologischen Ausgangslage ohne zwingende Konsequenzen für die Entwicklung der Persönlichkeit und des Verhaltens. Die ADD-Debatte krankt an einer teilweise grotesken Überschätzung der determinierenden Macht subtiler Besonderheiten des Stoffwechsels in der frühen Kindheit. Es muss andere Gründe dafür geben, dass sich die kleinen Außenseiter hartnäckig und durchhaltend weigern, «normal» zu werden. Wenn sie wollten, wäre es ihnen ein Leichtes, ihre Gehirne umzustellen. Aber sie wollen nicht. Dunn und Plomin (1996) haben gezeigt, dass biologische «Anfangskonditionierungen» in viel höherem Maße «empfindlich abhängig», d.h. von der seelischen Ebene her beeinflussbar sind, als man bisher annahm. Die «genotypischen Instruktionen», so Eccles, sagen sehr wenig darüber aus, was sich «phänotypisch» herausbildet. Auch Hüther betont, dass menschliche Gehirne insofern eine Ausnahmestellung in der Evolution einnehmen, als ihr Aufbau «nur noch in jenen Bereichen durch genetische Programme vorbestimmt wird, die für das Überleben unbedingt erforderlich sind.» Alles andere unterliegt nicht dem «Bios der Biologie», sondern dem «Bios der Biografie», wie es Hans Tellenbach (1985) einmal ausdrückte. «Das biologische Schicksal ist für die menschliche Freiheit das jeweils erst noch zu gestaltende Material» (Frankl 1994). Es bleibt fanatisierten Deterministen vorbehalten zu bestreiten, dass Biografie mehr und etwas anderes sein muss als die Geschichte einer durch Umwelteinflüsse sich formenden (oder *ver*formenden) genetischen Rohmasse, nämlich – zumindest – auch eine Geschichte der individuellen «Bedeutungsweltschöpfung» oder, wie es bei Frankl heißt, des Freiseins zur «Stellungnahme gegenüber … den (vorgefundenen) Bedingungen».

Wer oder was befähigt uns, die Bedingungswelt zur Bedeutungswelt aufzulichten, d.h. zur Beziehungswelt, zur Welt der Qualitäten und Werte? Die Gene? Sind *sie* es, die Zusammenhang schaffen, Beziehungen knüpfen, Sehnsucht nach Freiheit, Liebe und Sinnerfüllung entzünden, «stilbildend» wirken und ich zu sich sagen? Ist der erste Blickwechsel mit einem neugeborenen Kind – man muss diesen verzaubernden Moment erlebt haben, um mitreden zu können – ein Blickwechsel mit Genen? Oder mit vegetativen Prozessen? Der hart gesottenste Materialist wird sich des flauen Gefühls nicht erwehren können, dass es Unsinn wäre, darauf mit Ja zu antworten. Frankl charakterisiert es so: «Die Eltern geben bei der Zeugung ... die Chromosomen, aber sie hauchen nicht den Geist ein, (und) selbst der Leib des Menschen ist immer schon von dessen Geist geprägt.»

Mit wem oder was kommuniziert der Erzieher?

Die Erbmasse ist passiv, sie «macht nichts», lautet eine trockene Klarstellung des Genetikers Richard Lewontin (2000). Vielmehr bildet sie einen provisorischen Rahmen, den Hans Müller-Wiedemann (1994) als «gestaltbegrenzend» definierte. Nach Frederik Turner (1999), der eine Erneuerung des Menschenbildes im Dialog mit der Quantenphysik anstrebt, sind die Gene am ehesten mit «Schleusen» vergleichbar. Er bietet das Bild an, dass durch diese Schleusen – als ertönte ein Ruf aus der Zukunft – «die Entwicklung ihrem Ziel entgegenjagt», gezogen von «seltsamen Attraktoren» (Anziehungspunkten) am Lebenshorizont. Wenn ich ihn recht verstanden habe, will er darauf hinaus, dass sich in der Bewusstseinsentwicklung auf einer bestimmten Ebene Ursache und Wirkung umkehren. (Astrophysiker sind mit solchen Paradoxien vertraut; eine informative Einführung gibt von Bayer 1997.) Das noch zu Verwirklichende strahlt ins Heute ein. Etwas zunächst Unbestimmtes, das sich wie Verheißung anfühlt, lockt uns aus der Ferne (und in die Ferne), und wenn wir versuchen, es zu bestimmen, sprechen wir von Werten oder Idealen. Das Aufregende an Turners Ausführungen ist, dass er diese «utopischen Felder» nicht metaphorisch aufgefasst wissen will, sondern darüber spekuliert, ob ihnen eine reale Existenz zuzusprechen sei. Wenn ja, wäre nicht das Genom geistig-seelisch entwicklungsbestimmend, sondern eine «extragenetische Matrix» (Paul Weiß, zitiert nach Müller-Wiedemann a.a.O.), die wir uns, Turner zufolge, als umgekehrte (in der Zukunft liegende) Verursachung vorzustellen hätten. «Es ist ... nicht einfach ein Haufen Genmaterial, der Einzigartigkeit erzeugt, sondern die *Art*, (wie sich) eine besondere ... Konfiguration bildet», schreibt Hillman und riskiert dann die verblüffende Aussage: «(Diese) Konfiguration ist das Los, das die Seele wählte, noch bevor (der betreffende Mensch) den ersten Atemzug tat.» Wie, wenn sich jeder von uns, ehe er die Erde betrat, ins «Jenseits der Entwürfe» (Lévinas) hinausvisioniert hätte und zeitlebens diesem Bild – also sich selbst – nachstrebte?

Wie auch immer: Mit Sicherheit übt die DNA keine aktive Steuerungsmacht im Bereich der seelischen und geistigen Entwicklung aus. Das biografische Subjekt zeigt wenig Neigung, sich von den Erbeinflüssen mütterlicher- und väterlicherseits domestizieren zu lassen. Vielmehr spüren wir alle in uns den Wunsch und das Vermögen, Souveränität zu gewinnen gegenüber dem, was uns zunächst mitgegeben ist «aus der Generationenfolge heraus» (Steiner, GA 317). Viele große Lebensleistungen verdanken sich der «Trotzmacht des Geistes» (Frankl) gegen die anfänglich ihm auferlegten biologischen und sozialen Beschränkungen. «Ich bin durchaus mein eigenes Geschöpf», notierte J. G. Fichte. «Ich wollte nicht Natur, sondern mein eigenes Werk sein, und ich bin es geworden dadurch, dass ich es wollte.» (Manchmal dient es dem Fortschritt, sich zu den großen Gestrigen zurückzuwenden.) In der «Lücke» zwischen Genen und Umwelteinflüssen waltet jener Eigen-Sinn, der – Eccles' Credo – hauptmaßgeblich für die Gehirnentwicklung ist. Bedeutungsweltschöpfung als Selbstfindung ist zugleich ein subtiles Gestaltungswerk, das «tief ... bis in das Biologische hinab eingreift» (Frankl). So wenig, wie die Gene das Gehirn bilden, tut es die Außenwelt. Beides sind irrige Ideen, und aus der Zusammenlegung zweier irriger Ideen wird keine vernünftige. Tatsache ist, dass die Außenwelt, wenn keine selbst regulierende (Piaget) Instanz *dazwischen*träte, das Gehirn nur deformieren würde. Der «neuronale Plastiker» ist das aktiv auf die Außenwelt bezogene, ihre Wirkungen teils zurückdrängende (verneinende), teils sich zu eigen machende (bejahende) Selbst. «Die vererbten Eigenschaften», sagte Rudolf Steiner, «(werden) so umgestaltet, dass der Mensch ... offen ist durch alle seine Sinne, durch seine Seele, durch seinen ... Geist für die Welt seiner Umgebung» (GA 305). Wer aber gestaltet das zunächst ihm Mitgegebene um? Wer öffnet sich und kommuniziert aktiv mit der Umgebung? Sogar Margret S. Mahler (1997), die akribisch die kleinkindliche Psyche erforscht hat, räumte ein, die Fähigkeit zum «Aufbau (von) Selbstrepräsentanz» bleibe «schwer fassbar», ja es sei genau genommen sogar «unmöglich, in auf Beobachtung beruhenden Untersuchungen ... dieses Erleben aufzuspüren». Aber auch wenn es uns nicht gelingt, den kindlichen Eigen-Sinn empirisch nachzuweisen, sind wir doch angehalten, ihn zu respektieren – auch in seinen unbequemen Äußerungsformen. Dann werden wir «die Schwierigkeiten der Kinder ... weniger als Entwicklungsstörungen denn als Wahrzeichen der Enthüllung begreifen» (Hillman 1998).

«Man lernt ja, wenn man das Kind beobachtet, nicht die Erde, man lernt den Himmel kennen. Und nicht bloß in den so genannten artigen Kindern. Bei den artigen Kindern (mag es sein), dass ihnen der Körper zu schwer wird. Schon im Kindesalter wird ihnen der Körper schwer. Der Geist kann ihn nicht recht in Empfang nehmen; die Kinder sind still, sie schreien nicht, ... sitzen viel, ... toben nicht. – Bei so genannten braven Kindern ist es oftmals so, dass der Körper dem Geiste Widerstand bietet. – In Kindern (hingegen), die nicht so brav sind, sondern die ordentlich toben, ... die einem Mühe machen, in denen regt sich der Geist, natürlich auf ungeschickte Art, denn er ist vom Himmel auf die Erde versetzt, aber er regt sich eben, (und) dabei erfährt (man), welches Martyrium zunächst der Geist durchmacht, wenn er in einen kindlichen Körper hinunterkommt» (Steiner, GA 311).

Die ADD-Debatte krankt an einer teilweise grotesken Überschätzung der determinierenden Macht subtiler Besonderheiten des Stoffwechsels in der frühen Kindheit.

Schluss mit der TÜV-Psychologie

Wenn ein Schüler nach mehreren Schuljahren «immer noch nicht lesen kann», schreibt Gerspach (1998), sollten wir uns, statt reflexartig «medizinische oder pseudomedizinische Begriffe zu verwenden», bemühen, «die heimliche Bedeutung» des Phänomens zu erfassen. Natürlich kann es sich dabei um eine *Last* oder ein *Leid* handeln. (Darauf legt Gerspach besonderes Gewicht.) Aber wir müssen, um Fehler zu vermeiden, auch in Betracht ziehen, dass eine als Unvermögen maskierte, tief berechtigte Verweigerung vorliegen könnte – ein «Wahrzeichen der Enthüllung» *dieser* kindlichen Individualität, deren noch unbewusst wirkender Genius womöglich etwas gegen das «rechtzeitige» (was heißt das schon?) Lesenlernen einzuwenden hat. Die damit umrissene akzeptierende Haltung schließt keineswegs aus, darüber nachzudenken, ob sich die Abwehrhaltung behutsam auflösen lässt. Denn manchmal verpasst ein Kind den Zeitpunkt, an dem es keine inneren Gründe mehr gibt, sich weiterhin zu sperren. Dies gilt vor allem dann, wenn das Unverständnis der Erwachsenen dazu geführt hat, dass die betreffende Leistung gewissermaßen traumatisch besetzt ist.

«Wenn wir von einem Entwicklungsdrang aus unserer Tiefe bestimmt werden», schreibt Verena Kast (1998), sind wir «weniger abhängig von äußeren Normen». Dies sei eine Art «Gesetzmäßigkeit». (Der Umkehrschluss ist erlaubt: Abweichungen von äußeren Normen sind oft als Hinweis darauf zu verstehen, dass der betreffende Mensch von einem «Entwicklungsdrang aus der Tiefe» bestimmt wird.) Für die Pädagogik dürfte es zukunftsentscheidend sein, ob die Gültigkeit dieser Sätze erkannt wird. Wir leiden heute unter einem geradezu gespenstischen Mangel an überschauenden Ideen, Respekt und Großzügigkeit im Hinblick auf Normabweichungen der kindlichen Entwicklung. Gleichzeitig werden wir – darin liegt die Brisanz – mit genau den Erscheinungen, die uns auf so beschämende Weise überfordern, immer stärker konfrontiert.

Um einen Ausweg aus dem Dilemma zu finden, flüchtet man sich in quasimedizinische Klassifizierungen und versucht auf diese Weise, «die irritierenden Phänomene … magisch zu bannen» (Gerspach 1998) Eine Reihe von wissenschaftlich ausgewiesenen Autoren stimmen darin überein, dass die neurobiologischen Defekzuschreibungen, die sich hinter Wortungetümen wie ADS, ADHD, Legasthenie, Dyskalkulie etc. verbergen, als «Konstrukte» mit einem ursprünglichen wahren Kerngehalt einzuschätzen seien. Bühler-Niederberger (2001) zeichnet in einer soziologischen Studie eindrucksvoll nach, wie solche Artefakte entstehen. Kurzreferat: Ein klar umrissenes, gravierendes Beschwerdebild, das zunächst bei verschwindend wenigen Menschen beobachtet wird, erhält einen Namen. Der nun entstandene Fachterminus wird im Laufe der Jahre unter dem Vorwand der Differenzierung immer breiter ausgelegt, zerfranst sozusagen an den Rändern, bis er auf eine alarmierend hohe Anzahl von Menschen zutrifft. Die nun entstandene imaginäre Epidemie ruft ein neues Spezialistentum auf den Plan. Das Syndrom fungiert gewissermaßen als Arbeitgeber und Prestige-Garant für immer mehr Fachleute (Therapeuten, Autoren, Forscher), eröffnet womöglich, wie beim ADHD geschehen, einen riesigen Absatzmarkt für Medikamente – und ist fortan unentbehrlich. Um das Konstrukt abzusichern, werden, so Jantzen (2001), «organisch von einer fiktiven Norm abweichende Befunde» vorgelegt. Die Öffentlichkeit ist beeindruckt und vergisst, dass solche Daten, selbst wenn sie einer näheren Prüfung standhalten, noch längst keine Krankheitszuschreibung rechtfertigen, sondern vor allem deshalb «als Indikatoren für Defekte gesehen werden», weil «ein soziales Interesse (daran) besteht». Exakt nach dem von Bühler-Niederberger aufgezeigten Muster etablierte sich das so genannte Aufmerksamkeitsdefizit-(Hyperaktivitäts-)Syndrom als Nachfolgeprojekt des ebenfalls auf die beschriebene Weise konstruierten, aber irgendwann nicht mehr haltbaren MCD-Syndroms.

Die Forderung nach einer konsequent subjektbezogenen Sicht- und Vorgehensweise ist nicht neu. Als Opposition gegen das «psychiatrische Klassifizierungswesen» mit seinem Hang zur Auferlegung «sozialer Kontrollen» (Szasz 1978) genoss sie in den sechziger, siebziger Jahren einige Popularität, wurde dann jedoch wieder zunehmend in die Defensive gedrängt. Niemand hat diese Position meines Wissens so pointiert vertreten wie der eben erwähnte Thomas Szasz, langjähriger Lehrstuhlinhaber für Psychiatrie an der State University of New York.[16] Die Hauptkritik dieses unerhört produktiven Autors, der in den siebziger Jahren einige Popularität genoss, richtet sich gegen die Tendenz, alles nicht ganz Stromlinienförmige unter Pathologieverdacht zu stellen. Die Fachsprache der Psychotherapeuten mit all ihren willkürlichen Zuweisungen von Deformationen und Insuffizienzen ist nach seiner Auffassung ein akademisch verbrämtes «Beschimpfungsvokabular».

Vor allem im Hinblick auf so genannte «Deviationen» (ungewöhnliche Verhaltensweisen), die mit Krankheiten gleichzusetzen ein tragischer Irrtum sei, lehnt Szasz das Funktionsstörungsparadigma schroff ab und plädiert für eine «Verstehenskunst» durch sorgsames «Studium des persönlichen Verhaltens». Die stärkste menschliche Antriebskraft ist «Mitteilungsbedürftigkeit» (und nicht etwa der Sexualtrieb oder die Habsucht). Auch Deviationen haben Mitteilungscharakter, woran eventuelle neurologische Befunde nicht das Geringste ändern. Der Psychologe, Pädagoge oder Berater muss, so Szasz, den «übersprachlichen» Code entschlüsseln, sich also von dem Bemühen leiten lassen, durch «indirekte Kommunikation» den Bedeutungsgehalt der irritierenden Verhaltensweisen zu erfassen. Um an den substanziellen Gehalt eines Gedichtes von, sagen wir, Paul Celan heranzukommen, nützt die beste logische Analyse nichts. Stattdessen brauche ich ein Auffassungsvermögen für das Unsagbare, dem die Sprache nur gleichsam als Trägersubstanz dient. Ähnliches fordert Szazs für die therapeutische Beziehung. Sie spielt sich in der «Nichtdiskursivität» ab. Kausale Ableitungen, Klassifizierungen, Tests etc. sind überflüssig, ja schädlich. Ähnlich wie Hillman und Ventura (1993) weist Szasz dem Therapeuten eher die Rolle des Mitverschworenen gegen die Unannehmlichkeiten der Zeit als diejenige des Anpassungsstrategen zu. Er soll dem Klienten vor allem Wertschätzung vermitteln, und so etwas kann man nicht vorspiegeln. Deshalb ist er angehalten, mit allen Sinnen präsent zu sein, lauschend, fragend, tastend, mit einem Wort: tief interessiert (was nur möglich ist, wenn er sich aller abschätzigen Urteile enthält). «Die Herzen und Seelen können wir nur berühren, wenn wir uns von Einfühlung leiten lassen», schreibt Ciaramicoli (2001), und Einfühlung «ist von Grund auf respektvoll».

Man soll nicht so tun, als gäbe es keine «von Grund auf respektvollen» Alternativen zu der – von Grund auf respektlosen – Diagnostik des Durchcheckens und Klassifizierens, die man an so genannten ADS-Kindern heute mit wachsender Begeisterung exekutiert. Szasz ist ein Gewährsmann für den *anderen Weg*, den auch wir verfechten. In einem seiner Bücher heißt es: «Das Klassifizieren eines Menschen nach seinem Verhalten ist ... gewöhnlich ein Mittel zu dem Zweck, ihm Beschränkungen aufzuerlegen. (...) Aber derart kujonieren kann man einen anderen Menschen nur unter der Voraussetzung, dass man auch die Macht dazu hat. Wenn meine Ausführungen über das psychiatrische Klassifizierungswesen der Wahrheit entsprechen, müsste sich herausstellen, dass solche Einstufungen viel öfter mit Armen und Hilflosen als mit Reichen und Mächtigen vorgenommen werden. Und genau das stellt sich auch heraus.»

Zu den Hilflosesten gehören in jeder Gesellschaft die Kinder. Über sie wird Macht ausgeübt, das braucht man nicht zu beschönigen. Reicht die gewöhnliche erzieherische Bevormundung nicht aus, gibt es andere Mittel. Erwachsene dürfen, jedenfalls theoretisch, nur dann gegen ihren Willen psychiatrisch behandelt werden, wenn sie ein Verbrechen begangen haben oder eine Gefahr für die Allgemeinheit darstellen. Bei Kindern genügt «Verhaltensauffälligkeit». Das Unterscheidungsvermögen zwischen heilpädagogischen, «Seelen-pflegenden» (Steiner) Hilfestellungen – sie kommen in Betracht, wenn ein Kind aus irgendwelchen Gründen an der Entfaltung seiner Persönlichkeit gehindert ist, mag der Hinderungsgrund auch nur die Verständnislosigkeit der umstehenden Erwachsenen sein – und «Kujonierung» mit dem einzigen Zweck, Beschränkungen aufzuerlegen (bzw. chemische Sperren gegen unerwünschtes Verhalten einzurichten), scheint weitgehend abhanden gekommen zu sein. «Die Therapie züchtet, was der Staat möchte: fügsames Stimmvieh. Zurechtkommen wird einfach mit Sich-Einfügen gleichgesetzt» (Hillman u. Ventura 1993). Georg von Arnim, ein Schüler Rudolf Steiners, gab demgegenüber für die Heilpädagogik das Motto aus: «Individualisierung statt Normalisierung.» Sollte das ausgerechnet für so genannte ADS-Kinder *nicht* gelten?

Es ist kein Vierteljahrhundert her, als Hoffnung bestand, die Zeit des von Szasz angeprangerten Klassifizierungs(un)wesens würde zu Ende gehen. Zumindest das Verständnis für die «natürliche Dissidenz des Kindes» (Hans Saner, zitiert nach Sloterdijk 1988) schien zu wachsen. Nicht zuletzt dem viel geschmähten A. S. Neill (1993) war die Einsicht zu verdanken, dass man den kindlichen Widerstand gegen unzumutbare Anpassungsforderungen nicht brechen darf, da er in der heutigen Zeit seelisch überlebensnotwendig ist. (Gewiss, auch Neill betrachtete die Welt des Kindes manchmal durch ideologische Brillengläser; aber er war genialer als hundert zeitgeistkonforme «Grenzensetzen»-Prediger zusammen.) Dann folgte die große Revision: «Rückkehr zum Altbewährten». Sagen wir lieber: Comeback der trostlosen alten Erzählungen. Es wird lange dauern, bis sich die pädagogische Landschaft von den Verschandelungen der achtziger, neunziger Jahre erholt. Inzwischen scheint wieder in Vergessenheit geraten zu sein, dass es eine gesunde (wenn auch freilich unbequeme) kindliche Unbotmäßigkeit gibt, die wir als Eltern und Erzieher nicht anfeinden dürfen, sondern begrüßen und in kreative Bahnen lenken müssen (und können); dass kaum etwas anderes ein Kind so nachhaltig aus der Fassung bringt wie das verfrühte Funktionieren-Müssen, Vernünftig-sein-Müssen, Sich-unter-Kontrolle-haben-Müssen, An-Leistung-gemessen-Werden und so weiter. Ich erlaube mir, einige Selbstverständlichkeiten in Erinnerung zu rufen: Kinder sind (mehr oder weniger): ungehorsam, frech, abenteuerlustig, verträumt, wirklichkeitsfremd, undiszipliniert, unvorsichtig, schalkhaft, trotzig, unberechenbar, undankbar, maßlos, impulsiv, rauflustig, unlogisch, leicht ablenkbar, unordentlich, respektlos. Wer Kinder erziehen will, muss mit den genannten Eigenschaften, die natürlich nicht die einzigen sind, im Prinzip sympathisieren. Man darf nicht voreilig das Kind aus dem Kind austreiben, sonst legt man Kraftquellen für das Leben trocken. Unsere Zeit sympathisiert nicht mit diesen Eigenschaften, sondern denunziert sie. Das macht die Kinder krank.

In der Tat, viele Kinder leiden an der kindheitsfernen Zeit und brauchen *deshalb* Hilfe. Sie fühlen sich eingeschnürt, in die Enge getrieben, von Bleigewichten niedergezogen, unausgefüllt, gehetzt, überfordert. Zumeist bekommen sie aber keine Hilfe. Vielmehr stellt man sie mit Medikamenten ruhig, damit sie empfänglicher werden für ein so genanntes Training mit dem erklärten Ziel, dass «erwünschte Verhaltensweisen automatisiert» werden, wie es in einem populären ADS-Ratgeberbuch heißt. (Nennen wir es beim Namen: Dressur. Abgesehen von grundsätzlichen Vorbehalten kann ich mich des Eindrucks nicht erwehren, es handle sich hierbei um eine Alibi-Veranstaltung. Einerseits heißt es, Ritalin verbessere lediglich die Voraussetzungen für eine wirksame Therapie. Andererseits wird propagiert, die meisten hyperaktiven Menschen seien zeitlebens auf Ritalin angewiesen. Musik in den Ohren der Pharma-Industrie. Wozu dann aber die Therapie?) So wird der Käfig, dem die Kinder zu entkommen versuchen, nach innen verlegt. Wenn die

Strategie greift, sind sie nach einiger Zeit gewissermaßen ihr eigener Käfig. So macht man das heute. «Seelenheilkunde», schrieb Szasz, ist «soziales Handeln» aus innerer Anteilnahme – und nicht die Sache von «Körper-Ingenieuren». Sein Wort in Gottes Ohr.

Ich habe übrigens das Bild vom «Käfig» mit Bedacht gewählt. Hyperaktive Kinder und Jugendliche fühlen sich in den hiesigen Lebensverhältnissen – ganz besonders in der Schule – tatsächlich wie Gefangene. Viele von ihnen können das formulieren. Ich habe einen ganzen Aktenordner angelegt mit Schilderungen von Eltern über die wundersame Wesensveränderung ihrer Kinder an Orten, wo sie Freiheit und Weite atmen konnten – und wo sich niemand an ihrem quicklebendigen Wesen stieß. Schon in Italien wird das Verhalten unserer «Hypis» als völlig normal empfunden. Ein angeblich schwer aufmerksamkeitsgestörtes Mädchen wanderte mit der Familie nach Kanada aus, wo sie einen abgelegenen Bauernhof bewirtschafteten. Binnen weniger Wochen hatte sich das «ADS» in Luft aufgelöst. Auch in der kleinen Schule auf einem der Nachbarhöfe fühlte sie sich wohl und lernte fleißig. Sind genetisch bedingte Störungen ortsgebunden? Man braucht aber gar nicht irgendwohin auszuwandern. Wir machen in unserer «Werk-Statt-Schule» dieselben Erfahrungen.[17]

Wer sich ein wenig pädagogische Sensibilität bewahrt hat, wird ohne weiteres einsehen: Im Umgang mit so genannten aufmerksamkeitsgestörten Kindern käme es in erster Linie darauf an, dass man «dem Zögling eine Umgebung schafft, durch die sein Geist in voller Freiheit in das Leben eintreten kann» (Rudolf Steiner, GA 305). Hier hätte eine Therapie, die den Namen verdiente, anzusetzen. Dabei müssen wir bedenken, dass bei weitem nicht nur die örtlichen Verhältnisse und die äußeren Gestaltungen des Lebens und Lernens «Umgebung» bilden. Mit welcher Einstellung wir das Kind *innerlich* begleiten, ist sogar noch wichtiger. Unsere Gedanken und Gefühle sind im eminentesten Sinne «Umgebung». Es gilt, sich einen unbefangenen, anteilnehmenden, liebevoll-wachsamen Blick für die Eigenarten und Schwierigkeiten des betreffenden Kindes anzueignen und aus «Herzens-Geistes-Gegenwart» jene kommunikative Kompetenz zu entwickeln, von der heute – auf anderen Gebieten – so viel die Rede ist.

Erzieher, Lehrer und Therapeuten können hier beispielgebend vorangehen und einen ermutigenden Einfluss auf die oft tief verunsicherten Eltern ausüben. Diese werden jedoch teilweise verheerend falsch beraten und in eine demütigende Defensivhaltung gedrängt. Dann darf man sich nicht wundern, dass ihnen jegliches Fingerspitzengefühl für ihre

Kinder abhanden kommt. So mancher auf ADS spezialisierte Therapeut sieht ein Ideal darin, nicht nur die Kinder, sondern auch die Mütter und Väter regelrecht abzurichten und das ganze Familienleben bis ins Kleinste durchzuorganisieren. Man verkehrt nur noch *taktisch* und streng nach Vorschrift miteinander. Sogar die Liebesbezeugungen werden mit Kalkül dosiert. (Also sind es keine Liebesbezeugungen.) Leute, die so etwas aushecken, können nichts von der kindliche Psyche verstehen, und wer nichts von der kindlichen Psyche versteht, ist als Kindertherapeut ungeeignet, sollte man meinen. Manchmal läuft es mir kalt den Rücken herunter, wenn ich höre, was da zum Teil getrieben wird. Als mir kürzlich zwecks Einleitung therapeutischer Maßnahmen wieder einmal so ein kleiner Tunichtgut vorgestellt wurde, stand im mitgelieferten Arztbericht – ungelogen! –, die Prognose sei miserabel, *«weil die Eltern das Kind unterstützen»*. Eltern wird vorgeworfen, dass sie ihre Kinder unterstützen!

Wir leiden heute unter einem gespenstischen Mangel an überschauenden Ideen, Respekt und Großzügigkeit im Hinblick auf Normabweichungen der kindlichen Entwicklung.

Man darf nicht voreilig das Kind aus dem Kind austreiben, sonst legt man Kraftquellen für das Leben trocken.

Der «unauffällige Mensch» als destruktives Ideal

Erwin W. Strauß (1891 – 1975) schrieb in seinem bahnbrechenden Buch *Vom Sinn der Sinne* (1956): «Um es kurz und prägnant zu sagen: Der Mensch denkt, nicht das Gehirn. Menschen ... sehen und hören, nicht aber die Netzhaut und kortischen Organe. Erleben ist nicht eine – im Grunde überflüssige – Zutat zu einem bewusstlos ebensogut funktionierenden Nervensystem. (Wir sind als) erlebende Wesen ... in einem (je) einzigartigen Verhältnis zur Welt und können nur in einem solchen Verhältnis (unsere) Existenz vollbringen.» So weit waren wir schon einmal. Ronald

D. Laing (1927–1989), der große Humanist und Streiter wider die orthodoxe Psychiatrie, erkannte frühzeitig, dass der physiologische Reduktionismus in seinen theoretischen und praktischen Konsequenzen auf die «Entpersönlichung von Personen» hinauslaufen müsse. (Sind menschliche Individuen nur genetisch prädisponierte neuronale Funktionseinheiten, ist nichts dagegen einzuwenden, ihre höchste Bestimmung im reibungslosen Funktionieren zu sehen.)

Laing ist kein Einzelfall. Viele andere herausragende Denker warnten und warnen davor, die Seelenwissenschaften auf dem Altar der «Biomacht» (Foucault 1976) zu opfern. Dennoch ist, wie man am Beispiel des ADS-Konstrukts gut studieren kann, ein machtvoller Trend in diese Richtung zu verzeichnen. An verhaltensauffälligen Kindern wird gewissermaßen ein Exempel statuiert. Es geht um die Disziplinierung der Körper als Mittel zur Kontrolle über die Seelen.[18] Als Ziel einer idealen Zusammenarbeit von Pädagogik, Psychologie und Medizin wird heute ganz offen angestrebt, schon geringfügigste Unregelmäßigkeiten der Entwicklung und des Verhaltens frühzeitig zu erkennen und therapeutische Gegenmaßnahmen zu ergreifen. «(Man) stellt … Defizite und Förderbedürfnisse fest und bestimmt auf dieser Grundlage die anzuwendende Therapie (oder) Förderung …, die dann auch durchgeführt wird, ohne dass (das Kind) wollen oder zustimmen oder ablehnen kann, ohne dass die existenziellen Probleme und die gegenwärtige Situation des Einzelnen berücksichtigt werden» (Begemann 1989).

Krawitz (1996) beklagt, dass diese als Gesundheitsvorsorge maskierte Kampfansage der Gesellschaft gegen alles «Auffällige» den Zuständigkeitsbereich der Pädagogik immer mehr einengt und ihre Grundwerte ruiniert. Der eigentliche Erziehungsauftrag (auch in der Schule) besteht darin, ein individuell entwicklungsförderndes, «heilsames» Milieu bereitzustellen, unterschiedlichste Begabungen und Entwicklungstempi zu integrieren, Krisen und Schwächen in einem stabilen sozialen Gefüge aufzufangen. Stattdessen, so Krawitz, hat sich ein «therapeutischer Rationalismus» etabliert, «der streng am Kind als ‹Fall› orientiert ist und eine technologische Vorgehensweise impliziert, in der nach Maßgabe einer ‹Theorie abweichenden Verhaltens› (die jeweilige) Interventionsstrategie» zur Anwendung kommt. Dabei arbeitet man «mit rein theoretisch postulierten Konstrukten … auf der Basis schier unglaublich naiver kausalanalytischer ‹Diagnosen›.» (Dies erläutert Krawitz an den Beispielen Legasthenie und Autismus.)

Schön (1993) fürchtet, dass im Zuge der «immer stärker geforderten Normalisierung und Regulierung aller kindlichen Lebensäußerungen …

Kindheit liquidiert wird.» Der übertriebene Hang zur «Therapeutisierung pädagogischer und sozialer Aufgaben» verfälsche die ursprünglich sinnvolle Idee des heilenden Aspektes von Erziehung. Das Zusammenwirken von Pädagogik und Therapie sei nicht prinzipiell abzulehnen (auch Krawitz tut das nicht), wohl aber dann, wenn eine immer ausgeklügeltere «Anpassungstechnologie an gesellschaftlich gewonnene und verfestigte Herrschaftsstrukturen» dabei herauskomme. In diese Richtung scheinen sich die Dinge aber zu entwickeln. «Unerwünschte Verhaltensweisen der neuen Generation (sollen) vermieden, gewünschte Verhaltensweisen technologisch-manipulativ erzeugt werden» (Schön). Auch Voss (1987) wendet sich seit Jahren gegen die «fortschreitende Medizinalisierung auffälligen Verhaltens bei Kindern und Jugendlichen».

Krawitz setzt diesem bedenklichen Trend den Appell «Pädagogik statt Therapie!» entgegen, wobei er in Abgrenzung zur «schwarzen» Anpassungspädagogik (Rutschky 1977) die Chancen «individualpädagogischen Denkens und Handelns» auslotet. «Durch die Sensibilisierung des pädagogischen Sehens kann auf die sinnliche Mannigfaltigkeit der verschiedenen individuellen Ausdrucksformen des einzelnen Kindes angemessener reagiert werden. Nur dadurch ergeben sich reichhaltigere Ansätze zum Dialog, der für eine sinnvolle Gestaltung ... das tragende Fundament bildet.» (Das von Schön angeprangerte gesellschaftliche Projekt der «technologisch-manipulativen» Menschenverfertigung wäre in dem Moment hinfällig, wo es, z.B. durch Volksabstimmung, gelänge, das Bildungswesen aus staatlicher und wirtschaftlicher Bevormundung freizukämpfen. Einer der ersten, die dies erkannten, war Rudolf Steiner.)[19]

Die Gleichsetzung von Unauffälligkeit (= Uniformität, Konformität) mit Gesundheit und Lebensqualität gehört zu den folgenschwersten demokratisierten Fehlurteilen der Gegenwart. Es wäre interessant, die bewusstseinsgeschichtliche Spur dieses bedingten (Denk-)Reflexes zurückzuverfolgen. Mattner (2001) gibt dazu einen skizzenhaften Überblick. Er weist nach, dass dieselben sozialdarwinistischen, biologistischen und Mediokrität verherrlichenden Vorstellungen, die im Nationalsozialismus triumphierten, auch dem postmodernen Normalitätsmythos verkappt zugrunde liegen. (Vergessen wir nicht den Staatskommunismus. Dort stand die Abschaffung des dissidenten Individuums ebenfalls auf dem Programm. Insofern war der real existierende Sozialismus ein Faschismus.) Auch heute wieder triumphiert, gestützt auf ein Geist und Seele leugnendes Menschenbild, das Unauffälligkeitsideal. Es wird im gesellschaftlichen Diskurs über Kindheitsangelegenheiten wie ein unverhandelbarer Konsens vorausgesetzt. Das logische Resultat ist ein zuweilen grotesk anmutender

Feldzug gegen alles «Auffällige» – ausgenommen solche Auffälligkeiten, die man als exquisite Steigerungsformen des Opportunen bezeichnen kann («Hochbegabung»).

Ein typisches Beispiel für den allgemeinen Diagnosewahn sind die in Mode gekommenen standardisierten Reihenuntersuchungen am Ende der 2. Klasse. Man scheint den Lehrern wenig Beobachtungsgabe zuzutrauen. Durch die Querbeet-Testerei sollen «Defizite» ermittelt werden, die nach zwei Schuljahren (d.h. über dreihundert Unterrichtstagen) immer noch niemand bemerkt hat! (Sonst wäre ja die Prozedur überflüssig.) Arbeitsbeschaffungsmaßnahmen für Integrationseinrichtungen? Patientenfabrikation? Wie auch immer: Hier ist eine Gleichmacherei im Gange, über deren tieferen Sinn man vergebens nachgrübelt. «Die öffentliche Psychohygiene mit ihren Ratgebern zu jeglicher ‹Dysfunktion› ... dient letztlich nur dem Zweck, die Menschen ... mit ihrem Weißbrot zufrieden sein zu lassen», wettert Hillman (1993). Ich füge hinzu: Die Karriere des Begriffs «dysfunktional» im Sprachgebrauch der heilenden und helfenden Berufe ist ein direktes Ergebnis des Körpermaschinen-Paradigmas. Morris (2000) attestiert der «westlichen Biomedizin mit ihrem objektivierenden, materialistisch-klinischen Blick» einen gehörigen «Anteil an der Formung einer Kultur, die Körper, die nicht der Norm entsprechen, ausgrenzt».

Eine nicht enden wollende Kampagne, alle Begriffe aus der humanistischen Tradition als Leerformeln zu «entlarven», ist das wissenschaftstheoretische Hintergrund-Ballyhoo (vgl. z.B. Metzinger 2000). Die Deutungshoheit der Bio-Macht steht und fällt mit der allgemeinen Akzeptanz eines Menschenbildes resp. Bildes vom Kinde, dessen Hauptkennzeichen sind: Leugnung der Individualität, Determinismus, Zurückstufung der spezifisch humanen Fähigkeiten und Ansprüche auf vegetative Prozesse, Verabsolutierung einer abstrakten Durchschnittsnorm und mythische Überhöhung des Funktionalitätsprinzips. (Man muss nicht spirituell orientiert sein, um dem zuzustimmen. Der schon zitierte Wolfgang Jantzen beispielsweise, dessen Kritik in eine ähnliche Richtung zielt, gilt als Vorreiter der so genannten materialistischen Behindertenpädagogik.)

Michel Foucault geißelte schon in den sechziger Jahren den subtilen Terror «sozialer und ärztlicher Praktiken, die ein bestimmtes ‹Normalisierungsprofil› definieren». Er und andere lösten damals eine anhaltende Debatte über die sozialfürsorgerisch, therapeutisch oder pädagogisch getarnte Uniformierung des Menschen aus. Dabei ging es auch und vor allem um die Verteidigung der Kindheit gegen gesellschaftliche Verwertungsansprüche. Obwohl diese Art von Kritik heute hundertmal begründeter und nötiger wäre als damals, ist sie nahezu verstummt. The times, they are changing. Nichts kennzeichnet den Zustand der heutigen Intellektuellen besser als die gebetsmühlenartig wiederholte Hohlformel, man müsse auch unangenehme Realitäten akzeptieren. (Na so was. Wer hätte das gedacht ...) Aber an irgendeinem Punkt schlägt der müde Pragmatismus in Zynismus um.

Wir können nicht schweigend hinnehmen, dass im Zeichen von Kommerzialisierung und Technisierung Kindheit – als Idee und Qualität – abgeschafft wird. (Es fehlt nicht mehr viel, dann diktieren Wirtschaftsverbände die Unterrichtspläne und setzen Pharma-Firmen die Kriterien für gesunde oder gestörte Entwicklung fest.) Wir müssen die Kinder vor der kollektiven Wahnidee vom reibungslos funktionierenden Menschen schützen. Hier erweist sich «Realismus als Krankheit» (Gruen 1987). Marianne Gronemeyer (1996) sieht mit Sorge, dass sich eine «große Koalition der Einverstandenen» formiert hat, die kopfnickend oder gleichgültig zusieht, wie das Bildungs- und Erziehungswesen die Kinder in eine absurde «Konkurrenz um Konformität» treibt, aus der «als Sieger hervorgeht, wem die makelloseste Anpassung an die Welt der Waren, Geräte und Institutionen gelang». Mattner spricht im Hinblick auf das ADHD-Konstrukt von der «Fabrikation (einer) rational-‹normalisierten› Subjektivität». Es geht um die Sicherung der Funktionstüchtigkeit des Menschen durch Implantation einer «innerpsychischen ... Selbstkontrollapparatur» – möglichst schon in früher Kindheit, notfalls durch chemische Manipulationen. Der «humangenetisch verkleidete Mythos der Normalität», so Mattner, verleiht diesem «technizistischen ... Projekt» die Weihe des Heilens.

Wie ich durch die Erörterung neurologischer Streit- und Grenzfragen zeigen wollte, stützt sich das destruktive Ideal des Konfektionsmenschen auf eine Grundsatzentscheidung in Hinsicht auf das Gehirn-Geist-Problem, welche da lautet: Das Gehirn ist die Ursache des Geistes. Oder: Der Hirnstoffwechsel steuert das Verhalten. Oder: Du bist, wie dein Gehirn es dir vorschreibt. Der physiologische Reduktionismus leistet einem neuen Bio-Egalitarismus Vorschub, nach dessen immanenter Logik die «biologistisch konstituierte Normalität» mit Gesundheit gleichzusetzen, «das Andere dieser ... Normalität (hingegen) per se auf pathologische Veränderungen im menschlichen Gehirn zurückzuführen» sei (Mattner). Hunderte im Kreis herum voneinander abschreibender Sachbuchautoren verbreiten seit Jahren die immer gleichen Allgemeinplätze zum Thema ADHD und machen keinerlei Anstalten, sich mit den stillschweigend vorausgesetzten anthropologischen und erkenntnistheoretischen Prämissen der gängigen Theorie kritisch auseinander zu setzen. «Der törichte Versuch, den Geist auf das Gehirn zu reduzieren», klagt Hillman (1998), «scheint sich nie von der westlichen Bildfläche verabschieden zu wollen. (...) Der Rationalist in der Psyche will Ursachen lokalisieren, die man in die Hand nehmen und reparieren kann.» So kommt es, dass der «kindliche Eigen-Sinn (als) Abweichung von der protonormalistischen Erwartungsnorm (erscheint) und durch (einen) Zuschreibungsmechanismus zur organischen Behinderung wird» (Mattner).

«Sehen in der Art, wie ein Mensch sieht, und Geistsein sind synonym», schrieb der große Phänomenologe Maurice Merleau-Ponty (1908 – 1961). Das «inkarnierte Subjekt» folgt in seinem «Zur-Welt-Sein» einem ihm eigentümlichen «Weltentwurf», und seine Wahrnehmungsweise entspricht dem «Sinn», den es sich setzt. Der «Leib» in Merleau-Pontys eigenwilliger Diktion entspricht nicht dem biologischen Organismus, sondern reicht bis an die Grenzen der erfahrbaren und erfühlbaren Wirklichkeit. «Ich» ist Geist-Seelen-Leib, weltumfassend und wirklichkeiterzeugend, zur Freiheit des *Sich-Wählens* verurteilt (wie Sartre schrieb, dem Merleau-Ponty sehr nahe stand). Vorstellungen von einer «Körpermaschine» oder einem psychischen «Apparat» führen in die Irre. Der Mensch ist von Anfang an und im radikalsten Sinne ein sich selbst gestaltendes Wesen – «bis in die Physik, Chemie und Biologie des Leibes hinein».

Denker wie Merleau-Ponty, Strauß, Laing, Szasz, May, Foucault, Frankl und andere haben psychologische Standards gesetzt, an denen sich jeder, der als Experte für «Verhaltensstörungen» auftritt, messen lassen müsste. Für die Wortführer der ADD-Debatte wäre das Ergebnis niederschmetternd. Sie holen wild entschlossen den Vulgärmaterialismus des 19. Jahrhunderts aus der Mottenkiste, verleihen ihm ein modisches Design und wollen nichts davon hören, dass Seelenkunde auch etwas mit Denkanstrengung, vielleicht sogar grenzüberschreitender Denkanstrengung zu tun haben könnte. «Leben heißt nicht nur, sich irren zu können, sondern scheitern zu lernen, und dies ohne das Pathos der großen Gesten, aber immer im Bewusstsein, dass der Unterschied zwischen Leben und Tod einen wirklichen Unterschied macht. Die Biomacht ... hat dafür gesorgt, dass dieser Unterschied aufgehört hat, auch in Ästhetik und Therapeutik. Dadurch sind dieselben ... zu Disziplinen geworden, die das tote Wissen, das absurde Handeln und das leere Fühlen bevorzugen, damit sie sich selbst zu Agenten der Ordnung aufrichten. – Die aktuelle Devise der anthropologischen Reflexion lautet: Sich selbst als Nichtganzen akzeptieren. Den aufgebrochenen Zwiespalt des Lebens nicht länger als Verhängnis verweigern, sondern als Chance wahrnehmen» (Kamper). Jean Baudrillard hat einmal gesagt, das Verbrechen sei nie perfekt, «aber die Perfektion ist immer ein Verbrechen».

Letztlich weiß niemand, was den Ausschlag dafür gibt, dass ein Kind so ist, wie es ist, und warum es so wird, wie es wird. Jerome Kagan (2001) hegt die Hoffnung, durch genaue Beobachtung des Zusammenwirkens der drei Kräfte Temperament, Familie und Kultur werde sich das Ich-Rätsel eines Tages lösen lassen. Gleichwohl ringt er schon seit Anfang der achtziger Jahre mit der Frage, wie es möglich sein kann, dass jedes Kind – von Anfang an – auf eigenwillige Weise Erfahrungen «interpretiert» und nach Maßgabe subjektiver Bedeutungszumessungen seine Persönlichkeit ausbildet – also keineswegs «geprägt» wird und keineswegs festgelegt ist. Man weiß heute, dass nicht nur der Wille und die Fähigkeit zur Nachahmung angeboren sind, sondern auch das *wählerische* (eigensinnige) Verhalten in der Nachahmung.[20] Eine auch nur annähernd befriedigende Erklärung für dieses Phänomen steht weiterhin aus. Die Entwicklungspsychologie befindet sich im Umbruch. Namentlich im Hinblick auf die Rolle des Gehirns gibt es eine Fülle unterschiedlicher Auffassungen. Alles ist offen und in Bewegung. «Meines Erachtens», schreibt sogar Francis Crick, «ist die richtige Art der Konzeptualisierung von Bewusstsein noch nicht entdeckt, und bislang tun wir nichts anderes, als uns in diese Richtung vorzutasten.» In den meisten einschlägigen Publikationen zum Thema ADS wird jedoch der Eindruck erweckt, als stehe man mit der Behauptung, die abweichende Bewusstseinsverfassung der betreffenden Kinder rühre von einer genetisch bedingten Hirnstoffwechselstörung her, auf sicherem Grund. Das ist definitiv nicht wahr. Die ADS-Konstruktion gehört zu jenen Labelings (Zuschreibungen) «auf der Basis ... schier unglaublich naiver kausal-analytischer ‹Diagnosen›», von denen Krawitz spricht.

Für die neurologisch orientierte Psychologie gibt es nur einen Ausweg aus der defektologischen Falle: Sie muss sich bequemen, in Betracht zu ziehen, dass ein wie auch immer gearteter Geist-Wille die feineren zerebralen Bildeprozesse «aus eigenem Recht» (Sperry) beeinflussen könnte. Ist es so abwegig, die Frage nach möglichen übergeordneten (dem kausalen Begründungszwang übergeordneten) Motiven des «Andersseins» zu stellen – im Sinne des Satzes von Georges Bataille: «Ich lebe aus spürbarer Erfahrung und nicht aus logischer Erklärung»? Es gibt keine Nötigung, ja nicht einmal einen annähernd überzeugenden Grund, bei der mängeldiagnostischen Klassifizierung stehen zu bleiben – auch dann nicht, wenn neurologische Auffälligkeiten nachweisbar sind. Wer hat wann das Gesetz erlassen, dass alle menschlichen Gehirne konform ticken müssten? Wer bestimmt mit welcher Vollmacht den Akzeptanzrahmen? Das defektologische Paradigma beruht auf reiner Willkür. Wir verstoßen im Hinblick auf das so genannte ADS keineswegs gegen die Regeln wissenschaftlichen

Fragens, wenn wir erstens die Relativität konventioneller Normen betonen und zweitens das Bild des sich verkörpernden Selbst in die Überlegungen einbeziehen. Dann steht groß die Frage im Raum: Haben so genannte ADS-Kinder womöglich die *Absicht*, ihre Gehirne anders zu organisieren, als es der durchschnittlichen Erwartung entspricht? Heinrich Rombach (1969) schrieb: «Lernen ist Inkarnation.» Krawitz spricht, darauf Bezug nehmend, von der «Einkörperung ... dessen, was als Wesentliches erkannt (wird), in die individuelle Persönlichkeit». Es ist kaum zu leugnen, dass das in Lernprozessen Wesentliches sich einverleibende (und Unwesentliches zurückweisende) Subjekt als solches je schon «einverleibt» sein muss: «Im Blitz des Zur-Welt-Kommens» (Sloterdijk 1988) inkarniert sich die Fähigkeit, zu lernen, und mit ihr der Anspruch, es nach eigenem Ermessen zu tun. Diese Fähigkeit und dieser Anspruch sind untrügliche Zeichen der Epiphanie eines geistigen Selbst im leibhaftigen Sein.

Der übertriebene Hang zur Therapeutisierung pädagogischer Aufgaben verfälscht die ursprüngliche sinnvolle Idee des heilenden Aspektes von Erziehung.

Wettstreit der Vereinfachungen

Es ist noch kein Vierteljahrhundert her, da standen sozial- und tiefenpsychologische Erklärungen für abweichendes Verhalten ähnlich hoch im Kurs wie heute das neurobiologisch-genetische Paradigma. Eine gewisse Anziehungskraft übte der nicht besonders originelle Grundgedanke aus, dass in der Konsum- und Konkurrenzgesellschaft alle Menschen verbogen seien und verbogene Menschen keine andere Wahl hätten, als wiederum verbogene Menschen heranzuerziehen. (Eine Generation von Neurotikern erzeugt die nächste.) Zwar spukte auch damals schon die Theorie herum, hyperaktive Kinder könnten unter einer Hirnschädigung leiden, aber sie passte nicht so recht zum rebellischen Zeitgeist. Dieser sprach: «Es gibt kein richtiges Leben im falschen» (Adorno). Mit anderen Worten: In einer verrotteten Gesellschaft kann es nicht «gesund» sein, sich den

Gegebenheiten zu fügen. Daraus wurde gefolgert, dass eigentlich die Folgsamen als krank zu betrachten seien, während die Unfolgsamen wiederum unter der Aussichtslosigkeit des Unterfangens litten, dem unfreien Leben Freiheitsnischen abzutrotzen. In diesem Zusammenhang war die ursprünglich auf Jean-Jacques Rousseau (1712 – 1778) zurückgehende, nunmehr aber mit triebtheoretischen und libertären Ideen angereicherte Vorstellung von den traumatischen Auswirkungen der Domestikation des Kindes durch zivilisatorische Anpassungszwänge sehr verbreitet. Es gab unterschiedliche Ansichten darüber, ob in erster Linie die Eltern als willige Vermittler gesellschaftlicher Ansprüche oder die Gesellschaft direkt – ihre Institutionen, ihre Bewusstseinsindustrie – anzuklagen seien. Alles in allem deutete man Verhaltensauffälligkeiten am liebsten sozialpsychologisch, recht gern auch psychoanalytisch, aber nach Möglichkeit nicht biologisch. Den kindheitsfeindlichen Grundzug der gesellschaftlichen Entwicklungsdynamik im Kapitalismus nachzuweisen war ein wichtiges Agens für die damalige sozialkritische Theoriebildung, die ihrerseits auf Pädagogik, Heilpädagogik, Psychagogik etc. zurückwirkte. Noch Anfang der achtziger Jahre veröffentlichten namhafte Erziehungswissenschaftler ein Buch mit dem Titel *Das Recht auf Ungezogenheit* (Beck u.a. 1983), gingen darin vor allem mit der zunehmenden Ökonomisierung des Schul- und Bildungswesens ins Gericht und klagten die Fremdbestimmung der Kindheit durch anonyme gesellschaftliche Mächte an. Heute werden solche Ansichten als abgestandener Kulturpessimismus und antiquierte pädagogische Sozialromantik diffamiert. Die «ungezogenen» Kinder haben ihre Lobby verloren. Sie sind den Defektologen in die Hände gefallen: den Protagonisten einer neuen Normalitätsvergötzung, die konventionsgebundene Normen wie Naturgesetze behandeln und deshalb nicht anders können, als in Abweichungen etwas Widernatürliches zu sehen. Und das ist keine erfreuliche Entwicklung.

Aber auch damals wurde die Wirklichkeit durch die Wunschbrille gesehen. Trends und Moden sind schlechte wissenschaftliche Ratgeber. Sie begünstigen einseitige Sichtweisen und simplifizieren komplexe Zusammenhänge. Davon kann der antipädagogische oder antipsychiatrische Radikalismus der siebziger Jahre nicht ausgenommen werden. Er hat viel Bedenkenswertes, ja Großartiges zutage gefördert, tendierte jedoch vor allem in seinen popularisierten Auswüchsen zum subversiven Übereifer. Doch auch die heute meinungsbeherrschenden Denkfiguren sind ideologische und teilweise fanatisch vorgetragene Einseitigkeiten. Ihre Unzulänglichkeit lässt sich am besten mit Kafkas Satz umschreiben: «Die Logik ist zwar unerschütterlich, aber einem Menschen, der leben will, hält sie nicht stand.» Jantzen schreibt:

«Der Trend geht eindeutig hin zu einer biologischen Trivialisierung» (2001). ADS dient als Überbegriff für einen kunterbunten Strauß von irritierenden Phänomenen, deren einzige Gemeinsamkeit darin besteht, dass sie alle irgendwie mit Unaufmerksamkeit – genauer und ohne Wertung gesagt: mit einer vom Durchschnitt abweichenden Aufmerksamkeitsökonomie – einhergehen. Hans von Lüpke (2001) fragt mit Recht, wer eigentlich auf die Idee gekommen ist, dass es «für die Vielfalt der Auffälligkeiten eine einzige Ursache geben (müsse)».

Die Fahndung nach dem alles erklärenden Faktor X zieht sich – mit mehr oder weniger starker öffentlicher Resonanz – nun schon seit sechzig Jahren hin und hat bislang keine nennenswerten Resultate erbracht. Da liegt es gewiss nicht fern, darüber nachzudenken, ob das ganze Unternehmen möglicherweise von Anfang an zum Scheitern verurteilt war – auch wenn in letzter Zeit ständig behauptet wird, der lang ersehnte große Durchbruch stehe unmittelbar bevor. Könnte es sein, dass man jahrzehntelang einem Phantom nachjagte und Kritiker, die darauf aufmerksam machen wollten, völlig zu Unrecht ins Abseits drängte? Hat sich da möglicherweise etwas verselbstständigt? Wird eine wissenschaftlich längst unhaltbare Position aus ganz anderen Gründen verteidigt? *Darf* nicht auffliegen, dass ADD/ADHD eine Schimäre ist? Immerhin hängen Existenzen, Reputationen und saftige Profite daran …

Noch Anfang der achtziger Jahre veröffentlichten namhafte Erziehungswissenschaftler ein Buch mit dem Titel: «Das Recht auf Ungezogenheit». Inzwischen haben die ‹ungezogenen› Kinder ihre Lobby verloren. Sie sind den Defektologen in die Hände gefallen.

Hintergründe des ADHD-Modells

Es wäre naiv anzunehmen, die Reduzierung kindlicher Verhaltensauffälligkeiten auf Verschaltungsprobleme des Gehirns sei nichts weiter als ein Ergebnis unschuldiger wissenschaftlicher Bemühungen im Dienste der Volksgesundheit. Kritische Autoren, die zu ignorieren wir keinen Anlass haben (wenn nur ein Drittel dessen, was sie behaupten, der Wahrheit entspräche, wäre der Skandal perfekt), weisen nach, dass handfeste Machenschaften die famose Karriere des neurobiologisch-genetischen Erklärungsansatzes begünstigten. Viele Fachleute, die sich das gängige Konzept zu Eigen machen, scheinen nicht darüber im Bilde zu sein, dass von Anfang an die pharmazeutische Industrie kräftig mitmischte, die «seit den dreißiger Jahren – (als auch der «paradoxe» Beruhigungseffekt von Stimulanzien auf unruhige Kinder entdeckt wurde, H.K.) – eine große Anzahl psychoaktiver Drogen synthetisierte und herstellte und damit zu (einer medizinischen) Revolution in Amerika beitrug» (Conrad 1990). Bereits 1970 wurden in den USA 243 Millionen Tabletten des Aufputschmittels Ritalin (meistverschriebenes Medikament zur Behandlung so genannter Aufmerksamkeitsstörungen, seit 1956 auf dem Markt) verkauft. Aber damit waren die Hersteller nicht zufrieden. Sie intensivierten den Service für Ärzte, versuchten durch Öffentlichkeitsarbeit, gezieltes Produkt-Placement und Einflussnahme auf die Forschung eine längerfristige Absatzsteigerung sicherzustellen (Voss 1990).

Plötzlich schien sich jedoch der Zeitgeist gegen das große Geschäft zu wenden. Was mit der pazifistischen Bewegung gegen den Vietnam-Krieg begonnen hatte, mündete in eine wissenschafts- und gesellschaftskritische, spirituell aufgeschlossene, «gegenkulturelle» Bewegung, die erheblichen Einfluss auf die öffentliche Meinung ausübte. Nun lässt sich nachzeichnen, wie in den siebziger und achtziger Jahren ein von ökonomischen Gesichtspunkten geleitetes Zusammenspiel zwischen marktführenden Pharmakonzernen und der von Existenzsorgen geplagten American Psychiatric Association (APA) dazu beitrug, den Einstellungswandel, der nicht zuletzt auch in den helfenden und heilenden Berufen spürbar wurde und dem psychiatrischen Establishment ebenso wenig willkommen sein konnte wie seinen pharmazeutischen Zulieferern, zu unterlaufen (vgl. Breggin 1998, Abrams u. Ludwig 2000, Simonsohn 2001). Alternative therapeutische Denk- und Handlungsansätze, die sich «humanistisch» oder «ganzheitlich» nannten und der traditionellen Gleichsetzung von Gesundheit und Angepasstheit eine programmatische Absage erteilten, kamen damals stark auf. Den Psychiatern «war eine Konkurrenz aus Sozialarbeitern, Psychologen, Beratern und Familientherapeuten erwachsen, die den Bereich seelische Gesundheit erorberten und wesentlich günstiger ... arbeiteten» (Simonsohn). Die APA bangte um angestammte Pfründe. Auch der antiautoritäre Wind in der Erziehungslandschaft verhieß aus dem Blickwinkel derer, die an der «Medizinalisierung abweichenden Verhaltens» (vgl. Voss 1990, Schön 1994, Krawitz 1996) verdienten, nichts Gutes. Erzieherisch schwer lenkbare und schulisch versagende Kinder hatten plötzlich viele Fürsprecher, die ihnen – zumindest theoretisch – jenes «Recht auf Ungezogenheit» (s.o.) zubilligten und sich dagegen wandten, Verhaltensauffälligkeiten zu pathologisieren bzw. zu biologisieren.

Hier musste etwas geschehen. Es galt, öffentliche Überzeugungsarbeit dahingehend zu leisten, dass psychische Anomalien – Auffälligkeiten des Sozial- und Lernverhaltens bei Kindern eingeschlossen – in der Regel körperlich bedingt seien und schulmedizinisch behandelt werden müssten. Gelder für entsprechende PR-Aktivitäten wurden von den Arzneimittelfirmen bereitgestellt, die ihrerseits die Expansion auf den «Hoffnungsmarkt Kind» (Ludwig) forcieren wollten – auch in Europa, wo der große Theaterdonner um so genannte Verhaltensstörungen gerade erst anfing.

Der Plan ging auf. Bereits 1975 prangerten Peter Schrag und Anne Divoky in ihrem aufsehenerregenden Buch *The Myth of the Hyperactive Child* die skandalösen Machenschaften an. Doch seither erlebte nicht nur das Geschäft mit Stimulanzien einen rasanten – bis heute anhaltenden – Aufschwung, sondern auch die Zahl hyperaktiver Kinder schien wie von Geisterhand ständig zuzunehmen, das heißt, die Diagnose wurde immer häufiger und bedenkenloser gestellt. Als 1987 das weit auslegbare ADHD-Modell im weltweit benutzten Katalog psychischer Störungen der APA erschien – nach Einschätzung kritischer Autoren ein direktes Ergebnis der beschriebenen Interessenkoalition –, gab es kein Halten mehr. Die Verschreibungshäufigkeit von Ritalin nahm kontinuierlich zu, anfangs vor allem in den USA, dann griff der Boom auf Europa über. Hierzulande stieg der Absatz seither um das Vierzigfache. «Für 2001 wird wiederum von einer Verdoppelung gegenüber dem Vorjahr ausgegangen», heißt es im Arzneimitteltelegramm des Instituts für Arzneimittelinformation 1/2002.

Die marktführende Herstellerfirma Novartis verzeichnet weltweit einen Produktionszuwachs von 700 Prozent binnen eines Jahrzehnts – ein Erfolg raffinierter Werbestrategien. Durch suggestive Bildbotschaften von «großen, strahlenden Klassenzimmern (und) fröhlichen, glücklichen Kindern», garniert mit Versatzstücken einer «sozialen Mythologie» – heile

Welt, trautes Heim – und «sorgsam ausgewählten Zitaten aus der medizinischen Literatur» (Schrag u. Divoky) stilisierten sich die Pharmakonzerne zu wahren Rettern der Kindheit. Als sich 1996 in Amerika erste heftige Proteste gegen Ritalin regten, reagierte Ciba (Tochterfirma von Novartis) mit der Herausgabe einer Hochglanzbroschüre, die sich direkt an betroffene Kinder wandte mit den Worten: «Respektiere dich selbst. Respektiere andere. Respektiere Ritalin.» Ein nachweislich von Novartis und anderen Firmen finanzierter Elternverband zeichnete pro forma verantwortlich (vgl. Simonsohn).

Zuerst also wurde «ein zunächst begrenztes Krankheitsbild ... ausgedehnt und erfasste damit immer mehr kindliche Verhaltensweisen» (Voss u. Wirtz 2000), dann der neu geschaffene Markt ausgebeutet. Allein zwischen 1989 und 1995 stieg in den USA der Anteil von Kindern mit ADHD-Diagnose an der Gesamtbehindertenstatistik um 500 Prozent. Mitte der neunziger Jahre hatte der Kampf um die Schürfrechte auf den ADHD-Claims so groteske Formen angenommen, dass der UNO-Suchtstoffkontrollrat einschritt, zur diagnostischen Mäßigung mahnte, die «aggressive Werbung einiger pharmazeutischer Firmen» anprangerte und vor Ritalin zu warnen begann.

Der Einfluss multinationaler Pharmakonzerne auf Forschung, Lehre und Praxis wuchs mit den Jahren kontinuierlich, gerade deshalb, weil die direkte Werbung für Ritalin und andere psychoaktive Substanzen durch das Betäubungsmittelgesetz von 1978 erschwert wurde. Man musste absatzstrategische Umwege gehen. Heute sind die Verflechtungen unentwirrbar. Wissenschaftler, Ärzte und Therapeuten, aber auch Elternverbände und pädagogische Institutionen stellen sich, indem sie die Theorie der Hirnfunktionsstörung kritiklos übernehmen, gewollt oder ungewollt in den Dienst der Industrie. Letztere hat natürlich großes Interesse an der Meinungsführerschaft einer Ursachenhypothese, die den Einsatz stimulierender Medikamente rechtfertigt, ja fordert. Die Öffentlichkeit wird systematisch dahingehend bearbeitet – man möchte fast sagen: abgerichtet –, dass sie das ADHD-Modell für erwiesen und die Behandlung mit Psychopillen für eine logische Schlussfolgerung hält. Wichtigste Mittel der Marktpflege: gezielte Medienarbeit, Sponsoring von Fachkongressen und Informationsveranstaltungen, so genannte Ärztefortbildungen (die in Wahrheit Werbeveranstaltungen sind), Einflussnahme auf Elternverbände, Finanzierung von Forschungsprojekten (bei denen natürlich nicht herauskommen darf, die Produkte des Geldgebers seien überflüssig oder schädlich).

Die Medizin ist heute in Theorie und Praxis so eng mit der pharmazeutischen Industrie verquickt, dass der Laie kaum eine Chance hat, sich in diesem Durcheinander von ernsthafter Forschung und wissenschaftlicher Absicherung von Profitinteressen zurechtzufinden. Selbst Fachleute verlieren den Überblick. «Die meisten Ärzte», argwöhnt Ludwig, «scheinen ihre fundamentalen Informationen über bestimmte Medikamente von den Verkaufsrepräsentanten der jeweiligen Pharma-Firma zu erhalten.» Die Branche gibt viel Geld aus, um Ärzten die Vorteile einer reibungslosen Zusammenarbeit schmackhaft zu machen. Sie verschafft aufstrebenden Wissenschaftlern Traumaufträge und hält medizinische Zeitschriften durch Anzeigen am Leben. Immerhin gelang es der Pro-Ritalin-Interessenkoalition bisher, eine breite öffentliche Diskussion über unkalkulierbare Risiken zu verhindern. Daraus muss geschlossen werden, dass das Gros der Ärzte und Psychologen entweder bewusst an einer Verharmlosungsstrategie teilnimmt oder einseitig informiert ist. Voss und Wirtz fassen die Situation wie folgt zusammen: «Es lässt sich eine Vielzahl von Helfershelfern der Pharmaindustrie benennen, die durch ihr Zusammenspiel eine große Kraft entfalten. Da sind zunächst die Wissenschaftler und wissenschaftlichen Institute. Medien greifen deren ungesicherte Konstruktionen gern auf. Doch auch Eltern, Lehrer, Ärzte und viele andere müssen als Helfershelfer angesehen werden» (gekürztes Zitat).

Ich habe selbst die aufgeheizte Stimmung bei einigen Fortbildungsveranstaltungen erlebt, wo ich meine Sicht der Dinge darlegte und von fanatisierten Ritalin-Befürwortern attackiert wurde. Erst kürzlich wieder stellte ein Arzt die Zusammenarbeit mit unserem Institut ein, weil wir, wenn irgend möglich, versuchen, mit den betroffenen Kindern und Jugendlichen und ihren Familien einen Weg ohne Ritalin zu gehen. Natürlich würden wir das nicht tun, wenn wir keine Alternativen anzubieten hätten. Und seltene Ausnahmen bestätigen auch hier die Regel. (Näheres dazu in Teil 3.)

Schon Mitte der neunziger Jahre hatte der Kampf um die Schürfrechte auf den ADHD-Claims so groteske Formen angenommen, dass der UNO-Suchtstoffkontrollrat einschritt.

Altbekannte Denkmuster in neuen Gewändern

Wie ist es möglich, dass dies alles eine so breite öffentliche Billigung findet. Warum sind nicht längst Prosteststürme losgebrochen? Es liegt wohl daran, dass das ganze Trauerspiel mit den ADHD-Kindern und ihrer medikamentösen Disziplinierung im Trend der Zeit liegt. Die neoliberale Globalisierung findet im Kinderzimmer statt. Der gepflegte Terror der Ökonomie beginnt in unseren Köpfen und Herzen. «Wir sind», schreibt Bernd Guggenbauer (2000), «ohne dass uns dies im Einzelfall bewusst wäre, bis in die Alltagskategorien unserer Selbst- und Weltdeutung hinein ... ganz und gar aufs Nützliche festgelegt». Im Zeichen einer «universellen Nützlichkeitsdiktatur» haben wir «den Sinn für die adaptive Qualität des Spielerischen und der freien Fantasie fast völlig verloren» und setzen als Erziehungsmaßstab einen reibungslos funktionierenden und vielseitig verwendbaren konformistischen Einheitstyp, dessen Sinnansprüche auf ein paar Statussymbole und Konsumartikel zurückgeschrumpft sind, der sich mit dem gesellschaftlichen Normalzustand des «Einreißens des reinen antisozialen Triebes» (Steiner, GA 186) arrangiert hat, seinen kleinen Stolz aus kleinen Siegen über Schwächere bezieht und ansonsten nach der Devise «Duck dich, und du hast keine Probleme» verfährt.[21]

Die Pädagogik steht ganz «im Dienste der Dienstbarmachung» (Gronemeyer 1996) und fördert, Hand in Hand mit Heerscharen von Therapeuten, eine «obsessive pathologische Mittelmäßigkeit» (Hillman, Ventura 1993). Man kann es nicht freundlicher sagen. «Jede pädagogische Schwierigkeit, jede Problematik im Hinblick auf eine individuelle Besonderheit ... eines Kindes wird in den rationalisierten und institutionalisierten pädagogischen Prozessen prinzipiell als Störung angesehen und ausgeklammert» (Krawitz 1997). Überall regiert «das Weißbrot-Ich», wettert Hillman, aber «unsere Verpflichtung gegenüber der Seele verlangt Empörung und empörendes Verhalten, nicht die wohlmeinende Unterstützung für den Kompromiss des Mittelmaßes.» Deshalb «müssen wir aufmerksam sein und unsere Auffassungen bezüglich Kindern und ihrer Pathologie im Hinblick auf die keimenden Möglichkeiten revidieren. (...) Man erfasst (sonst) niemals ihren Genius. Man wird (sonst) niemals den Engel entdecken.»

Darum aber geht es. Die Frage muss lauten: Warum sorgen die Engel soundso vieler Kinder dafür, dass deren Wesensgefüge – Hirnfunktionen eingeschlossen – von der konventionellen Erwartungsnorm abweicht? Welche Fähigkeiten können auf diesem ungewöhnlichen Untergrund besser gedeihen? Sind es womöglich Fähigkeiten, die dringend gebraucht werden – als Heilfaktoren gegen einen pathologischen Status quo? «Die geistige Welt schickt Hilfe in Gestalt von Kindern, die anders sind und in deren Anderssein wir die *Botschaft* vernehmen müssen: die Aufforderung der Engel zur Zusammenarbeit. Die so genannten schwierigen Kinder wollen soziale Zukunftswerkstätten stiften. Sie bringen die dafür erforderlichen Kompetenzen ein.»[22] Wenn wir nicht aufhören, sie dem Eingliederungsterror des «Weißbrot-Ichs» zu unterwerfen, statt das spirituelle Ereignis ihres Erscheinens auf der adäquaten Ebene zu beantworten – und das heißt, die *innere* Ebene der pädagogischen Beziehung zu eröffnen –, «können wir die allgemeine Weltenpleite erklären» (Kühlewind 2001). «Das ist der heilpädgogische oder sozialtherapeutische Kulturimpuls für die Zukunft: eine Fähigkeit der unmittelbaren Du-Wahrnehmung zu entwickeln. Und unsere Lehrmeister auf diesem Weg sind die Kinder – namentlich diejenigen Kinder, die ... von der Norm abweichen, die uns besonders auf die Probe stellen. Aber auch insgesamt die Kinder. Der Weg der Achtsamkeit als soziale Zukunftsherausforderung beginnt an den Stätten der pädagogischen Beziehung. Oder er beginnt nie.»[23]

In einem viel gelesenen ADS-Ratgeberbuch werben die Autorinnen für das von ihnen entwickelte Trainingsprogramm mit der Schlagzeile: «Der Weg vom ADS-Kind zum erfolgreichen, zufriedenen und kooperativen Erwachsenen» (Aust-Claus u. Hammer 1999). Wer hier nicht stutzig wird, kann schon lange nicht mehr über tiefere Fragen nachgedacht haben, wie etwa diejenige, in welchen Fähigkeiten oder Tugenden sich der Mensch auf der Höhe seiner menschlichen Möglichkeiten zeigt. Natürlich gibt es darauf keine einfachen Antworten. Aber so viel ist klar: Sollte sich die Auffassung durchsetzen, Erfolg, Zufriedenheit und Kooperationsbereitschaft seien die wichtigsten Kennzeichen einer wunschgemäß entwickelten Persönlichkeitsstruktur, stünde es schlecht um die Welt. (Denkaufgabe: Welche menschlichen und sozialen Qualitäten benötigt man *nicht*, um diese Ziele zu erreichen?) Hannah Arendt (1963) führte in ihrer berühmt gewordenen Studie über Adolf Eichmann die nationalsozialistische Katastrophe darauf zurück, dass Hitler über ein Volk und eine Bürokratie von «tödlich normalen» Menschen nach Belieben verfügen konnte. Logischerweise wollte dieser seinerseits tödlich normale Mann – ein wild gewordener Kleinbürger in dämonisierter Übergröße – alles «Abnormale» schonungslos ausmerzen. Seine wichtigsten willigen Vollstrecker waren tödlich kooperativ und tödlich erfolgsorientiert. Und sie köderten die Massen, indem sie eine tödliche Zufriedenheitssehnsucht bedienten.

Heute befinden wir uns, wie Mattner schreibt, wiederum auf dem «visionären Wege der endgültigen Entsorgung von Ballast-Existenzen zur Erschaffung einer leidensfreien Gesellschaft mit perfekten (erfolgreichen, kooperativen, zufriedenen, H.K.) Menschen.» Diese Utopie hat sich *immer* als menschenfeindliche Suggestion erwiesen. So wird es auch diesmal sein. Insofern spiegelt sich in der Kontroverse über den Umgang mit verhaltensauffälligen Kindern die große Kontroverse über das Menschenbild und die soziale Zukunft. Mattner wendet sich heftig gegen den Trend, jede «Abweichung von der protonormalistischen Erwartungs-Normalität ... als ein Resultat somatischer Insuffizienz» zu definieren (und erwähnt in diesem Zusammenhang ausdrücklich die so genannten ADS-Kinder). Er fühlt sich dadurch «auf fatale Weise an altbekannte Argumentationsmuster» erinnert. Ich mich auch.

Die mit biologistischen Rechtfertigungsargumenten unterlegte Utopie der Totalsozialisation, die man heute «Erziehung» und «Bildung» nennt, bringt den Menschen in eine Lage, in der nur noch die Gemeinschaft durch ihn wirkt, sagt Michael Ventura im Gespräch mit James Hillman (1993). «Wenn aber die Gemeinschaft zu sehr durch einen selbst wirkt, dann existiert man nicht. Und wenn man in dieser Weise nicht existiert, öffnet man sich für die Vereinnahmung durch jegliche Kraft ..., die einen vereinnahmen möchte.» Hillman erwidert, seltsamerweise dränge sich hier sogleich «das Bild des ... faschistischen Konformismus» auf. Darauf Ventura: Das liegt daran, «dass wir ... so viel von Menschen zu leiden hatten und noch zu leiden haben, die ihre Individualität aufgeben.» Auch Marianne Gronemeyer (1996) beklagt die pädagogische «Gleichmacherei» zwecks «fugenloser Einpassung der Lernenden in die Anforderungsprofile der industriellen Arbeits- und Freizeitwelt.» Nach ihrer Auffassung spielt vor allem die Schule – als staatlich kontrollierte Menschenverfertigungsanstalt für die Belange der Wirtschaft – eine verheerende Rolle. Sie stehe eigentlich nur noch vor der Wahl, sich abzuschaffen oder vollständig zu revolutionieren. «Wollte sie (in ihrer heutigen Form) der Gleichmacherei etwas entgegensetzen, dann würde sie sich den Boden unter den Füßen wegziehen, denn ihre Hegemonie in Sachen Bildung basiert (ja) auf der Gleichmacherei zwecks Vergleichbarkeit.»

Wohin fährt der Zug? Ist der neue «humangenetisch verkleidete Mythos der Normalität» (Mattner) im Erziehungswesen mitsamt seinen pharmazeutischen und dressur-pädagogischen Ausführungsbestimmungen schon das Vorspiel jener von Sloterdijk (1999) visionierten «anthropotechnischen» Ära, in der man nicht mehr mit Ritalin oder Fluctin, sondern auf eugenetischem Wege für die Herstellung von jederzeit berechenbaren Weißbrot-Ichen sorgen wird – als Antwort auf das angebliche Scheitern des Humanismus-Projektes, wie Sloterdijk meint?[24]

«Es ist normal, verschieden zu sein», hat Richard von Weizäcker einmal gesagt. Mit diesem Normalitätsbegriff könnte man sich anfreunden. Er lässt den *Menschen* zu. Doch «die Biomacht tendiert massiv ins Unsichtbare», heißt es bei Kamper – ins Unsichtbare einer anderen, fiktiven, konstruierten Normalität, die dazu führt, dass wir «aneinander vorbei (gehen) wie Gespenster (und) in dem Verkehr von Mensch zu Mensch nichts anderes haben als ein Bündel abstrakter Begriffe» (Steiner, GA 185). Das betrifft auch und vor allem die Beziehungen zwischen Erwachsenen und Kindern.

In der Kontroverse über den Umgang mit verhaltensauffälligen Kindern spiegelt sich die große Kontroverse über das Menschenbild und die soziale Zukunft.

Die Krux mit der Diagnose – oder: Ein Syndrom, das verschwimmt, sobald man genauer hinsieht

Wir liegen falsch, wenn wir unsere vorrangige Erziehungsaufgabe darin sehen, den Kindern gewissermaßen das Kindsein abzugewöhnen, um sie in die Erwachsenenwelt einzugliedern, also zum Funktionieren zu bringen. Es wird nun wirklich höchste Zeit, von dieser verstaubten – und, wie ich hoffe gezeigt zu haben, gefährlichen – Maxime Abschied zu nehmen. Heute müssen wir begreifen, dass Pädagogik entweder ein *wechselseitiger* Lernprozess ist – oder nicht stattfindet. Kinder tragen Fähigkeiten herein, die wir alle bitter nötig haben in einer Kultur, über die Rudolf Steiner (GA 186) sagte: «Es sind ja Abgründe in unserem Zeitalter schon aufgerissen zwischen Mensch und Mensch. – In einer Weise, wie es die Menschen gar nicht ahnen, gehen sie heute aneinander vorbei, ohne sich im geringsten zu verstehen.» In dieses Szenario strömen nun immer mehr Kinder herein, die sich eine kommunikative Unmittelbarkeit und Unbefangenheit so lange und so hartnäckig bewahren, dass wir mit unseren fixen Vorstellungen von «normaler» Entwicklung einfach nicht mehr weiterkommen.

Was tun wir aber nun, statt von diesen Kindern zu lernen? Statt ihnen z.B. abzulauschen, wie eine *pädagogische* Schule aussehen könnte? Statt an *unseren* sozialen und spirituellen Defiziten, die im Umgang mit ihnen offenkundig werden, zu arbeiten? Wir zwingen sie von Anfang an in die

Bewusstseinsverfassung hinein, mit der wir es jahrhundertelang geschafft haben, die Welt von einem Abgrund in den nächsten zu stürzen. «Eine Norm und eine feste Maxime der Erziehung gibt es nicht und hat es nie gegeben. Was man so nennt, war stets nur die Norm einer Kultur, einer Gesellschaft, einer Kirche, eines Zeitalters, der, wie alle gebundene Regung und Handlung des Geistes, auch die Erziehung hörig war» (Martin Buber). Heute stehen wir an einem Wendepunkt, an dem die kulturelle Norm aufgebrochen werden muss, um Erziehung überhaupt noch leisten zu können.

*

Manche Kinder, die als sozial verhaltensgestört gelten, sind in Wahrheit das genaue Gegenteil, nämlich kommunikativ Hochbegabte in einer Gesellschaft von sozial Minderbemittelten.

*

Ein guter Erzieher ist immer bemüht, sich mit Kindern auf einer kindgemäßen Ebene zu verständigen. Es heißt manchmal, wir müssten uns zu diesem Zweck auf das Niveau des Kindes «hinabbegeben». Wieso «hinab»? Man erkennt die inbrünstigen «Hinabbegeber» an ihrem Hin und Her zwischen kindischem und hoheitlichem Getue. (Nichts ist für das *kindliche* Gemüt so befremdlich wie das *kindische* Verhalten Erwachsener.) Überlegenheitsgefühle sind pädagogisches Gift, und «Hinabneigen» kann man sich nur vom Überlegenheitssockel. Ich halte dagegen: Wir müssen uns *strecken* nach einer Fähigkeit des *wahr*nehmenden Fühlens, die für Kinder etwas ganz Selbstverständliches ist.

*

Interesse ist das Zauberwort. Echtes Interesse. Wieder staunen lernen. Am Anfang aller Menschenerkenntnis steht das Staunen (und kein Testverfahren). Wir müssen uns jenen vermessenen vermessenden Blick abgewöhnen, der heute als «psychologisch» gilt. Das können wir von den Kindern lernen. Darin sind sie meisterlich. Darauf sind sie aber auch angewiesen. Wer kein echtes, warmes, unvoreingenommenes, absichtsloses Interesse für ein «Sorgenkind» aufbringt – ein Interesse, das *nicht* Maß nimmt, *nicht* auf «Maßnahmen» sinnt –, ist als Pädagoge (oder Therapeut) disqualifiziert. Legionen von Psycho-Ingenieuren verplempern ihre (und der Kinder) Zeit damit, irgendwelche Checklisten abzuarbeiten, um irgendwelche Allerweltsdiagnosen zu stellen. Man müsste eine ganz andere Art von Examina für diese Berufsgruppen einführen. Etwas in

Richtung Nachweis der kommunikativen Kompetenz oder Bestimmung des «Empathie-Quotienten». Es gibt Psychologen und Ärzte, die gerade mal zwanzig Minuten brauchen, um ADS diagnostizieren. Ihnen müsste man die Berufserlaubnis entziehen. Es gibt aber auch solche, die jedes ADS-verdächtige Kind ca. *zehn Stunden* lang prüfen – ausschließlich mit vorgefertigten Tests! Lasst mich mit demselben Kind *fünf* Stunden in Ruhe verbringen – reden, spielen, malen, lachen, Geschichten erfinden –, gebt mir noch Zeit für ein ausführliches Elterngespräch und vielleicht für einen Anruf beim Klassenlehrer ... Wetten, dass ich *mehr* und *Detaillierteres* weiß als der Tester? Aber nicht nur das. Ich habe mit dem kleinen Wurm Freundschaft geschlossen und auf diese Weise von Dingen erfahren, die man gar nicht testen oder eben mal so abfragen *kann* – weder in zehn noch in zwanzig Stunden.

*

So manche «Verhaltensstörung» ist ein verzweifeltes Sich-verständlich-machen-Wollen. Aber es ist niemand da, der durch sein echtes Interesse einen (Beziehungs-)Raum schafft, in dem sich das Kind verständlich machen *kann*; der ihm ein geduldiges Ohr leiht, mit ihm spielt, redet, schweigt – und warten kann. «Wahrheiten wachsen wie Bäume», schrieb Janusz Korczak. Er sprach von der Wahrheit über den Kummer (oder die Angst) eines Kindes.

*

In anderen Fällen verbirgt sich hinter «Verhaltensstörungen» ein hilfloses Helfenwollen. Oft fühlen sich Kinder für die Probleme ihrer nächsten Bezugspersonen tief verantwortlich. Viele so genannte «kleine Tyrannen» sind in Wahrheit maßlos besorgt um die Mutter, den Vater oder den Zusammenhalt der Familie. Das hat es gewiss immer gegeben, aber sollte ich mich nicht sehr irren, ist dieses frühe, in gewisser Hinsicht viel *zu* frühe kindliche Verantwortungsgefühl immer häufiger anzutreffen – als ein Aspekt des Phänomens, das Georg Kühlewind in einem persönlichen Gespräch ganz lapidar mit den Worten beschrieb: «Unter uns leben immer mehr kleine Kinder, die in *sozialer* Hinsicht – allerdings auch *nur* in dieser Hinsicht – keine Kinder, sondern reife Menschen sind.» Das ist natürlich eine große Bürde, wenn man mit lauter Erwachsenen zusammenlebt, die es nicht begreifen ...

*

Es kann aber auch ein großer Fehler sein, voreilig auf seelische Konflikte – gleich welcher Art – zurückzuschließen, wenn ein Kind «aus dem Rahmen fällt». Oft sind Verhaltensauffälligkeiten nichts anderes als «Zeichen des Charakters, der zum Vorschein kommen will» (Hillman 1998). Wenn es sich um einen, nun ja, auffälligen, d.h. ungewöhnlichen Charakter handelt, ist mit relativ hoher Wahrscheinlichkeit davon auszugehen, dass die Kindheit nicht problemlos verläuft. Man kann aus Biografiestudien lernen – und neuere Ergebnisse der «Exzentrikforschung» bestätigen es –, dass viele Außenseiter im positiven Sinne kreative, originelle, genialische Persönlichkeiten, schon als Kinder gehörig aus der Reihe tanzten (vgl. Weeks u. James 1996). Statt die Vergangenheit für alles verantwortlich zu machen oder nach einem genetischen Makel zu suchen, wäre es oft ratsam, sich mit dem Gedanken zu befassen, dass Ursachen auch in der Zukunft liegen können – in Vorahnungen (und unbewussten inneren Vorbereitungen) auf das Kommende. So manches unerklärliche Verhalten, so manche Weigerung, Obsession oder Angst eines Kindes wird erst im Lichte der späteren Lebensereignisse verständlich. Was den Eltern oder Lehrern ganz abwegig erschien, erweist sich im Nachhinein als sinnvoll und angemessen.

*

Der neurobiologisch-defektorientierte Erklärungsansatz birgt die große Gefahr, dass Ärzte, Psychologen, Therapeuten, Lehrer und Eltern, die ihn verfechten, gar keinen Grund mehr sehen, nach eventuellen seelischen Hintergründen von Verhaltensauffälligkeiten zu fragen, sie im Beziehungskontext zu betrachten oder als «Wahrzeichen der Enthüllung» (Hillman) ungewöhnlicher Fähigkeiten zu begreifen, die es oft so an sich haben, dass sie in ihren frühen Erscheinungsformen eher wie «Verrücktheiten» wirken. Hillman – ich verstehe ihn gut – ist zornig. Die besonderen Kinder, schreibt er, «dienen ... als Sündenböcke für die Angst der Wissenschaftler vor der Kraft ..., die Paradigmen verschieben kann und als Erstes immer im ganz Neuen – also in den Kindern – zutage tritt».

In die ADS-Statistik gehen massenhaft Kinder ein, die das Etikett nur deshalb tragen, weil es niemand für angebracht hielt, sich näher mit ihrer Wesensart, ihrer Geschichte, ihrem Schicksalen und ihren Lebensumständen vertraut zu machen (was nur möglich ist, wenn man wirklich Beziehung aufnimmt und Zeit hat!) Abgesehen von den Fällen, in denen «die Kraft, die Paradigmen verschieben kann» – und deshalb früh aufbegehrt, sich früh ihre eigenen Wege bahnt –, den Kindern zum

Verhängnis wird; abgesehen also von den Fällen, zu denen man nicht viel mehr sagen kann, als dass Michel aus Lönneberga, wenn er heutzutage in Frankfurt oder Düsseldorf aufwachsen (und in die Schule gehen) müsste, ein sicherer Ritalinkandidat wäre, wird die ADS-Diagnose auch häufig bei Kindern gestellt, die tatsächlich therapeutische Hilfe brauchen – allerdings aus ganz anderen Gründen.

Nach unserem Eindruck (und damit stehen wir nicht allein) nimmt die diagnostische Schlamperei immer beängstigendere Ausmaße an. Beispiele:

- Ein zwölfjähriger Junge wird in einem auf ADS spezialisierten Kinderzentrum «durchgecheckt». Ergebnis: Schwerer Fall von ADHD. Empfehlung: Ritalin. Die Psychologin hält eine sorgfältige biografische Anamnese für überflüssig. Ihre Vermerke unter dieser Rubrik sind lückenhaft und beziehen sich nur auf Äußerlichkeiten. Als der Junge auf Umwegen bei uns landet, holen wir das Versäumte nach, und es zeigt sich: Er war bis zum achten, neunten Lebensjahr ein ruhiges, ausgeglichenes, in sich ruhendes Kind mit normaler bis überdurchschnittlicher Konzentrationsfähigkeit. Dann erlitt er einen Schock. (Schwerer Autounfall; ein Fahrzeuginsasse trug lebensgefährliche Verletzungen davon; der Junge zog sich nur ein paar Schrammen zu, war jedoch in der nächsten Zeit merklich verunsichert.) Er hatte sich noch kaum davon erholt, als sein Großvater, dem er sehr nahe stand, einem Krebsleiden erlag. Von da an zeigten sich massive Schlafstörungen, Appetitlosigkeit, Ängste, Unruhe- und Abwesenheitszustände, Zerfahrenheit, nachlassende Schulleistungen. Ich tadle die Eltern: «Das hätten Sie der Psychologin, die die Diagnose gestellt hat, unbedingt mitteilen müssen!» Antwort: «Wir haben ein paar Anläufe gemacht, aber sie winkte ab, schien das alles für unwichtig zu halten, murmelte etwas von sekundären Faktoren.»
- Ein knapp neunjähriges Mädchen, das seit zwei Jahren Ritalin bekommt, wird in unserem Institut vorgestellt, weil die allein erziehende Mutter «ein ungutes Gefühl» hat. Nach zwei ausführlichen Gesprächen steht uns deutlich vor Augen, was geschehen ist. Das zarte, ängstliche Mädchen war schon im Kindergarten sozial überfordert gewesen und wurde viel gehänselt. Der Eintritt in die Schule verlangte ihr große Selbstüberwindung ab. Sie hatte jeden Morgen Angstbauchweh, biss sich aber in den ersten Monaten trotzdem tapfer durch und fand sogar Freude am Lernen. In dieser Zeit eskalierte die Ehekrise der Eltern. Es gab jeden Tag hässliche Szenen. Bald zog der Vater aus, und es wurde offen über Scheidung gesprochen. Nun verweigerte das Mädchen in der Schule zunehmend die Mitarbeit. Und nicht nur das. Binnen weniger Wochen änderte sich ihr Verhalten um 180 Grad. Statt – wie bisher – scheu und blass auf ihrem

Stuhl zu sitzen und beinahe reglos dem Unterrichtsgeschehen zu folgen, brachte sie die ganze Klasse durcheinander, indem sie unentwegt herumzappelte, dazwischenredete, Geräusche produzierte, kicherte, dann wieder, scheinbar unmotiviert, in Tränen ausbrach. Morgens war sie manchmal nicht aus dem Haus zu bringen, klammerte sich an der Mutter fest, weinte, schrie und geriet so in Erregung, dass sie erbrechen musste. An anderen Tagen machte sie sich auf den Weg, irrte jedoch den ganzen Vormittag in der Stadt herum. Als man sie schließlich auf Anraten der Lehrer in einer kinderärztlich-psychologischen Praxis untersuchen ließ, wurde die Diagnose ADS gestellt und Ritalin verordnet. – Wiederum frage ich ungläubig: «Haben Sie dem Arzt nichts von alledem erzählt?» Antwort: «O doch, natürlich. Aber er winkte ab und sagte: Das sind lediglich erschwerende Begleitumstände. Primär liegt ein ADS vor, die Befunde sind eindeutig.»

- Allein im letzten halben Jahr wurden uns drei Kinder mit verbriefter ADS-Diagnose vorgestellt, bei denen sich herausstellte, dass sie missbraucht worden waren. In zwei Fällen hatten die Gutachter davon gewusst, es jedoch offenbar für nebensächlich gehalten.
- Kürzlich wurde ich vom Kollegium eines Sonderschulzentrums gebeten, meine Sicht der Dinge zum Thema ADS darzulegen. Die Frage war: Was kann man dagegen unternehmen, dass immer mehr Kinder – in manchen Klassen 20 Prozent – mit Stimulanzien behandelt werden? Als ich im Einleitungsreferat erwähnte, dass es problematisch sei, bei eindeutigen Milieuschädigungen ADHD zu diagnostizieren (vgl. dazu auch Bittner 1996), war das Erstaunen groß, denn viele Kinder, die dort zur Schule gehen, leben in zerrütteten Familienverhältnissen, werden vernachlässigt, zum Teil auch misshandelt. Und überwiegend diese, so erfuhr ich, bekämen Ritalin. (Das sei erst vor einigen Jahren eingerissen und werde immer schlimmer.) – Man komme mir nicht mit dem Argument der angeborenen Hirnfunktionsstörung, die durch negative Einflüsse lediglich verstärkt werde! Das ist reine Spekulation. Wie stark sich ein Mangel an emotionaler Bindung und Sicherheit bis ins Körperliche hinein, also auch auf die Hirnfunktionen, auswirken kann, ist eigentlich bekannt (vgl. Gebauer u. Hüther 2001). Insofern müssten genau genommen nicht nur klassische Milieuschädigungen, sondern auch Symptome der so genannten Wohlstandsverwahrlosung differenzialdiagnostisch vom Aufmerksamkeits-Defizit-Syndrom – falls es so etwas überhaupt gibt – abgegrenzt werden.[25]
- Ein gewaltiges, unter den Teppich gekehrtes Problem sind die psychischen und psychosomatischen Folgen des schulischen Versagens von

Kindern mit abweichenden Begabungsprofilen und Lernstilen. Bei vielen bewegungsfreudigen, impulsiven, neugierigen Kindern, die jedoch bis zum sechsten, siebten Lebensjahr in keiner Weise «gestört» wirken, setzt das sozial unverträgliche Verhalten erst in der Schule ein. Sie freuen sich unbändig auf die Einschulung, es folgt eine tiefe Enttäuschung, dann fangen sie an, ständig den Unterricht zu stören oder lustlos herumzuhängen. Bald berichten die Eltern, dass auch der familiäre Frieden unter dem Schulfrust zu leiden beginnt. Nur an den Wochenenden und in den Ferien tritt eine Entspannung ein. «Die traditionelle Schule, die den Wert von Ordnung, Übung und Wiederholung betont, leistete (gewiss) anständige Arbeit. (Aber) das Problem ist, dass (immer mehr) Schüler heute *grundlegend anders* sind. – Während unser Schulsystem in der Regel mit denselben Lernmethoden operiert, die vor Jahrzehnten modern waren, fällt es (den heutigen) Schülern immer schwerer, auf diese Weise zu lernen», heißt es bei Freed und Parsons (1998) mit besonderem Hinblick auf das so genannte Aufmerksamkeits-Defizit-Syndrom. Welche «Qualen» ein Kind, das bildhaft, anschaulich, kommunikativ, experimentell und handlungsorientiert lernen will (und sich dann vielleicht als überdurchschnittlich begabt erweisen würde), in der heutigen Schule erlebt, «können sich nur diejenigen vorstellen, die selbst unter der ... Erfahrung ... gelitten haben, sich an einem Ort zu befinden, wo nichts einen Sinn ergibt» zitieren Freed und Parsons einen Betroffenen. «Die psychologischen Zwänge, die die Kreativität eines Kindes hemmen, treten schon früh im Leben auf», klagt Daniel Goleman (2000). «Die meisten Kinder gehen gern in den Kindergarten ..., sogar noch in die erste Klasse. Neues zu erfahren und zu lernen macht ihnen Spaß. Doch ab der dritten oder vierten Klasse haben viele die Lust an der Schule verloren – und von Freude an der eigenen Kreativität kann überhaupt keine Rede mehr sein.» Das ist für alle Kinder schlimm, am schlimmsten aber für diejenigen, die den zuerst von Howard Gardner (1994) beschriebenen und offenbar immer häufiger auftretenden verschiedenen Grund- und Mischformen der «kreativen Intelligenz» zuzuordnen sind.[26] Dazu gehören die visuell orientierten, erlebnishungrigen, unruhigen und tatendurstigen Kinder, die in Jerome Kagans Temperamentseinteilung (2001) unter der Rubrik «furchtlose Erkunder» zu finden sind. Thom Hartmann (1993) bezeichnet sie als «Hunter» (Jäger) oder «Späher». Ich habe jüngst von «Sucherseelen» (*Das Goetheanum*, 11/2001) und «Sturmkindern» (*Erziehungskunst*, 9/2001) gesprochen. In Gardners Terminologie, wären sie zwischen den Typen «Neuerer» und «Beeinflusser» anzusiedeln, ausgestattet mit einem hohen «interpersonalen» und «kinästhetischen» Intelligenzquotienten (Talente, die mit gewöhnlichen IQ-Tests nicht erfasst werden). – Tief enttäuscht, chronisch überfordert und unterfordert in einem, übernehmen diese Kinder in der Schule oft die Rolle des Klassenkaspers und notorischen Störenfrieds – und der erste Schlaumeier, der auf ADHD tippt, lässt nicht lange auf sich warten. Wenn wir im schulischen Bereich weitermachen wie bisher, «werden wir (bald) eine Menge von Kindern haben, die scheinbar einfach nicht lernen können», warnt Hartmann. «Die Diagnose ADD wird immer häufiger gestellt werden.»

Ritalin ist hier nun wirklich eine gespenstisch falsche Antwort und ADS nur das Kürzel für ein tragisches Missverständnis, denn es kann ja wohl nicht sein, dass ein Kind, das ganz offensichtlich unter der *Schule* leidet und entsprechende Symptome entwickelt (wer würde keine Symptome entwickeln, wenn er zusehen müsste, wie seine Fähigkeiten verkümmern?), nun plötzlich unter einer dominant vererbten Hirnstoffwechselstörung leiden soll. Wir sind mit neuen Wahrnehmungs-, Kommunikations- und Lernstilen konfrontiert, die völlig zu Unrecht unter Pathologieverdacht stehen. Hoch intelligente, ungewöhnlich kreative Kinder, die nicht funktionieren, sondern gestalten, nicht auswendig lernen, sondern ausprobieren wollen und zudem die – wie ich finde – sympathische Eigenschaft besitzen, dass jedes aufgesetzte Autoritätsgehabe sie unweigerlich zum Widerstand reizt, werden zuhauf als minderbegabt oder dysfunktional abgestempelt, nur weil man nicht ablassen will von einem «Schulsystem, (das) mit dem Ziel gegründet wurde, eine Gesellschaft pflichtbewusster, gehorsamer Fußsoldaten heranzuziehen» (Freed und Parsons).

Je nach Temperamentslage kann die schulische Misere bei verhaltensoriginellen Kindern auch dazu führen, dass sie ihrem Frust durch Aggressivität Luft machen. «Das Schulklima», schreibt der Oberstudienrat Raimund Pousset (2000), spielt ganz allgemein «eine wesentliche Rolle bei der Entstehung und der Äußerung von Gewalt und dem Umgang mit ihr. Es führt dazu, dass sich Schüler verwaltet und bestimmt vorkommen, anstatt teilhaben zu können an gemeinsamen Entscheidungen. Negativschlagwörter beherrschen die Schulszene: Anonymität, Frustpotenzial, Ohnmacht, mangelnder Respekt, Druck, Verantwortungslosigkeit, Unselbstständigkeit, Konkurrenz und Gewalt.»

- Fassen wir die bisherigen Punkte zusammen. Es ist zumindest fraglich, ob von ADD gesprochen werden kann, wenn:

- Schicksalsschläge zu einer starken Wesensveränderung des Kindes geführt haben oder unverarbeitete traumatische Erlebnisse sein Leben überschatten

- familiäre Konflikte das Kind tief verunsichern
- das Kind misshandelt oder schwer vernachlässigt wird (wurde)
- das sozial unverträgliche Verhalten erst in der Schule zutage getreten ist und offenbar auch mit der Schule zusammenhängt; hier sind besonders Kinder mit abweichenden Begabungsprofilen und Lernbedürfnissen (s.o.) zu berücksichtigen.

Um die Aufzählung von Problemlagen, die uns vor differenzialdiagnostische Schwierigkeiten stellen, einigermaßen zu vervollständigen, müssen noch folgende Punkte erwähnt werden:

1. *Allergien:* Eine allergische Problematik kann mehr oder weniger offensichtlich sein. Es gibt zweifellos die seinerzeit von Herta Hafer (1984/90) beschriebenen Phosphat-Allergiker (wenn auch längst nicht so häufig, wie in den achtziger Jahren viele glaubten). Aber auch andere Nahrungsmittelunverträglichkeiten oder Überempfindlichkeiten gegen Umweltgifte kommen in Betracht. Kühnen Schätzungen zufolge sind acht von zehn so genannten ADS-Kindern Allergiker (vgl. Simonsohn in *Natur & Heilen*, 9/2001). Ich will mich da nicht festlegen, kann jedoch aus eigener Erfahrung bestätigen, dass viele Kollegen durch ihre Fixierung auf Synapsen und Neurotransmitter sehr selektiv wahrnehmen und wichtige Spuren gar nicht erst verfolgen, so auch die Allergie-Spur (vgl. auch Blank 1995). Eine allergische Disposition (von diskreten Formen bis hin zu starken asthmatischen oder neurodermitischen Beschwerden) ruft häufig Unruhezustände und Konzentrationsstörungen hervor, übrigens auch Angst- und Versagensgefühle. Kürzlich hatten wir hier einen Jungen mit schweren juckenden Hautausschlägen, bei dem ADHD diagnostiziert und Ritalin empfohlen worden war! Da schweigt dann des Sängers Höflichkeit.
2. *Vegetative Labilität:* Seit langem ist bekannt, dass es Kinder gibt, bei denen eine konstitutionelle Grundschwäche vorliegt, die man als vegetative Labilität – oder auch vegetative Dysregulation – bezeichnet. Der Begriff ist aus der Mode gekommen, gewinnt jedoch gerade durch die Problematik der unruhig-nervösen Kinder neue Aktualität. Ein permanentes peinigendes Körpergefühl macht den Betroffenen zu schaffen, sie leiden unter jähen Schwächezuständen, Verdauungsproblemen, Leib- und Kopfschmerzen. Konzentrationsstörungen sind obligatorisch, Unruhezustände ebenfalls, die psychischen Begleiterscheinungen beträchtlich. Das Selbstwertgefühl dieser Kinder ist sehr gering, sie fühlen sich immerzu benachteiligt (seelischer Ausdruck des körperlichen

Mangelgefühls). Im *Pschyrembel* heißt es: «Angeborene Labilität des vegetativen Nervensystems mit gesteigerter Reaktionsbildung.» Wie diese gesteigerte Reaktionsbildung aussieht, ist unter «vegetatives Syndrom» nachzulesen: «Erschöpfungs- und Verstimmungszustände, ... innere Unruhe, Spannung, Angst, Reizbarkeit, Konzentrationsschwäche.» Es gibt Überschneidungen mit Punkt 1.

3. *«Pseudo-ADD»:* So nennen Freed und Parsons das in den heutigen urbanen Lebensverhältnissen fast schon normale chronische Stresssyndrom. Stichworte: Reizüberflutung, Hektik, Lärm, Fernsehen, Computer, chronischer Bewegungsmangel, Schlafmangel, schlechte Ernährung, dazu Leistungsdruck in der Schule, vielleicht familiäre Spannungen. – Die betreffenden Kinder leiden unter sensomotorischen Integrationsstörungen, können sich nicht konzentrieren, neigen zu Aggressionen, Unruhezuständen und Ängsten. Liest man etwa bei Hurrelmann (1994) oder Lohaus und Klein-Heßling (1999) nach, wie sich «Kinder im Stress» verhalten und welches die körperlichen Auswirkungen sind, hat man nahezu exakt das ADHD-Bild. Es gibt Überschneidungen mit Punkt 1 und 2.

4. *Exzessiver Medienkonsum:* Diesem Punkt gebührt deshalb eine separate Erwähnung, weil mediale Überflutung bei sehr sensiblen Kindern auch ohne sonstige Stressfaktoren zu einer Symptomatik führen kann, die dem ADS täuschend ähnlich sieht. Vgl. dazu die Forschungen von Rainer Patzlaff (siehe Literatur.)

5. *Impfungen und Vigantolbehandlung* (gegen Rachitis): Noch unerforscht, aber vielleicht eine heiße Spur.

*

Damit sind gewiss nicht alle diskutierten Thesen über die Ursachen kindlicher Verhaltensauffälligkeiten erfasst. Es ging mir mit dieser Aufzählung lediglich darum, bewusst zu machen, dass in den Fällen, in denen man als Therapeut das deutliche Gefühl hat: «Dieses Kind leidet, es braucht wirklich Hilfe», viele mögliche Gründe in Betracht kommen, die mit einer «dominant vererbten Störung im Neurotransmitterbereich» nichts zu tun haben. Wenn einer der genannten Gründe vorliegt, kann das Problem mit Ritalin offensichtlich nicht ausgeräumt, sondern allenfalls vorübergehend zugedeckt werden, wobei die Risiken eines solchen Vorgehens noch längst nicht geklärt sind. Auch «Verhaltenstraining» ist in diesen Fällen bestenfalls eine Behelfslösung mangels besserer – problemgerechter – Ideen.

Deshalb muss nach unserer Auffassung immer strikt individuell geklärt werden, in welcher Notlage das jeweilige Kind oder die ganze Familie steckt und wie von Fall zu Fall geholfen werden kann. Manchmal wird man dann auf eines der oben erwähnten Konfliktszenarien, Belastungssyndrome oder Beschwerdebilder stoßen (es können sich auch mehrere der genannten Probleme überlappen). Mindestens ebenso oft jedoch, das lehrt die Erfahrung, liegt primär *nichts* vor, was irgendwie therapeutisch relevant wäre – außer dass das Kind, wie schon im Abschnitt über ungewöhnliche Begabungsprofile angedeutet, unter der Fehletikettierung «verhaltensgestört» sowie unter dem permanenten Erlebnis des Unerwünschtseins und Zurückgewiesenwerdens leidet. Ich sage: *leidet*. Insofern wird, mag es auch paradox klingen, durch das Unwesen der Therapeutisierung pädagogischer Probleme ein neues therapeutisches Aufgabenfeld geschaffen: eine Art seelsorgerisches Angebot, um stigmatisierten Kindern ihr verlorenes Selbstwertgefühl zurückzugeben (und den Eltern beizubringen, dass sie sich innerlich von drei verhängnisvollen Buchstaben verabschieden müssen: ADS). Wolfgang Jantzen (1980) übertreibt keineswegs, wenn er schreibt: «Entsprechend einem medizinischen und pädagogischen Verständnis, das nur am Defekt, an der Störung, an der Behebung einer Auffälligkeit orientiert ist, stellen sich große Bereiche der als Therapie deklarierten Maßnahmen als ihr Gegenteil dar, (nämlich) als ... Persönlichkeitszerstörung.»

Ob ungerechtfertigtes «Labeling» oder unerkanntes (nicht gewürdigtes) Leid: Das ADS-Konstrukt erweist sich in praxi als fundamentales Hindernis für eine subjektbezogene Sichtweise, das heißt, sie *verhindert* allzu oft ein diagnostisches Vorgehen, das den Namen verdiente. In der «Diskussion um ‹Hyperaktivität› ... werden heute immer mehr neue Fragestellungen gefordert», schreibt Michael Passolt (2001), «und so können ... auch neue Möglichkeiten im Verständnis (des Problems) entstehen, z.B. im Sinne eines Angebots mit Blick auf die Stärken des Kindes.» Und weiter: «Nicht gleichmachen, keine gleichen Erklärungsmuster, keine gleichen Therapievorschläge. Eher: Wie schaffe ich den Zugang zum Kind? Wie achte ich die Individualität von Entwicklung?»

Interesse ist das Zauberwort.

Michel aus Lönneberga im Land der Betonköpfe

«Michel aus Lönneberga im Land der Betonköpfe» – so könnte der Titel einer voluminösen Sammlung von traurigen Geschichten lauten, die von dem unkalkulierbaren Risiko handeln, heutzutage in vollen Zügen Kind sein zu wollen. Peter und Ginger Breggin (1994) konstatieren einen «Krieg gegen Kinder». Hillman (1998) kommentiert: «Wie in kolonialen Zeiten werden Medikamente ausgegeben, welche die Schmerzen der Kulis beseitigen sollen – ausgerechnet von denen, die die Schmerzen verursachen.» (Er spielt u.a. darauf an, dass an amerikanischen Schulen Ritalin wie Gummibärchen verteilt wird.) Zigtausende Kinder, bei denen, unaufgeregt betrachtet, nichts anderes vorliegt, als dass sie in einer kindheitsfernen Zeit kompromisslos ihr Kindsein leben wollen, gelten als krank. *Das* ist krank.

Kinder im Allgemeinen und verhaltensoriginelle Kinder im Besonderen stehen heute unter einem gnadenlosen Eingliederungsdiktat. Es gibt zwei Hauptregeln:

- Sei unauffällig und funktioniere.
- Sei bei den passenden Anlässen hübsch dekorativ.

Da es sich aber nun einmal um die ewig quertreibende Spezies *Kind* handelt, erzeugt der wachsende Anpassungsdruck nur immer mehr Anpassungsverweigerung. Die Zahl derer, die das Spiel nicht mitspielen, wächst, und unter ihnen gibt es eine besonders bösartige Sorte. Sie sind energiegeladen, frech, vorwitzig, ungestüm, abenteuerlustig, unfolgsam, ganz und gar undekorativ, haben «immer nur Unsinn im Sinn» und sorgen jeden Tag für unliebsame Überraschungen. Waschechte Michels eben. Dass aber ein Michel, wie er im (Lindgren-)Buche steht, heute als hirnfunktionsgestört gilt, charakterisiert die Zeit, in der wir leben, besser als jede weitschweifige Kulturkritik. «Die fünfziger und frühen sechziger Jahre waren vielleicht die letzten Jahre der Kindheit in den entwickelten kapitalistischen Gesellschaften», schreibt Georg Seeßlen (2002). «Kindheit ist zu einem leeren und obszönen sozialen und kulturellen Ort geworden; er lebt nur noch von der medialen Aufrechterhaltung, Kindheit ist das Kinderprogramm im Fernsehen und die Zeichenwelt der Kindermärkte. Kinder sind die kleinen Monster, die (uns) ökonomisch und psychisch ruinieren.»

Es gibt neben dem sexuellen Kindesmissbrauch noch einen anderen, verdeckten, diskreten, strukturellen, institutionalisierten. «(Dieser) Kindesmissbrauch vollzieht sich im Erziehungswesen und in der tieferen Frage: ‹Wozu möchte man Kinder? Wozu hat man ein Kind?›», meint James

Hillman (Hillmann/Ventura 1993). Michael Ventura fragt: «Wozu *hat* man ein Kind?» Gegenfrage: «Weißt du, was ein Kind heute kostet? – Der Ärger darüber, was ein Kind kostet, ist erstaunlich. Und … man könnte sich unaufhörlich über das Kind aufregen, das eine Plage im Haus ist. Der Ärger, das tief empfundene ‹Wozu habe ich dieses Kind, wenn es nicht tut, was es als Mini-Ich gefälligst tun soll?›» – Eine Gesprächsteilnehmerin namens Passy wirft ein: «Wie konnte dies geschehen – wie konnte die Kindheit zur Hölle werden?»

Sie konnte es deshalb, weil die Kinder heutzutage kaum eine andere Wahl haben, als gegen alle – kindliche – Vernunft spätestens mit sechs, sieben Jahren jene fantasietötende «Vernunft» anzunehmen, die Guggenbauer als «universelle Nützlichkeitsdiktatur» charakterisiert. Sie müssen nach den Gesetzen einer Realität funktionieren, in der kein Platz ist für *spielerisches Leben* – «es sei denn, sie fangen früh mit den Drogen an, was eine ziemlich militante Art ist, sich Kindheit zu erhalten und gleichzeitig zu versauen» (Seeßlen). Der Autor hätte noch hinzufügen können, dass man inzwischen millionenfach versucht, die Gefahr des frühen Anfangens mit Drogen durch – Drogen zu bannen. Und zwar durch eine Art von Drogen, die von je her als *Leistungsdrogen* bekannt sind: Mit «Speed» (Stimulanzien) machen sich sensible Leute fit, um den Stress der Leistungs- und Konkurrenzgesellschaft durchzustehen. Mit «Speed» quetscht man das Letzte aus sich heraus und schiebt Zusammenbrüche auf (bis nach der Prüfung). Durch «Speed» wird man genauso eine kühle Kalkulationsmaschine, genauso ein abgezockter Karrierist wie die anderen. Mit «Speed» funktioniert man wie geschmiert …

«Kein Durchkommen mehr für Unangepasste, für Eigensinnige, für schöpferische Sonderlinge.» Pädagogen, Mediziner und Therapeuten (und leider auch manche Eltern) schließen ein Bündnis, um sicherzustellen, dass sich die Kinder «zu fleißigen … Epigonen und willigen Handwerkern (statt zu) kantigen Persönlichkeiten mit wichtigen neuen Fragestellungen» entwickeln stellt Horst Eberhard Richter (1992) fest. Die Lage ist ernst. In der Tat steht zu befürchten, dass im Zuge der «immer stärkeren Normalisierung und Regulierung kindlicher Lebensäußerungen Kindheit liquidiert wird», um diese treffende Formulierung von Bärbel Schön (1993) einmal aufzugreifen. Schon so mancher kerngesunde Michel ist im Land der Betonköpfe dann doch krank geworden. Krank an der Seele. Ein Kind mag noch so temperamentvoll und unerschrocken sein und über eine noch so prächtige seelische Widerstandskraft verfügen – wenn die wichtigsten erwachsenen Bezugspersonen ein defektes Individuum in ihm sehen, führt dies mit der Zeit zu einer tiefen, nachhaltigen Verunsicherung. Das Selbstwertgefühl nimmt Schaden, und es ist weiß Gott nicht leicht, diesen Prozess im fortgeschrittenen Stadium wieder umzukehren. Ich kenne mittlerweile viele traurige Geschichten von wilden, frechen, übersprudelnden, erlebnishungrigen und tatendurstigen Buben und Mädchen, die, weil man sie «normalisieren» wollte, nach und nach in ein grotesk-zwanghaftes Oppositionsverhalten regelrecht hineingetrieben wurden, bis es dann keine andere Lösung mehr zu geben schien als die Pille. Andere zeigen sich nach Jahren erfolgreicher Verhaltenskorrektur mit oder ohne Medikamente dermaßen überangepasst und hyperreflexiv (ständig sich selbst beobachtend, bewertend und kontrollierend), dass es einem ins Herz schneidet. Manchmal bitten uns Eltern um Hilfe, weil sie sich des bestürzenden Gefühls nicht erwehren können, ihrem Kind sei das Kindsein ausgetrieben worden. «Jetzt, wo alles reibungslos läuft», sagte eine Mutter, «wünschte ich, ich hätte meinen wilden, anstrengenden, ungehorsamen, aber wie hundert Wunderkerzen sprühenden kleinen Störenfried zurück.»

Zuerst gilt es, jenen Mythos der «regulären» Entwicklung zu überwinden, jenes Denken in altersgruppenspezifischen und leistungsorientierten Sollbestimmungen. (In den Entwicklungspsychologie-Lehrbüchern geht es immer darum, welche *Leistungen* von den Kindern in welchem Alter zu erwarten seien.) Man muss «das Kind lesen», statt es an fragwürdigen Normen zu messen, schreibt Remo H. Largo (2001), denn «das Ausmaß der Vielfalt, wie es in Entwicklungsstudien zu beobachten ist, ist unvereinbar mit irgendwelchen Normvorstellungen.» Diese Art des «Lesens» setzt gesteigerte Aufmerksamkeit voraus: «eine besondere Art des Engagements und der Präsenz ..., die zugleich sanft und offen ist» (Kabat-Zinn 1997).

Georg Kühlewind und ich haben seit Jahren in Büchern, Vorträgen und Lehrgängen vielfältige Anregungen dazu gegeben – er als Meditationslehrer in Richtung einer allgemeinen Schulung der Aufmerksamkeitskräfte, ich als Kindertherapeut mit besonderem Hinblick auf die pädagogische Haltung. (Kühlewinds Buch *Sternkinder* markiert den Punkt, an dem sich die beiden Ströme vereinigen.) Der Weg der Achtsamkeit ist ein Weg der Bewusstseinswandlung aus Herzenskräften, der jedem offen steht. In dem Maße, in dem man auf diesem Weg fortschreitet, erübrigen sich nicht nur die Erziehungs- und Therapiemethoden des «harten Willens» (Kühlewind), sondern man wird auch gar keinen Sinn mehr darin sehen, das Kind wunschgemäß formen zu wollen, irgendetwas aus ihm «machen» zu wollen. Gewiss sind die ersten Schritte in diese Richtung mühselig – man muss sich wirklich umstellen, wirklich von vielen liebgewordenen Denk- und Handlungsgewohnheiten Abschied nehmen –, aber dafür ungeheuer bereichernd. (Ich spreche von jenem Reichtum, der mit dem Geben wächst.) Kunst fordert den ganzen Menschen, und was wir vorschlagen, ist nichts anderes als soziale Kunst. Es geht darum, die innere Ebene der pädagogischen Beziehung zu betreten und sich überraschen zu lassen, welche ungeahnten Schätze dort lagern. Das hat nichts mit esoterischem Luxus zu tun, sondern bietet eine überlegene lebenspraktische Alternative zu den theorielastigen Monströsitäten, die heute als «Training», «Couching» und so weiter verkauft werden. «Achtsamkeit im Umgang mit Kindern», heißt es bei Kabat-Zinn, «erfordert, dass wir die tagtäglichen Herausforderungen ... mit Gewahrsein erfüllen.»

*

Rudi Krawitz (1997), ein hervorragender Vertreter des individualpädagogischen Ansatzes, zählt die *Haupthindernisse* «für eine offene und unverzerrte Wahrnehmung» des Kindes auf: «Die *Vorurteile*, die eine vernünftige, von unbefangener Anschauung ... geleitete Wahrnehmung verhindern. – Das *fremdbestimmte* Denken, das zu *bestimmter* ‹Sicht› zwingt. – Die *heimlichen* Theorien, die den Blick fehllenken. Die *statisch fixierten Begriffe*, die eigene Anschauungen verstellen und ‹blind› machen. – Die nur *aspekthafte – selektive* – Wahrnehmung, die den Blick einengt.» Demgegenüber «hilft es nur, den Blick auf das Kind selbst zu richten und möglichst unverstellt die Merkmale seiner *einmaligen Erscheinung* und unverwechselbaren Individualität zu entdecken; die spezifischen Lebensbedingungen in einer sozialen Situation zu erkennen, die *individuellen Ausdrucksmöglichkeiten* seiner Persönlichkeit zu entschlüsseln; die *speziellen Interaktionsformen* in seinen Kontakten zur Mitwelt und zu seinen Mitmenschen kennen zu lernen.»

Damit sind die Grundbedingungen für den Weg der Achtsamkeit umrissen. Beherzigt man Krawitz' Hinweise, die in fast allen Punkten mit dem übereinstimmen, was ich vor allem in meinem Buch *«Schwierige» Kinder gibt es nicht* dargelegt habe, wird (man bedenke es in Ruhe) die ADS-Diagnose überflüssig.

Dass ein Michel, wie er im (Lindgren-)Buche steht, heute als hirnfunktionsgestört gilt, charakterisiert die Zeit, in der wir leben, besser als jede weitschweifige Kulturkritik.

Das Kind im Weltzusammenhang – Individualität und Verantwortung

Günther Bittner (1996) plädiert für eine «lebensphilosophische Erneuerung der Pädagogik». Um dies zu leisten, muss, wie wir gesehen haben, zuerst das Körpermaschinen-Paradigma mitsamt dem darauf aufbauenden falschen Person-Begriff überwunden werden. «Da man ...glaubt, (die Symptome) beruhten auf spezifischen biologischen Mechanismen, wird großer Wert darauf gelegt, die Diagnose im Rahmen eines reduktionistischen Klassifikationsschemas zu stellen. Diese Methode ist zwar (in den meisten Fällen) fehlgeschlagen, wird aber immer noch in der Hoffnung praktiziert, man werde schließlich *doch* den spezifischen Mechanismus ... finden», schreibt Fritjof Capra (1999) und knüpft daran die Frage, ob wir «Diagnosen (wie) Überaktivität (womöglich) als Deckmantel für soziale Probleme ... verwenden». Mit der veralteten, gleichwohl unausrottbaren Vorstellung, Menschen seien «physikalische und biochemische Maschinen» (Capra), konkurriert seit längerem ein anderer Denkansatz, der das biomedizinische Modell und auch die klassisch tiefenpsychologische Sicht in Frage stellt und stattdessen für eine *kontextuale* oder *ökologische* – auf Lebenszusammenhänge gerichtete – Betrachtungsweise wirbt.

Dies tun z.B. Klaus Dörner und Ursula Plog in der aktualisierten Neufassung ihres Klassikers *Irren ist menschlich* (1996), indem sie den herkömmlichen psychiatrischen Argumentationsrahmen erweitern (aber nicht sprengen), während New-Age-Vordenker wie Capra, Wilber oder Sheldrake das Denken in Vernetzungen, interaktiven Systemen, «Feldern» etc. gewissermaßen radikalisieren, um den herkömmlichen Person-Begriff in Richtung auf eine Idee der universellen Einheit und Verbundenheit zu überwinden. Wenngleich hier die Gefahr lauert, dass vor lauter interaktiven Prozessen das Individuum nicht mehr gesehen wird, dünkt mich vieles, was von dieser Seite geäußert wird, sehr beachtlich. Capra (2000) berichtet von einem Gespräch mit dem schon erwähnten Ronald D. Laing. Dort heißt es unter anderem: «Laing stimmte meiner grundlegenden These zu, ... dass die Psychoanalyse einen Newtonschen Rahmen habe. Die Kritik an Freuds mechanistischer Denkweise, so sagte er mir, sei noch relevanter, wo es um zwischenmenschliche Beziehungen gehe. ‹Freud besaß keine Denkkonstruktion für Systeme, die aus mehr als einer Person bestehen. Für ihn gab es nur den mentalen Apparat, die psychischen Strukturen, inneren Objekte und Kräfte – doch hatte er keine Vorstellung davon, wie zwei dieser mentalen Apparate ... miteinander in Beziehung treten können.

Nach Ansicht von Freud interagieren sie bloß mechanisch, wie die zwei Billardkugeln. Er hatte keine Ahnung von Erfahrungen, die von Menschen geteilt werden.› Laing sprach dann von seiner umfassenderen Kritik an der Psychoanalyse, wobei er ganz besonders die Überzeugung vertrat, dem Patienten dürften niemals psychoaktive Drogen aufgezwungen werden. (...) Er sagte auch, die ursprüngliche Bedeutung des Wortes ‹Therapeut› sei ... ‹aufmerksamer Begleiter›. Ein Therapeut solle daher ein Spezialist in Aufmerksamkeit und Gewahrsein sein.»

Ebenfalls über Freud hinausweisend, führen Dörner und Plog (1996) den Leser behutsam auf die Spur eines dynamisch-relationalen Verständnisses von Lebensgeschichtlichkeit im Spannungsfeld zwischen «Sich-Verirren und Sich-Finden». Dieser Zugang zeichnet sich vor allem dadurch aus, dass die geistig-seelische Gestalt des Menschen nicht in erster Linie als Resultat angeborener Strukturen oder früher Prägungen, sondern als zeitlebens wandlungsfähiges Kontinuum aufgefasst wird. Namentlich bei Kindern spielt hierbei der Konflikt zwischen «Subjektkonstitution» (Bittner 1996) und Sozialisation, Selbstfindung und Entfremdung eine entscheidende Rolle. Der «tragische Zusammenstoß mit der Welt» (Korczak 1995), das «Nach-unten-Wachsen» (Hillman 1998) in die Widersprüchlichkeiten des Daseins ist ein komplexes, vielschichtiges, zeitlebens nicht abgeschlossenes Geschehen. In interaktiven Prozessen, förderlichen wie hinderlichen, bildet sich «Persönlichkeit» und bleibt, zumindest der Möglichkeit nach, immer *work in progress*. Dies gilt, wie man heute weiß (Stichwort «neuronale Plastizität»), auch für die körperliche Entwicklung. Unser Gehirn ist nie «fertig». Die Welt arbeitet daran. Oder besser gesagt: Indem wir uns mit der Welt in Beziehung setzen – und je nachdem, wie wir es tun –, arbeiten wir *selbst* daran, ein jeder nach seinen Neigungen («Bedeutungszuweisungen») und nach seiner Art, Erfahrungen zu interpretieren (siehe oben). *Downward causation* – Sperrys Arbeitsbegriff – ist *Beziehungsgestaltung* aus der Kraft des leitenden Willens, und «Person» bedeutet eigentlich: die Welt, als deren Knotenpunkt und erkennende Mitte ich mich erfahre.

Man darf bei alledem nicht die entscheidende Frage vergessen: Wer setzt das Geschehen in Gang? Wer führt Regie – oder versucht es zumindest? Wer ist der Koordinator hinter den Kulissen? Jemand will «sich zur Uraufführung bringen wie ein nie gespieltes Stück», sagte Sloterdijk in seinen Frankfurter Vorlesungen (1988) über das Geburtsereignis. Jemand lebt inmitten all der Geschichten eine Geschichte, die er als seine «eigene» identifiziert. Damit, wundersam genug, ist er zugleich *Zeuge* – Zeuge dessen, was durch ihn und mit ihm geschieht. Chronist der laufenden Ereignisse. Als solcher bleibt er «außerhalb» (wie sollte er sonst Zeuge sein) – und mischt sich doch ein. Wer oder was vermag dies? Der Mensch *bringt sich ein,* und indem er sich einbringt, *setzt er sich aus.* Ich bin unauflöslich mit der Welt verwoben. Aber ich weiß es. Und somit ist die Aussage, obwohl sie der Wahrheit entspricht, widerlegt ...

Der «neurobiologische und entwicklungspsychologische Konstruktivismus» (Bittner) ignoriert solche Rätselfragen. Insbesondere übersieht oder unterschätzt er drei Phänomene:

- erstens die frappierende kommunikative Grundorientierung des Kindes und seine damit zusammenhängende angeborene Nachahmungsfähigkeit, die *nie* wahllos ist
- zweitens den Umstand, dass die fast grenzenlose Bildsamkeit der kindlichen Seele (und des kindlichen Gehirns) in den heutigen Lebensverhältnissen sofort zu den schrecklichsten Deformationen führen würde, wenn keine *wählerische* – und das heißt auch: abgrenzungs- und zurückweisungsfähige – innere Führung vorhanden wäre.
- drittens die frühen Regungen des selbst gestaltungs- und selbst transzendenzfähigen *Eigen-Sinns.*

Eckhard Schiffer (1997) beschreibt sehr schön, wie sich dieser Eigen-Sinn in der Kindheit oft als «poietische Aufsässigkeit» äußert: als «spielerisch-schöpferisches Handeln ... gegen das Resignieren», gegen «Sprache und Welt des vereinsamten homo faber». Unbekümmertes Sich-Hinwegsetzen über Anpassungsforderungen *und* biologische Gegebenheiten – über das Vorgefundene schlechthin – ist ein urkindlicher Gestus. Die ersten Anzeichen eines leitenden Willens «in der noologischen Dimension» (Frankl 1994) sind natürlich nicht maßvoll und vernünftig. Das Kind ist «mehr als das, was es wissen kann, (und) seiner momentanen Erscheinung immer schon voraus» (Marti 2001). Es strebt über die Begrenztheiten des So-Seins hinaus, erlebt sich auf geheimnisvolle Weise schon anwesend in einem nicht fassbaren, nicht mitteilbaren Künftigen. Hillman (1998) spricht in diesem Zusammenhang von der «causa formalis», dem gestaltenden Grund individuellen Werdens, aus dem sich Unmut regt gegen das «Eingesperrtsein im Körper eines unfähigen Kindes» und gegen die Forderungen der «anpassungsbereiten Vernunft». Buber (1998) hatte eben diese unkorrumpierbare Ich-Gebärde im Blick, als er den kindlichen «Urhebertrieb in seiner Selbstständigkeit und Unableitbarkeit» beschrieb: Wenn ein Mensch geboren wird, kommt etwas Neues, nie Dagewesenes als «urgewaltige Potentia» (Buber) zur Welt.

Um die Entwicklungspsychologie aus dem materialistischen Bewusstseinskäfig zu befreien, müssen wir den Begriff des Selbst von der Wurzel her neu bestimmen und die Kernfrage nach der «Sinn-Richtung (des) Geburtsimpulses» stellen (Marti 2001). Die eigentliche Alternative zu der kuriosen Geschichte vom zerebralen Mega-Computer, der sich einbildet, ein geistiges Wesen zu sein, ist die Idee des *Lebensentwurfs*, der individuellen Berufung. Sie hat den unschätzbaren Vorzug, dass sie Respekt vor dem Anderssein des Anderen gebietet und zugleich den Verantwortungsaspekt in seiner ganzen Tragweite erst kenntlich macht: Ich bin für jeden Menschen, mit dem mich das Schicksal zusammenführt, insofern *zuständig*, als es von *mir* abhängen kann, ob er *seinen* Weg findet. Wir können einander Entwicklungshelfer sein oder zum Entwicklungshindernis werden. In welche Richtung das Pendel ausschlägt, hängt davon ab, ob wir uns wirklich füreinander *interessieren*. Echtes Interesse ist schon eine Form der Liebe, die dem «geliebten Menschen zur Verwirklichung dessen verhilft, was der Liebende vorwegnehmend schaut» (Viktor E. Frankl, zitiert nach Moritz 1996).

Und vor allem Kinder sind im eminentesten Sinne darauf angewiesen, dass ihnen diese Herzensaufmerksamkeit zuteil wird. «Mit einem solchermaßen ‹wachen› Blick ist dann im Dialog mit dem Kind selbst zu klären, in welche Richtung … eine individualpädagogische Begleitung sinnvoll möglich sein wird» (Krawitz 1997). Kühlewind (2001) gibt konkrete Übungsanregungen, die den Weg zum intuitiven Gewahrsein ebnen, und führt dazu aus: «Man kann die erwachende Fähigkeit zur Improvisation auch ‹Einfühlen›, ‹Empathie› nennen. Wenn man *fühlt*, was in einem Kind vor sich geht, erfasst man zumeist auch, was zu tun wäre. Man kann diese Fähigkeit als meditatives Sehen bezeichnen. ‹Geborene› Pädagogen entwickeln sie in einigen Jahren der Ausübung ihres Berufes, andere können sie durch Übungen erreichen.»[27]

Damit ist ein pädagogisches Ethos umrissen, das, wenn man es recht erfasst, jede Art von ungebetenem, absichtsvollem Eingreifen in das Schicksal eines Kindes als absurdes – und unanständiges! – Unterfangen erscheinen lässt.

Um die Entwicklungspsychologie aus dem materialistischen Bewusstseinskäfig zu befreien, müssen wir den Begriff des Selbst von der Wurzel her neu bestimmen.

Noch einige Worte zur «Hirnverursachung»

Das ADHD-Konzept ist nach Auffassung des Göttinger Psychiaters und Hirnforschers Gerald Hüther (2001) erstens auf unzulässige Weise «mechanisch», weil «offenkundig von dem Bemühen geleitet, eine einfache monokausale Ursache-Wirkung-Beziehung herzustellen» (und stellt insofern einen Rückfall in den physiologischen Reduktionismus des 19. Jahrhunderts dar); zweitens erkenntnisverhindernd «statisch», weil «die Dynamik der während der Hirnentwicklung ablaufenden Prozesse ... weitgehend außer Acht bleibt». Der Autor rät, «nicht alles zu glauben, was auf den ersten Blick logisch begründet erscheint».

Wir sind viel weniger durch die Natur festgelegt, als es uns die Hohen Priester der wiedererstarkenden biologistischen Weltreligion weismachen wollen. Vor allem in populärwissenschaftlichen Darstellungen wird unter dem Begriff «erblich bedingt» ein Haufen Unsinn verbreitet. Allerdings spielen auch die Umweltprägungen keine so übermächtige Rolle, wie im Gegenzug oft behauptet wird. Man kann dem Geheimnis nicht ausweichen: Irgendwo «dazwischen» ereignet sich ICH.

Halten wir zunächst fest, dass bei Kindern von verhaltensprogrammierenden Zerebralstrukturen gar keine Rede sein kann. (Wir sehen jetzt von gravierenden Hirnschädigungen ab; auch hier werden die Kompensations- und Entwicklungsmöglichkeiten jedoch im Allgemeinen unterschätzt. Und die Frage nach einer möglichen positiv-schicksalhaften Bedeutung dessen, was aus dem Blickwinkel materialistischer Ordnungsbeflissenheit nur ein Handicap zu sein scheint, wird natürlich gar nicht erst gestellt. Man sollte sie aber stellen.) Hüther macht darauf aufmerksam, dass die «nutzungsabhängige Plastizität» bislang sträflich unterschätzt wurde und im Hinblick auf so genannte Aufmerksamkeitsdefizite nach neuerem Kenntnisstand kein Weg an der Frage vorbeiführt: Wie «sollte man (auch) keine ‹Anomalien› im Gehirn (dieser Kinder) finden, nachdem (sie) ihr Gehirn ... jahrelang offensichtlich ganz anders als ‹normale› Kinder und Jugendliche benutzt haben?»

Bedeutungszuweisung ist (zunächst) kein kognitiver Vorgang, sondern geschieht auf der Gefühlsebene. (Steiner sprach in diesem Zusammenhang immer wieder von «Empfindungsurteilen».) Unser Gefühlsleben ist kein «Resultat» neuronaler Erregungsmuster. Es ist auch nicht hormonell «gesteuert». (Leider, leider: Die Maschine liefert kein brauchbares Menschenbild.) Vielmehr ist es in hohem Maße beziehungs-, umgebungs- und situationsabhängig, und die interaktiven Dynamiken spiegeln sich in den Hirnvorgängen und im Hormonhaushalt. *Convivo, ergo sum.* Ich stehe in Verbindung, also bin ich. (Bis in die Körpervorgänge hinein ist mein So-Sein bestimmt durch meine Weltbezüge.) Der Gedanke wäre allerdings unvollständig, wenn man nicht hinzufügte: Derselbe, der in Verbindung stehend sich erfährt, *tritt in Verbindung.* Er tut es gemäß seinem individuellen Wahrnehmungs- und Kommunikationsstil. Er schafft sich *seine* Bedeutungswelt, bezeugt und gestaltet *sein* Weltverhältnis. Dadurch bleibt er nicht im unwillkürlichen Reagieren befangen. Was auf der emotionalen Ebene im komplexen Ich-Welt-Wechselspiel geschieht, hat, wie man heute weiß, Auswirkungen auf den Hirnstoffwechsel, ja sogar auf die Hirnstruktur, und diese Kausalität ist mindestens ebenso hoch zu veranschlagen wie die umgekehrte, sodass von Kausalität im geläufigen Sinne eigentlich keine Rede mehr sein kann. Man muss vielmehr von einem dynamischen Ineinanderwirken organischer und psychischer Vorgänge unter der Regie einer naturwissenschaftlich unauffindbaren «noogenen» Instanz sprechen, einer «primären Motivation» (Frankl), die sich von nichts anderem ableiten lässt als von sich selbst. Letztere eben hat Hillman im Auge, wenn er vom «Genius» oder «Daimon» spricht und dafür eintritt, diese Begriffe in die moderne Psychologie einzuführen.

Auf rätselhafte Weise wird die buchstäblich unermessliche Ereignisvielfalt – man bedenke nur, dass eine halbe Billion (!) Nervenzellen im Wahrnehmungsprozess zusammenwirken – zu einem integralen Ganzen organisiert, das dann auch noch anschauend und fragend von sich selbst Abstand zu nehmen vermag. Die Regie führende und Abstand herstellende Instanz ist unbekannt, deshalb spricht man von der «Erklärungslücke der Neurowissenschaft» (vgl. Horgan 2000). – Aus der Wiederentdeckung des emotionalen Faktors in der Hirnforschung (vgl. z.B. Shapiro 1999, Greenspan und Benderley 1997, Goleman u.a. 2000, Gardner 2002) folgt notwendig die Infragestellung des plumpen Maschinenmodells, auf dem das gängige Deutungsmuster von «Aufmerksamkeitsstörungen» beruht.

Die seelische Verfassung eines Kindes ist – bis ins Körperliche hinein, auch auf der Ebene der Hirnvorgänge – in hohem Maße durch die individuelle (also keineswegs automatische) Resonanz auf das *Welt- und Zeitgeschehen* bestimmt. Wir verstehen unter Welt- und Zeitgeschehen alles, was die sich einlebende kindliche Individualität direkt oder indirekt, in der Nähe oder in der Ferne, wahrnimmt als das Gegebene und ihr Aufgegebene.

Lässt man dies außer Acht, kommt es, wie beim ADD-Konzept, zu «unzulässigen Verallgemeinerungen (und) Vereinfachungen ... meist sehr komplexer und individuell sehr unterschiedlich ablaufender Prozesse» (Hüther). Diejenigen, die das Hauptaugenmerk auf Emotionalität,

Flexibilität, Plastizität und Aktualität richten, sind freilich in Gefahr, das Phänomen des Eigen-Sinns zu vernachlässigen. Dass sich der Einzelne in einer sinnorientierten biographischen Kontinuität erfährt (Frankl 1998), ist eben *kein* Ergebnis interaktiver Prozesse. Vielmehr verweist uns diese Tatsache, wenn man sie nicht als Einbildung abtun will, auf einen «Kern der Selbstrepräsentanz» (Mahler u.a. 1980), ein «Lebensskript», wie die Transaktionsanalytiker sagen (vgl. Steward u. Joines 1990), eine «Figur, die uns ruft» (Schellenbaum 2000) – kurz: einen aus dem geistigen Selbst geführten *leitenden Willen.* (Apropos Einbildung: Wer das biographische Ich als Illusion abtun will, muß erklären, wie er dem Dilemma zu entkommen gedenkt, dass sich der Satz *Ich bilde mir ein, ich zu sein* selbst widerlegt.) Aber auch wenn der Individualitätsbegriff im Rahmen des systemischen oder psycho-ökologischen Denkens noch unscharf bleibt, muß man dankbar sein für die Bemühungen um ein subtileres Menschenbild seitens derer, denen es zunächst einmal darum geht, die *Seele* wieder in ihr Recht zu setzen. Das *kontextuale Paradigma,* recht verstanden, kann den Boden für eine Wissenschaft vom Ich bereiten. Mit Blick auf die «vielseitigen und verwirrenden Beziehungen zwischen Genen, Hormonen, Nervenbahnen und Umweltfaktoren» liegt «das Geheimnis ... in der Interaktion», resümiert Gaby Miketta (1997) in ihrem Report über den aktuellen Stand der Psychoneuroimmunologie (PNI), einer Forschungsrichtung, deren Hauptanliegen es ist, auf streng empirischem Wege nachzuweisen, dass die emotionale Gestimmtheit im Weltzusammenhang körperliche Vorgänge – ja höchstwahrscheinlich auch das, was letzten Endes aus den Erbanlagen wird – viel stärker beeinflusst, als man bisher annahm.

In der Diskussion über ADD werden diese Erkenntnisse, die – besonders wenn man neuere Ergebnisse der Embryonal- und Säuglingsforschung hinzunimmt (vgl. Haibach u. Janus 1997, Dornes 2001) – geeignet wären, das genetisch-neurobiologische Deutungsmuster mindestens zu relativieren, wenn nicht zu Fall zu bringen, kaum berücksichtigt. Warum?

Halten wir zunächst fest, dass bei Kindern von verhaltensprogrammierenden Zerebralstrukturen gar keine Rede sein kann.

Die heilpädagogische Haltung

Zusammenfassung der bisherigen Grundgedanken. Ergänzungen und Resümee

Wenn wir immer nur auf physiologische Prädispositionen oder lebensgeschichtliche Kausalitäten abheben, verkümmert unser Auffassungsvermögen für nichtlineare und «unsichtbare» Zusammenhänge. Dies führt zu einer technisch-funktionalen Betrachtungsweise von Gesundheit und Krankheit, Charakter und Begabung etc. Der Preis ist ein regelrechtes Analphabetentum auf der geistig-seelischen Ebene. Der Mensch erscheint wie ein automatenhafter Vollstrecker dessen, wozu ihn seine Anlagen und Vorprägungen nötigen. «Unsere Logik ist ... eine Logik der festen Körper», sagt Hillman (1998) in seiner furiosen Abrechnung mit der heutigen Psychologie und ihrer Respektlosigkeit vor dem individuellen Schicksal, aber «wir leben umgeben von Unsichtbarem, ... alles ... atmet Bedeutung und inneren Sinn». Das Anliegen, den Einzelnen in seinen vielfältigen, subtilen – oft paradoxen – Weltbezügen zu erfassen, muss mit einem konsequenten Begriff von *Individuation* verbunden werden. Wir müssen dabei die lebendigen Weltbezüge mindestens so hoch veranschlagen wie die körperlichen und seelischen Vergangenheitswirkungen (Erblichkeit und Erziehung), dürfen den psychologischen Kontextualismus jedoch nicht so weit treiben, dass das autonome Subjekt mit seinem Freiheitsanspruch, seinem kreativen Vermögen und seiner Inspirationsoffenheit für Ereignungen aus dem «Jenseits der Entwürfe» (Lévinas 1993) an den Rand gedrängt wird. Anders ergibt das ökologisch-ganzheitliche Paradigma auf der *menschlichen* Ebene keinen Sinn. «Selbstwerdung, Selbstgestaltung ist ... Beziehungsgestaltung. (Doch) das Individuum (findet sich) in einer Spannung ... zwischen dem, was es als inneren Auftrag empfindet, und seinem In-der-Welt-Sein» (Kast 1998; vgl. dazu auch Wisser 1997).

In den Humanwissenschaften *fordert* das kontextuale Denken geradezu einen spirituellen Individualismus, während es die biologisch-deterministisch «individualisierende» Sichtweise ausschließt. «Eben dass ich so selten verstanden werde, darauf beruht mein Wert. Darum geht der Berufene im härenen Gewand: aber im Busen birgt er ein Juwel» (Laotse). Aus diesen 300 v. Chr. niedergeschriebenen Sätzen spricht spiritueller Individualismus. (Alles Zukünftige war schon einmal da.) Heute sind wir so weit, dass *je-*

der Mensch ein Anrecht darauf hat, als «Berufener im härenen Gewand» angesehen zu werden. Denken wir vor allem im Umgang mit den verhängnisvoll Unverstandenen daran. Wo das materialistisch vergiftete Denken nach Defekten sucht, liegen vielleicht manches Mal die größten Juwelen verborgen.

Wenn wir die Bedingungen des In-der-Welt-Seins berücksichtigen und dies mit tief empfundenem Respekt vor dem individuellen Schicksal verbinden, ergibt sich für die Beurteilung ungewöhnlicher Kinder ein Ansatz, den man als originär heilpädagogisch bezeichnen kann, da er die Überwindung der defektorientierten Diagnostik zugunsten einer dialogischen, anteilnehmenden, einfühlsamen, aufrichtig interessierten Haltung anstrebt. Einiges darüber wurde schon ausgeführt. Diese Haltung zeichnet sich durch Diskretion und Wertschätzung aus und verbietet aus sich heraus negative Zuschreibungen (vgl. z.B. Müller-Wiedemann 1994, Lotz 1997, Haeberlin 1998, Mehringer 1998). Verhaltens- oder Entwicklungsauffälligkeiten – ganz gleich, ob sie mit dieser oder jener organischen Anomalie einhergehen – werden unter Beachtung der biografischen Hintergründe und aktuellen Lebensbedingungen, vor allem jedoch mit Rücksicht auf die besondere Interessen-, Fähigkeiten- und Bedürfnislage des jeweiligen Kindes auf ihre wertfreie subjektive Aussagekraft hin befragt. Diese akzeptierende und affirmative Grundhaltung, die schon bei den großen Pionieren der Heilpädagogik antreffen ist – Paul Moor, Rudolf Steiner, Janusz Korczak u.a. –, verträgt sich nicht mit dem Ziel der Markierung und Ausmerzung von Defiziten. Das gängige mängeldiagnostische Vorgehen ist beziehungsverhindernde Anmaßung. Dies gilt auch für pädagogische oder therapeutische «Interventionen» nach Maßgabe von Defektanalysen.

Rudolf Steiner war in diesem Punkt sehr streng.[28] Man hält sich für unerhört therapeutisch, sagte er, «indem man eine Abnormität konstatiert und dann alles Mögliche zu treiben anfängt», aber «stattdessen treibt man ein Stück Genialität heraus» (GA 317). Das selbstgefällige Herumdoktern der «Normalen» an den «Abnormen» war ihm ein Gräuel. Er sah den (heil-)erzieherischen Auftrag darin, nach bestem Wissen und Gewissen dem Kind «eine Umgebung (zu) schaffen, durch die sein Geist in voller Freiheit in das Leben eintreten kann» (GA 305). Hierbei geht es am wenigsten um Äußerlichkeiten, sondern in erster Linie um die *geistige* und *seelische* «Umgebung». *Wir* sind diese Umgebung! Unsere Haltung, unsere Gesinnung ist ausschlaggebend.

Ein klassischer Grundsatz der Heilpädagogik muss gerade im Hinblick auf so genannte ADS-Kinder hochgehalten werden: die kompromisslose Abkehr vom Ungeist der Idealisierung des «durchschnittsmäßig

Normalen», so Steiner. Ihm zufolge darf das, «was allgemein üblich ist vor einer Gemeinschaft von Philistern», in therapeutischen und erzieherischen Berufen niemals handlungsleitend sein (GA 317). Normalität – das «Übliche» – ist kein auch nur annähernd zuverlässiger Maßstab für seelische oder geistige Gesundheit. Dies gilt umso mehr angesichts der Tatsache, dass wir in einer Periode des kulturgeschichtlichen Wandels leben. Unter den schwierigen Bedingungen der Noch-Übermacht des Herkömmlichen beginnt sich schon Künftiges zu regen. Viele irritierende Phänomene, die wir heute im Raum der Kindheit erleben, sind darauf zurückzuführen. Zur Signatur des heraufziehenden neuen Denkens, das sich, parallel zu einer Eskalation der alten Prinzipien, immer deutlicher regt, gehören Einsichten wie die folgende, die Otmar Preuß, Vertreter einer geisteswissenschaftlichen Pädagogik in der Nachfolge Jean Gebsers, in seinem neuesten Buch (2001) formuliert: «Jede Art von Wissenschaft, die den Menschen zum Objekt macht, ist überflüssig.»

Das gilt auch für alle *planenden*, das Kind quasi einem Herstellungsprozess unterziehenden, kalkulierenden, konditionierenden Erziehungs- oder Heilerziehungskonzepte. Was dabei herauskommt, sind «Verhaltens- oder Behandlungsstrategien» auf der Ebene einer vertrauensuntergrabenden «Machtorientierung» (Preuß), die gegen das pädagogische Ethos verstößt. Man kann lange darüber philosophieren, was unter «pädagogischem Ethos» zu verstehen sei. Aber alles, was im Einzelnen dazu zu sagen wäre, ist im Begriff der «Achtsamkeit» – dem auch Preuß eine hervorragende Bedeutung zumisst – enthalten wie die ausgefaltete Blume im Samenkorn. Man ist erinnert an Martin Bubers Maxime des identitätsstiftenden Dialogs (vgl. Wolf 1992) unter Verzicht auf alle willkürlichen Übergriffe. «Pädagogisch fruchtbar ist nicht die pädagogische Absicht, sondern die pädagogische Begegnung» (Buber 1998). Wo Andacht, Geduld und Aufmerksamkeit das Handeln leiten, erweisen sich in der Tat alle Strategien als überflüssig. «Am Ende», so Preuß, «geht es immer um unsere Beziehung zum Geistigen.» Psychologie, Soziologie und Pädagogik müssen nach seiner Überzeugung, «um wirklich dienende Wissenschaften zu sein, ... den Menschen ... immer und unter allen Umständen als frei entscheidendes Individuum (ansehen)».

Durch eine Pädagogik der «funktionalen Vorbereitung auf die Zukunft» wird das Kind geistig vergewaltigt. Es hilft nichts: Wir müssen vom interventionistischen, manipulativen Erziehungs- und Therapiebegriff radikal – nicht nur so ein bisschen am Feierabend – Abschied nehmen. «Dann fragen wir nicht mehr: Wie ist das Kind jetzt, was sind seine Stärken und Schwächen, und was können wir daraus machen? Wir fragen dann vielmehr: Was will das Kind aus seiner Originalität heraus in diesem Leben entwickeln?» (Marti 2001) Natürlich ist es unmöglich – und wäre auch gar nicht erstrebenswert –, über die Zukunft des Kindes irgendwelche «Informationen» einzuholen. Aber man kann eine Art antizipatorisches Fühlen ausbilden für das, was sich in der Ferne, im Raum des Noch-zu-Verwirklichenden (aber schon An-Wesenden) regt: ein Gespür für Keimkräfte des Künftigen. (Vgl. dazu in meinem Buch *Was haben wir nur falsch gemacht?* das Kapitel: «Über die ersten Schritte des Geistverstehens».)

*

Reinhard Lempp hat sich ein Forscherleben lang mit hyperaktiven Kindern beschäftigt und zieht das Resümee: «Statt dass die Wissenschaft sich ständig bemüht, eine spezielle Ursache für eine Krankheit zu finden, die wahrscheinlich gar keine ist, und immer neue medizinisch-therapeutische Mittel und Methoden sucht, der komplexen Symptomatik zu Leibe zu rücken und sie zum Verschwinden zu bringen …, wäre es an der Zeit, sich Gedanken zu machen, ob es denn wirklich schicksalhaft notwendig ist, unsere Umwelt allmählich in eine Richtung hin zu verändern, die es offenbar einem langsam größer werdenden Kreis von Kindern immer schwerer macht, diese veränderten Anforderungen … zu bewältigen und sich diesem Trend anzupassen» (in: Hartmann, J. 1997). Solche Stimmen finden zur Zeit wenig Gehör. Wir erleben stattdessen einen Rückfall in die Denkmuster des längst überwunden geglaubten physiologischen Reduktionismus, der im 19. Jahrhundert schon einmal ähnlich diskussionsbeherrschend war. In der ADS-Forschung – früher: HKS, MCD – gab es schon immer einen auffallenden Hang zu neurologisch verkürzten Ursachenhypothesen. Aber meines Wissens wurden andere Erklärungsansätze noch nie so energisch bekämpft, wie es heute geschieht.

Die Fahndung nach *dem* zentralen Störungsmechanismus zieht sich seit nunmehr ca. sechzig Jahren hin. Der Ertrag ist quantitativ imposant und qualitativ umso dürftiger. Widersprechende Auffassungen werden jedoch an den Rand gedrängt, nicht selten diffamiert. «Auf diese Weise kann sich besonders in populärwissenschaftlichen Abhandlungen, die sich zunehmender Beliebtheit erfreuen, trotz gegenteiliger Untersuchungen das hartnäckige Gerücht einer organischen Verursachung … halten» (Mattner 2001). Ähnlich äußert sich Hüther (2001): «Viele Autoren … suggerieren dem unbefangenen Leser, dass es möglich (sei), einen ursächlichen Zusammenhang zwischen gefundenen neurobiologischen Veränderungen und den auf der Verhaltenseben beobachtbaren Symptomen herzustellen.»

Natürlich wissen die Verfechter der Hirnverursachungstheorie, wie wenig gesichert ihre Position ist. Man muss, um hinter dem oftmals auftrumpfenden Gestus die Unsicherheit zu bemerken, das Kleingedruckte lesen, die relativierenden Fußnoten oder leicht überlesbaren Nebensätze («Wir befinden uns zwar noch im Stadium der Hypothesenbildung, aber man kann mit hoher Wahrscheinlichkeit davon ausgehen, dass …») Die Hoffnung, eines Tages doch noch Beweise vorlegen zu können für eine Annahme, die sich in Jahrzehnten nicht erhärten ließ und deshalb unter normalen wissenschaftlichen Bedingungen mittlerweile als höchst *un*wahrscheinlich gelten müsste, scheint unverwüstlich zu sein. Auf Axel Föller-Mancini (2001) wirkt dies «wie ein verzweifeltes Festklammern an einer Bastion, die aber schon längst nicht mehr zu halten ist». Während immer mehr kritische Autoren zum Ausdruck bringen, dass sich das genetisch-neurobiologische Deutungsmuster im Grunde schon erledigt hat, kündigte Barkley, ein führender Vertreter dieses Konzepts, erst kürzlich (1999) an: «Wie es aussieht, wird die Wissenschaft dank der neuen bildgebenden Verfahren, die das Gehirn in Aktion zeigen, … innerhalb der nächsten fünf Jahre Genaueres wissen.» Man weiß also bisher *nichts* «Genaueres»! Ich kann den Optimismus – Zweckoptimismus? – dieser Leute schwer nachvollziehen. Es entbehrt nicht einer gewissen Ironie, dass ausgerechnet auf dem Beipackzettel von Ritalin jeder nachlesen kann, wo die Forschung tatsächlich steht: «Eine spezifische Ätiologie des Syndroms ist (bis heute) unbekannt, und es gibt keinen einzigen Diagnose-Test.» Dies bestätigt auch Hüther: «Eine zuverlässige Diagnostik gibt es nicht.» Man arbeitet mit einer standardisierten Checkliste, und «wenn der nötige Punktwert erreicht ist, wird die Störung als ADHD definiert».

Novartis, die Herstellerfirma von Ritalin, ist verpflichtet, wahrheitsgemäß zu informieren. Daher das offene Eingeständnis, dass über die Neurobiologie des ADS *keine* Klarheit besteht und somit auch niemand genau wissen kann, wie und warum das Medikament wirkt. In der Patienteninformation Nr. 2083 des Arzneimittelkompendiums der Schweiz (1999) heißt es klipp und klar: «Der Mechanismus, durch den Ritalin seine mentalen und verhaltensmäßigen Wirkungen bei Kindern hervorruft, ist nicht genau nachgewiesen, und es fehlen auch schlüssige Beweise für einen Zusammenhang dieser Effekte mit dem Funktionszustand des Zentralnervensystems.» Dies wiederum bedeutet faktisch: Millionen Kinder werden als Versuchskaninchen benutzt. Gravierende Spätfolgen des «seit Jahrzehnten bewährten Mittels» (Novartis) sind *nicht* auszuschließen. (Auch so ein Trick: Man sagt statt «verwendet» einfach «bewährt». Viele Eltern, Lehrer und Therapeuten haben jedoch die Erfahrung gemacht, dass das Medikament unter dem Strich mehr schadet als nützt.) Möglicherweise gibt es eine Dunkelzone von Krankheiten oder nachhaltigen Persönlichk eitsveränderungen, die durch Ritalin begünstigt bzw. verursacht werden, ohne dass man den Zusammenhang bisher erkannt hätte. Gesicherte Langzeitstudien fehlen. Unter den in letzter Zeit immer häufiger geäußerten Verdachtsmomenten sind zwei besonders erschreckend:

- Ritalin könnte die Parkinsonsche Erkrankung auslösen
- Ritalin könnte für den Anstieg der Gewaltkriminalität unter Kindern und Jugendlichen mitverantwortlich sein.[29]

Was ist von den erwähnten neuen, bildgebenden Verfahren – Positronen-Emissions-Tomografie (PET) und Magnet-Resonanz-Tomografie (MRT), die angeblich in Kürze den entscheidenden Durchbruch bringen sollen, tatsächlich zu erwarten? Zunächst wäre es ein Gebot der wissenschaftstheoretischen Genauigkeit, einzuräumen, dass durch solche Untersuchungsmethoden keineswegs *Ursachen* enthüllt, sondern lediglich den vorhandenen empirischen Daten neue hinzugefügt werden. Insoweit die Messergebnisse sichere Rückschlüsse zulassen – was nur zum Teil der Fall ist –, liegt ihr Nutzen darin, dass sie eine immer detaillierte *symptomatologische* Beschreibung ermöglichen. Dagegen ist natürlich nichts Grundsätzliches einzuwenden; so wird eben in der empirischen Forschung gearbeitet. Andererseits fragt Hans von Lüpke (2001) mit Recht: «Führen mehr Daten wirklich zu mehr Klarheit oder zum Datenfriedhof? Liegt das Problem möglicherweise im Vorfeld: in Annahmen, die stillschweigend zur Interpretation der Daten vorausgesetzt werden?» Auf den Monitoren sind grafische oder farbige Abbildungen zu sehen, aus denen gefolgert werden kann, dass sich bei abweichendem Verhalten auch das Gehirn anders «verhält». Aufwändige Bestätigung einer Milchmädchenrechnung? Mit *Ursachen*forschung hat das jedenfalls wenig zu tun.

Glücklicherweise kann man ja nicht die Schädeldecke aufsägen und nachsehen, was sich da drinnen tatsächlich abspielt. Die neuen, bildgebenden Verfahren zeichnen neuronale Aktivitätsmuster auf, registrieren den Blutfluss im Gehirn, reagieren auf Strahlungen, die das Gehirn aussendet. Aber es gibt noch keine konsistente Theorie der Entwicklung und Funktionsweise des Gehirns, die es ermöglichen würde, diese Informationen in ein schlüssiges Gesamtbild zu integrieren. «Wir brauchen mindestens hundert, vielleicht tausend Jahre», um eine solche (Theorie) zu formulieren, sagt Thorsten Wiesel (2000), Nobelpreisträger für Physiologie und Medizin. Man weiß also im Grunde nicht, was die Messergebnisse, die Aufschluss über «einige einfache Mechanismen» geben (Wiesel), genau bedeuten. Ihr Aussagewert ist begrenzt, vielleicht sogar gleich null, denn eigentlich – ich wiederhole mich – besagen sie doch nur, dass das, was man äußerlich wahrnimmt, auch eine (körper-)innere Entsprechung hat. Auch der Neurologe Rodolfo Llinas (2000) mahnt zur Mäßigung: «Wir neigen dazu, ein paar Fälle zu publizieren und zu sagen: ‹So funktioniert das, schau dir nur das schöne Bild an.› (Doch) dann geht man in Einzelheiten, und es zeigt sich, dass es ein Trugbild war.» Llinas warnt davor, die neuen Technologien als Vehikel zurück in die vulgärmaterialistische Sichtweise des 19. Jahrhunderts zu benutzen. Auch damals glaubte man, jede Charaktereigenschaft, jede psychische Auffälligkeit zerebral orten zu können (Lokalisationismus, Phrenologie). Führt die Perfektionierung der Maschinen zur Simplifizierung des Menschenbildes?

Jeder Laie muss wissen, dass die neurobiologischen Hintergründe so genannter Aufmerksamkeitsstörungen keineswegs aufgeklärt sind. Man bewegt sich im Bereich der Hypothesenbildung, umgangssprachlich: des Herumprobierens und Rätselratens. Statt dies klar und deutlich zu sagen – es wäre ja kein Problem, jeder hätte Verständnis dafür, denn alles Forschen ist Rätselraten! –, wird die Grenze zwischen Annahmen und gesicherten Erkenntnissen mutwillig verwischt, um fragwürdige Behandlungsmethoden zu legitimieren. Hier liegt der eigentliche Skandal. Wahr ist, dass sich die Forscher bis heute im Stadium der Akkumulation von Detailkenntnissen befinden, die als solche noch recht verschwommen sind und über deren Bedeutung im größeren Zusammenhang nur Spekulationen angestellt werden können.[30] Nach Hallowell und Ratey (1998) konkurrieren innerhalb des auf neurobiologische Ursachen festgelegten Spektrums gegenwärtig «eine Reihe von Theorieansätzen», von denen «jeder seinen besonderen Vorzug hat». Man muss sich mit «metaphorischen Repräsentationen des Syndroms» – d.h. mit bildhaften Beschreibungsversuchen – begnügen, denn es gibt «noch kein taugliches Mittel zur Messung jener spezifischen Unausgewogenheit im Signalübertragungssystem». Den Autoren sei Dank für ihre Ehrlichkeit. Sie hätten vielleicht noch erwähnen sollen, dass «spezifische Unausgewogenheit im Signalübertragungssystem» bereits eine Implikation ist, die von vornherein den Interpretationsspielraum einengt und im Übrigen gegen das wissenschaftliche Postulat der Wertefreiheit verstößt (Jüttemann 2000).

Das «reduktionistische Dilemma» (Horgan) besteht ja eben darin, dass sich die Annahme, dem Gehirn sei eine verhaltensdeterminierende Rolle zuzuschreiben, als unhaltbar erwiesen hat. Diese Vorstellung ist spätestens seit den siebziger Jahren überholt. Damals begannen einige Forscher, das Phänomen der Wirkung von Umweltreizen auf die Synapsenbildung genauer zu untersuchen, und kamen zur Hypothese der «selektiven Stabilisierung».

Kernaussage: Das Gehirn ist ein hoch flexibles, anpassungsfähiges Organ; stabilere Strukturen entstehen durch immer wiederkehrende Anregungen bzw. Anstrengungen, sind jedoch grundsätzlich reversibel. Das heißt: Ändert sich ein Mensch, indem er z.B. seine Lebensgewohnheiten umstellt oder seine Interessenschwerpunkte verlagert – was man entgegen anders lautenden Gerüchten sehr wohl aus *freiem Entschluss* tun kann! –, ändert sich auch sein Gehirn. In der Folgezeit verlor das alte mechanistische Paradigma immer mehr an Glaubwürdigkeit. Die Tatsache, dass der Mensch – als einziges Lebewesen – zeitlebens formbar bleibt und sich selbst formt, rückte in den Mittelpunkt des Interesses.

Das könnte man vom erfahrungswissenschaftlichen Standpunkt aus als Binsenweisheit bezeichnen, aber offenbar hatte die Fachwelt nicht damit gerechnet, dass es sich hirnphysiologisch nachweisen lassen würde. Seither kommt dem Begriff «neuronale Plastizität» eine Schlüsselrolle zu: als Chiffre für die neu eingekleidete alte Erkenntnis, dass der Mensch insofern eine evolutionäre Ausnahmestellung einnimmt, als er einerseits unvergleichlich anpassungsfähig ist und andererseits über ein rätselhaftes selbstbildnerisches Vermögen verfügt, das ihn – das ist der neue Aspekt – in die Lage versetzt, gewissermaßen sein eigener zerebraler Architekt zu sein. «Ein großer Teil der Schaltkreise in jedem Gehirn ist individuell und singulär», schreibt Antonio Damasio (2001). Deshalb, so fährt er fort, müssen alle Versuche, den Zusammenhang zwischen Bewusstsein, Verhalten und Nervensystem zu entschlüsseln, ins Leere laufen, solange wir nicht in jedem einzelnen Fall «Geschichte, Lebensumstände», aber auch den größeren «sozialen und kulturellen Kontext in Betracht ziehen.»

Die «Geschichte» soll berücksichtigt werden – nicht jedoch das geistige Zentrum, das Eigengeschichtlichkeit als subjektkonstituierende Erfahrung überhaupt erst ermöglicht. Das sind die typischen materialistischen Halbherzigkeiten.[31]

Die Dinge liegen eben bei weitem nicht so einfach, wie es immer wieder dargestellt wird. Völlig ungeklärt ist, «welche der im Gehirn von ADHD-Patienten nachgewiesenen Veränderungen neurobiologischer Parameter ... tatsächlich primär ... vorhanden, welche (hingegen) erst sekundär ... in Form adaptiver Modifikationen entstanden sind», gibt Hüther zu bedenken. Es dürfte schwer fallen, diese Frage zu beantworten, solange man noch darüber rätselt, was die einzelnen ermittelten Daten überhaupt bedeuten und in welchem Zusammenhang sie stehen. Sollte es eines Tages tatsächlich gelingen, primäre – angeborene – Abweichungen gegen sekundäre – erworbene – deutlich abzugrenzen (was ich aus verschiedenen Gründen für utopisch halte), würde dies immer noch nicht die Frage beantworten, ob jene, für sich genommen, als Krankheitssymptome oder physiologische Repräsentationen einer tolerablen Normvariante zu werten wären.

Viktor E. Frankl, Begründer der existenzanalytischen Psychologie, ging davon aus, dass «dem Menschen eine *noetische Dimension* eignet», durch die er «wesenhaft intentional auf die Welt ausgerichtet ist», wie es Alfred Längle, ein Frankl-Schüler, formuliert. Was hat es mit der «noetischen» Dimension auf sich? Im existenzanalytischen Denken wird sie von biologischen Einflüssen wie auch von dem, was man gemeinhin unter Psyche versteht, klar unterschieden (vgl. Frankl 1994). Laut Längle handelt es sich um ein «transzendentales» und «apriorisches» Phänomen. Jeder Einzelne trägt von Anfang an «so etwas wie ein Vorwissen um den Sinn» in sich. Ich habe in meinen letzten Büchern versucht zu zeigen, dass krisenhafte Erscheinungen der kindlichen Entwicklung und des menschlichen Lebenslaufs häufig auf eine «Revolte» des sinngerichteten Geist-Willens gegen unzumutbare Lebensumstände und Anpassungsforderungen zurückzuführen sind.

Aber gilt dies auch schon für kleine Kinder? Sind sie nicht im höchsten Grade von außen bestimmt? Seit etwa zehn, fünfzehn Jahren vollzieht sich in der Entwicklungspsychologie eine stille Revolution: Man staunt, *wie* früh die Individualität ihr Terrain absteckt. Laut Dornes (2001) «existieren angeborene Fähigkeiten, die eine einheitliche, holistische Welt- und Selbsterfahrung von Lebensbeginn an ermöglichen». Schon ganz kleine Kinder haben ihre speziellen Neigungen und Aufmerksamkeitspräferenzen, ihren eigenen Lernstil und ihr eigenes Lerntempo. Sie sind nicht im banalen Sinne Produkte ihrer Umwelt und Erziehung. Sie müssen nicht passiv internalisieren, was wir ihnen vorleben oder «beibringen». Nach heutigem Erkenntnisstand ist stark anzunehmen, dass die Vorstellung, Erfahrungen und Erlebnisse *prägten sich ein*, aufgegeben werden muss. Vielmehr sind «die vom Kind vorgenommenen *Interpretationen* von Erfahrungen und Erlebnissen (für die) Formierung seines Charakters und seiner Persönlichkeit» entscheidend (Kagan 2000). Bereits im präverbalen Entwicklungsstadium (!) ist *jemand* – ein engagiertes, auswählendes Subjekt – anwesend, interpretiert Sinneseindrücke, nimmt erste individuelle Bewertungen vor. *Jemand* entscheidet, was nach seiner (ihrer) «Ansicht» begeisternd oder langweilig, ängstigend oder ermutigend, erheiternd oder betrüblich, erbaulich oder empörend ist. Wer mit kleinen Kindern gelebt hat, weiß: Ein jedes folgt dabei seinen eigenen geheimnisvollen Regeln. Und diese Regeln haben maßgeblichen Einfluss auf die frühe Hirnreifung.

§ 1 der Magna Charta der Kinderrechte von Janusz Korczak lautet: «Jedes Kind hat das Recht, so zu sein, wie es ist.» Ich möchte hinzufügen:

« … und in diesem seinem unverwechselbaren So-Sein wahrgenommen zu werden.» Hillman erwähnt Untersuchungen, aus denen hervorgeht, dass sich eineiige Zwillinge, bei aller Ähnlichkeit, völlig unterschiedlich entwickeln in Hinsicht auf ihre kreativen Impulse, ihre Liebesstile, ihre Idealbildung. «Es scheint eine Unabhängigkeit des Herzens zu geben.» Im Übrigen ist es voreilig, die Tatsache, dass bei eineiigen Zwillingen in der frühen Kindheit eine größere Verhaltensübereinstimmung zu beobachten ist als bei zweieiigen, ausschließlich oder in erster Linie genetisch zu interpretieren. (Dies ist ja eines der Hauptargumente derer, die hinter dem so genannten ADS eine erblich bedingte Hirnstoffwechselstörung vermuten.) Wie Harris (2000) anhand von Befragungen zeigt, werden eineiige Zwillinge, da sie sich äußerlich zum Verwechseln ähneln, von den Mitmenschen – einschließlich der Eltern – zumeist so angesehen, angesprochen und behandelt, als seien sie *eine* verdoppelte Person. Fast automatisch spielen sich Interaktionsmuster ein, die es den Kindern erschweren, innerlich voneinander Abstand zu gewinnen. Dies gilt auch für die unterschwelligen emotionalen Bezüge. Nach meinen eigenen Erfahrungen ist hierbei noch zu berücksichtigen, dass in der Regel *ein* Zwilling sehr früh die Führung übernimmt und zum Nachahmungsvorbild für den anderen wird. Letzterer vollzieht – etwa um das zehnte Lebensjahr herum – eine heftige Absatzbewegung und tritt aus dem Schatten des bislang Dominierenden. Besonders aufschlussreich aber ist in meinen Augen der von Hillman hervorgehobene Umstand, dass die Gleichartigkeit dort ihre Grenzen findet, wo der eigentliche individuelle Wesensausdruck beginnt: in den kommunikativen, kreativen und visionären Eigenheiten. Zweifellos wirken biologische Faktoren insofern mit, als eine sehr ähnliche Ausgangslage gegeben ist in Hinsicht auf diejenigen Regionen des Seelenlebens, die eng an körperliche Funktionen gebunden, also nur sehr eingeschränkt «frei» sind für Differenzierungsprozesse. Andererseits bleibt dem aufmerksamen Beobachter nicht verborgen, dass sich alle Kinder – auch eineiige Zwillinge – schon sehr früh unterscheiden in den feinen Nuancen ihres Wesensausdrucks; dass sie unterschiedliche Sehnsuchtsbilder in sich tragen und auf unterschiedliche Weise ihre Liebe zeigen.

Die gemeinsame biologische Basis ist das eine. Aus der Zukunft aber leuchtet das «Bildnis im Herzen» herein (Hillman), das kein Zwillingsbildnis kennt (aber zeitlebens Wahlverwandtschaftsbildnisse sucht). Ich wage also die kühne Behauptung: Jedes Kind – auch diejenigen, die man als aufmerksamkeitsgestört bezeichnet – hat seine eigenen «Gründe», so zu sein, wie es ist … Gründe, die sich erst später zeigen werden in der Signatur der «Wandlungsgeburten» (Schellenbaum), durch die sich der Mensch immer mehr emanzipiert von den Bedingungen seiner biologischen Geburt. Vielleicht gehört zu diesen eigenen Gründen auch die Wahl eines bestimmten «typologischen Milieus», in dem sich der Genius des Kindes besonders heimisch fühlt – gerade so, wie ein musikalisch begabter Mensch die Wahl zwischen verschiedenen Instrumenten hat und, wenn er sich z.B. für das Tenorsaxophon entscheidet, dennoch eine unverwechselbare Individualität unter allen anderen Tenorsaxophonisten bleiben wird.

Die heilpädagogische Haltung verlangt einen in diesem Sinne radikal individualistischen Standpunkt. Sonst wird sie zur aufgesetzten Attitüde. Denkhaltung und Beziehungshaltung müssen übereinstimmen. Der Weg der Achtsamkeit ist ein Weg der Schulung des Du-Sinnes und schließt den Gedanken aus, der andere sei jemals *nicht* ein unverwechselbares und unbedingt zu respektierendes Du gewesen.

Wo das materialistisch vergiftete Denken nach Defekten sucht, liegen manchmal die größten Juwelen verborgen.

Schlägt der Wind um?

«ADHD scheint im Auge des Betrachters zu liegen», schreibt der Psychiater Peter R. Breggin (1998). «Es wurde nie nachgewiesen, dass es sich um eine Krankheit im Gehirn handelt.» Die geringfügigen funktionellen, möglicherweise auch morphologischen Normabweichungen, denen man auf der Spur ist, als *Dysfunktionen* zu bewerten, ist weder nötig noch sinnvoll. Und dennoch wird für die pathologische Deutung ein regelrechter Propagandafeldzug geführt, an dem sich die Mehrheit der Fachleute kritiklos beteiligt. Das Syndrom ist in der Tat eine «soziale Konstruktion» (Jantzen 2001). Doris Bühler-Niederberger (2001) beschreibt eindrucksvoll den Entstehungsprozess solcher sich verselbstständigender Theoriemodelle. In ihrem bereits erwähnten Essay über «makellose Kindheiten und die Konstruktion abweichender Kindergruppen» zeigt sie am Beispiel so genannter Teilleistungsstörungen, wie «es gelingt, Dramatik für Banales zu erreichen», indem man ganz gewöhnliche kindliche Ungeschicklichkeiten und Schwächen als krankheitswertige Defizite klassifiziert und auf diese Weise immer neue Kundschaften für alle möglichen Förderangebote rekrutiert.

Zumeist bilden einige wenige, tatsächlich schwerwiegende Fälle den Ausgangspunkt. (Beim HKS waren es Kinder, die unter den Folgen einer Hirnhautentzündung litten.) Dann tritt ein Pauschalisierungseffekt in Kraft. Die diagnostischen Kriterien werden Zug um Zug verallgemeinert. Immer mehr Menschen passen in das Raster. Am Ende hat man einen HKS- oder ADS-Begriff, unter den theoretisch so ziemlich jede Art von ungewöhnlichem Verhalten, das mit einer gewissen Unkonzentriertheit oder Lernunlust einhergeht, subsumiert werden kann. Oder man hat einen LRS-Begriff (Lese-Rechtschreib-Schwäche), der im Prinzip alle Kinder umfasst, die sich, aus welchen Gründen auch immer, beim Lesen und Schreiben ungeschickt anstellen. Die entsprechenden Therapie-Institute schießen wie Pilze aus dem Boden. Dass viele außerordentlich kluge und keineswegs «defizitäre» Menschen – unter ihnen sogar Dichter – bis zur Pubertät oder noch länger keinen Zugang zur Rechtschreibung fanden, weil sich in ihnen etwas sträubte gegen die Abtötung der Sprache zu stummen und toten Zeichen, spielt nun keine Rolle mehr. Wer in den Kulturtechniken nicht lehrplanmäßig mitkommt, hat einen Defekt und muss therapiert werden, basta. (Über berühmte Legastheniker und die in der vermeintlichen Störung verborgene Genialität berichtet u.a. Cornelia Jantzen 2000; vgl. auch Davis 1998).

Viele so genannte ADS-Kinder müssen nicht «behandelt», sondern vor der falschen Krankheitszuschreibung und den daraus resultierenden seelischen Belastungen geschützt werden. Der therapeutische Beistand besteht dann in erster Linie darin, ein Versagens- und Minderwertigkeitstrauma überwinden zu helfen. Substrahiert man Fehlurteile infolge mangelnder diagnostischer Sorgfalt, schrumpft der ganze ADS-Popanz auf den Sachverhalt zusammen, dass soundso viele Kinder aufgrund ihrer Impulsivität, Bewegungsfreude, Trotzköpfigkeit, leichten Ablenkbarkeit oder Verträumtheit von der konventionellen Erwartungsnorm abweichen und demzufolge natürlich auch neuronal etwas anders organisiert sind als die Mehrheit.

Mit der hartnäckigen Suche nach *dem* alles erklärenden (zerebralen) «Störungsherd» kontrastiert merkwürdig, dass viele Autoren, die über ausreichende Praxiserfahrung verfügen, von einem fallweise sehr unterschiedlichen «multifaktorellen» oder «mehrdimensionalen» Entstehungshintergrund sprechen. «Die Vielfalt der das kindliche Verhalten beeinflussenden Faktoren lässt (den) Schluss vom Symptom auf (eine einzige) verantwortliche Ursache von vornherein fragwürdig erscheinen» (Neuhäuser 1990). «Verhaltensauffälligkeiten (können) nur in ihren vielfältigen Entstehungszusammenhän gen verstanden ... werden» (Voß 2000). Besonnene Stimmen beklagen wie wir die systematische Vernachlässigung individueller Eigenarten gegenüber den vergleichsweise unbedeutenden typologischen Aspekten, aus denen das «Syndrom» konstruiert wird (Bittner 1996, Gerspach 1998). Sie fordern, «Vielfalt und Differenz» wieder höher zu veranschlagen, statt einen «relationalen Begriff von Normalität» zu vergötzen (Jantzen). «Wer auch immer, professionelle Helfer oder Eltern, sind mit einem Eigenwesen konfrontiert, welches eine Stellungnahme provoziert. Erst in einer Art zweiten Sichtweise interessieren uns die so genannten Funktionen», formuliert Dieter Lotz (1997) als allgemeine heilpädagogische Regel. Sollte sie für das so genannte ADS *nicht* gelten? Auch die Überbetonung der Mängel gegenüber den Stärken dieser Kinder, insoweit darüber allgemeine Aussagen möglich sind, wird neuerdings oft und heftig kritisiert (Freed und Parsons 1997, Opp 2001, Högl 2001).

Schlägt der Wind um? Es ist jedenfalls längst kein Sakrileg mehr, in Frage zu stellen, ob ein einheitliches Störungsbild namens ADS überhaupt existiert. In der Zeitschrift *Geo-Wissen* (1/1999) wurde kürzlich darauf verwiesen, dass es «von der individuellen Toleranz der Mitmenschen abhängt ..., diesem Verhalten ... ein normierendes Krankheitsbild zuzuordnen». Breggin stellt fest: «ADHD ist eine kontrovers diskutierte Diagnose, für die es nur eine geringe oder gar keine wissenschaftliche oder medizinische Grundlage gibt.»

Noch wird für die pathologische Deutung ein regelrechter Propagandafeldzug geführt, an dem sich die Mehrheit der Fachleute kritiklos beteiligt.

Vom «erziehungsgeschädigten Kind» zur «angeborenen Hirnreifeverzögerung»

Fußnoten zur Geschichte des Syndroms und zum Ritalin-Boom

Früher waren Laien und Fachleute nahezu einhellig der Meinung, verhaltensauffällige Kinder des unruhigen, unkonzentrierten Typs müssten erziehungsgeschädigt sein – wenn nicht offenkundig, dann auf verborgene Weise. Fand man keine deutlichen Anzeichen für negative Einflüsse, begannen die tiefenpsychologischen Spekulationen. Irgendwie, und sei es nur ganz subtil, *musste* das Umfeld schuld sein, *musste* der Hund in der Familie begraben liegen, mit hoher Wahrscheinlichkeit bei der Mutter. (Arme Mütter!) Die «Aufdeckung» früher Traumata und giftiger Schwelbrände in den Kellergewölben der Eltern-Kind-Beziehung war und ist ein psychologischer Modetrend. Gewiss ist dieser Ansatz nicht grundsätzlich verkehrt. Aber seine Ideologisierung und unzulässige Verallgemeinerung hat schon eine Menge Unheil angerichtet. Der Hauptfehler liegt meines Erachtens darin, dass der Einfluss der Eltern auf die kindliche Entwicklung gegenüber zahlreichen anderen Einflussfaktoren maßlos überschätzt wird (vgl. Beckmann 1999). Heute schlägt das Pendel ins andere Extrem aus; alles wird auf die Gene geschoben, und das ist sicherlich auch keine Lösung. Judith Rich Harris (2000) etwa kommt in ihrer aufwändigen und verdienstvollen Studie über die Begrenztheit erzieherischer Mittel zu dem dürftigen Ergebnis, das biologische Erbe und die Peer-Group (Gruppendynamik unter Kindern und Jugendlichen) seien schicksalsbestimmend. Auch James Hillman (1998) thematisiert den «Elterntrugschluss», aber seine Schlussfolgerung ist eine ganz andere. Er wehrt sich generell dagegen, das Kind als ein bloßes «Resultat» – aus was auch immer – zu betrachten: «Weder Anlage noch Umwelt – ein Drittes.»

Ich bin vielen Müttern und Vätern unruhiger, unfolgsamer Kinder begegnet, die sich wegen völlig grundloser Verdächtigungen mit Schuldgefühlen herumquälten. Hilflos nahmen sie die jeweiligen Ermittlungsergebnisse der Psychodetektive entgegen und wussten zu ihrer Verteidigung lediglich vorzubringen, dass sie – tiefenpsychologisch ungeschult – leider keine blasse Ahnung gehabt hatten, wie verheerend sie allein deshalb, weil sie ganz normale fehlerhafte Menschen waren, auf ihre Kinder wirkten. In den Zeiten des großen Elternbeschuldigungsbooms galt freilich schon eine ganz andere Theorie als die wissenschaftlich aussichtsreichere. In den vierziger Jahren war die Vermutung aufgekommen, dass bei unruhigen, unkonzentrierten Kindern eine – z.B. durch Geburtskomplikationen verursachte – frühkindliche Hirnschädigung – *brain damage* – vorliegen könnte (Strauß und Lethinen 1947). Dieser Begriff weckte «die Vorstellung ..., es lägen strukturelle Veränderungen am Gehirn vor, die jedoch nur selten nachzuweisen sind» (Neuhäuser 1990). Das wurde seinerzeit schnell deutlich. Deshalb ging man bald dazu über, funktionelle Aspekte in den Vordergrund zu stellen und von einer *Minimalen Cerebralen Dysfunktion* (MCD) – *minimal* als verhüllende Chiffre für *nicht nachweisbar* – zu sprechen. Diese Hypothese galt – seit 1957 auch unter der Bezeichnung «hyperkinetische Impulsauffälligkeit» – bald als der akademischen Weisheit letzter Schluss und stand seltsam unverbunden neben dem zählebigen Vorurteil von Erziehungsfehlern. Es war nichts Ungewöhnliches, dass eine leichtgradige Zerebralschädigung diagnostiziert und zugleich unbesehen behauptet wurde, in der Familie herrsche ein Treibhausklima für Verhaltensstörungen.

Peter Schlottke (2000), Psychologieprofessor in Stuttgart und Autor einschlägiger Publikationen zum Thema Hyperaktivität, sagt heute über das MCD-Konzept, man sei damals einem «wissenschaftstheoretischen Blödsinn» aufgesessen. Ich bin mir nicht ganz sicher, ob er die Annahme einer *brain damage* (manifeste Hirnläsion) oder tatsächlich die MCD (funktionelle Unregelmäßigkeit ohne nachweisbaren organischen Schaden) meint, denn sollte letztere ein «Blödsinn» gewesen sein, wäre schwer einzusehen, warum dies für ihren etwas differenzierteren, aber in der Grundaussage praktisch identischen Nachkömmling ADS *nicht* gelten sollte. Hierzu gibt Hans von Lüpke (2001) zu bedenken, dass sich die ADS-Hypothese von der «guten alten MCD» allenfalls graduell unterscheide. An die Stelle des «nie nachweisbaren Hirnschadens» sei nun die – bisher ebenfalls unbewiesene – «Hirnfunktionsstörung» getreten: «Nichts anderes als unterschiedliche Schwerpunkte in den bereits bekannten Konzepten.» Ist also der hinausgeworfene «wissenschaftstheoretische Blödsinn» im Kostüm des Aufmerksamkeits-Defizit-Syndroms durch die Hintertür wieder hereingekommen?

Sicherlich kann ein Zusammenhang zwischen kindlichen Entwicklungsbeeinträchtigungen und – beispielsweise – schwerem Sauerstoffmangel bei der Geburt bestehen. Auch in solchen Fällen ist es nach meiner

Überzeugung falsch und unzumutbar, das Verhalten des Kindes ausschließlich oder überwiegend auf die Hirnverletzung zurückzuführen. (Wer durch einen Autounfall leicht gehbehindert ist, will ja auch nicht für den Rest seines Lebens in erster Linie als Gehbehinderter angesehen und behandelt werden.) Dennoch steht natürlich ganz außer Frage, dass es Auffälligkeiten infolge von Hirnschädigungen gibt. Die Sache wird allerdings problematisch, wo keine solche Schädigung nachweisbar ist und dennoch starrsinnig behauptet wird, sie sei vorhanden – wenn nicht strukturell, dann eben funktionell; wenn nicht erworben, dann eben genetisch bedingt. Zumal es hier um Millionen von Kindern geht, die als «beeinträchtigt» zu bezeichnen schon vom äußeren Anschein her eine höchst subjektive, konventionsabhängige und anfechtbare Beurteilung ist. Heute soll «jedes kindliche Verhalten ... zur Anpassung gebracht werden an eine fest umschriebene, von Erwachsenen definierte Norm, (und) dieser Anpassungsprozess geht letztlich so weit, dass dem Kind seine Individualität genommen werden soll» (Voß 1990).

Das MCD-Konzept war von Anfang an fragwürdig, weil es auf einem völlig willkürlichen Umkehrschluss beruhte. Man hatte beobachtet, dass das postenzephalitische Syndrom – Folgen einer Hirnhautentzündung – oft mit nervöser Unruhe und Unkonzentriertheit einherging, und daraus kurzerhand gefolgert, alle Kinder mit ähnlichen Problemen müssten zerebral geschädigt sein – was sich jedoch, wie gesagt, in den allermeisten Fällen nicht bestätigen ließ. Vor genau demselben Problem stehen wir heute wiederum mit der ADS-Hypothese. Immer noch hat sich die Forschung nicht von jenem fragwürdigen Umkehrschluss erholt. Er wird seit Jahrzehnten weitergeschleppt. Man sagt nicht mehr «hirngeschädigt», sondern spricht inzwischen von einem neurochemischen Ungleichgewicht und hat Apparate entwickelt, mit denen sich angeblich der schlagende Beweis erbringen lässt. Aber was ist das für eine «Beweisführung»? Die *neuen, bildgebenden Verfahren* zeigen, wie oben ausgeführt, lediglich die physiologische Innenseite dessen, was man äußerlich wahrnimmt und als «gestört» einstufen kann – oder eben nicht.

Während die MCD-Hypothese zu schwächeln begann, sorgte die Phosphat-Allergie-Theorie von Herta Hafer für Furore. Kurzzeitig schien es, als seien die bisherigen Erklärungsansätze mit einem Streich erledigt. In den Jahren, in denen die Phosphat-Liga meinungsführend war, gehörte einige Standfestigkeit dazu, die einseitig ernährungswissenschaftliche Begründung in Zweifel zu ziehen. Man wurde der Ignoranz und Inkompetenz bezichtigt. Das war aber noch harmlos, verglichen mit den Anfeindungen, denen man heute ausgesetzt ist, wenn man gegen die neueren Versionen des neurobiologischen Denkansatzes Einspruch erhebt, also *nicht* die Auffassung teilt, das abweichende Verhalten resultiere aus einem erblich bedingten chemischen Ungleichgewicht im Gehirn und der therapeutische Königsweg sei die Verabreichung von bewusstseinsverändernden Substanzen. Für diese in vieler Hinsicht fragwürdige, ja ich möchte sagen: verantwortungslose Linie fordert die große Mehrheit der ADS-Experten – zur Freude der pharmazeutischen Industrie – absolute Autorität, wobei der Tonfall gegen Andersdenkende immer demagogischer wird.

Aber nicht jeder lässt sich davon einschüchtern. Es gibt eine wachsende, teils leise mahnende, teils kämpferisch auftretende Opposition gegen den plumpen biopsychiatrischen Denkansatz und die daraus resultierenden Handlungsstrategien. Besorgte Stimmen warnen vor herabsetzenden Urteilen, fordern Zurückhaltung bei der Psychopharmaka-Verschreibung und widersetzen sich der «neurologisch reduzierenden Behandlung des Problems» (Bittner 1996). Lislott Ruf-Bächtiger, Leiterin der Abteilung Entwicklungsneurologie am Kinderspital Basel, findet «das Wort ‹gestört› derart diskriminierend, dass man es im Zusammenhang mit diesen Kindern auf keinen Fall gebrauchen sollte.» Ihrer Meinung nach liegt «eine Normvariante» vor, jedoch «keine Störung» (in: Högl 2001).

Jeffrey Freed und Laurie Parsons (1998) lassen an Deutlichkeit nichts zu wünschen übrig: «Die freizügige Verwendung des Begriffs Aufmerksamkeitsstörung fordert … ihren Tribut von den verletzlichsten und kostbarsten Mitgliedern unserer Gesellschaft: unseren Kindern. Schon die Bezeichnung ‹Störung› wird als Schande empfunden. Ganz gleich, wie viele positive Eigenschaften ein Kind hat: Es bekommt die eindeutige Mitteilung, dass irgendetwas bei ihm nicht stimmt. Die Diagnose wird zu einem Stigma.»

Barbara Zollinger (1999) macht sich Gedanken darüber, warum «die Auffälligkeiten im gnostischen Bereich, das heißt die ‹Wahrnehmungsstörungen›, (so) viele kontroverse Diskussionen ausgelöst (haben), ohne dass die Positionen heute viel klarer sind.» Sie sieht den «Hauptgrund für die vielen Unklarheiten» darin, dass «*Wahrnehmung* selbst *nie direkt beobachtbar ist*» – auch nicht durch die neueren, bildgebenden Verfahren zur Messung der Stoffwechselaktivität in bestimmten Hirnarealen. Mit anderen Worten: Um zu verstehen, wie ein verhaltensoriginelles Kind sich und die Welt erlebt, nützen uns empirische Daten, Tests und Laboruntersuchungen ergreifend wenig.

Ähnlich äußert sich Georg Kühlewind. In einem persönlichen Gespräch kommentierte der Philosoph, Linguistiker und Kleinkindforscher den neurobiologischen Erklärungsansatz wie folgt: «In der Tat gehen *alle* seelisch-geistigen Vorgänge mit hormonellen und neuronalen Prozessen einher, aber daraus lässt sich nicht einfach schließen, jene seien aus diesen kausal ableitbar. Jeder wird sofort zugeben, dass es unsinnig wäre zu sagen: ‹Ich bin traurig, weil ich weine.›»

Jede Gefühlsregung findet ihre körperliche Entsprechung. Dem Gebot der Voraussetzungslosigkeit gehorchend, darf das physiologische Korrelat eines bestimmten, mit charakteristischen Seelenzuständen einhergehenden Wahrnehmungs- und Kommunikationsstils zunächst nur als dessen Repräsentation auf einer anderen Ebene gedeutet werden. Damit ist über Ursache und Wirkung noch gar nichts entschieden. Gewiss lassen sich durch Eingriffe in den neuronalen Stoffwechsel Bewusstseinsveränderungen hervorrufen. Aber das beweist keineswegs die Allmacht der Neuronen (wie Francis Crick sagen würde). Man kann ebenso gut umgekehrt durch Veränderungen des Bewusstseins – zum Beispiel in der Meditation – den Hirnstoffwechsel, ja auf längere Sicht sogar die Hirnstrukturen beeinflussen. Neuere Forschungen zur so genannten neuronalen Plastizität liefern dafür eindrucksvolle Belege. Die erste Schlussfolgerung aus der Erkenntnis, dass dem Verhaltensbild so genannter ADS-Kinder *kein* erworbener manifester Hirnschaden (MCD) zugrunde liegt, hätte lauten müssen: Somit ist die Frage nach Ursache und Wirkung wieder offen.

Barbara Högl stellt zur Debatte, dass so genannte ADS-Kinder möglicherweise nicht krank, sondern eine «‹Spielvariante› unserer Spezies sind, die ganz bestimmte Dinge initiieren» (*die Akzente* 44/1999). Das lässt aufhorchen. In ihrem anregenden Buch *Störfälle?* (2001) wird die Autorin noch deutlicher (so deutlich, wie es nur die poetische Redeweise zulässt): «Sie stehen eigenartig, wie eine kleine Gruppe Fremdsprachiger in unserer Welt, Abgesandte eines anderen Sterns. Sie sind uns anvertraut, und wenn wir ihnen eine Heimat geben, entdecken wir eines Tages, dass sie mit Gaben beladen sind wie die Könige aus dem Morgenland.» Dazu Kühlewind: «Heute kann man noch die kindlichen ‹Aussteiger› als abnormale Wesen behandeln und in eine Ecke der Zivilisation drängen; mit ihrer wachsenden Anzahl wird das nicht mehr möglich sein. (Wir dürfen) die hereinbrechenden geistigen Impulse … nicht in den Abfalleimer der Zivilisation hineinkanalisieren» (*Das Goetheanum,* 11/2001).

Michael Huss von der Berliner Charité, Facharzt für Kinder- und Jugendpsychiatrie und ADS-Forscher, wird im *Greenpeace-Magazin* 6/2000 mit den Worten zitiert, viele Kollegen stellten «die Modediagnose Hyperaktivität … allzu leichtfertig». Er rät im Hinblick auf das massenhaft verschriebene Aufputschmittel Methylphenidat (Ritalin) «bei Kindern zur Zurückhaltung, zumal (es) süchtig machen kann». Andere Äußerungen von Huss lassen solche Besonnenheit vermissen. In *die Akzente* (52/2001) signalisiert er zwar Verständnis für Eltern, die davor zurückschrecken, ihr Kind unter Drogen zu setzen, stuft jedoch Ritalin als völlig unbedenklich ein. Warum plötzlich dies? Selbst auf dem Beipackzettel der Herstellerfirma Novartis steht zu lesen, dass langfristige Schäden nicht völlig ausgeschlossen werden können, weil bisher keine gesicherten Erkenntnisse über den Wirkungsmechanismus des Medikaments vorliegen. Ein Forscherteam unter Huss' Leitung äußerte jüngst gar die Vermutung, hyperaktive Jugendliche und junge Erwachsene, die im Kindesalter mit Ritalin behandelt wurden, seien «tendenziell» weniger suchtgefährdet als andere, die das Medikament nicht bekamen (*Psychologie heute,* 4/2001). Offenbar deuten die Zwischenergebnisse einer groß angelegten Studie in diese Richtung. Sollte es dabei bleiben, so die Autoren, sei daraus zu entnehmen, dass sich bei ADS-Kindern «durch die Gabe von Ritalin das schulische und soziale Umfeld stabilisiert» und demzufolge später eine geringere Suchtneigung besteht.

Das beeindruckt mich, ehrlich gesagt, wenig. Andere Studien kommen zu anderen Ergebnissen. Auch würden mich die Sponsoren interessieren. Man kann im Übrigen bei Untersuchungen dieser Art unmöglich alle relevanten Faktoren berücksichtigen. Voreiligen Schlüssen ist Tür und Tor geöffnet.[32]

Gerlinde Unverzagt mahnt in *Psychologie heute* (11/2000), es gelte, statt «mit missionarischem Eifer ... die vielfältigen Bedenken gegen die Verabreichung des Medikaments vom Tisch (zu wischen), ... den Blick auf die Verhältnisse zu richten, die ein bestimmtes Verhalten unangepasst erscheinen lassen.» Dass Ritalin im Grunde keine *therapeutische* Lösung, sondern lediglich ein Notbehelf für Extremfälle ist, bestätigt im persönlichen Gespräch auch Karl-Heinz Ruckgaber, Kinder- und Jugendpsychiater an der Filderklinik und ärztlicher Leiter der Sozialtherapeutischen Gemeinschaft Gutenhalde. Er beklagt den Wildwuchs der ADS-Diagnose und favorisiert dort, wo tatsächlich Therapiebedarf besteht, eine heilpädagogische Spiel- und Übungsbehandlung in Verbindung mit intensiver Eltern- und Lehrerberatung.[33] Dabei teilt er unsere Auffassung, dass es prinzipielle Probleme aufwirft, ein Verhaltensbild zu pathologisieren, das, von wenigen Ausnahmen abgesehen, nur unter den gegebenen kindheitsfernen Lebensverhältnissen intolerabel erscheint. «Hilfe und Förderung ja», schreibt Anna Heide Jäger, «aber nicht immer die große Therapiekeule» (*die Akzente* 44/99). Und Ruf-Bächtiger gibt in derselben Zeitschrift zu bedenken: «Was normal ist, das ist ja nur ein reiner Mehrheitsbeschluss.»

Gegenüber den zitierten skeptischen oder doch immerhin um Differenzierung bemühten Stimmen – es sind bei weitem nicht alle – ist mehrheitlich eine beängstigend unkritische Übernahme des defektologischen Deutungsmusters zu beobachten. Eine «sogartige» Wirkung übe dieses Denken aus, erzählte ein befreundeter Psychiater, der an einer Seminarwoche in Aarau, wo ich mit ca. sechzig Fachleuten über ADS arbeitete, teilnahm und sich anfangs noch «wie betäubt» fühlte von den Erlebnissen auf einem großen Ärzte- und Psychotherapeutenkongress, den er kurz zuvor besucht hatte. «Die neuesten Forschungsergebnisse über ADHD wurden referiert. Von Kindern war überhaupt nicht die Rede. Nur von Synapsen, Neurotransmittern, Schaltungen und Vernetzungen. In den Gängen hatten parmazeutische Firmen ihre Stände aufgebaut.» Auch Teile der Waldorfschulszene lassen sich da hineinziehen. Vielleicht deshalb, weil man nicht über mögliche Unzulänglichkeiten der eigenen Unterrichtspraxis nachzudenken braucht, wenn man sich damit beruhigen kann, die Kinder, die aus dem Rahmen fallen, seien eben von Geburt an dysfunktional?

Ritalin wird vielfach als *das* ideale Mittel angepriesen, um die angeblich dem ADS zugrunde liegende neurochemische Fehlregulation zu beheben. Immer mehr Kinder im Vorschulalter müssen die Anpassungsdroge regelmäßig und dauerhaft einnehmen. Bereits 1995 wurde im Jahresbericht des Informationszentrums Bonn der Vereinten Nationen (INCB) Alarm geschlagen angesichts des weltweit «drastischen Anstiegs» der Produktion und Konsumtion des suchtbildenden Stoffes Methylphenidat (Ritalin). Diese Entwicklung sei «vor allem auf die umstrittenen Behandlungsmethoden von Aktivitäts- und Aufmerksamkeitsstörungen bei Kindern ... zurückzuführen», heißt es in dem Gutachten. Der Verdacht dränge sich auf, dass «Ärzte mit der Verschreibung von Methylphenidat eine ‹einfache Lösung› ... herbeiführen wollen, ohne auf die oft komplexen Folgen zu achten».

Der Suchtstoffkontrollrat der UN (DEA) sieht «die Gefahr, dass andere mögliche Ursachen ... übersehen werden, (indem man) zu häufig ADD diagnostiziert und ... Methylphenidat verschreibt». Mit großer Besorgnis wird der zunehmende Missbrauch des Medikaments als Rauschdroge und die «Entstehung eines Schwarzmarktes für diesen Suchtstoff» registriert. Da Ritalin «als anerkanntes Medikament für Kinder verkauft wird, sind sich die missbrauchenden Personen der damit verbundenen Gesundheitsrisiken nicht bewusst». Der Kontrollrat «ersucht ... alle Regierungen um höchste Wachsamkeit, um zu häufiges Diagnostizieren von ADD und (die leichtfertige) Behandlung mit ... Stimulanzien zu vermeiden». In einer am 4.3.1997 veröffentlichten Hintergrundinformation des INCB heißt es, dass der «geradezu epidemische Missbrauch» von Ritalin «längst nicht mehr auf

Erwachsene und heranwachsende Jugendliche beschränkt» ist, sondern die Zahl der minderjährigen Konsumenten ständig zunimmt. Wiederum wird ein Zusammenhang mit der «Überdiagnostizierung von ADD» hergestellt. Außerdem sei vor «fragwürdigen Werbeaktivitäten für Methylphenidat» zu warnen. Besonders in den USA grassiert die Ritalinseuche. «Der Rat fürchtet aber eine Ausbreitung des Trends auf andere Länder.»

Das war 1997. Inzwischen kann niemand mehr behaupten, diese Befürchtungen seien übertrieben gewesen. Der Buchmarkt ist überschwemmt von ADS-Aufklärungsschriften, die man – auch wenn dies nicht beabsichtigt ist – als indirekte Werbebroschüren für Ritalin bezeichnen muss. Am 17. April 2000 verabschiedete der Europarat einen Antrag, gegen die leichtfertige Verschreibung von Methylphenidat aufgrund massenhafter fälschlicher ADHD-Diagnosen bei Kindern einzuschreiten. Die diagnostischen Kriterien sollen streng überprüft und juristische Sicherheitsvorkehrungen getroffen werden.

Bleibt abzuwarten, wie lange die DEA und der Europarat ihre Linie gegen massive Wirtschaftsinteressen durchhalten werden. Und ob die europäischen Regierungen souverän genug sind, gegen die Hintergrundaktivitäten der Lobbyisten den Empfehlungen unabhängiger Sachverständigengremien zu folgen. Ich habe da meine Bedenken. Im Zeitalter der ökonomischen Diktatur kann die Politik nicht so einfach ein Milliardengeschäft stoppen. Wenn es um viel Geld geht, bilden sich bemerkenswerte Koalitionen der Gefahrenverharmlosung, das ist zur Genüge bekannt. Man braucht kein Anhänger von Verschwörungstheorien zu sein, um hier zur Wachsamkeit zu mahnen. Meines Erachtens müssen wir die Sache als mündige Bürger selbst in die Hand nehmen und von unten her eine «Ritalin-Nein-Danke»-Bewegung anstoßen. Es geht mir nicht darum, das umstrittene Medikament zu dämonisieren. Doch Ritalin sollte eine Option zur vorübergehenden Stützung in Extremfällen bleiben – die «Ultima Ratio», wie Ruckgaber sagt. Erwachsene mögen es einnehmen, wenn sie sich frei dafür entscheiden. Aber verschont die Kinder damit!

Im *Arzneimitteltelegramm* des Instituts für Arzeimittelinformation 1/2002 steht zu lesen: «Der Anstieg der Methylphenidat-Verordnungen nimmt bedenkliche Ausmaße an. Die Zahl der Kinder, die wegen einer Aufmerksamkeits- und Hyperaktivitätsstörung mit Methylphenidat behandelt werden, wird weltweit auf 10 Millionen geschätzt. In Deutschland wird für 2001 wiederum von einer Verdoppelung gegenüber dem Vorjahr ausgegangen. Die breite und zum Teil unkritische Verwendung steht in auffälligem Kontrast dazu, wie wenig über die Auswirkungen auf die Gehirnentwicklung und die langfristigen Folgen bei Einnahme im Kindesalter bekannt ist. Systematische Untersuchungen dazu fehlen. (...) Der Verdacht auf schwere Spätschäden wie Parkinson konnte bisher nicht entkräftet werden. (...) Nach wie vor ist auch die Ursache von ADHS nicht bekannt. Hinreichende Belege für die Dopaminmangelhypothese gibt es bis heute nicht.» Verwiesen wird auf die Untersuchungen von Gerald Hüther (2001), die den Parkinson-Verdacht erhärten und außerdem Anlass zu der Vermutung geben, dass die Katecholaminhypothese, auf der das ganze ADHD-Konstrukt beruht, falsch ist.

So gut wie keine Beachtung in der deutschen Presse findet die amerikanische Bürgerbewegung gegen Ritalin, die vor allem den Herstellerkonzern Novartis (früher Ciba-Geigy) mit gigantischen Schadensersatzklagen in Bedrängnis bringt. «Kläger in Kalifornien und New Jersey werfen Novartis und der American Psychiatric Association vor, im Sinne einer Verschwörung eine Krankheit ‹erfunden› zu haben, um dem Absatz des Psychopharmakons Ritalin zuzuarbeiten», meldet der Schweizer *Tagesanzeiger* (15.9.2000). Auch in Texas ermittelt die Staatsanwaltschaft. «Laut den Klagen werden in einer irreführenden Werbung die Nebenwirkungen von Ritalin heruntergespielt» (*Basler Zeitung*, 14.09.2000). Es ist mir bekannt, dass die Scientology-Church versucht, den Methylphenidat-Skandal für ihre Ziele zu instrumentalisieren, ähnlich wie seinerzeit rechtsradikale Gruppierungen die ökologische Protestbewegung vereinnahmen wollten. Ron L. Hubbard, Gründervater der Sekte, bekämpfte zu Lebzeiten die etablierte Psychiatrie – namentlich die psychiatrische Pharmakologie – mit blindem Hass, und seine Nachfolger bleiben dieser Tradition treu. Das heißt: Wo immer auf die Gefahren des therapeutischen Einsatzes bewusstseinsverändernder Substanzen hingewiesen wird, sind die Scientologen nicht weit. So kann eben der Fall eintreten, dass man in einer bestimmten Frage mit weltanschaulichen Erzfeinden übereinstimmt. C'est la vie.[34]

Nachtrag: Der Suchtstoffkontrollrat warnt vor der «Propagierung (von Ritalin) durch Elternvereine – von Herstellern gefördert». Seit in den USA aufgeflogen ist, dass eine einflussreiche Elternvereinigung «vom führenden Hersteller (also Novartis, H.K.) beachtliche finanzielle Zuwendungen erhalten hat», muss auch hierzulande die Frage erlaubt sein, ob immer alles mit rechten Dingen zugeht. Manchmal schmettern bei öffentlichen Veranstaltungen ausgerechnet Sprecher von Elternselbsthilfegruppen jeden Ritalin-kritischen Satz wie eine Gotteslästerung ab. Da kommt man schon ins Grübeln.

*

«MCD / HKS / ADS / POS / ADHD … Schon allein das schillernde Auf- und Abtauchen der Begriffe zeigt uns, wie wenig wir das Phänomen greifen können. – Lassen wir die Antennen kreisen, … damit wir uns nicht in unserer Meinung festfahren» (Barbara Högl in: *die Akzente*, 44/1999). Anders kommen wir in der Tat nicht weiter.

Wir dürfen die hereinbrechenden geistigen Impulse nicht in den Abfalleimer der Zivilisation hineinkanalisieren.
Georg Kühlewind

Teil 2

Diagnose ADS – sind wir auf dem richtigen Weg?

Gespräche über Bio-Macht, Dillinger-Energien, seelische Verkrüppelungen, alle möglichen «erwiesenen Tatsachen» und Ritalin

«In der Tat sprechen die meisten Fachleute von einer minimalen Entwicklungsstörung im Gehirn, die unter ungeklärten Ursachen entsteht. Ungeklärt (ist) allerdings auch die Frage, unter welchen Einflüssen sie bei wem wann und wie auffällig wird oder eben genau nicht auffällig wird, weil sie einfach niemanden stört.»

(Elisabeth von Thadden über ADS in der ZEIT Nr. 10, März 2000)

«Verschiedene Grade roboterhafter Konformität» (Ritalin ist keine Medizin!)

Den folgenden fiktiven Gesprächen liegen Tonbandmitschnitte von Fragenbeantwortungen bei diversen Lehr- und Fortbildungsveranstaltungen zugunde. Das Material wurde stark überarbeitet. Zum Teil überschneidet sich der Text inhaltlich mit Teil 1, einige Argumentfiguren tauchen wieder auf, aber in anderer Beleuchtung. Eingehend wird die Wirkungsweise von Methylphenidat und verwandten Substanzen besprochen, desgleichen die schwierige Lage der Eltern. Ich kann mir vorstellen, dass viele Leser in den Äußerungen des fiktiven Gesprächsteilnehmers B die Fragen wieder finden, die sie mir nach der Lektüre des ersten Teils selbst gern gestellt hätten, um sich in diesem oder jenem Punkt noch einmal zu vergewissern. Zudem ist die Dialogform einfacher und unterhaltsamer als der streckenweise sicher etwas anstrengende Stil des Einleitungsessays. (Vgl. dazu mein Vorwort.)

Die Gesprächsteilnehmer:

R = Der Referent

A = Ein enger Mitarbeiter von R.

B = Eine außenstehende Person, die sich für R.s und A.s Position interessiert, aber kritische Fragen stellt.

B: Lässt sich die Frage spontan beantworten, worin die wichtigste Hilfe für hyperaktive Kinder besteht?

R: Unendlich viel hängt davon ab, ob diese kreativen Sonderlinge und ungestümen Geister, deren Anderssein sich ja oft schon in der Kindheit ankündigt, von den Mitmenschen erkannt, angenommen und verständnisvoll begleitet werden – wobei, um Missverständnissen vorzubeugen, verständnisvolle Begleitung nichts mit gelangweiltem laisser-faire zu tun hat; diese Kinder brauchen zu ihrer inneren Orientierung nichts so dringend wie den einen oder anderen Menschen, der sie *sieht*, der sie respektiert, wie sie sind, und ihnen echte Wertschätzung entgegenbringt. Denn nur von einem solchen Menschen lassen sie sich führen und korrigieren. Es heißt ja oft, diese Kinder seien, wenn sie kein Ritalin erhalten, besonders gefährdet, später süchtig oder kriminell zu werden. Das stimmt, wenn überhaupt, nur unter dem eben genannten Vorbehalt. Dabei fällt mir immer Joseph Beuys ein, der etwas Ähnliches zum Ausdruck bringen wollte, als er sich auf spektakuläre Weise mit dem legendären Gangster John Dillinger solidarisierte. Er sagte dazu: «Ich lege großen Wert auf die Energie, die in einer Biografie wie der des John Dillinger liegt. Diese Energien, die bei Dillinger beispielsweise negativ gepolt waren, können einen positiven Impuls abgeben.» Gemeint sind deviante oder, frei nach Hans Saner, kindlich-dissidente Energien: eine Kreativität jenseits der autoritativen Moral; eine anarchische Grundgebärde, die zum Schlechten wie zum Guten ausschlagen kann. Allein diese Kraft hält die Welt in Bewegung, wollte Beuys sagen. Sie ist auf der menschlichen Ebene das evolutionäre Prinzip schlechthin. Es hätte keine Geistesgeschichte gegeben ohne diejenigen, die über den Durchschnitt hinausstreben und damit das Risiko eingehen, wie John Dillinger zu enden. Das muss man sich klarmachen: Wer in der Welt etwas bewegen will, geht dieses Risiko ein.

A: Ich habe in einem populären ADS-Ratgeber gelesen, es bestehe für diese Kinder, wenn sie nicht adäquat behandelt würden, eine hohe Gefahr, später «seelisch zu verkrüppeln», wie es wörtlich heißt. Unter einer adäquaten Behandlung versteht die Autorin Ritalin + Verhaltenstherapie. Das Übliche eben. Aber wie definiert man «seelische Verkrüppelung»? Was du gerade gesagt hast, zeigt, wie schwierig das zu beantworten ist. Der Begriff «seelisch verkrüppelt» könnte genauso gut auf das erfolgreich angepasste «Weißbrot-Ich», wie es James Hillman nennt, angewandt werden. Millionen von Weißbrot-Ichen waren die Garanten für Hitlers Erfolg. Schöpferische Energien einschließlich aller Abirrungsrisiken konnte er nicht brauchen. Er brauchte angepasste, gesetzestreue, loyale Mitläufer für sein Projekt der totalen sozialen Kontolle.

B: Ja, ist denn nun das Sucht- und Kriminalitätsrisiko für nicht adäquat behandelte ADS-Kinder höher oder nicht? Eure Antwort bitte! Kurz und bündig!

R: Das geht nicht kurz und bündig! Zuerst müsste geklärt werden, was erstens unter einem «ADS-Kind» und zweitens unter einer adäquaten Behandlung zu verstehen ist. Brauchen diese Kinder überhaupt eine «Behandlung»? In meinen Augen, so viel sollte inzwischen klar sein, ist Ritalin in den allermeisten Fällen überflüssig, ja mehr noch: kontraindiziert. Ich weigere mich, diese Substanz als Medikament (Heilmittel) anzuerkennen, und behaupte, dass die vorübergehende Scheinbesserung, die sie bewirken kann, den Schaden, den sie unter dem Strich anrichtet, nie und nimmer aufwiegt. Nach meiner Einschätzung ist die Behauptung, durch Ritalin könne das Sucht- und Kriminalitätsrisiko verringert werden, überaus fragwürdig. Wie schon erwähnt, bestehen auch schwerwiegende Verdachtsmomente für die genau umgekehrte Annahme. Horst F. Wimmer beispielsweise, ein Kriminalhauptkommissar aus Fürth, arbeitet an der wissenschaftlichen Untermauerung seiner These, dass Kinder, die über längere Zeit Ritalin einnehmen, einem *erhöhten* Risiko unterliegen, als Jugendliche oder Erwachsene straffällig – vor allem gewalttätig – zu werden. Auch Peter R. Breggin und Barbara Simonsohn äußern diese Befürchtung und belegen sie gut. Wimmer betreibt «Kriminologie als Erfahrungswissenschaft», das heißt er studiert sehr gründlich die Täterprofile, und dabei verstärkte sich bei ihm «der Verdacht, dass ein Zusammenhang besteht zwischen der Medikation bei Hyperaktivität und (späterer) Kriminalität». Seit er damit an die Öffentlichkeit getreten ist, erhält er massenhaft bestätigende Zuschriften und Anrufe.

Simonsohn beschreibt u.a. den Fall des 14-jährigen Rod Matthews, der einen Mitschüler systematisch zu Tode prügelte. Er nahm seit Jahren Ritalin, «hatte eine immer stärker werdende Aggression in sich aufsteigen gefühlt und einem Lehrer den geplanten Mord sogar angekündigt, dieser Hilfeschrei wurde jedoch nicht ernst genommen». Rod wuchs in gesicherten Familienverhältnissen auf. Sein Vater klagte nach dem Verbrechen: «Ich habe das Gefühl, dass das Medikament sein Untergang war.» – In einer Magazinbeilage der *Washington Post* vom 28. Juni 1999 wurden zahlreiche Fälle dieser Art publik gemacht. Fakten und Argumente gegen Ritalin finden in den USA, aber auch in Skandinavien oder England weitaus mehr Medienresonanz als bei uns. (Wenngleich sich hier zurzeit etwas zu ändern scheint.)

Das dänische Genossenschaftsinstitut für die Abhängigkeit von Arzneimitteln zählte 1995 als mögliche Entzugsfolgen von Ritalin und ähnlichen Substanzen auf: «… Reizbarkeit, Aggression, Zerstörungsdrang und – schlimmstenfalls – den Drang zu töten.» Die Korrelation von Sucht und Gewaltbereitschaft ist typisch für Persönlichkeitsveränderungen durch harte (!) Drogen.

B: Muss also Ritalin als harte Droge eingestuft werden?

R: Es wird in der illegalen Szene unter der verniedlichenden Bezeichnung «Vitamin R» gehandelt – kein Wunder, schließlich ist bekannt, dass zigtausende Schulkinder das Zeug zum Frühstück oder in der Pause nehmen wie Traubenzuckertabletten. Aber nicht umsonst fällt der Wirkstoff Methylphenidat unter das Betäubungsmittelgesetz. Er ist eng verwandt mit Amphetamin («Speed») und Kokain. Die Liste der möglichen unerwünschten Nebenwirkungen auf dem Beipackzettel liest sich, obwohl längst nicht vollständig, wie ein Gruselstück. Man kann sich nicht auf die Niedrigdosierung herausreden, denn immerhin handelt es sich um Kinder, und der reifende kindliche Organismus reagiert noch viel empfindlicher auf jede Art von Gift als der ausgereifte. – Ich bin zurzeit mit einem sechzehnjährigen Jungen über dieses Thema im Gespräch. Obwohl er seit Jahren Ritalin nimmt, galt er als hoffnungsloser Fall und flog mehrmals von der Schule. Voriges Jahr wurde er in eine vorbildliche Modellschule für «schwierige» Jugendliche aufgenommen. Dort ist er beliebt und kommt gut voran. Die Lehrer halten große Stücke auf ihn, obwohl er es ihnen nicht eben leicht macht. In der begleitenden Therapie bringt er immer wieder seine Sehnsucht nach einem Leben ohne Droge zum Ausdruck. Der Junge sagte klipp und klar: «Wenn ich das Zeug versuchsweise absetze, werde ich unberechenbar und jähzornig. Das war früher anders. Früher hatte ich ohne Ritalin nur einfach mehr Power. Aber nicht diese Ausfälle. Es ist von Jahr zu Jahr schlimmer geworden. Ob ich da je wieder rauskomme?» Ich hoffe, wir können ihm einen Weg zeigen.

A: Ich denke, vernünftige Leute müssten sich auf folgenden Minimalkonsens einigen können: Wenn soziale Wärme, Verständnis, Wertschätzung, umsichtige pädagogische Führung und adäquate – d.h. bei den Stärken der Kinder ansetzende – Förderung gewährleistet sind, kann man auf bewusstseinsverändernde Medikamente verzichten. Sind die genannten Bedingungen *nicht* erfüllt und das Kind erhält ersatzweise eine Droge zur «inneren Einschließung», wie es Foucault ausgedrückt hätte, ist dies mit Sicherheit eine schwere Hypothek für die Zukunft. So viel sollte klar sein. Die Pro-Ritalin-Liga kann ja nicht plötzlich alle psychologischen Selbstverständlichkeiten über den Haufen werfen mit dem schwachen Argument, Ritalin bei ADS sei im Prinzip nichts anderes als Insulin bei Diabetes.

R: Richtig. Was du gesagt hast, gilt auch dann, wenn der Einsatz des Medikaments «nur» mit dem Ziel erfolgt, die Kinder für ein ausgeklügeltes so genanntes *couching* gefügig zu machen, womit nichts anderes gemeint ist als eine Anpassungsdressur. Diese auf reibungsloses Funktionieren angelegten Trainingsprogramme, die teils zu Hause, teils aushäusig durchgeführt werden mit dem erklärten Ziel, «erwünschte Verhaltensweisen zu automatisieren», wie es in einem populären ADS-Ratgeberbuch heißt, tragen wahrlich nichts zu einem warmen, entspannten Sozialklima bei. Ich sage: Das sind Beziehungstötungsprogramme. Auch wenn sie einen vorübergehenden äußeren Scheinfrieden herstellen. Manchmal muss die ganze Familie Ritalin nehmen, um das gnadenlos durchgeplante Leben nach Checklisten, Punktesystemen und detaillierten Verhaltensvorschriften, das man ihr verordnet hat, überhaupt durchzustehen. Ungelogen: Immer häufiger werden ganze Familien unter Drogen gesetzt!

B: Manche schwören darauf.

R: Wenige. Und die anfängliche Begeisterung hält selten lange an.

A: Zumeist stimmen die Eltern notgedrungen zu, weil man ihnen sagt, es sei ihre Pflicht gegenüber dem Kind. Sie fühlen sich im Innersten unwohl dabei. Aber vielleicht habe ich da eine einseitige Wahrnehmung. Bei uns kommen nämlich gehäuft Familien an, die genau von diesem ganzen unnatürlichen, verzwungenen, gekünstelten Zeug ein für alle Mal genug haben.

R: Breggin sieht den «therapeutischen» Effekt von Ritalin vor allem darin, dass «verschiedene Grade von roboterhafter Konformität erzeugt (werden)». Mag sein, dass eine roboterhaft funktionierende Familie, die komplett unter Drogen steht oder ein Kind unter Drogen setzt, immer noch besser ist als eine völlig aus den Fugen geratene, in der nur noch Groll, Gereiztheit und Trauer regieren. Ich weiß nicht. Es ist wie die Wahl zwischen Erhängen und Erschießen.

A: Vergessen wir aber nicht: Sehr oft suchen sich so genannte ADS-Kinder «besonders feine Eltern» aus, wie die Holländische Therapeutin Jeanne Meijs treffend feststellt. Und solche Eltern kann man durchaus für andere Wege erwärmen. Allerdings wissen sie zumeist gar nicht, dass es Alternativen gibt. Höchste Zeit für uns und Gleichgesinnte, in die Offensive zu gehen.

R: Der Göttinger Neurologe und ADS-Forscher Gerald Hüther antwortete kürzlich in einem Interview auf die Frage von Axel Föller-Mancini, wo er «bereits therapeutische Ideen verwirklicht (sehe), die diesen Kindern helfen können»: «Bei allen Kinderärzten, Therapeuten und Erziehern, die bei ADHD nicht an ein gestörtes dopaminerges System im Gehirn, sondern an ein auf liebevolle, einfühlsame Zuwendung angewiesenes Kind denken.»

A: Noch ein Wort zum Suchtrisiko. Manche sagen: Es erhöht sich durch Ritalin. Andere behaupten das Gegenteil. Bewiesen ist, wie gesagt, nichts. Ich denke aber schon, dass enorme «deviante» Energien in vielen dieser Kinder schlummern – Dillinger-Beuys-Energien, um dein Beispiel von vorhin aufzugreifen. Das ist die pädagogische Herausforderung. Wir haben es mit grenzgängerischen Wesen zu tun. Ihre unbändige Kreativität, Experimentierfreude und Abenteuerlust lässt sich nicht mit Kaba und Sonntagsspaziergängen abspeisen.

Hätte man Beethoven, Einstein, Edison, Mörike, Jaspers, Goethe, Pestalozzi und viele andere, die als unmögliche Kinder bzw. hochproblematische Jugendliche galten und zweifellos heute mit einer Psychodiagnose herumlaufen würden, medikamentös auf Normalmaß zurechtbiegen sollen, nur um sie vor möglichen Irrwegen zu bewahren? Außergewöhnliche Leistungen entspringen zumeist einer Persönlichkeitsstruktur mit schroffen Kontrasten. Kein Weiser, der nicht durch die eine oder andere Hölle gegangen wäre. Kein Mensch mit der Kraft zum Segnen, der nicht wüsste, was es bedeutet, am Abgrund zu taumeln. Wollen wir eine Gespenster-Normalität?

B: Ich bin noch nicht überzeugt. Die Zwischenergebnisse einer gegenwärtig laufenden Großstudie widersprechen euch. Aus ihnen geht hervor, dass sich das spätere Suchtrisiko wahrscheinlich *doch* verringert, wenn ADS-Kinder rechtzeitig mit Ritalin behandelt werden.

R: Ja, das ging durch die Presse, und als mutmaßlicher Grund wird angegeben, dass die Kinder unter der Medikation mehr soziale Akzeptanz erführen.

A: Aber das ist doch gerade die Frage: Seit wann fühlt sich ein Kind akzeptiert, wenn man ihm zu verstehen gibt, es sei nur unter dem Einfluss eines wesensverändernden Medikaments zu ertragen?

R: Gibt es wirklich keine anderen, besseren Wege, «schwierigen» Kindern ein Gefühl von sozialer Akzeptanz zu vermitteln, als sie per Medikament zum Funktionieren zu bringen? Ich sage aus einem Vierteljahrhundert therapeutischer Erfahrung: Es gibt andere Wege.

A.: Breggin schreibt: «Wir zwingen Kinder, Drogen zu nehmen, die sie nicht wollen, um sie zu zwingen, in Schulen zu gehen, die sie nicht mögen.» Mit anderen Worten: *Ihre* Wesensart und Begabungsstruktur, ihr Wahrnehmungs- und Kommunikationsstil ist unerwünscht. Das hinterlässt in der Tiefe ganz gewiss kein Gefühl des Angenommenseins. Vorsicht mit dem Wort Akzeptanz! Allzu oft verbirgt sich dahinter ein windiges Geschäft. *Funktioniere, und du wirst akzeptiert.* Das ist zu wenig. Es ist sogar grundverkehrt. Kinder sind darauf angewiesen, um ihrer selbst willen bewundert und geliebt zu werden. Ohne Bedingungen. Das ist seelisch lebensnotwendig. (Ich sage nicht, man dürfe im erzieherischen Alltag keine Bedingungen stellen. Aber die *Wertschätzung* muss davon unberührt bleiben.)

B: Verkomplizierst du jetzt nicht eine simple Tatsache? Jeder Mensch wünscht sich, in den sozialen Zusammenhängen, in denen er steht, respektiert, gelegentlich auch bewundert zu werden. Positive Rückmeldungen von den

Mitmenschen stärken das Selbstwertgefühl. Ohne Anpassungsbereitschaft keine positiven Rückmeldungen, ohne positive Rückmeldungen kein Vertrauen in die eigenen Fähigkeiten und keine Wahrnehmung der eigenen Vorzüge.

A: Die Frage ist, ob ich einen simplen Sachverhalt verkompliziere oder du einen komplizierten versimpelst. Erinnern wir uns, was David Weeks und Jamie James über Menschen herausgefunden haben, die man als «Exzentriker» qualifizieren kann. Es hat die Fachwelt verblüfft zu erfahren, dass von Kind an Außenseiterpersönlichkeiten, eigensinnige, als querulantisch geltende und zugleich überdurchschnittlich kreative Persönlichkeiten im Schnitt über ein stärkeres Selbstvertrauen verfügen und positiver im Leben stehen als die Unauffälligen, Angepassten. Mich hat es nicht verblüfft.

R: Gesunde Anpassung hört dort auf, wo Selbstgeringschätzung und Selbstverleugnung beginnen. Opportunismus als Überlebensstrategie ist der Beginn eines Abstiegs in die Sinnlosigkeit. Der zumeist ganz still sich vollziehende Identitätszerfall durch Übersozialisation, den man «sich einfügen» oder «sich den Realitäten beugen» nennt, gilt bezeichnenderweise nicht als Krankheit, während jeder Pups, der die allgemeinen Pupsregeln verletzt, in das international gebräuchliche *Diagnostische und Statistische Manual Psychischer Störungen* (DSM) eingeht. Dabei gibt es auf seelischem Felde nichts Schlimmeres als das Gefühl, im «noetischen Vakuum» zu stehen, d.h. als treibende Kraft eines autobiografischen Gestaltungswerkes ausgeschaltet zu sein. Die Tragödie vieler selbstmordgefährdeter Menschen besteht darin, dass sie *sich* unter dem Druck der Realitäten nicht mehr spüren. Im fortgeschrittenen Stadium der Selbstverleugnung durch Anpassung kann der Betroffene nichts Wesentliches (Eigenes) mehr in die Gemeinschaft einbringen, denn er hat sich ihr übereignet. Der Status des berühmten austauschbaren «Rädchens im Getriebe» ist und bleibt tief demütigend. Da sind «positive Rückmeldungen» eher ein Hohn als ein Trost. Sie bestätigen und vertiefen das peinigende Gefühl, nur noch nützlich, aber nichts mehr wert zu sein. Fragt mal den nächstbesten Jugendlichen. Er wird euch sagen: «Das ist die Hölle! Lieber mit Anstand untergehen als nur noch funktionieren zu müssen.»

So genannten ADS-Kindern wird eine opportunistische Überlebensstrategie aufgezwungen. Viele von ihnen «sind unter Ritalin-Einnahme sehr unterwürfig und weinerlich, ... nicht mehr spontan und begeisterungsfähig», klagt Simonsohn. Die Erfahrung, ein medikamentengestütztes Umerziehungsprogramm über sich ergehen lassen zu müssen, um einigermaßen akzeptabel zu sein, erschüttert das Selbstvertrauen in den Grundfesten. Die Folgen treten oft erst mit langer Verzögerung zutage. Ein «Freund», der meine Stärken nicht sieht und meinen Schwächen nichts Liebenswertes abgewinnen kann, der hinter meinen Ungeschicklichkeiten und Halsstarrigkeiten nicht den Kampf ahnt, den ich kämpfe, um *mir* ähnlicher zu werden, der mich gar auffordert: «Nimm ein psychoaktives Medikament, damit man dich ertragen kann», ein solcher «Freund» kann mir gestohlen bleiben, oder? Er ist kein Freund. Von so einem lasse ich mich nicht kritisieren – und schon gar nicht an die Hand nehmen und führen. Ganz gleich, wie tief ich in der Patsche sitze. – Der Vergleich ist keineswegs weit hergeholt. Wir Pädagogen und Therapeuten sollten nämlich die wahren Freunde der Kinder sein.

A: So genannte ADS-Kinder sind nach meiner Erfahrung durchaus bereit, sich bis zu einem gewissen Grad anzupassen, oder sagen wir lieber: einzubringen. Ihre Art von sozialem Entgegenkommen ist niemals passives Mitmachen, sondern engagierte Teilnahme, das muss man wissen! Allerdings sind sie dazu nur unter einer Bedingung bereit. Georg Kühlewind sagt immer: Sie wollen respektiert werden wie Erwachsene. Wer auf dem hohen Autoritätsross sitzt und von oben herab «pädagogisch» regieren will, hat bei ihnen verloren. Man kann nicht oft genug wiederholen: Die Erwachsenen – Eltern, Lehrer, Therapeuten – müssen echte Wertschätzung als *Vorleistung* erbringen. Ich sage: *echte* Wertschätzung. Jedes ungedeckte Lippenbekenntnis ist eines zu viel. Man kann diesen Kindern nichts vormachen. Sie «wissen», was wir *wirklich* denken und fühlen.

B: Zurück zu der erwähnten Studie. Ihr könnt sagen, was ihr wollt: Die Zwischenergebnisse sind keine Meinungsäußerungen, sondern wissenschaftliche Tatsachen.

R: Das beeindruckt mich nicht besonders. Ein Vierteljahrhundert Erfahrung wiegt auch etwas, oder? Ergreifen wir die Gelegenheit zu einigen allgemeinen Erörterungen über «wissenschaftliche Tatsachen» in der Psychologie oder Lebenslaufforschung. Empirie ist Datenanhäufung, und es kommt immer darauf an, welche Daten mit welchem Ziel gesammelt werden. Das Dilemma der modernen Psychologie besteht darin, dass sie eine exakte Naturwissenschaft sein will, aber mit einem Gegenstand befasst ist, der genau dies verunmöglicht, nämlich mit der menschlichen

Seele bzw. mit menschlichen Biografien. Jeder Wissenschaftstheoretiker von Format bestätigt dir, dass hier in besonderem Maße gilt, was prinzipiell als Vorbehalt gegen Schlussfolgerungen aus interpretationsbedürftigem Datenmaterial geltend gemacht werden muss: Das jeweils – bewusst oder unbewusst – favorisierte Ergebnis fließt schon in die Konzeption der Untersuchung ein. Gerd Jüttemann hat darüber einen hervorragenden Aufsatz geschrieben und rät, nicht alles zu glauben, was als objektiv bewiesen präsentiert wird, denn man müsse stets damit rechnen, ein «Methodenerzeugnis» vor sich zu haben, «das eine wahre bzw. wissenschaftlich fundiert erscheinende Aussage nur vortäuscht». Schon durch die Vorauswahl der Fragen und die Festsetzung der Auswertungsmodalitäten wird eine Richtungsentscheidung getroffen. Nahezu obligatorisch fällt ein Ideal unter den Tisch, das Hans-Jürgen Kornadt (zitiert nach Jüttemann) einmal wie folgt formuliert hat: «Angewandte Forschung müsste von vornherein von der Komplexität des Problemfeldes ausgehen, wie sie der vorwissenschaftlichen Erfahrung entspricht.» – «Führen mehr Daten wirklich zu mehr Klarheit oder zum Datenfriedhof?», fragt der Kinderarzt Heinrich von Lüpke in einem kürzlich erschienenen Aufsatz zum Thema ADHD. «Liegt das Problem möglicherweise im Vorfeld: in Annahmen, die stillschweigend bei der Interpretation der Daten vorausgesetzt werden?» Aber gewiss. Das gilt für die gängige Argumentationskette (Dopaminman gelhypothese), die Gerald Hüther in seinem neuesten Buch kenntnisreich demontiert hat; und man muss zumindest befürchten, dass es auch für Versuche gilt, die segensreiche Wirkung von Ritalin zu belegen.

Man versteht nun besser, warum bei brisanten Streitfragen regelrechte Schlachten von Gutachten und Gegengutachten auszubrechen pflegen, wobei natürlich immer diejenigen im Vorteil sind, denen genügend Geldmittel zur Verfügung stehen. Eine Studie, die wissenschaftlichen Ansprüchen genügen soll, ist sehr kostspielig. Ohne potente Sponsoren geht da nichts. «Früh schon», schreibt Hans Ludwig in einem Abriss über die traurige Geschichte der Geschäftemacherei mit dem ADHD-Mythos, «wurden ... viele Forscher, die dieses Feld dominieren sollten, von der Pharma-Industrie bezahlt.» Über die Verflechtung von Kapitalinteressen und akademischem Establishment namentlich auf dem Sektor der medizinisch-therapeutischen Forschung und Öffentlichkeitsarbeit – Foucault sprach vom «diskursiven Zugriff» des «Macht-Wissen-Komplexes» – will ich mich jetzt nicht auslassen. Das Problem ist bekannt, wenn es auch kaum mehr einen Hund hinter dem Ofen hervorlockt. Wer unpopuläre Hypothesen wissenschaftlich untermauern will, hat geringe Chancen, das nötige Geld zusammenzubekommen, und deshalb können seine

Annahmen als «unbewiesene Meinungsäußerungen» abgetan werden. Wer investiert schon in geschäftsschädigende und ehrabschneiderische Querdenkerprojekte?

B: Wieso ehrabschneiderisch?

R: Es wäre ja für viele Leute eine ziemliche Blamage, wenn sich nachweisen ließe, dass Ritalin nicht nur nichts heilt, sondern Sucht und Kriminalität begünstigt. Der vorhin erwähnte Kriminalhauptkommissar beispielsweise bemüht sich seit langem vergeblich um Kooperation mit einem etablierten Forschungsinstitut. Aber im «seriösen» Wissenschaftsbetrieb ist offenbar niemand an den Ergebnissen interessiert, die Wimmer zutage fördern könnte. Auch publizistisch sind Ritalinkritiker an den Rand gedrängt (wobei zurzeit ein wenig Hoffnung aufkeimt, dass sich das ändern könnte). Sie mussten in den letzten Jahren, bis auf wenige Ausnahmen, ihre Bedenken in Zeitschriften und Buchverlagen vortragen, die dem esoterischen oder so genannten grenzwissenschaftlichen Spektrum zuzuordnen sind. Dann heißt es: Ja, guckt doch mal, wo dieser Artikel erschienen ist. In einer von diesen Spinner-Postillen.
Es ist kein Geheimnis, dass wirtschaftliche Abhängigkeiten die Neutralität wissenschaftlichen Forschens bedrohen. In der ADHD-Frage haben wir es zu tun mit einem Mischmasch aus kommerziellen Antrieben und akademischen Eitelkeiten in Verbindung mit dem allgemeinen gesellschaftlichen Trend zur Ausmerzung individueller Unterschiede (eine sozialpsychologisch aufschlussreiche Begleiterscheinung der neoliberalen Globalisierung). Es wäre großartig, wenn sich ein kritischer Soziologe einmal damit befassen würde, wie es nach dem kurzen antiautoritären Aufruhr der sechziger und frühen siebziger Jahre dazu kommen konnte, dass der Unbegriff «kindliche Verhaltensstörungen» einen derartigen Siegeszug antrat. Binnen kurzer Zeit, so Reinhard Voss, wurde «die kindliche ‹Verhaltensstörung› zum zentralen Thema von Pädiatrie und Kinder- und Jugendpsychiatrie. Dies belegen die (damals plötzlich) ansteigenden Zahlen von wissenschaftlichen Publikationen über diesen Bereich. (...) Auch in Deutschland wurde nun ein ‹Krankheitsbild› für eine kindliche Verhaltensform durch einen eklatanten Begriffswandel geschaffen.» Bemerkenswert war dabei vor allem der Übergang vom sozialkritischen Engagement in der Pädagogik (Kinder als Hauptleidtragende der gesellschaftlichen Missstände) zur neurobiologisch-medizinischen Deutungshoheit. Wie kam dieser in wenigen Jahren vollzogene, breite Meinungsumschwung zustande?

A: Was den Einfluss von Kapitalinteressen betrifft, zitiert Simonsohn aus einem Anfang der neunziger Jahre in der amerikanischen Zeitschrift *Psychiatric News* erschienenen Artikel, wo zu lesen steht, dass «viele wissenschaftliche und meinungsbildende Programme der American Psychiatric Association (APA) von der finanziellen Unterstützung pharmazeutischer Firmen abhängig sind». Jüngst veranstaltete das anthroposophische Gemeinschaftskrankenhaus Herdecke ein Symposium mit dem Titel «Neues vom Zappelphilipp». In den Einladungsprospekten wurde für die «freundliche Unterstützung der Firma Novartis» gedankt. Da entsteht schon der Eindruck, die Pharma-Industrie sei allgegenwärtig. Wenn sogar *die* anthroposophische Vorzeigeklinik Deutschlands ohne Gewissensnot mit den Ritalin-Produzenten kungelt, kann das als sicheres Zeichen dafür gelten, dass diesbezüglich überhaupt kein öffentliches Problembewusstsein mehr vorhanden ist.

R: Ja, man hält so etwas inzwischen für ganz normal. Ob speziell jene Forschungsgruppe, die schon einmal angekündigt hat, dass sie wissenschaftliche Beweise für die These vorlegen werde, Ritalin sei bei ADS-Veranlagung ein suchtvorbeugendes Mittel, unabhängig und voraussetzungslos arbeitet, kann ich nicht entscheiden. Aber seltsam ist der Vorgang schon. Denn dem Zwischenbericht steht entgegen, dass Ritalin, zumindest bei längerfristiger Einnahme, unbestreitbar alle Kriterien eines süchtig machenden Mittels erfüllt. Zum einen sind typische, teils massive Entzugserscheinungen zu beobachten, des weiteren lässt sich an vielen Verläufen zeigen, dass die Symptomatik nach Absetzen des Medikaments schlimmer ist als zuvor. (Wer irgendwann in seinem Leben Aufputschmittel gegen Angst oder Konzentrationsstörungen genommen hat, kennt den Effekt.) Im Suchtbericht der deutschen Bundesregierung 2001 heißt es klipp und klar, dass Stimulanzien wie Ritalin «eine ausgeprägte psychische Abhängigkeit verursachen». Eine schon in der Kindheit derart an Drogen gewöhnte Persönlichkeitsstruktur ist mit Sicherheit im späteren Leben nicht sonderlich gut gegen entsprechende Versuchungen gewappnet. Wenn es noch so etwas wie einen gesunden Menschenverstand gibt, sagt er uns *dies* – Großstudie hin, Großstudie her. Reinhard Voss schreibt mit Bezugnahme auf andere Untersuchungen: «Neuere Ergebnisse scheinen ... darauf hinzudeuten, dass ... im höheren Alter vermehrt Suchtprobleme bei ‹Ritalin-Kindern› als bei nicht behandelten Kindern (auftreten).»

A: Gutachten ... Gegengutachten ...

R: Am besten, wir besinnen uns auf die Tugend der sorgfältigen Ermittlung von Vorgeschichte und Lebensumständen und der Einfühlung in die Wesensart der jeweiligen konkreten Person, die uns gegenübersteht. Ich habe hier ein wunderbares Zitat von Hans Thomae: «Die vornehmste Aufgabe des Psychologen ... besteht in der unbeirrbaren Bemühung um den Aufweis der Komplexität seelischer Vorgänge. Insofern ist er in erster Linie ein Anwalt der Vielfalt menschlicher Innerlichkeit im Kampf gegen ihre Standardisierung zugunsten eines glatten Verlaufs der äußeren Dinge.» In jedem Einzelfall eines suchtgefährdeten jungen Menschen, der als hyperaktiv eingestuft wird und kein Ritalin bekam, wäre zu klären: Ist der Betroffene in einem förderlichen pädagogischen Milieu aufgewachsen? War er schulisch gut betreut, wurden seine Begabungen erkannt und gefördert? Erhielten Kind und Familie angemessene fachliche Hilfe? Geschah im therapeutisch-sozialpflegerischen Bereich überhaupt irgendetwas – oder wurde einfach nur kein Ritalin gegeben und auch sonst nichts unternommen? Im Land der Betonköpfe braucht Michel den Beistand von Menschen, die seine Not verstehen ...

A: Mit anderen Worten: Wenn ein «aufmerksamkeitsgestörter» Mensch, der kein Ritalin bekam, süchtig oder kriminell wird, ist noch lange nicht entschieden, ob sich die Suchtanfälligkeit aus der Vorenthaltung des Medikaments oder aus ganz anderen Versäumnissen erklärt.

R: Es ist im Hinblick auf die Entwicklung des Selbstwertgefühls verheerend, einem Kind zuzumuten, dass es sich über Jahre hinweg auf der ganzen Linie als Versager erlebt und überall nur auf Ablehnung stößt. Dieses Martyrium trägt natürlich nicht gerade zur Immunisierung gegen Sucht oder suizidale Krisen bei.

B: Würdest du zustimmen, dass in solchen Extremfällen Ritalin als das kleinere Übel vorzuziehen ist?

R: Vielleicht. Es wäre falsch, die Ritalin-Ablehnung wiederum zum päpstlichen Dogma zu erheben. Manche Kinder sehnen sich so sehr nach ein bisschen Anerkennung und Verbesserung des Verhältnisses zu den Eltern und Lehrern, dass sie geradezu um die Droge bitten – weil sie einfach nicht wissen, wie sie es sonst anstellen sollen, den Erwachsenen zuliebe anders zu erscheinen, als sie sind. (Denn genau das wird von ihnen verlangt.) Aber es hinterlässt einen sehr, sehr bitteren Nachgeschmack, diesem Wunsch stattzugeben, wenn man weiß, dass – bei entsprechender Kooperationsbereitschaft aller Beteiligten – ganz andere Wege gegangen werden könnten. Und vergessen wir nicht: Der anfängliche Entlastungseffekt von Ritalin sagt noch nichts darüber aus, welche fatalen Folgen sich möglicherweise durch die Hintertür hereinschleichen

A: Ja, manchmal fängt man an zu grübeln, ob es nicht immer noch besser wäre, das Kind mithilfe der Droge für die Bedürfnisse der Erwachsenen zurechtzubiegen, damit es sich einigermaßen angenommen fühlt, als ihm zuzumuten, was einem Michel im Land der Betonköpfe blühen kann: immer nur zurückgewiesen zu werden, immer nur zu spüren: Du bist – so, wie du bist – ein Ärgernis, ein Schadensfall. Das sind nach meiner Erfahrung Situationen, in denen keine Aussicht auf konstruktive Zusammenarbeit mit den wichtigsten Bezugspersonen besteht, und dann müsste man eigentlich darauf hinwirken, das Kind in einem guten heilpädagogischen Heim unterzubringen. Unter einem guten heilpädagogischen Heim verstehe ich eines, in dem das Ideal des seelisch pflegenden Milieus hochgehalten wird. Dann ist Ritalin wiederum überflüssig.

R: Voss gibt zu bedenken, dass die günstige Auswirkung von Ritalin auf das schulische Verhalten gar nicht unbedingt von der physiologischen Substanzwirkung herrühren muss, sondern vielleicht «als Folge einer verstärkten Aufmerksamkeit seitens der Betreuer» zu deuten ist. Man hätte etwa mit folgendem Vorgang zu rechnen: Entscheidet sich die Familie für Ritalin, beruhigt dies den Lehrer, er «belohnt» das betreffende Kind unbewusst durch vermehrte Zuwendung, *darauf* reagiert es positiv, was wiederum zur Entspannung des familiären Klimas beiträgt: Endlich bessere Nachrichten aus der Schule!

Ich stehe dieser Hypothese neutral gegenüber. Sie ist immerhin interessant. Methylphenidat und vergleichbare Substanzen entfalten eine spezifische bewusstseinsverändernde Wirkung. Halten sich die unerwünschten Begleiterscheinungen in Grenzen, gehört Konzentrationssteigerung in Verbindung mit kühler – wenn nicht kalter – Gelassenheit zu den klassischen Merkmalen der High-Phase, *nicht* jedoch eine Verbesserung des Sozialverhaltens. Im Gegenteil vermindern Stimulanzien die kommunikative Schwingungsfähigkeit. Man muss sich also fragen, warum manche Kinder unter Ritalin ansprechbarer und zugeneigter wirken, obwohl die Droge in der Tendenz das Empathievermögen ausschaltet. Meines Erachtens beruhen die Rückmeldungen über Verbesserungen des Sozialverhaltens zumeist auf einer Täuschung: Gleichgültiger Opportunismus wird mit Rücksichtnahme und freundlichem

Entgegenkommen verwechselt. Damit ist nicht ausgeschlossen, dass Voss mit seiner Vermutung richtig liegen könnte. In soundso vielen Fällen scheint dem Medikament eine indirekte beziehungsberuhigende Signalfunktion zuzukommen.

Etwas Vergleichbares geschieht manchmal, wenn wir mit einem Kind therapeutisch zu arbeiten beginnen und die Schule darüber in Kenntnis setzen. Steht unser Institut bei den zuständigen Lehrern in gutem Ruf (vor allem dann), erhalten wir unter Umständen schon nach drei, vier Wochen eine Rückmeldung über «deutliche Fortschritte», obwohl wir nun wirklich keine Zauberer sind, die in so kurzer Zeit so viel erreichen könnten. Warum sollte sich Ähnliches nicht abspielen, wenn bei den Lehrern *Ritalin* in gutem Ruf steht?

Übrigens: Als man einer Gruppe von so genannten ADS-Kindern mitteilte, sie bekämen Ritalin, ihnen jedoch wirkungslose Traubenzuckertabletten gab, verhielten sich 30 Prozent von ihnen ruhiger und kooperativer (Quelle: Hüther und Bonney 2002). Man bezeichnet so etwas als Placebo-Effekt. Aber auch hier, denke ich, ist der Faktor «vermehrte Zuwendung» zu berücksichtigen. Die Kinder werden ja bei solchen Experimenten genau beobachtet. Man führt Buch über ihr Verhalten, und der Blick, der auf ihnen ruht, ist, wenn schon nicht warm, so doch neutral interessiert, während sie zuvor immer nur Tadel und Gereiztheit in den Augen der Lehrer lasen. Ich kann nachvollziehen, dass kühle Wachsamkeit im Unterschied zu einer verärgert-abweisenden Haltung schon als unerhoffte Auszeichnung empfunden wird. Freilich hat der Vorgang einen betrügerischen Aspekt. Denn wonach die Kinder eigentlich dürsten, ist nicht der abschätzend-wissenschaftliche, sondern der *warm*-interessevolle, würdigende Blick: echte innere Anteilnahme.

B: Man dreht ihnen Glasperlen als Edelsteine an …

R: So etwa.

A: Man müsste zum Thema ADS einen internationalen Ärzte-, Psychotherapeuten- und Pädagogenkongress unter Einbeziehung der Elternverbände veranstalten und für das Abschlusskommuniqué den Leitsatz vorschlagen: Wenn Ritalin verschrieben wird, ist dies nur ein Ausweis der Unfähigkeit aller Beteiligten, dem betroffenen Kind zu geben, was es *wirklich* braucht.

R: Ja. Du hättest zwar schlechte Karten, damit durchzukommen, aber es ist einfach die Wahrheit. Wir müssen uns allerdings davor hüten, nun wiederum die Eltern pauschal an den Pranger zu stellen. Manche Kritiker des neurobiologischen Deutungsmusters geraten von einem Extrem ins andere und sehen vor lauter Erziehungsfehlern und Familienkonflikten die kindliche Individualität nicht mehr. Sie tappen geradewegs in die «Elternfalle» (Herbert Beckmann) zurück.

B: Es gibt aber wirklich Rabeneltern! Damit meine ich nicht nur die offensichtlich lieblosen, sondern auch jene, die ihren Kindern äußerlich zwar alles bieten, aber ansonsten nur mit sich selbst und ihrer erbärmlichen «Lebensqualität» beschäftigt sind, nämlich mit Geldverdienen und Spaßhaben.

R: Vergessen wir aber nicht, dass es sich hierbei um eine Minderheit handelt. Es besteht immer die Gefahr, dass man, um einen Erklärungsnotstand zu beheben, beklagenswerte Randerscheinungen zu Generalbegründungen aufbläst. Die meisten Eltern von so genannten ADS-Kindern beeindrucken mich positiv. Gewiss, sie sind nicht fehlerfrei. (Wer immer alles richtig macht, werfe den ersten Stein!) Aber sie sind auch nicht unfähiger als andere, deren Kinder weitgehend problemlos aufwachsen. Oft tendiert ja auch nur eines von zwei oder drei Geschwistern, die alle gleich erzogen werden, in Richtung ADS. Ich gehe so weit zu sagen, dass eigensinnige Sprösslinge auffallend häufig in tadellosen Familien anzutreffen sind.
Der wissenschaftliche Streit dreht sich um eine Scheinalternative: So genannte Aufmerksamkeitsstörungen seien entweder primär auf einen genetischen Defekt oder primär auf Erziehungsfehler zurückzuführen. Dabei wird als ungeprüftes Apriori vorausgesetzt, die betreffenden Kinder seien «geschädigt». Das ist aber nichts als ein Vorurteil. Sie bringen eine ungewöhnliche Wesensveranlagung im Sinne einer tolerablen, ja eigentlich zu schönsten Hoffnungen Anlass gebenden Normvariante mit. Lassen wir einmal offen, ob alles Angeborene unbedingt biologisch vererbt sein muss oder ob James Hillman Recht hat, der, ähnlich wie Rudolf Steiner, davon ausgeht, dass jeder Mensch seinen Lebensweg mit einer Kernidentität in der noetischen Dimension antritt. Außer Zweifel steht, dass die Veranlagung so genannter ADS-Kinder hohe pädagogische Anforderungen stellt und zudem – man kann es nicht milder ausdrücken – gesellschaftlich geächtet ist. Hier liegt das Hauptproblem. *Dadurch* geraten die Eltern in eine verteufelte Situation. Von allen Seiten werden sie bearbeitet. Jeder dahergelaufene Hansl fühlt sich berufen, ungebetene Ratschläge zu erteilen und düstere Orakelsprüche abzusondern. Das ADS-Gespenst spukt in der

Familie herum und stiftet weitaus mehr Verwirrung als das Verhalten des kleinen Störenfrieds an sich.
A: Das Herumgehacke auf den Eltern wird ja teilweise geradezu kultisch betrieben. Sie seien gefühlskalt, egoistisch, instinktlos, pädagogisch unfähig, charakterlich labil und was weiß ich noch alles – während die Lehrer oder Therapeuten, die so reden, selbstverständlich alle gefühlvoll, altruistisch, instinktsicher, pädagogisch begabt und charakterfest sind.
B: Im Zusammenhang mit ADHD heißt es doch immer: Zwar kommen diese Kinder mit einem Handicap zur Welt, aber von der Erziehung hängt es ab, ob sie gut damit durchkommen oder nicht.

A: Und schon hat man den Eltern, die sich durch den genetischen Erklärungsansatz eben noch entlastet fühlten, wieder den schwarzen Peter zugeschoben. Unter «gut durchkommen» verstehen die Philister natürlich: funktionieren, gehorchen, unauffällig sein. Tanzt das Kind aus der Reihe, haben die Eltern eine schlechte Veranlagung gefördert bzw. nicht ausreichend bekämpft.

R: Nein, so geht das nicht. Die Eltern sind in vielen Fällen einfach verheerend falsch beraten. Überall wird ihnen erzählt, sie lüden schwere Schuld auf sich, wenn sie Ritalin ablehnen und womöglich ihr Kind, so wie es ist, überwiegend entzückend finden. Überall wird ihnen alles mögliche aufgeschwatzt, was vom Wesentlichen ablenkt, nämlich davon, dass sie Ermutigung brauchen, sich gegen die Übergriffe einer allgegenwärtigen Expertokratie zu verwahren, bedingungslos zu ihrem Kind zu stehen und der Kraft ihrer inneren Stimme wieder zu vertrauen. Was sollen sie denn machen, die armen Leute, wenn ihnen alle Welt einredet, sie seien ahnungslose und unfähige Idioten und dürften ihrem Gefühl, ein zwar sehr anstrengendes, aber doch wundervolles Kind zu haben, keinesfalls trauen?

A: Die beste Suchtvorbeugung ist liebevolle und bis zu einem gewissen Grad auch leidensbereite Erziehung im Wissen um die wahren Bedürfnisse und verborgenen Fähigkeiten des Zöglings. Ich erwähne die Leidensbereitschaft, weil der idiotische Anspruch, alles müsse immer glatt gehen, dieser auf alle Lebensbereiche sich ausdehnende Happyness- und Wellness-Wahn, entsetzlich viel Schaden anrichtet. Kinder sind da nur noch Störfaktoren. Wer ist eigentlich auf die Idee gekommen, der liebe Gott hätte uns zum Ausruhen und Genießen auf die Welt geschickt?

R: Eine Garantie für Harmonie und Konfliktfreiheit bietet in der Tat die beste Erziehung nicht – und man sollte auch gar nicht diesen Ehrgeiz haben. Eltern besitzen keine Macht über die Lebenswege ihrer Kinder. Damit sollten sie sich beizeiten abfinden. Manche Strapazen, die wir durchzustehen haben, sind unausweichlich vorgezeichnet – nicht im Sinne von Verhängnishaftigkeit, sondern als Konsequenz des Selbstentwurfs: der Ur-Wahl, die jede Seele im Akt der Erdenankunft für sich selbst trifft. Freiheit bedeutet, dem eigenen Stern zu folgen – auch durch Leid- und Einsamkeitserfahrungen hindurch. Mit jedem Kind stürmt ein Schicksal herein, sagt Hillman so treffend, und wir bilden nur gleichsam die anfängliche landschaftliche Umgebung, in der es sich seinen Weg bahnt. Noch nicht einmal über die Hauptrichtung haben wir mitzureden.
Das Kind will dem Ruf *seines* Engels folgen, und das ist nicht unbedingt eine Einladung zum gemütlichen Sonntagsspaziergang. Viele ungewöhnlich kreative oder liebefähige Menschen trugen von Anfang an eine schwere Bürde. Es gibt Kinder, denen man früh anmerkt, dass sie auf ein bewegtes Leben mit vielen Höhen und Tiefen zusteuern. Voll vorausahnender Ungeduld, hin und her gerissen zwischen Tatendrang und Furchtsamkeit, werden sie sich unter keinen Umständen dem gemächlichen Mittelmaß ergeben. Eher wählen sie die Dillinger-Variante!

A: Es sei denn, man bricht sie …

R: Brechen kann man sie freilich, o ja, das kann man! Oder völlig entmutigen. Es geschieht allzu oft, fürchte ich.

Wenn Kinder nicht mehr spielen wollen …
Wer ist eigentlich suchtgefährdet?

A: Wer fragt schon nach dem spirituellen Preis für eine erfolgreiche Zwangsanpassung? Ich schlage vor, gegen die Dillinger-Variante Vorsorge zu treffen, *ohne* den Eigen-Sinn auszutreiben. Das tut man durch Liebe, Umsicht und Achtsamkeit. Und vor allem durch die Bürgschaft unverbrüchlichen Vertrauens.

B: … was gelegentliche Strenge, gelegentliches Einhaltgebieten, gelegentliche klare Grenzziehungen doch wohl nicht ausschließt?

A: Überhaupt nicht! Ich erwarte von einem guten Freund, dass er mir, wenn ich mich wie ein Idiot benehme, in voller Wertschätzung den Kopf wäscht! Aber ich lasse mich von ihm nicht austricksen, manipulieren oder in irgendwelche Benimmregeln zwingen, deren Sinn ich nicht einsehe. Gerade die «schwierigen» Kinder suchen in uns Erwachsenen beherzte, unerschrockene Freunde, die sich ihres Erfahrungsvorsprungs bewusst sind und X und U auseinander halten können, aber nicht auf dem hohen pädagogischen oder therapeutischen Ross sitzen. Wer sich einbildet, er sei zum «Charakterformer» eines solchen Kindes bestellt, hat verloren, noch bevor er ein Wort gesagt oder die erste so genannte «Maßnahme» ergriffen hat. Da aber fast alle Pädagogen und Therapeuten, die mit den Michels aus Lönneberga zu tun haben, in dieser Illusion leben, geht immer alles schief – und dann fällt ihnen nur noch Ritalin ein.

R: Wir können den «schwierigen» Kindern Mutkräfte einpflanzen, Vertrauenskräfte. Dafür stehen im Märchen die Zaubergaben, welche dem Wandersburschen – dem «Jüngsten», der das wahre Ich verkörpert – von seinen Lehrmeistern verliehen werden und ihm in höchster Not zustatten kommen. Solche Gaben legen wir dem Kind durch unsere aufrichtige, liebende Wertschätzung in die Seele (was in der Tat nicht ausschließt, Grenzen zu setzen, wo sie gesetzt werden müssen). Indem wir ihre wah-

ren Fähigkeiten und Schönheiten erkennen, helfen wir ihnen, an sich zu glauben, und wer wirklich an sich glaubt, wird – hier berühren wir ein Geheimnis – kein John Dillinger.
Ritalin hingegen entfremdet das Kind von sich selbst. Simonsohn erwähnt die Ergebnisse einer Untersuchung des Instituts für kindliches Verhalten und kindliche Entwicklung an der Universität Illinois. Kinder, die Ritalin einnahmen, wurden über ihre Empfindungen befragt. Die meisten lehnten das Medikament ab oder «hassten» es. Häufigste Begründungen: Es verdarb ihnen die Lust am Spielen, machte sie traurig und gab ihnen das Gefühl, von etwas Fremdem kontrolliert zu werden, sich selbst nicht mehr zu kennen.

B: So etwas bezeichnet man als Identitätsstörung, oder?

A: Der oft beschriebene so genannte Zombie-Effekt weist tatsächlich darauf hin, dass die Identitätsentwicklung, also der Aufbau einer stabilen Ich-bin-ich-Position, durch Ritalin gefährdet wird.

B: Was bedeutet «Zombie-Effekt»?

A: Ein Junge, der Ritalin bekam, hat einmal gesagt, er fühle sich wie ein Zombie, also wörtlich übersetzt wie ein Untoter. Er wollte damit zum Ausdruck bringen: Ich funktioniere, aber es kommt mir so vor, als lebte ich nicht wirklich. – Seither ist «Zombie-Effekt» ein stehender Begriff. Es handelt sich um nichts Geringeres als das, was man in der Psychiatrie unter «Depersonalisation» versteht, d.h. um ein quälendes Gefühl der Unwirklichkeit und des Fremdgesteuertseins. Eskaliert dieser Zustand, mündet er in eine Psychose.

R: Schlagen wir im medizinischen Wörterbuch nach. Dort steht unter «Depersonalisation»: «Eigene psychische Funktionen … werden als von außen beeinflusst, d.h. wie von anderen ‹gemacht› erlebt. (…) In leichterer Form als Entfremdungserlebnis oder Automatenhaftigkeit (auftretend).» Das ist exakt der Zombie-Effekt, wie ihn viele Kinder als Folge von Ritalin beschreiben.

A: Wenn Jugendliche so etwas erleben, sagen sie: «Ich spüre mich nicht mehr richtig.» Oder: «Manchmal kommt es mir so vor, als wäre ich gar nicht wirklich da.» Oder: «Ich fühle mich wie eine Marionette. *Alle* sind Marionetten. Vielleicht bilden wir uns nur ein zu existieren.» Ansatzweise macht jeder Pubertierende mit diesem irritierenden Gefühl Bekanntschaft. Das noch stark umkreisabhängige Kindheits-Ich verbrennt, die Asche bildet den Humus für das aufsprießende autonome Ich. Dazwischen ist eine kürzere oder längere Phase des Nicht-Mehr und Noch-Nicht durchzustehen. Ein Jugendforscher, dessen Name mir entfallen ist, hat einmal gesagt, jede normale Pubertätskrise sei eine Identitätskrise, die ein wenig ins Psychotische hinüberspiele.

R: Treten solche Zustände jedoch schon in den Kindheitsjahren auf, und zwar so massiv, wie es die Wendung «Zombie-Effekt» signalisiert, ist damit weiß Gott nicht zu spaßen. Es muss uns in Alarmstimmung versetzen, dass Ritalin Wesensveränderungen hervorruft, die an den Prolog einer schweren psychischen Erkrankung erinnern oder – auch dafür gibt es Beispiele – direkt zu einer solchen Erkrankung führen. Breggin hat ermittelt, dass bei 0,5 Prozent der Kinder, die Ritalin nehmen, also bei 5000 pro Million, eine Psychose ausbricht. Simonsohn schildert den tragischen Fall eines Jungen, der mit sieben Ritalin bekam und mit neun schwerste paranoide Wahnvorstellungen hatte, die auch nach Absetzen des Medikaments nicht verschwanden. Es erinnert an rhetorische Tricksereien in der Politik, wenn die verantwortlichen Ärzte dann erklären, eine zuvor schon schwelende Erkrankung, die auf jeden Fall ausgebrochen wäre, sei eben leider auch durch Ritalin nicht aufzuhalten gewesen.

Kürzlich wurde ich wegen eines neunjährigen Jungen um Rat gefragt, bei dem sich Folgendes ereignet hatte: Er bekam Ritalin, wurde still, blass und antriebslos, erlitt am dritten Tag einen seelischen Zusammenbruch und saß viele Stunden lang weinend in einer Ecke. Als die Tränen versiegt waren, stand er auf, ging ins Bad und wusch sich wie ein Verrückter die Hände. Seitdem leidet er unter einem schweren Waschzwang.

B: Extremfälle.

R: Sicher. Aber die Öffentlichkeit müsste kontinuierlich darüber aufgeklärt werden, wie oft solche Extremfälle vorkommen. Es handelt sich keineswegs um eine verschwindend geringe Anzahl. Sogar in der offiziellen Verschreibungsinformation für Ärzte über potenzielle Nebenwirkungen (*Neben*wirkungen!) sind Psychosen erwähnt. Oder z.B. das Tourette-Syndrom, die schwerstmögliche Tic-Störung mit Gesichtsverzerrungen, grotesken Zuckungen und Verrenkungen des ganzen Körpers, plötzlichen heftigen Lautausstoßungen. Ich betreue seit Jahren ein Mädchen, bei dem sich leichtgradige nervöse Tics – Zwinkern, Mundverziehen, Hüsteln – durch kurzzeitige (!) Ritalineinnahme zur Tourette-Symptomatik gesteigert hatten. Es war ein langer, mühsamer Weg, wieder zum Ausgangszustand zurückzukehren.

B: Mich lässt die Aussage der Kinder nicht los, sie verlören durch Ritalin die Lust am Spielen. Das klingt sehr bedrückend. Der Spieltrieb ist ja nahezu unverwüstlich. Selbst unter widrigsten Bedingungen spielen Kinder noch. (Der Film «Das Leben ist schön» zeigt das sehr eindrucksvoll am Beispiel eines kleinen Jungen im Konzentrationslager.) Sie hören eigentlich nur damit auf, wenn sie sehr krank oder tief verstört sind …

A: … oder in den Sog der Medien geraten.

R: So genannte ADS-Kinder sind extrem verspielt. Die motorisch überaktiven unter ihnen, die uns an Astrid Lindgrens Michel aus Lönneberga erinnern, toben am liebsten draußen herum. Sie erkunden die Umgebung, probieren alles mögliche aus, werkeln, buddeln, bauen, klettern, suchen, sammeln. Das ist ihre Welt. Auch großzügige Geländespiele und abenteuerliche Expeditionen lieben sie. Und natürlich Fahrradfahren, Schwimmen, Fußball, Handball, Tischtennis und so weiter. Am liebsten tun sie das alles mit anderen zusammen. Die still-verträumten hingegen, die uns an Michael Endes Momo erinnern, sind gern allein und lassen eine innere Welt aufleben, die sich auf zauberische Weise mit der Realität vermengt. Vielen vergeht unter Ritalin die Lust an alledem. Man muss sich das so recht klarmachen: Ein Kind bekommt Ritalin, funktioniert fortan in der Schule, kann aber nicht mehr spielen! Wer sich einen Sinn für Kinder bewahrt hat, braucht eigentlich gar keine weiteren Informationen, um das Medikament abzulehnen.

A: Niemand kann mir erzählen, dass es zur Suchtprophylaxe beiträgt, wenn man einem Kind die Lust am Spielen nimmt. Ich empfehle in diesem Zusammenhang Eckhard Schiffers vortreffliches Buch *Warum Huckleberry Finn nicht süchtig wurde.*

R: Wobei wir uns auch hier vor Vereinfachungen hüten müssen. Mancher Jugendliche, der auf eine Kindheit voller Spiele, Abenteuer, Geschichten und Träume zurückblickt, gerät gleichwohl an Drogen …

B: Vielleicht in der Hoffnung, auf diese Weise ein Stück verlorene Kindheit zurückzugewinnen?

R: Zum Beispiel. Nach welchen Kriterien soll Suchtgefährdung bemessen werden? Das ist schwer zu beantworten. Es gibt eine Sehnsucht nach starken inneren Bildern und grenzüberschreitenden Erlebnissen, die vorübergehend in die Irre gehen kann, ohne dass man den betreffenden jungen Menschen gleich als gefährdet einstufen müsste. Neugieriges Experimentieren mit weichen Drogen darf man jedenfalls nicht pauschal als Suchtverhalten auslegen. Sonst entsteht ein schiefes Bild. Das habe ich in meiner langjährigen Tätigkeit als Jugendberater gelernt. Auch das kurzzeitige Herumprobieren mit härteren Sachen *muss* noch kein Vorzeichen für eine Suchtkarriere sein.

Nicht jede stabile Psyche ist automatisch eine risikoscheue und den typischen Versuchungen der Zeit abholde Psyche. Schon mancher ausgesprochen willensstarke und selbstbewusste Mensch hat sich in unnötige Gefahren gestürzt und lernen müssen, seine Verwegenheit zu zügeln.

A: Nehmen wir das viel diskutierte Haschisch. Es ist, maßvoll genossen, nur sehr eingeschränkt suchtbildend. Wer seelisch einigermaßen gefestigt ist, gerät nicht in Abhängigkeit davon. Jugendliche Gelegenheitskiffer unterliegen keinem höheren Suchtrisiko als solche, die am Samstag Abend ihre zwei, drei Bierchen trinken. Da spricht niemand von Drogenmissbrauch, während jeder Joint gleich zur Staatsaffäre aufgeblasen wird. Solches Messen mit zweierlei Maß akzeptieren die jungen Menschen nicht.

R: Noch ein weiterer Umstand ist hier zu bedenken: In den Gruppen, die sich unter Jugendlichen bilden, um gemeinsam der Lust am Regelverstoß zu frönen, gibt es Anführer und Mitläufer. Jene setzen sich bei brenzligen Unternehmungen an die Spitze, so auch bei Drogenexperimenten. Sie gehen anfangs besonders vehement zur Sache. Aber das sagt eben noch nichts über die längerfristige Gefährdung aus. Ich würde aus der Erfahrung so weit gehen, zu behaupten: Bei denen, die widerstrebend nachziehen, um «dazuzugehören», ist die Wahrscheinlichkeit, dass sie den rechtzeitigen Absprung verpassen, vergleichsweise höher.

Jugendliche vom Schlag eines Michel aus Lönneberga sind Leadertypen. Sie riskieren viel. Andererseits haben sie am ehesten die Kraft zur Umkehr. Diese Widersprüchlichkeit entspricht ihrem Wesen. Natürlich lässt sich das nicht verallgemeinern. Niemand kann sich zurücklehnen und sagen: «Mein Junge ist ein Leadertyp, da wird schon nichts passieren.» Zumal es auch eine Sorte von Anführern gibt, die in Wahrheit nicht stark sind, sondern auf charismatische Weise ihre Schwäche zu kaschieren verstehen. Aber in der Tendenz gilt, was ich sagte. Das erschwert natürlich die Urteilsbildung in Bezug auf Suchtgefährdung. Man bräuchte Langzeitstudien, die sich über Jahrzehnte hinziehen.

A: Stimmt. Ich könnte auf Anhieb ein Dutzend oder mehr tatkräftige, charakterstarke Menschen aus meinem Bekanntenkreis aufzählen, die in jungen Jahren eine kurze, wilde Drogenphase durchlebt haben, aber nie ernstlich in Gefahr kamen, abhängig zu werden. Oder sich aus eigener Kraft wieder freikämpften, wenn sie zu weit gegangen waren.

B: Verstehe ich euch richtig: Wer in einer Jugendlichen-Clique, die mit Drogen herumexperimentiert, dem äußeren Anschein nach – wegen seiner draufgängerischen Art – am meisten gefährdet wirkt, ist es auf längere Sicht vielleicht gerade am wenigsten?

R: Das ist ein Erfahrungswert.

B: Klingt ein bisschen nach Verharmlosung ...

R: Nein, nein, ich wünsche die Drogen zur Hölle! Aber das ändert ja nichts an den Tatsachen.

A: Für die heutigen Jugendlichen sind Cannabis oder Ecstasy ein Stück Normalität, kaum aufregender als Alkohol. Das gilt auch für diejenigen, die nichts mit alledem zu tun haben wollen. Sie bleiben clean, weil sie sich persönlich so entscheiden, aber nicht weil sie von unserem erhobenen moralischen Zeigefinder sonderlich beeindruckt wären. Ihr Verhältnis zu diesen Dingen ist ziemlich cool.

R: Ja, die Kids sind ganz schön desillusioniert. Sie wissen genau, dass überall dort, wo die schöne neue Welt am meisten glitzert (Unterhaltungsbranche, Profisport, new economy), mit großer Selbstverständlichkeit alle möglichen Leistungsdrogen konsumiert werden; und dass Papi und Mami nicht nur ihren Uzo im Kühlschrank, sondern auch ihre Schlafmittel oder Tranquilizer in der Nachttischschublade haben. Eltern, die sich abends bei einer Flasche Rotwein über Drogengefahren auslassen und vielleicht zu fortgeschrittener Stunde obendrauf noch eine Valium 10 schlucken, um einschlafen zu können, verspielen ihre Glaubwürdigkeit, mag man auch im Einzelfall Verständnis für solches Verhalten aufbringen. Im Grunde genommen ist das aber ein Bild für die ganze gesellschaftliche Situation. Werbespots mit Hochleistungssportlern: «Keine Macht den

Drogen!» Dann, in der Tagesschau: «Goldmedaillengewinner X unter Dopingverdacht.» Oder im Feuilleton der Tageszeitung: «Soziologen und Mediziner schlagen Alarm. Kokain als Gewohnheitsdroge der Eliten.» Alle Welt palavert, zumeist im augenzwinkernden Plauderton, über Viagra. Aufmerksamen jungen Leuten ist nicht entgangen, wie vor wenigen Jahren eine unverfrorene indirekte Werbekampagne für das angebliche Psycho-Allzweck-Wundermittel Prozac (Fluctin) durchgezogen wurde. Es begann mit einem wissenschaftsjournalistischen Bestseller, dann brach die erhoffte breite Mediendebatte los … Der angeblich absolut nebenwirkungsfreie Glücklichmacher war in aller Munde.

Jahr für Jahr verdoppelt sich hierzulande die Anzahl der Kinder, die mit Ritalin diszipliniert werden. Die eigentlich verbotene Werbung läuft via Beeinflussung von Elternverbänden, Geldzuwendungen für Forschung und Öffentlichkeitsarbeit, Hofierung der Ärzteschaft, populäre Ratgeberliteratur und geschickte Instrumentalisierung der Presse. «In den letzten fünf Jahren sind allein in Deutschland mehr als sechzig Bücher über das Zappelphilipp-Syndrom erschienen», hat Hüther gezählt. Knapp dreißig von diesen Büchern habe ich in der Vorbereitung auf eigene Veröffentlichungen durch- oder zumindest quergelesen, und der größte Teil davon sind journalistisch verpackte Ritalin-Werbeschriften. Diese seit Jahren laufende konzertierte Aktion mit dem Ziel, einer suchtbildenden Droge das Image eines harmlosen Nahrungsergänzungsmittels zu verpassen, tut ihre Wirkung unter der Jugend. «Vitamin R» (Jargon) wird auf dem Schulhof und in der Disco gehandelt. Die Kids glauben, es sei nicht gefährlicher als Red-Bull oder andere Energie-Drinks, die im Supermarkt erhältlich sind. Schließlich werfen ja massenweise kleine Kinder das Zeug zum Frühstück ein! Man kann nur ahnen, wie groß der Schwarzmarkt ist.

Nicht *ich* verharmlose Drogen. Wir leben in einer süchtigen Gesellschaft, was unter anderem durch den Umgang mit Ritalin belegt wird. Ein junger Mensch, der mit wachem, neugierigem Blick durch die Welt geht, kommt heute fast automatisch in Versuchung, mal auszuprobieren, was drogenmäßig so im Trend liegt. «Alle nehmen irgendwas», meinte ein Jugendlicher in der Sprechstunde, «wusstest du das nicht?» – «Na ja», antwortete ich, «alle nicht. Aber viele. Und? Leute, fresst Scheiße, hunderttausend Fliegen können nicht irren … oder wie? Musst du machen, was jeder Depp macht?»

A: Halten wir fest: Es ist stark anzunehmen, dass bei einer empirischen Untersuchung über Suchtgefährdung im Jugend- und jungen Erwachsenenalter die Kriterien unscharf sind, weil man schwer unterscheiden kann zwischen denen, die ernstlich auf eine Suchtkarriere zusteuern, und anderen, die zwar vorübergehend kräftig Gas geben, aber auch die Kraft haben, rechtzeitig wieder auf die Bremse zu treten. Natürlich darf uns das nicht abhalten, *alle* Jugendlichen vor Drogen zu warnen und bei der Erziehung *aller* Kinder suchtpräventive Gesichtspunkte ernst zu nehmen. Nur: Ein suchtbildendes Mittel wie Hustentropfen zu verabreichen dient gewiss nicht der Suchtprävention. Da können mir die Ritalin-Befürworter erzählen, was sie wollen.

R: Dabei darf man auch Folgendes nicht vergessen: Echte Suchtgefährdung gleicht in vielen Fällen einer «lauernden» Krankheit mit langer Inkubationszeit. Drogeneskapaden in jungen Jahren sind kein zuverlässiger Indikator dafür, wer das «Virus» in sich trägt. Millionen Menschen, von denen man es dem äußeren Anschein nach am wenigsten erwartet hätte, gehen erst als Vierzig-, Fünfzigjährige in die Dunkelstatistik der Süchtigen ein: Alkohol, Tranquilizer, Schmerz- und Schlafmittelmissbrauch, Sex- und Spielsucht und vieles mehr. Wie viele mögen darunter sein, die man als Kinder und Jugendliche (mit oder ohne Ritalin) allzu erfolgreich angepasst hat?

A: Zuletzt wäre ein kritischer Blick darauf zu werfen, nach welchen Gesichtspunkten man den repräsentativen Personenkreis für eine solche Studie überhaupt auswählt. Gilt als Hauptkriterium, dass irgendwann irgendwo eine ADS-Diagnose gestellt wurde? O weh! Das will heute leider überhaupt nichts mehr heißen. Man hätte ein wildes Sammelsurium aller möglichen unterschiedlichsten Problemlagen und könnte die ganze Studie auf den Müll werfen.

«Unerwünschte Nebenwirkungen». Wer wünscht was?

B: Ich bitte um ein kurzes, prägnantes Fazit zur Frage des Suchtrisikos.

R: Man kann keine allgemeingültige Aussage darüber treffen, ob Ritalin bei ADS-Kindern das spätere Suchtrisiko vermindert oder erhöht, dies umso mehr, weil nicht einmal feststeht, was genau ein ADS-Kind ist. (Vgl. dazu im einleitenden Essay das Kapitel *Die Krux mit der Diagnose.*) Nach Abwägung aller Für und Wider neige ich zu der Annahme, dass Menschen, die man in den Kindheitsjahren daran gewöhnt hat, soziale Probleme mit Drogen zu meistern, auch im späteren Leben dahin tendieren werden, zu dieser Scheinlösung Zuflucht zu nehmen.

B: Nun liest man ja aber immer häufiger, Menschen mit ADS bräuchten ohnehin bis an ihr Lebensende Ritalin …

A: Na ja. Wenn sie es die ganze Schulzeit über nehmen mussten, dann vielleicht.

B: Trotzdem noch ein Wort zum therapeutischen Nutzen von Ritalin. Entsteht durch eure Darstellung nicht doch ein sehr einseitiges Bild? Immer wieder hört man von wundersamen Erfolgen. Kleine Teufel von Kindern werden durch das Medikament wie durch Zauberei umgänglich, kooperativ, gewissenhaft und leistungsfähig, manchmal auch fröhlich und entspannt. Sie haben Erfolgserlebnisse, können zeigen, was in ihnen steckt, heimsen Lob und Anerkennung ein, das Eltern-Kind- und Lehrer-Kind-Verhältnis bessert sich, von gravierenden Nebenwirkungen kann keine Rede sein.

R: Die Saga vom harmlosen und segensreichen Zaubertrank aus der Novartis-Küche. Sie hat, wie jede Saga, einen wahren Kern, nämlich den, dass bei einer gewissen Anzahl von Kindern, die Ritalin bekommen, der

Effekt des plötzlichen Wohlverhaltens überaus eindrucksvoll ist und sich die Nebenwirkungen in Grenzen halten, zumindest anfänglich. Eine Mutter hat mir gerade vor wenigen Tagen während eines Wochenendseminars erzählt, es sei absolut verblüffend gewesen, wie sich ihr damals elfjähriger Junge – nennen wir ihn Jakob – durch das Medikament zum Positiven wandelte, freilich immer nur bis zum Abklingen der Wirkung. Vom «Zombie-Effekt» habe sie nichts bemerkt. Jakob machte einen selbstzufriedenen, entkrampften, ja geradezu abgeklärten Eindruck auf sie, und besonders frappierend war seine Gesprächsfähigkeit auf einem zuvor undenkbaren Niveau. So kann die durch Ritalin bewirkte Wesensveränderung in der Tat anfänglich aussehen, vor allem bei schon etwas größeren Kindern. Davon lebt ja die Zaubertranksaga. Ich verstehe allerdings nicht, warum man immer von einer «paradoxen» Wirkung spricht, denn wer einmal mit Stimulanzien der Amphetamin-Kokain-Substanzfamilie (wozu Methylphenidat gehört) experimentiert hat, kennt diesen kurzfristigen Zuwachs an Kompetenzgefühl, Gelassenheit, ruhig-unterkühlter Konzentriertheit und Eloquenz. Genau deshalb kommen unsichere Menschen so schlecht wieder von Stimulanzien los, wenn sie den Kick einmal erlebt haben. Zappelig und hippelig wird man erst beim «Runterkommen» (oder auch bei Überdosierung). Nicht umsonst ist das Zeug als Droge gegen Prüfungsstress so beliebt. Es macht dich optimal «cool», du stehst auf eine angenehme, furchtlose Art über den Dingen und kannst sehr präzise denken. Allerdings nützt sich die subjektiv wohltuende (und gleichzeitig irgendwie unheimliche) Wirkung bei längerfristiger regelmäßiger Einnahme sehr rasch ab, du brauchst in immer kürzeren Abständen eine immer höhere Mindestdosis, um «gut drauf» zu sein, und irgendwann lassen sich Symptome wie Angst, Getriebenheit, Fahrigkeit, Zittern, Zucken, Muskelkrämpfe etc., die bislang nur beim «Runterkommen» auftraten, überhaupt nicht mehr abstellen, es sei denn, du wolltest lebensgefährliche Mengen schlucken. – Zurück zu Jakob. Nach ca. drei Monaten musste die Dosis gesteigert werden, nach weiteren vier Monaten kehrte sich das Bild auf dramatische Weise um: Depressionen, Angstzustände, Schlafstörungen, Gewichtsverlust, Übelkeit, völlige Demotiviertheit bei gleichzeitiger ruheloser Getriebenheit, nervöse Tics. «Er war nur noch ein Häuflein Elend. Wir stimmten einer weiteren Dosiserhöhung nicht zu und setzten das Medikament ab.» Die Familie wurde vom Schicksal oder vom Zufall glücklicherweise zu einem Arzt und einer Heilpädagogin geführt, die Alternativen anzubieten hatten. Jakob ist heute achtzehn, und es geht ihm gut.

Rebekka, ein achtjähriges Mädchen, erklärte mir die Vorteile von Ritalin so: «Eigentlich find' ich die Medizin blöd, man kriegt so einen komischen

Kopf davon und hat keinen Appetit mehr, aber jetzt sind alle viel netter zu mir, und wir haben nicht mehr dauernd Streit, und in der Schule geht's besser. Ich hab' nämlich so ein Dings ... ADS im Gehirn. Kennst du ADS? Deswegen brauch' ich die Medizin, sonst benehm' ich mich unmöglich und alle sind wütend auf mich, und meine Mami ist traurig.»

Keine Ahnung, wie es euch geht, aber diese Erklärung allein schneidet mir ins Herz. Eine Lehrerin, die mit Rebekka immer gut ausgekommen war, rief mich an und sagte: «Mir ist so unwohl bei der Sache. Sicher, sie hat jetzt einen besseren Stand in der Schule. Aber sie wirkt so ... anders, so verhangen und steif. Wenn ich ihr in die Augen sehe, durchfährt mich ein Schreck. Ehrlich gesagt: Am liebsten hätte ich meine freche, wilde, sprühende Bekki wieder zurück! Ihr Blick war hell, offen, herausfordernd, funkelnd. Jetzt schaut sie mich ganz anders an. Es ist, als wäre ein Licht ausgeknipst worden. Zu allem Unglück habe auch ich für Ritalin plädiert und fürchte nun, dass das ein großer Fehler war.» Von möglichen gravierenden Spätfolgen oder erst nach Monaten sich einstellenden unerwünschten Nebenwirkungen wusste die Frau rein gar nichts. Sie war normal desinformiert. Aber sie liebte das Kind. Deshalb bemerkte sie sofort, dass etwas nicht stimmte.

Nach meiner Erfahrung haben viele Eltern, die sich breitschlagen lassen, Ritalin zu geben, schon nach kurzer Zeit ähnliche Wahrnehmungen wie jene Lehrerin. Wenn sie dann versuchen, ihre Bedenken dem zuständigen Arzt oder Therapeuten vorzutragen, erhalten sie beschwichtigende Antworten oder werden ermahnt, ihre elterliche Überbesorgtheit zu zügeln. In Selbsthilfegruppen unter der Anleitung von Ritalin-freundlichen Fachleuten spricht man sich gegenseitig Mut zu, die unvermeidlichen «psychischen Kosten» – ich fand den Begriff in einem Ratgeberbuch – der Medikation zu akzeptieren, denn der Nutzen überwiege bei weitem den Schaden, vor allem im Hinblick auf spätere Lebenschancen. Wer möchte *die* seinem Kind schon verbauen, nur damit es wieder mit leuchtenden Augen durch die Gegend flitzt, vor Ideen und Mitteilungsdrang übersprudelt und dafür sorgt, dass die Tage niemals grau werden.

B: Allerdings auch dafür, dass Harmonie und Gemütlichkeit abgeschrieben werden können ...

R: Wirklich? Zugegeben: Anstrengend sind sie. Sehr anstrengend. Aber auch herzerfrischend. Sie sorgen für *Leben*. Quirliges, buntes, pralles Leben mit allen Höhen und Tiefen. Man ist als ganzer Mensch gefordert. Wer überlegene Distanz wahren will und sich in der Rolle des respektierlichen pädagogischen Wachtmeisters gefällt, ist verloren. Man braucht Humor, Konfliktbereitschaft und Improvisationstalent. Und man muss innerlich so weit sein, dass man begriffen hat: Erziehung ist keine Machtfrage. Es geht nicht darum, zu zeigen, wer hier das Sagen hat. Mitten hinein, mit Haut und Haaren, lautet die Devise. Keine Maskerade, keine Eitelkeiten, keine taktischen Spielchen. Ich weiß, wovon ich rede. Manche Leute argwöhnen, meine direkte Wahrnehmung der Probleme beschränke sich auf Einzel- oder Gruppenförderstunden im Therapeutikum. «Wenn Sie jeden Tag von morgens bis abends dieses Theater erleben müssten», heißt es dann, «würden Sie andere Bücher schreiben.»

Irrtum. Ich schreibe solche Bücher, *weil* ich das tägliche (und oft auch nächtliche) «Theater» mit überaktiven, extrem verträumten und hochsensiblen Kindern viele Jahre lang miterlebt habe, an so ziemlich allen in Frage kommenden Fronten, beruflich und privat. Für Aufregung war immer gesorgt, gewiss, aber die soziale Wärme kam auch nicht zu kurz. Ich blicke dankbar auf wunderbare Zeiten zurück, die manchmal meine Kräfte überstiegen (oh ja, ich kenne die Tränen der Hilflosigkeit), aber in der Bilanz einfach, nun ja, schön waren. Nicht gemütlich. *Schön*. Eine einzige, lange Abenteuerfahrt voller Strapazen, aber auch voller Glücksmomente. Die Sternstunden haben die Stunden der Niedergeschlagenheit bei weitem aufgewogen. (Man erkennt das wahre Verhältnis manchmal erst im Nachhinein.)

Die «schwierigen» Kinder haben mich mit Gold überschüttet. Ich muss allerdings eine Warnung aussprechen: Wer durch sein Schicksal zu solchen Kindern hingeführt wird und sich wie die Pechmarie verhält, nämlich zwar das Gold einheimsen will, aber die Mühen auf dem Weg dorthin scheut, wird gewaltige Schwierigkeiten bekommen. – Wenn man diese Warnmünze umdreht, findet man auf der Rückseite eine Ermutigung: Sagt Ja, wirklich tief innerlich Ja zu dem Privileg, ungewöhnliche Kinder begleiten zu dürfen; löscht den Gedanken in euch aus, dass es besser wäre, andere, bequemere, «normalere» Kinder um sich zu haben. Das ist die halbe Miete.

Zurück zum Thema Ritalin. Es hängt wohl in hohem Masse von den Erwartungen und Maßstäben, aber auch vom Aufmerksamkeitsgrad und von der Beobachtungsgabe der Erwachsenen ab, wie sie die Wirkung der Droge beurteilen. Jeder versteht unter «unerwünschten Nebenwirkungen» etwa anderes, jeder hat eine andere Toleranzschwelle.

A: Ist zum Beispiel jenes Nachlassen der Spielfreude, oft in Verbindung mit sozialem Rückzug, eine unerwünschte Nebenwirkung? Oder gar willkommen? Wenn so ein kleiner Turbo-Michel die Lust verliert, mit anderen Kindern draußen herumzustrolchen, hat das ja durchaus Vorteile. Zum Beispiel entfällt das tägliche Höllenspektakel wegen der Hausaufgaben oder wegen des Zuspätkommens abends vom Bolzplatz.

R: Immer wieder hört man, dass Kinder, die eben noch voller Widerspruchsgeist waren, unter Ritalin auf eine weinerliche Art fügsam werden. Erwünscht oder unerwünscht? *Ich* finde es unwürdig und beklemmend.

A: Andere legen plötzlich ein hyperreflexives, obervernünftiges Gebaren an den Tag, das in schroffem Widerspruch zu ihrer bisherigen unbekümmerten Hallo-jetzt-komm-ich-Haltung steht. Ständig analysieren und bewerten sie ihr eigenes Verhalten und erlauben sich keine spontane Regung mehr. Begrüßenswert? Bestürzend?

R: Ist es hinnehmbar, dass ein Schatten der Resignation über das kindliche Gemüt fällt, wenn dafür alles wie am Schnürchen läuft? Bemerkt überhaupt jemand die Stimmungsveränderung?

Irritiert oder erleichtert es uns, wenn ein unentwegt plapperndes Kind von einem Tag auf den anderen wortkarg wird? Fragt jemand, was sich unter dem Schweigen womöglich zusammenbraut?

A: Mindestens 20% aller mit Ritalin behandelten Kinder haben Schlafstörungen, viele leiden unter Angstträumen. Angemessene Kosten? Alarmzeichen?

R: Alles ist relativ, könnte man sagen. Viele in meinen Augen sehr bedenklich Nebenwirkungen, insbesondere auf seelischem Felde, werden als solche kaum diskutiert ... oder gar als Erfolg gefeiert. Über mögliche negative Langzeitfolgen für die körperliche, psychische oder mentale Entwicklung liegen keine gesicherten Erkenntnisse vor – und Fragen in Hinsicht auf die *spirituelle* Entwicklung, mit denen sich nur Außenseiter befassen, interessieren ja sowieso keinen «seriösen» Wissenschaftler.

Mary Ann Block schreibt in ihrem Buch *No more Ritalin:* «Die Langzeitstudien werden gerade jetzt mit unseren Kindern durchgeführt, ohne dass die Kinder oder Eltern sich dessen bewusst sind.» Der Hirnforscher Gerald Hüther hat jüngst für einige Aufregung gesorgt: Er präsentiert Forschungsergebnisse, die den schon seit Jahren schwelenden Verdacht bekräftigen, Ritalin könne der Parkinson-Erkrankung Vorschub leisten. Mit einem Wort: Es ist ein höchst gewagtes «Spiel» mit offenem, möglicherweise fiaskösem Ausgang, auf das sich die Fachwelt hier einlässt. In allen halbwegs wahrheitsgetreuen Publikationen zum ADS, ja sogar auf dem Beipackzettel von Ritalin steht zu lesen, die Ätiologie des Syndroms sei bis heute unbekannt und man wisse deshalb auch nicht genau, wie und warum die Stimulanzien wirken.

Ritalin kann zu Gewichtsverlust, Übelkeit, Kopf- und Gelenkschmerzen, Seh- und Koordidinationsstörungen, Herzrhythmusstörungen, hohem Blutdruck, Fieber, erhöhter Krampfbereitschaft, Haarausfall, Hautkrankheiten, Wachstumshemmungen (auch des Gehirns), nervösen Beschwerden unterschiedlicher Art, Benommenheit und Lethargie führen. (Die Liste ist unvollständig; extrem seltene schwere, z.T. lebensgefährliche Komplikationen lasse ich beiseite.) Ob nachhaltige Organschädigungen zu erwarten sind, ist unerforscht. Über «psychische Kosten» wie emotionale Gleichgültigkeit, Entfremdungserlebnisse, Angstzustände, Depressionen, sozialen Rückzug, Aggressivität und Selbstablehnung haben wir gesprochen. Auch suizidale Krisen sind möglich. Sehr problematisch ist die desolate Verfassung vieler Kinder nach Abklingen der Wirkung: Verwirrung, Gereiztheit, Zittrigkeit, Angst, Übelkeit und depressive Verstimmungen sind häufige Entzugssymptome. - Von Harmlosigkeit kann also wirklich keine Rede sein.

B: Dennoch gibt es Kinder, die das Mittel auch auf längere Sicht gut zu vertragen scheinen. Sie werden ruhiger und kooperativer, können sich besser konzentrieren, fühlen sich sozial nicht mehr ausgegrenzt, gewinnen deshalb eine optimistischere Lebenseinstellung, und die Nebenwirkungen halten sich in Grenzen. Manchmal lindert Ritalin ein großes Leid und rettet den Zusammenhalt einer Familie.

R: Ja, deshalb sage ich, eine Formulierung des Kinder- und Jugendpsychiaters Karl-Heinz Ruckgaber aufgreifend: Ritalin ist die *ultima ratio.* In extrem zugespitzten Situationen, wenn Eltern und Schule momentan keinen anderen Ausweg sehen, kann und soll das Mittel zeitlich begrenzt (ich rate: höchstens vier bis sechs Monate) gegeben werden, als vorübergehende Entlastung, um eine Atempause zu gewinnen und nach besseren Lösungen Ausschau zu halten. Vergessen wir aber nicht, dass in den Berichten über verblüffende Erfolge, die mit Ritalin erzielt wurden, auch eine Tücke liegt. Wenn Konflikte und Spannungen, die monate-, jahrelang das Familienleben überschatteten, plötzlich wie von Zauberhand weggewischt sind, übt dieser Vorgang eine enorme Magie aus, und das ist gefährlich. Eltern, die auf Ritalin schwören, nehmen oft das Wort «Wunder» in den Mund. Man merkt ihnen an, dass sie von dem raschen, durchgreifenden Effekt tief beeindruckt sind. Das ist menschlich-allzumenschlich. Es gibt kaum eine größere Anfechtung für unser kritisches Urteilsvermögen, als wenn jemand (oder etwas) im Handumdrehen dafür sorgt, dass wir uns besser fühlen. Ritalin konnte nur deshalb einen derartigen Siegeszug um die Welt antreten, weil die z.T. magisch anmutende Entlastungswirkung – in Verbindung mit Ungefährlichkeitsgarantien seitens der Experten – für leidgeprüfte Eltern nahezu unwiderstehlich ist. Begreiflicherweise. Doch allzu leicht kann es geschehen, dass wir die Schattenseiten oder schwerwiegenden Risiken eines wie auch immer gearteten Hilfsmittels, welches uns von Angst, Kummer und Unsicherheit zu befreien verspricht, einfach nicht mehr sehen *wollen*. Wenn Probleme, die nach *Lösung* verlangen, lediglich «zum Schweigen gebracht» werden, kann man hundertprozentig davon ausgehen, dass sie sich irgendwann wieder zu Wort melden.

Man muss im Hinblick auf Ritalin dem lieben Gott dafür dankbar sein, dass auch in der heutigen Zeit die meisten Kinder, körperlich wie seelisch, über erstaunliche Widerstands- und Regenerationskräfte verfügen, die ihnen helfen, belastende Einwirkungen zu verarbeiten und bis zu einem gewissen Grad zu neutralisieren. Andererseits sagt auch jahrelange relative Beschwerdefreiheit nichts über mögliche Spätfolgen aus. Bei 50 % der Erwachsenen, die als Kinder Ritalin bekamen, ist eine dauerhafte, irreversible Atrophie des Gehirns um durchschnittlich 4% festgestellt worden. Über den Parkinson-Verdacht sprachen wir schon. Wenn sich so etwas anbahnt, bemerkt man äußerlich nichts davon. Wissen wir, was sonst noch alles im Verborgenen – auch im seelischen oder spirituellen Verborgenen – geschieht? Wir wissen es nicht.

Im Übrigen, ich wiederhole es, steht zu befürchten, dass viele durchaus beunruhigende Symptome bagatellisiert werden und in den Verlaufsbeurteilungen gar nicht als «unerwünschte Nebenwirkungen» erscheinen. Das Herunterspielen besorgniserregender Wesensveränderungen zu tolerierbaren «psychischen Kosten» ist in meinen Augen ein großes Problem.

Ich gehe nicht so weit, zu sagen, jedes über längere Zeit mit Ritalin behandelte Kind trage zwangsläufig schwerwiegende Schädigungen davon. Das entzieht sich meiner Beurteilung. Aber ich schließe mich denen an, die der Pro-Ritalin-Allianz ein unverantwortliches Vabanquespiel vorwerfen. Sollte eines Tages wider Erwarten der Beweis auf dem Tisch liegen, dass Ritalin zwar alle möglichen Nebenwirkungen zeitigen kann, aber keine nennenswerten körperlichen Schädigungen nach sich zieht, hätte ich aus anderen, seelisch-sozialen Gründen immer noch genügend Einwände gegen diese so genannte Therapie. Dennoch könnte man dann um einiges gelassener diskutieren. Aber so, wie die Dinge heute liegen, bleibt nur die Forderung: Stoppt dieses groß angelegte Menschenexperiment, denn der Ausgang ist ungewiss, und die Versuchskarnikel sind Kinder.

Worüber «man» sich keineswegs einig ist. Der hinterlistige kleine Mann im Ohr

R: Es gibt drei Gruppen von Kindern, bei denen ich es besonders problematisch und im höchsten Grade mutwillig finde, wenn ihnen der ADS-Stempel aufgedrückt wird:

Erstens diejenigen, die Jerome Kagan in seinem Klassiker *Die Natur des Kindes* – unter Berufung auf Thomas und Stella Chess – als «furchtlose Erkunder» bezeichnet, nahe an Thom Hartmanns Begriff des «Jägers» oder «Spähers». Exemplarische literarische Gestalt: Michel aus Lönneberga. Er ist wild, aufsässig, witzig, tatendurstig, erlebnishungrig, unerschrocken, unverblümt und überaus selbstbewusst. Sonst fehlt ihm (eigentlich) nichts.

Zweitens solche, die nach Howard Gardners «Theorie der vielfältigen Intelligenzen» etwa der «intrapsychischen» (introspektiven) Grundbegabung zuzuordnen wären. Ich nannte sie einmal «Poetenseelen» und «Märchenlandfahrer». Bastian Balthasar Bux, der Tagträumer aus Michael Endes Roman *Die unendliche Geschichte,* ist so eine Figur (das Land «Fantasien» ist seine Schöpfung: eine metareale Wirklichkeitsebene, wo sich dem Kind in subjektiv eingefärbten, gleichwohl spirituell-objektiven Bildern zeigt, was hinter den Kulissen der Sinneswelt geschieht), aber auch Momo, bei der deutlicher herausgearbeitet wird, dass diese verträumte, introvertierte Wesensart, obwohl sie die Gefahr der Kontaktarmut birgt, eine große soziale Kraft entfalten kann.

Drittens die Hochsensiblen, die aufgrund ihrer «Dünnhäutigkeit» oft sehr ängstlich sind und teilweise zu nervösen Unruhezuständen, in Bedrängnis auch zu hysterischen Ausbrüchen neigen, was aber nur die Schattenseite ihres frappanten Einfühlungsvermögens ist. Wer das innige, zärtliche, sanft leuchtende und tief verantwortungsvolle Wesen eines solchen Kindes einmal richtig kennen gelernt hat, wird nie mehr von einer defizitären Verfassung sprechen – auch wenn die Schulnoten zu wünschen übrig lassen und jene spezielle Aufmerksamkeitsleistung, die wir «Konzentration auf einen Sachverhalt» nennen, zunächst nicht ihr Lebenselement ist.

Selbstverständlich lassen sich diese drei Gruppen nicht streng gegeneinander abgrenzen, wir finden Übergangs- und Mischformen. So sind z.B. viele – aber nicht alle – furchtlosen Erkunder zugleich überaus fein-, um nicht zu sagen hellfühlig. Sie spüren genau, was in anderen Menschen vorgeht. – Bei zigtausenden von Kindern, denen man ein angeborenes Defizit attestiert, liegt nichts dergleichen vor, sie sind im Gegenteil überdurchschnittlich begabt und in keiner Weise dysfunktional. Man kann allerdings eine Verhaltensstörung geradezu herbeirufen …

A: Den kleinen Außenseitern fällt es schwer, sich mit einer gesellschaftlichen Realität zu arrangieren, in der Kinder nur noch unter der Bedingung willkommen sind, dass sie sich möglichst stromlinienförmig entwickeln und benehmen und so weit wie möglich auf ihre elementaren Ansprüche verzichten. Daraus kann dann schon eine «Störung» im Sinne von «Verstörtheit» werden.

R: Ja, das irritiert sie kolossal.

A: Ich habe immer das Bild vor mir, es sei ihre Mission, in einer kindheitsfernen Welt die Fahne der *wahren* Kindheit hochzuhalten – um bald schon feststellen zu müssen, dass sie sich hoffnungslos übernommen haben.

R: Das hält ja auch wirklich der wackerste Kämpfer nicht aus – immer nur anzuecken, immer nur als schräger Außenseiter zu gelten, immer nur ausgebremst und ausgeschimpft zu werden, immer nur in verärgerte, ratlose, sorgenzerfurchte Gesichter zu blicken und zu wissen: Es liegt an mir.

A: Und allmählich wächst der Frust. Das Kind wird immer unsicherer. Es leidet unter Unzulänglichkeits- und Hoffnungslosigkeitsgefühlen. Der Pegel des Selbstwertgefühls sinkt und sinkt, während sich die Klagen über soziales Fehlverhalten häufen. Bald setzen auch vegetative Befindlichkeitsstörungen ein: Der seelische Stress schlägt ins Körperliche durch. Das ganze Kind steht unter einem latenten Dauerschock. Und nun ist es so weit: Michel muss in Therapie.

B: Auf die Gefahr hin, euch auf den Wecker zu gehen, bleibe ich hartnäckig und zitiere aus einem aktuellen, ziemlich anspruchsvoll geschriebenen Buch zweier ausgewiesener Fachleute, das ich mitgebracht habe. Sie schreiben, man sei sich heute «einig, dass die charakteristischen Probleme, die Menschen mit einer ADD (Attention Deficit Disorder) haben, von einer neurobiologischen Funktionsstörung herrühren. Es ist (diese) Einsicht, ... die unser Wissen über die ADD in den vergangenen zehn Jahren revolutioniert und uns in die Lage versetzt hat, die Störung ... wirksam zu bekämpfen.» Spinnen die? Oder spinnt ihr?

R: Die natürlich! – Aber nein, Spaß beiseite. Das Zitat ist typisch und aufschlussreich. Da haben wir sie, die Sprache, die frieren macht. «Neurobiologische Funktionsstörung wirksam bekämpfen» (und nicht etwa: Kinder mit ungewöhnlichen Wesenszügen umsichtig fördern). Ich finde den mit militärstrategischen Wendungen durchsetzten Technokratenjargon, in dem die meisten Fachbücher zum Thema ADS abgefasst sind, verräterisch.

Interessanterweise wird in demselben Buch an anderer Stelle eingeräumt, das revolutionäre «Wissen» bestehe lediglich aus konkurrierenden Hypothesen, wörtlich: «metaphorischen Repräsentationen des Syndroms». Man erfährt in diesem Zusammenhang, dass die in fast allen populären Ratgebern gebetsmühlenartig heruntergeleierte Reizmangelhypothese (unzureichende Dopaminausschüttung im Synapsenspalt) schon seit geraumer Zeit nicht mehr erste Wahl ist. Und gegen Ende, etwas versteckt, wiederum die Mitteilung, weder die Ätiologie des Syndroms noch der Wirkungsmechanismus von Ritalin seien bekannt.

Das ist der typische Vorgang. Zuerst heißt es: Wir wissen dies, wir wissen das. Dann kommt die Fußnote: Streng genommen vermuten wir es nur.

A: «Man» ist sich keineswegs einig. Die Konsensbehauptung ist ein beliebter Trick, wissenschaftliche Hypothesen als gesicherte Tatsachen zu verkaufen, ohne direkt zu schwindeln. «Wenn die Experten alle einer Meinung sind», denkt sich der Laie, «ist der Braten so gut wie gegessen. Da kann ich ja schlecht widersprechen.»

R: Ich schlage vor, wir halten dagegen und behaupten: «Man» – in diesem Fall alle, die so ähnlich denken wie wir – ist sich heute einig, dass ADS *doch keine* neurobiologische Funktionsstörung, sondern ein verhältnismäßig seltener Wahrnehmungs- und Kommunikationsstil ist, der vielen bedeutenden Persönlichkeiten zu Eigen war (und ist) und vermutlich unter den Menschen kommender Generationen immer häufiger anzutreffen sein wird.

A: Das eigentliche Problem besteht darin, dass die defektologische Sichtweise, für die heute ganz selbstverständlich ein Alleingültigkeitsanspruch erhoben wird, keine Privatsache der betreffenden Wissenschaftler bleibt (sonst könnte man sich trefflich streiten, und alles wäre in bester Ordnung), sondern Konsequenzen für Millionen konkrete Kinderschicksale hat – und damit für die soziale Zukunft in Gänze. Statt abweichende Verhaltens- und Wahrnehmungsweisen, ungewöhnliche Lernstile und seltene Wesenszüge unvoreingenommen als Ausdruck der Variationsbreite menschlicher Möglichkeiten zu begrüßen und zu fördern, werden sie als Symptome krankheitsartiger Funktionsstörungen gewertet. Dann folgt die Kriegserklärung, der Aufruf zur «wirksamen Bekämpfung», wie der Kammerjäger das Ungeziefer «wirksam bekämpft».

R: Statt als Hintergrundtheorie für das Phänomen der besonderen Kinder einen dysfunktionalen Nebenzweig der Evolution zu markieren, wäre es sinnvoller, alle Bewertungen beiseite zu lassen und von zunehmender Begabungsdifferenzierung (durchaus als evolutionäres Phänomen) und einem epochalen Wandel der «normalen» Kindheit zu sprechen, der schon vor einem halben Jahrhundert begann und auf den wir uns nun endlich einstellen müssen. In diesem Zusammenhang ist es wichtig, sich klarzumachen, dass wir, ganz allgemein gesprochen, Zeitzeugen eines bewusstseinsgeschichtlichen Schwellenübertritts sind. Darin liegt die Chance, von überkommenen Denkfiguren und Urteilsgewohnheiten, die sich als untauglich erwiesen haben, Abschied zu nehmen – namentlich im Hinblick auf die Kindheitsfrage, wo sie den allergrößten Schaden anrichten.

Wir kommen dem Rätsel der anders wahrnehmenden, anders fühlenden, anders kommunizierenden, anders lernenden Kinder nicht auf die Spur, solange wir kein Begriffsinstrumentarium entwickeln, das diesen neuartigen Entwicklungen angemessen ist. Zuerst muss eingesehen werden, dass die alten Kategorien von normal und unnormal, begabt und minder begabt, wohlerzogen und unerzogen, funktional und dysfunktional etc. ausgedient haben.

B: Für meinen Geschmack ist die Diskussion, die wir hier führen, zu abgehoben. Wir stellen philosophische und wissenschaftstheoretische Betrachtungen an, debattieren über das Menschenbild im Allgemeinen und die Unzulänglichkeit herkömmlicher Begriffe im Besonderen, aber was, bitte sehr, soll eine Mutter damit anfangen, die völlig am Ende ihrer Kraft ist und einfach nicht mehr weiter weiß? Sie braucht konkrete Hilfestellungen, und zwar *jetzt*.

R: Aber das ist doch kein Argument gegen grundsätzliche und übergeordnete Betrachtungen! Divisionen von Wissenschaftlern forschen seit Jahrzehnten über das so genannte Hyperaktivitätssyndrom, und trotzdem spitzt sich die Lage immer mehr zu – was den direkten Umkehrschluss erlaubt, dass die ganze Zeit unter falschen Voraussetzungen geforscht wurde. *Deshalb* muss das Problem jetzt an der *Wurzel* gepackt werden, und das bedeutet zunächst, erkenntnisverhindernde Vorurteile beim Namen zu nennen und systematische Denkfehler auszuräumen. Die ganze Übung dient allein dem Zweck, Bedingungen zu schaffen, die es ermöglichen, betroffenen Kindern und Eltern wirklich zu helfen.

Zurück zu der verzweifelten Mutter. Selbstverständlich braucht sie auf der Stelle ganz konkrete Hilfestellungen. Die geben wir in unserem Institut auch. Schon nach dem «Erstabklärungsblock» gehen die Eltern mit handfesten praktischen Anregungen nach Hause (siehe Teil 3). Aber jetzt will ich doch mal eine anstößige Frage stellen: Wer oder was bringt Mütter (und Väter) von so genannten ADS-Kindern in eine dermaßen verzweifelte Lage, dass sie sich – und ihrem Kind – nicht mehr zu helfen wissen?

B: Na, die Kinder.

R: Bist du sicher?

B: Wer sonst?

R: Ich würde sagen: Ein Drittel ihrer Sorgen sind direkt auf das Verhalten des Kindes zurückzuführen, ein Drittel auf die Unkenrufe, Anfeindungen und Leichenbittermienen der lieben Mitmenschen, ein Drittel auf die wenig erbauliche Meinung, die sie sich über ihr Kind gebildet haben – nicht mutwillig, sondern den geläufigen Vorurteilen folgend. Zieht man das zweite und dritte Drittel ab, bleiben immer noch genügend Probleme, aber die sind im Prinzip zu bewältigen.

A: Wir stehen jetzt vor einer Kernfrage: Ist es maßgeblich oder unmaßgeblich für die erzieherische Praxis, wie man denkt, wie man sich innerlich einstellt? Oder kommt es lediglich auf die richtigen Handlungsrezepte an?

R: Tränen sind nicht gleich Tränen. Auch ich habe welche vergossen, als Vater und – oft genug – hilfloser Helfer, und kann nur immer wieder sagen: Erst wenn es gelingt, jenen hinterlistigen kleinen Mann im Ohr zum Schweigen zu bringen, der uns ständig davon abhalten will, einen übergeordneten Standpunkt einzunehmen – erst dann kommt Hilfe. Ich meine: Hilfe von innen. Dieser hinterlistige kleine Mann scheint ein vernünftiger, realistischer Ratgeber zu sein, aber in Wahrheit vermasselt er alles. Es gibt Dinge, die sich nicht pragmatisch lösen lassen; denen gegenüber unser Denken und Fühlen, unsere innere Einstellung zu 90 Prozent maßgeblich ist, während uns die restlichen 10 Prozent – nämlich das, was man Handlungskompetenz nennen kann – wie ein Gnadengeschenk zukommen – *wenn* wir die richtige Haltung, die richtigen inneren Leitbilder, die adäquaten Begriffe gefunden haben.

A: Hinzu kommt, dass wir unsere unausgesprochenen Urteile gerade vor diesen Kindern nicht verbergen können. Es teilt sich ihnen direkt mit, wie wir über sie denken. Da braucht man gar nichts zu sagen. Defizitäres Kind? Verhaltensoriginelles Kind? Immer wieder werde ich in Diskussionen gefragt: Was soll dieses Gefeilsche um Worte? Aber das sind nicht nur Worte! Es handelt sich um grundlegende Auffassungsunterschiede, die nicht nur in der grauen Theorie bestehen. Sie spiegeln *Haltungen.*

Die hoch sensiblen Kinder «lesen» unsere Haltung. Deshalb muss in der Eltern- und Lehrerberatung ein Hauptgewicht auf die Haltungsfrage gelegt werden

R: Das schließt auch die Frage ein, von welchen Leitgedanken wir uns führen lassen. Es gibt würdigende, ermutigende, tröstliche, gerechte, herzensvolle, wesensgemäße Leitgedanken – und es gibt seelenlose Leitgedanken, die das Kind zum Gegenstand einer Funktionsanalyse degradieren. Ich bin tief davon überzeugt, dass das ganze ADS-Problem in der Praxis um 90 Prozent zusammenschrumpfen würde, wenn es gelänge, dem Diskurs eine ganz andere Richtung zu geben, d.h. ein breites Bewusstsein dafür zu schaffen, dass diese Kinder ganz anders *angesehen* werden müssen.

B: Viele Eltern sind aber auf einem so hohen gedanklichen Niveau doch gar nicht ansprechbar!

R: Dann holen wir sie ab, wo wir sie antreffen. Das gehört zur Kunst der Elternberatung. Auch das neurobiologische Erklärungsmodell ist in der wissenschaftlichen Darstellung hoch kompliziert und für Laien kaum verständlich. Also kleidet man die Quintessenz in einfache Bilder. Genauso machen wir es, wenn nötig, auch.

Im Übrigen will ich hier mal etwas klarstellen: Kein Wissenschaftler, auf welchen Gebiet auch immer, würde sich das wissenschaftliche Denken verbieten lassen mit dem Argument, nicht alle könnten ihm folgen. Sozialforscher zum Beispiel suchen nach Ansatzpunkten, um gesellschaftliche Missstände zu beheben – zum Wohle aller. In diesem Zusammenhang prangern sie vielleicht bestimmte falsche Sichtweisen an, von denen sie meinen, aus ihnen resultiere viel Unheil. Daran lassen sie sich gewiss nicht hindern, weil soundso viele Leute keine Ahnung haben, wovon überhaupt die Rede ist. Als Kindheitsforscher bin ich in derselben Lage. Meine Aufgabe in Hinsicht auf das so genannte AD-Syndrom besteht darin herauszuarbeiten, was wünschenswert und nötig wäre, um diesen Kindern wirklich gerecht zu werden, also in gewisser Hinsicht durchaus eine konkrete Utopie zu entwickeln. Und daran lasse ich mich nun wiederum nicht hindern durch den ständigen Hinweis darauf, wie viele Menschen meilenweit von solchen Ideen entfernt seien. Eben deshalb beschäftige ich mich ja mit der Frage! Sollen wir uns, um ein anderes Beispiel zu wählen, davon abhalten lassen, über die Schule der Zukunft nachzudenken – mit der Begründung, dass viele Schüler, Lehrer und Eltern an unserem real existierenden Schulsystem akut leiden und *jetzt* Hilfe brauchen? Seltsame Logik. Das eine schließt doch das andere nicht aus!

A: Sind denn wirklich *so* viele Eltern hyperaktiver Kinder meilenweit von den neuen Gedanken entfernt, die jetzt allmählich mehr und mehr aufkommen?

R: Ich denke, man unterschätzt mal wieder die so genannten einfachen Leute. Nach meiner Erfahrung hängt die Ansprechbarkeit für öffnende Ideen, die über das neurobiologische Einbahnstraßendenken hinausweisen, nicht von der so genannten Bildungsschicht ab. Mit intellektuell ungeübten Eltern, die das Herz auf dem rechten Fleck haben, komme ich oftmals besser voran als mit Akademikern, die einfach in der mechanistischen Bewusstseinsfalle festsitzen. Schwer ist es auch mit Esoterikern von der «Bin-erleuchtet-und-weiß-schon-alles»-Fraktion, die ihren Problemkindern erst einmal einen Heiligenschein aufsetzen und dann tausend verschiedene Sachen an und mit ihnen ausprobieren, ohne zu bemerken, dass sie letztlich genau auf der Schiene der Ritalin-Befürworter fahren: Benjamin soll funktionieren.

Ich hingegen sage: Schluss mit dem therapeutischen Aktionismus! Geht den Weg der Achtsamkeit. Nehmt die Kinder, wie sie sind, und gebt ihnen, was sie brauchen. Richtet die Dinge um sie herum so ein, dass sie atmen können. Atmen!

Teil 3

Vom Umgang mit ungewöhnlichen Kindern

Wie erkennen wir sie – wie helfen wir ihnen?

Achtsamkeit

Wenn ich präzisieren soll, was ich unter einem erziehungskünstlerischen Übungsweg verstehe, namentlich im Hinblick auf Kinder, die uns vor besondere Aufgaben stellen, dann möchte ich sagen: Es geht darum, sich ein Gespür, nach und nach vielleicht sogar eine Imaginationsfähigkeit, für die innersten Lebensleitmotive der kindlichen Individualität anzueignen.

Dafür gibt es eine Bedingung: Wir müssen alles, was mit defekt- und defizitorientierten Klassifizierungen zusammenhängt, beiseite schieben, ja überhaupt alle *Bewertungen* meiden, Rudolf Steiner sagte sogar einmal: uns jeglicher Kritik enthalten (GA 317). Nur dann können wir ein Auffassungsvermögen für den ganz und gar eigenen, unverwechselbaren *Stil* des Kindes entwickeln. In dem Maße aber, in dem wir dieses Auffassungsvermögen entwickeln, fühlt sich das Kind innerlich gehalten, gestützt, gestärkt, und viele Verhaltensungeschicklichkeiten hören auf. Ein Großteil dessen, was wir als Zeichen für eine Verhaltensstörung werten, sind ja nur Ungeschicklichkeiten, die daher rühren, dass das Kind die negativen Vorurteile der Mitmenschen spürt und sich verkrampft. Im Grunde genommen kennt (fast) jeder dieses Phänomen. Ich erlebe zum Beispiel als Dozent und Vortragsredner immer wieder das Folgende: Sitzen einige Menschen im Auditorium, von denen ich mich in meinem Kernanliegen verstanden fühle (sie brauchen es nicht auszusprechen; ich spüre es und sehe es an ihren Augen, an ihrem Gesichtsausdruck), fällt es mir viel leichter, die richtigen Worte zu finden. Ist hingegen das Auditorium «von Gegnern durchsetzt», muss ich mich sehr zusammennehmen, um nicht alle Vorurteile, die im Raum stehen, unwillkürlich zu bestätigen.

Kinder brauchen Erwachsene, von denen sie sich in ihrem «Kernanliegen», d.h. in ihrem noch unbewussten innersten Wollen, erkannt und angenommen fühlen. Hans Moritz (1996) hat darauf hingewiesen, dass es sich hierbei um eine *intuitive* Fähigkeit des «antizipatorischen» Erkennens handelt und keineswegs darum, Zukunftsprognosen abzugeben. Es geht darum, *empfindsam* zu werden für das Kommende, sich Ankündigende. Moritz zitiert den bemerkenswerten Satz von Michael Thorn: «Der Zögling muss in der gelassenen Offenheit des Erziehenden derart an-wesen können, dass er zum Verständnis seines eigenen Wesens gelangt.»

Das ist eine Frage der Aufmerksamkeit, und Aufmerksamkeit kann geschult werden. Gisela Preuschoff und Rona Mohr (2001) versprechen: Wenn man diesen Weg geht, «ändert sich (die) innere Haltung. (...) Wer seine innere Haltung ändert, kann auch sein Verhalten ändern. Verhalten wächst aus Haltung.» Jon und Myla Kabat-Zinn (2000) betonen, dass es sich hierbei um etwas ganz Praktisches handelt: «Es geht darum, durch eine liebevolle und zugewandte innere Haltung eine wirkliche Verbindung herzustellen. Sie können (dies) in Ihrem Leben ... ebenso kultivieren, wie Sie Tomaten oder Mais in Ihrem Garten ziehen. Dieses Kultivieren meinen wir, wenn wir von *Übung* sprechen.» Georg Kühlewind (2001) konkretisiert: «Zum Erkennen eines Kindes (ist) eine weitgehend formfreie (unvoreingenommene, vorurteilsfreie, absichtslose, H.K.) Aufmerksamkeit notwendig.» Nur so lernen wir, «die unbenennbaren und ... einzigartigen Qualitäten» zu erfassen.

Es gibt zwei grundverschiedene Arten von Aufmerksamkeit. Erstens die aus Distanz «anstarrende», abschätzende, beurteilende, analytische Aufmerksamkeit. Kühlewind bezeichnet sie als «nicht-kommunikativ»: Genau genommen ist Aufmerksamkeit hier das falsche Wort. Man könnte sagen: Der harte Wille waltet in der Wahrnehmung. Wir lassen die Erscheinungen nicht auf uns und in uns wirken, sondern okkupieren sie mit vorgefertigten Begriffen und Zuordnungen. Diese Fähigkeit ist als solche nicht negativ, im Gegenteil, wir brauchen sie auf der Erde. Aber wohin sie im Verhältnis von Mensch zu Mensch führt, hat Rudolf Steiner (GA 186) sehr deutlich ausgesprochen: «Wir gehen aneinander vorbei wie Gespenster. Das eine Gespenst macht sich die Vorstellung: Das ist ein netter Kerl. – Das andere: Das ist ein weniger netter Kerl, das ist ein böser Mensch, das ist ein guter Mensch – lauter solche abstrakte Begriffe. Wir haben in dem Verkehr von Mensch zu Mensch nichts anderes als ein Bündel abstrakte Begriffe.»

Das beziehungsbeendende und verdinglichende analytische Prinzip hat nichts gemein mit der *wahren* Aufmerksamkeit, die man als vorbehaltlose Anteilnahme oder wachsame Einfühlung bezeichnen kann. Man wendet diese Kraft auf, wenn man sich zum Beispiel in den Anblick eines Gemäldes vertieft und bis zu dem Punkt gelangt, wo man nicht mehr «über» das Gemälde nachdenkt oder es «neugierig anstarrt», sondern wirklich *hineingeht*. Nun besteht allerdings die Gefahr, dass man, indem man hineingeht, fortträumt. Dann ist es wiederum keine Aufmerksamkeit, sondern ein Sich-Verlieren im Gegenüber (sei es ein Gemälde, ein Baum, ein menschliches Antlitz oder was auch immer). Man kann aber auch «eintauchen», ohne schläfrig zu werden, sich vertiefen, ohne fortzuträumen. Ja, mehr noch: Man kann erleben, dass gerade im Sich-Verbinden höchste Geistes-Gegenwart (Ich-Präsenz) möglich ist.

Hier stoßen wir auf etwas Geheimnisvolles. Wahre Aufmerksamkeit ist ein – wenn man so will – paradoxer Zustand, der sich mit den Worten umschreiben lässt: In der Andachtsstimmung des Einsseins mit dem Anderen komme ich zu mir.

Vorbehaltlose Hinwendung zum Du in einer Stimmung der fragenden, staunenden, anteilnehmenden Achtsamkeit ist die höchstentwickelte Ich-Aktivität. Hier kann man den Übersprung vom Ego-Bewusstsein zum – höheren – ICH-Bewusstsein erleben. Jeder kann das im Prinzip. Aus «mich» oder «mein» erhebt sich ICH, und aus dem ICH spricht der Mensch: Du. «Ich werdend spreche ich Du.» (Martin Buber)

Die japanischen Haiku-Dichter machen uns vor, wie man sich mit dieser inneren Haltung den Naturerscheinungen zuwenden kann. Hier wird das dialogische Prinzip als Wahrnehmungsprizip, wie es Martin Buber verstand, ganz handgreiflich: Welt als Du.

Auf dem harten Zweig
Sitzt noch eine Krähe
Am Herbstabend.
Wenn ich spreche
Erzittern die Lippen kalt
Im Herbstwind.
Stille!
In das Felsengestein
Dringt der Zikaden Ton.
Mondenschimmer.
Die vier Pforten, vier Richtungen
Sind nur eins.
(Masaoka Shiki)

Aus meiner Feder stammt das folgende Stimmungsbild über ein Kind (nicht formstreng nach Haiku-Regeln, aber haikuartig):

Im Abendsonnenlicht
ist ihr Haar
wie dunkler Honig.
Schwarz ihre Augen,
hauchfein umkränzt
von Himmelblaugrün.
Sie sitzt mit gekreuzten Beinen,
hüftan aufgerichtet

wie eine Kerze,
und neigt den Kopf,
als lauschte sie.
Ihre leeren geöffneten Hände
zu mir hin mit der Geste des Bittens
oder Schenkens.
Es ist dasselbe.

Kleine, unscheinbare Momente und Begebenheiten so tief (und zugleich wach) in sich aufzunehmen, dass erlebbar wird: *Ich muss nur hinschauen, hinhören, hinfühlen, um die Poesie der Wesensäußerungen des Kindes zu erfassen und innerlich darauf antworten zu können,* das ist ein künstlerischer Übungsweg, um sich allmählich jenen *anderen Blick* des «erkennenden Fühlens» (Kühlewind) anzueignen, den wir brauchen, um das rechte Fingerspitzengefühl, die rechte Geschmeidigkeit, das rechte Improvisationsvermögen im Umgang mit dem Kind zu entwickeln. «Man sieht nur mit dem Herzen gut», sagt der kleine Prinz. Und man kann nur sehenden Herzens Erziehungskünstler sein. *Er*ziehungskunst ist *Be*ziehungskunst.

«Das geistige Urbild des Menschen müssen wir durchschauen lernen durch seine Bildnatur. Durchsichtig gewissermaßen wird ... der Mensch dem Menschen werden. Wie das Haupt geformt ist, wie der Mensch geht, wird mit anderem innerem Anteil und mit anderem innerem Interesse geschaut werden, als es heute noch in den menschlichen Neigungen liegt. (...) Man muss den Menschen empfinden lernen als das Bild seines ewigen, geistig-übersinnlichen Wesens», sagt Rudolf Steiner (GA 185). Er sprach oft und eindringlich von der Notwendigkeit, das erkennende Fühlen auszubilden. Die «schwierigen» Kinder fordern uns auf, bei ihnen damit zu beginnen. Das ist der tiefere Sinn ihres «Schwierigseins». Sie geben uns Gelegenheit, eine Fähigkeit zu schulen, auf die in Zukunft *alle* Pädagogik wird gegründet sein müssen.

Frappierend ist, dass sich die diesbezüglichen inneren Bemühungen des Erwachsenen spürbar auf das Kind auswirken. Steiner hat in seinem *Heilpädagogischen Kurs* das so genannte «pädagogische Gesetz» formuliert. Dieses besagt unter anderem, dass der Erzieher auf das «astralische» – emotional-affektive – Gefüge des Kindes von der *Ich-Ebene* aus heilend, befriedend, harmonisierend wirken kann. Was ist damit gemeint? Manche Waldorfpädagogen haben es wohl missverstanden. Sie setzen «Ich-Kraft» mit gebündelter Willensenergie, Entschiedenheit und Durchsetzungsvermögen gleich – eine typische Voreiligkeit der westlichen Kultur, die den «harten

Willen» (Kühlewind) glorifiziert. Deshalb glauben sie, dem genannten Aspekt des pädagogischen Gesetzes Genüge zu tun, indem sie Strenge walten lassen. Nichts gegen Strenge im richtigen Moment, aber Steiner hatte zweifellos mehr als diese Binsenweisheit im Blick.

Kühlewind pflegt zu sagen: «ICH *ist* Aufmerksamkeit.» (Egoität ist harter Wille.) Unvergessen bleibt mir ein Satz von Hans Müller-Wiedemann: «Indem wir uns in die Erscheinung eines Kindes wirklich vertiefen», erklärte er mir, «wird sie durchscheinend.» Was scheint hindurch? Das Unnennbare, nur mit der formfreien Aufmerksamkeit Erfassbare. Aufmerksamkeitsschulung in Verbindung mit der Übung, sich bewusst jeglichen (Verstandes-)Urteils zu enthalten, ist nicht nur der Königsweg zu einer pädagogischen Improvisationskunst aus Herzens- und Geistesgegenwart – wir entbinden auf diese Weise auch die im pädagogischen Gesetz angesprochenen Heilkräfte, die vom Ich des Erwachsenen auf das emotional-affektive Gefüge des Kindes wirken.

*

Wende dich täglich für kleine Augenblicke mit ungeteilter Aufmerksamkeit dem Kinde zu, ganz innerlich zur Ruhe kommend. Lasse das Kind auf dich wirken und versuche an nichts anderes zu denken. Sei mit deinem ganzen Wesen *Frage* und *Bereitschaft*.

Diese Art der Beziehungsaufnahme braucht nicht durch äußere Zeichen zum Ausdruck gebracht zu werden. Es soll ein ganz diskreter Vorgang sein.

Nimm dir später eine Viertelstunde Zeit, um dich zurückzuziehen und den Eindruck, den jener Moment in dir hinterlassen hat, erinnernd zu vergegenwärtigen. Beschreibe das Bild, das vor deinem inneren Auge entsteht. Bemühe dich, Worte zu finden, die der Würde des Ereignisses angemessen sind – schnörkellose, aber wohl erwogene Worte. (In der Poesie ist wenig mehr.) Hüte dich vor Interpretationen, Deutungen, Bewertungen, abschweifenden Assoziationen.

Allmählich entsteht ein Buch.

Poetische Miniaturen über dein Kind, verfasst in einer gelassenen, leise verwunderten Stimmung, mit «Andacht zum Kleinen» (Rudolf Steiner), in Dankbarkeit.

*

Der «poetische Weg» ist *eine* Annäherungsmöglichkeit, die sich gewiss nicht für jeden eignet.

Wer konkrete meditative Übungsanweisungen sucht, wird in Georg Kühlewinds Büchern *Der sanfte Wille* und *Sternkinder* fündig. Verschiedene Anregungen zur Eröffnung der inneren Ebene der pädagogischen Beziehung finden sich auch in meinem Buch *«Schwierige» Kinder gibt es nicht.* Kühlewind und ich arbeiten an einer gemeinsamen Publikation zu dieser Thematik. Der Satz «Wende dich täglich ...» (S. 168) ist §1 eines zwölf Leitsätze umfassenden Wegweisers, der unter der Überschrift «Schritte eines pädagogischen Bewusstseinswandels mit besonderem Hinblick auf rätselhafte Kinder» in dem geplanten Buch enthalten sein wird.

Sternkinder – gibt es die überhaupt?

Stellungnahme zu einer Streitfrage, die nicht mal eben so mit links zu klären ist

Georg Kühlewind hat ein Buch mit dem Titel «Sternkinder» geschrieben. Er beschäftigt sich dort mit den Phänomenen, die auch Anlass für das «Indigo-Kinder»-Buch von Lee Caroll und Jan Tobler gegeben hatten. In der anthroposophischen Öffentlichkeit wurden dann Stimmen laut, die behaupteten, von einer neuen Kindergeneration oder dergleichen könne gar keine Rede sein. Ist Kühlewind Falschmeldungen aufgesessen? Oder bildet er sich nur etwas ein? Der Text war ursprünglich für eine anthroposophische Zeitschrift als Leserbrief bestimmt, um Georg Kühlewind gegen unsachliche Angriffe zu verteidigen.

Wie viele meiner Leser wissen, habe ich mich immer dagegen gewandt, auffällige Kinder und Jugendliche in erster Linie als defekte oder defizitäre Wesen zu betrachten. Bereits mein erstes Buch zur Pubertätsmagersucht war ein Appell, die Krankheit als Ausdruck einer Respekt gebietenden, wenn auch in die Irre gehenden Sehnsucht nach Liebe und Freiheit zu verstehen. Die Verteidigung grenzgängerischer Schicksale gegen die sich selbst feiernde pathologische Normalität war von Anfang an mein Thema. Wenn sich ein Mensch davon überzeugen lässt, dass es am besten sei, im Zweifelsfall immer den Weg des geringsten Widerstands zu gehen, nennt man dies eine erfolgreiche Sozialisation. Manche jedoch folgen, obwohl niemand sie dazu zwingt, dem umgekehrten Prinzip. Sie *suchen* Widerstände. Ihr Leben *ist* Widerstand (und Risiko). Von Kindesbeinen an. Das interessierte mich. Ich spürte: Deterministische Erklärungen (Gene, Umwelt, Erziehung) greifen hier nicht. Schon als Jugendlicher hatte ich mich begierig mit Biografien beschäftigt, die im Zeichen des leidvollen Andersseins standen (Beethoven, Kafka, Trakl u.a.). Sie verlangten mir Ehrfurcht ab. Und diese Ehrfurcht vertrug sich nicht mit den gängigen Vorstellungen. Sie verlangte nach *adäquaten* Denkfiguren. Eine solche fand ich ausgerechnet bei Jean Paul Sartre, dem angeblichen Erzmaterialisten und Nihilisten: «Jeder Mensch wählt sich», schrieb er in seinem berühmten Essay *Der Existenzialismus ist ein Humanismus,* «und indem er sich wählt, wählt er alle Menschen.» Der Satz ließ mich nicht mehr los. Er löste sich aus dem Sartreschen Kontext, entwickelte ein Eigenleben und warf Fragen über Fragen auf. Den Weg, einer Antwort auf diese Fragen näher zu kommen, wies mir dann Rudolf

Steiner. Seine Mahnung, «hinzuschauen auf den vorgeburtlichen Menschen (und) zu empfinden … das Rätsel der Geburt» (GA 296), erreichte mich wie eine ganz persönliche Botschaft. Das ist seither mein Thema. Dort habe ich mein Basislager aufgeschlagen. Ich versuche, an der Nahtstelle zwischen Philosophie und Anthroposophie, zwischen Denkarbeit und Meditation das Phänomen des *gewählten Andersseins* zu ergründen – mit besonderem Hinblick auf Kinderschicksale, die ein Geheimnis bergen. Hierbei lautet die große übergeordnete Frage: Was geschieht «im Blitz des Zur-Welt-Kommens» (Peter Sloterdijk)? Oder: Was ist «Inkarnation»? *Was tut der Geist im Leib, und wie kommt er dorthin?*

Um 1993/94 erlebte ich diesbezüglich so etwas wie einen inneren Durchbruch und begann in Andeutungen darüber zu sprechen und zu schreiben, dass viele so genannte verhaltensgestörte Kinder nach meiner Überzeugung auf tragische Weise missverstanden werden, wenn man die spirituellen Hintergründe ihrer «Sozialisationsverweigerung» nicht berücksichtigt. Damals zeichnete sich, wenn ich es so ausdrücken darf, an meinem geistigen Wahrnehmungshorizont etwas ab, was mich selbst in großes Erstaunen versetzte. Ausschlaggebend waren

- Schlüsselerlebnisse in der therapeutischen Arbeit mit Kindern
- Berichte von Eltern, ErzieherInnen und LehrerInnen
- Erkenntnisse der neueren Kindheitsforschung
- gewisse Fortschritte in dem Bemühen, ein erkennendes Fühlen für die verborgene Seite des Empfängnis- und Geburtsgeschehens zu entwickeln.

Die großen Fragen, die uns in *dieser Welt*
bewegen, sind Erinnerungen an die
Beweggründe, *jene Welt* zu verlassen.

Die großen Ängste und Unsicherheiten,
die uns in dieser Welt quälen,
sind unterlegt von Erinnerungen
an die großen, leuchtenden Ziele,
die wir, mutvoll *und* erschrocken,
in jener Welt geschaut.
(Aus dem Buch *Was haben wir nur falsch gemacht?*)

Aus alledem formte sich eine Vermutung, die mir inzwischen zur Gewissheit geworden ist: Seit einigen Jahrzehnten finden – mit ansteigender Tendenz – Veränderungen im Raum der Kindheit statt, die nicht länger ignoriert werden dürfen und deren eigentliche Bedeutung im Dunkeln bleiben muss, solange man in alten Denkbahnen weitertrottet. Wir müssen uns gegen die üblichen stupiden Vereinfachungen verwahren. Ich denke vor allem an das philiströse Normalitäts- und Funktionalitätsgefasel sowie an die Degradierung des Kindes zum «bloßen Resultat» (James Hillman) aus biologischen Anlagen und äußeren Einflüssen.

Ich will meine These zuerst in wenigen Sätzen zusammenfassen, um sie dann Punkt für Punkt zu erläutern:

Wir sind Zeugen eines epochalen Erscheinungswandels der Kindheit. Der Prozess läuft darauf hinaus, dass die Menschen kommender Generationen nicht nur anders denken, fühlen und wahrnehmen werden, sondern dass sich – bis ins Körperliche hinein – das ganze menschliche Wesensgefüge neu ordnet. Einerseits bilden sich Fähigkeiten heraus, die geeignet sind, das Denken zum Geistigen zu erheben und eine neue Kultur der Zwischenmenschlichkeit zu begründen (Lichtaspekt), andererseits droht die Gefahr einer desaströsen allgemeinen Orientierungslosigkeit (Schattenaspekt).

Alle Phänomene des Wandels laufen in einem Punkt zusammen: Die Menschen werden in gewisser Hinsicht immer individueller. Das noch in hohem Maße an die allgemeinmenschliche Triebstruktur gebundene Ego hat seinen höchsten Entwicklungsstand erreicht und beginnt sich nun umzubilden zur «Schale» für das eigentliche, geistige Selbst.

Einzelne Kinder (es werden immer mehr) sind «Herolde» des Wandels, der jedoch unterschwellig die *ganze* Kindheit erfasst hat. Sie bilden die Vorhut. Bei ihnen zeigt sich das Kommende – der Lichtaspekt, aber auch der Schattenaspekt – besonders deutlich. Als «Verfrühte» gehen sie ein hohes Risiko ein.

Sie wollen uns veranlassen, die Dinge so einzurichten, dass sich die kommenden Kindergenerationen auf der Erde heimisch fühlen können.

Um sich ein Urteil über den Wahrheits- oder Wahrscheinlichkeitsgehalt dieser Behauptungen bilden zu können, gilt es zunächst, die folgenden Phänomene *ohne voreilige vordergründige Bewertungen* zur Kenntnis zu nehmen und dann vorsichtig zu versuchen, ihre geistigen (!) Hintergründe auszuleuchten:

1. Die Kinder entwickeln sich immer unterschiedlicher (interindividuelle Variabilität).
2. Die Entwicklungsverläufe sind, gemessen an der konventionellen Norm, in sich widersprüchlich (intraindividuelle Variabilität).
3. Typologische Zuordnungen werden immer schwieriger.
4. Das Individuelle regt sich immer früher (allgemeine Akzelarationstendenz).

5. Der alte Intelligenzbegriff taugt nichts mehr, die Begabungslandschaft verändert sich.
6. Sogar die Gehirne verändern sich.
7. In der Kleinstkindforschung müssen herkömmliche Positionen aufgegeben werden.
8. Immer mehr Kinder sind «verhaltensauffällig» – auch solche, die in geordneten, liebevollen Verhältnissen aufwachsen. Manche Fachleute sprechen schon von 30, ja 40 Prozent Normabweichungen. Sehr oft wirken diese Kinder jedoch, unvoreingenommen betrachtet, bei aller «Seltsamkeit» weder beeinträchtigt noch beschädigt, sondern einfach anders.

In Hinsicht auf die Punkte 1, 2, 3, 5 und 7 ist anzumerken, dass man darüber streiten kann, ob sich der Blick der Forscher auf die Wirklichkeit verändert hat – oder die Wirklichkeit selbst. Ich glaube, beides geht Hand in Hand. Wenn man die unter 4, 6 und 8 genannten Phänomene mit den übrigen zusammenschaut, kann daran eigentlich kein Zweifel mehr bestehen.

Zu den einzelnen Punkten:
1. Führende Entwicklungsforscher stellen fest, dass die klassischen normativen Standards nicht mehr gelten. So schreibt z.B. Remo H. Largo, die «interindividuelle Variabilität» kindlicher Entwicklungsverläufe sei «in jeder Hinsicht so groß, dass Normvorstellungen irreführend sind». Der Mensch wird – buchstäblich – immer *unberechenbarer*.[1]
2. Auf die klassische, geordnete Stufenfolge sensomotorischer, sozialemotionaler und kognitiver Reifungsschritte ist kein Verlass mehr. Natürlich kann uns dieser urbildliche Verlauf auch heute noch als ungefähre Richtschnur dienen, aber man muss erkennen, dass sich nach und nach eine neue «Regel der Regellosigkeit» etabliert: Jedes Kind entwickelt sich nach individuellem Duktus: teils schnell oder sehr schnell, teils mittelmäßig, teils langsam oder sehr langsam. Oft ist auch zu beobachten, dass aus unerfindlichen Gründen in verschiedenen Altersabschnitten auf verschiedenen Ebenen «Bremsmanöver», «Beschleunigungen» oder jähe Stellungswechsel in Bezug auf Motivations- und Interessenschwerpunkte stattfinden, die Eltern und Lehrer vor Rätsel stellen. (Ich habe manchmal das Gefühl, die geistige Welt hätte beschlossen, der Montessori-Pädagogik eine Bresche zu schlagen. Denn dort hat man, obwohl das Phänomen früher noch längst nicht so deutlich war, schon immer gesagt: Jedes Kind folgt, so man es ihm gestattet, seiner eigenen Phasen-Gesetzmäßigkeit.) Andererseits scheinen sich immer mehr Kinder immer früher gewisser-

maßen zu spezialisieren, so als hätten sie einen sehr entschiedenen Plan, worauf sie sich in diesem Leben konzentrieren wollen. Das wirft besonders in der Schule Probleme auf. Die Entwicklungspsychologin Eilen Winner (2002) schreibt: «Die vielen Kinder, die auf einem Gebiet begabt und in anderen schwach oder gar lernbehindert sind, stellen uns vor ein Dilemma. Wenn die Schule sie als allgemein Talentierte behandelt, werden sie in ihren schwächeren Fächern andauernd frustriert; bremst man sie aber wegen ihrer Defizite, langweilen sie sich in ihren starken Fächern und fühlen sich unglücklich. Wenn frustrierte, ungleichmäßig begabte Kinder als Außenseiter oder Störenfriede enden, bleiben ihre Talente im schlimmsten Fall sogar völlig unbemerkt.»

Man kann nun (s.o.) behaupten, kindliche Entwicklungsverläufe seien schon immer so verschieden, so originell, unvorhersehbar und voller Widersprüche gewesen, nur habe es bislang niemand bemerkt. Das ist nicht ganz falsch, aber auch nicht ganz richtig. Früher blieb das «Eigene» bis zur Pubertät mehr im Hintergrund, eingehüllt in das «Allgemeine» (aber für den aufmerksam-liebevollen Blick sehr wohl erkennbar). Gewiss gab es immer einen bestimmten Prozentsatz von «seltsamen» Kindern. Aber heute scheint sich die Norm, nach der «Seltsamkeiten» zu bemessen wären, als solche aufzulösen. Das ist neu. (Wir wollen ja die Altmeister der Entwicklungspsychologie und Entwicklungspädiatrie nicht allesamt als Dummköpfe hinstellen. Dass von Jahrzehnt zu Jahrzehnt das Individuelle immer mehr betont wird, hängt damit zusammen, dass es auch immer deutlich und früher zutage tritt.)

3. Auch *typologisch* vollzieht sich ein Differenzierungsprozess, der uns zwingt, von herkömmlichen Grobeinteilungen (etwa nach Temperament oder Konstitution) Abschied zu nehmen. Wir stehen heute vor einem weit ausgefächerten charakterologischen Spektrum mit fließenden Übergängen. Eigentlich kann man gar nicht mehr von «Typen» reden. Für das, was wir tatsächlich antreffen, wäre die Bezeichnung *Wesensähnlichkeitsgruppen mit großer individueller Variationsbreite* passender, wobei die Korrelation mit bestimmten physiologischen Merkmalen allenfalls noch eine untergeordnete Rolle spielt. (Gleichungen wie *athletischer Körperbau = aufbrausendes Wesen* sind längst nicht mehr zuverlässig – falls sie es je waren.) Es ist das Gebot der Stunde, eine Typenlehre der Seelenfähigkeiten und motivationalen Präferenzen (Arbeitstitel) zu entwickeln und an die Stelle der Physio-Typologien zu setzen.[2]

4. Während sich einerseits auf allen Ebenen alles immer mehr ausdifferenziert, imponiert andererseits im statistischen Schnitt eine seit Jahrzehnten anhaltende allgemeine Akzelerationstendenz. Lange gültige

entwicklungspsychologische Eckdaten müssen korrigiert werden:
– Immer mehr Neugeborene brauchen nicht mehr Tage oder Wochen, ehe sie dazu fähig sind, Blickkontakt aufzunehmen – sie tun es sofort nach der Entbindung.
– Früher galt als Faustregel, dass die Kinder im dritten Lebensjahr «ich» zu sich zu sagen beginnen. Heute geschieht dies zumeist schon im zweiten Lebensjahr.
– Erste Anzeichen der klassischen Krise in der Mitte der Kindheit («Rubikon») sind vielfach bereits im siebten, achten Lebensjahr zu beobachten.
– Die körperliche Pubertät setzt heute im Schnitt zwei bis drei Jahre früher ein als noch vor fünfzig Jahren. Das gilt auch für den pubertären Identitätskonflikt und die damit verbundenen Freiheitsansprüche.
5. Auch die Lernpsychologie und die Intelligenzforschung stehen vor neuen Herausforderungen. Begriffe wie «emotionale Intelligenz», «kreative Intelligenz», «intuitive Intelligenz» oder «spirituelle Intelligenz» sind in aller Munde (vgl. Gardner 1994, Greenspan u. Benderley 1997, Goleman 1997, Shapiro 1999, Dreitzel 1992, Ciaramicoli 2001, Zohar u. Marshall 2000). Wenn ein Thema so viel Furore macht, kann man davon ausgehen, dass auf dem betreffenden Gebiet die Lebenswirklichkeit der Wissenschaft davongeeilt ist und letztere nun eine Art Aufholjagd veranstalten muss, um begrifflich wieder auf der Höhe der Zeit zu sein. Das heutige Erziehungs- und Bildungswesen geht von antiquierten Voraussetzungen aus. Die herkömmlichen Prinzipien des Unterrichtens passen von Jahrzehnt zu Jahrzehnt weniger zu den seelischen und geistigen Bedürfnissen der heranwachsenden Menschen. Man kann sogar physiologisch belegen – siehe Abschnitt 6 –, dass sich, von Generation zu Generation deutlicher, Veränderungen der anthropologischen Grundbefindlichkeit (mit Rudolf Steiner gesprochen: des «Wesensgliedergefüges») vollziehen – während die alten Maßstäbe für Normalität, Intelligenz und Begabung uneinsichtig weitergeschleppt werden.

Immer mehr Kinder nehmen die Welt anders wahr, kommunizieren und lernen anders, melden andere vitale Interessen an und brauchen andere Anreize, als es früher die Regel war.

Howard Gardner gehörte zu den ersten, die darauf aufmerksam wurden, dass wir, was die Begabungsbeurteilung angeht, heute von einem veralteten und völlig unangemessen genormten Menschenbild ausgehen. Er formulierte schon in den achtziger Jahren (1983) die erste Fassung seiner «Theorie der vielfältigen Intelligenzen» und unterscheidet acht (mittlerweile neun) gleichwertige Grundbegabungen, von denen die mathematisch-logische, die in unserer Kultur nach wie vor eine ganz unangemessene Priorität genießt, nur *eine* ist, neben (beispielsweise) der räumlich-kinästhetischen, der naturbezogenen, musikalischen oder interpersonalen Intelligenz. In den USA richten sich immer mehr Schulen nach seinen Erkenntnissen. (Ich forsche seit einiger Zeit mit besonderem Hinblick auf «Problemkinder» in eine ähnliche Richtung und werde, wenn die Zeit reif ist, etwas dazu publizieren.) Noch entschiedener als bei Gardner wird in anderen, neueren Publikationen die Notwendigkeit hervorgehoben, «metarationale» Kompetenzen – meistgebrauchte Adjektive: emotional, sozial, kreativ, intuitiv, spirituell – mindestens ebenso hoch zu bewerten wie die hoffnungslos überschätzte IQ-Intelligenz. Noch einmal: Der Umstand, dass sich seit ca. fünfzehn bis zwanzig Jahren so viele innovative Denker und Forscher auf das Thema werfen, kann getrost als Beleg dafür gewertet werden, dass seither die betreffenden Seelenfähigkeiten immer häufiger und deutlicher zutage treten und Beachtung fordern. *Der Mensch ändert sich.*

6. Dass man ohne Übertreibung von einem *epochalen Erscheinungswandel der Kindheit* sprechen kann, bestätigen auch Hirnforscher. Zumindest was unseren Kulturkreis betrifft, ist «in der Tat, eine deutliche Veränderung des Menschengeschlechts in den letzten dreißig Jahren nicht vom Tisch zu wischen», schreibt Barbara Thielmann (die dem «Indigo-Kinder»-Mystizismus eher skeptisch gegenübersteht.) «Die Menschen werden intelligenter (aber eben nicht nur IQ-intelligenter, H.K.) und zugleich auch intuitiver.» Das ist die Quintessenz von Forschungsergebnissen der Münchner *Gesellschaft für Rationelle Psychologie* (GRP), die seit Jahrzehnten neurologische Längsschnittun tersuchungen durchführt und Veränderungen protokolliert, die sich in der Breite vollziehen. Henner Ertel, ein Mitarbeiter der GRP, erklärt (2001): «Wenn der Entwicklungsprozess in dem Tempo weitergeht, leben bereits in fünfzig Jahren völlig andere Menschen. Sie empfinden anders. Sie denken anders. Sie reagieren anders.» Heinz Wässle, Professor am Frankfurter Max-Planck-Institut, stellt fest: «Das Gehirn organisiert sich neu.» (Sagen wir wiederum umfassender: Das menschliche Wesensgliedergefüge organisiert sich neu.)

Die Interpretation neurologischer Daten ist ein schwieriges Unterfangen und bleibt letztlich spekulativ. Deshalb will ich nicht darauf eingehen, was die Hirnforscher aus ihren Messergebnissen schließen. Man kann – je nach Neigung – positive oder negative Aspekte herausstreichen. Hier genügt es festzustellen, dass die Veränderungen, die auf der Ebene seelischer Phänomene zu beobachten sind, mit physiologischen Veränderungen korrelieren. Vieles deutet darauf hin, dass, entsprechend der modernen Hemisphärentheorie von Roger Sperry (1913 – 1994), die rechte Gehirnhälfte zunehmend an Bedeutung gewinnt (vgl. auch Gazzaniga 1998, Schiffer 1997, 1999, Freed u. Parsons 1998). Mit anderen Worten: Das abstrakte, formale, distanzierte, planende, analytische, serielle Denken weicht zurück, während sich immer mehr Gehirne so organisieren, dass sie für das konkret-wahrnehmungsbezogene, bildhafte, räumliche, emotionale, intuitive, synthetisierende (integrale) Denken geeignet sind. Man kann dafür, wie es Barbara Thielmann (2001) andeutet, den Medieneinfluss – die Dominanz virtueller Bildwelten – verantwortlich machen. Ich halte das für kurzschlüssig. Unsere Kultur ist hochgradig linkshirnlastig. Die Kinder sind in diesem Prinzip regelrecht gefangen, es dringt von allen Seiten auf sie ein, beherrscht unseren Alltag und unsere Kommunikationsformen, regiert in der Schule. Die inneren, bilderzeugenden Fähigkeiten, die dabei auf der Strecke bleiben, werden durch Fernsehen gerade *nicht* gepflegt. Ganz im Gegenteil. Auch Computer sind kaum dazu angetan, Fantasiekräfte anzuregen, die «emotionale Intelligenz» zu fördern und das intuitive Vermögen zu steigern. Zohar und Marshall (2000) betonen, dass «serielles Denken (also das linkshirnige intellektuelle Prinzip, H. K.) große Ähnlichkeit mit der seriellen Verarbeitung (hat), die … Computer leisten». Die digitalisierte Kinderstube ist ein Treibhaus für *gefühllose Intelligenz.* Kurz: Obwohl *alles* getan wird, die Fähigkeiten, die man seit Sperry der rechten Gehirnhälfte zuschreibt, zu ruinieren, sind dieselben auf dem Vormarsch! Und das ist höchst verwunderlich.

«Links meets rechts», fasst Eckhard Schiffer (1999) die gegenwärtige Lage zusammen. Es sei das Gebot der Stunde, den «Homo ludens» aus der Knechtschaft des «Homo faber» zu befreien. In der Schule könnte ein Anfang gemacht werden: durch interaktive, erlebnis- und handlungsbezogene, spielerische, kreative und nach Grundbegabungen differenzierte Lernformen. «Durch die Sinne zum Sinn» (Otto Schärli), von der Lehranstalt zur Lebensschule – *das* wäre die angemessene (weitsichtige) Antwort auf den so genannten PISA-Schock: endlich zu begreifen, dass die alte Wissens vermittlungsschule ausgedient hat. Aber man stemmt sich gegen notwendige Reformen und will stattdessen die Zeit zurückdrehen. Andererseits – das lässt hoffen – sorgen die Kinder für unumkehrbare Tatsachen. Sie eilen der trägen gesellschaftlichen Entwicklung voraus. Es ist *zu* sinnreich, um als Zufall durchzugehen, dass sie sich in immer größerer Zahl kategorisch weigern, nach den Prinzipien des «Homo faber» zu lernen …

Die GRP liefert neurologische Daten zu einer immer mehr sich zuspitzenden allgemeinen Bewusstseinskrise, die von aufmerksamen Zeitbeobachtern seit ca. dreißig, vierzig Jahren konstatiert wird und von der in zunehmendem Maße die Kinder betroffen sind. Anders ausgedrückt: Liegt es in den «okkulten» (verborgenen) Intentionen einer wachsenden Anzahl von Kindern, dafür zu sorgen, dass wir der Krise endlich nicht mehr ausweichen, sondern uns ihr stellen und die darin liegende Botschaft der geistigen Welt vernehmen? Das wäre aus anthroposophischer Sicht die naheliegende und angemessene «Arbeitshypothese». Wird sie jedoch in anthroposophischen Zusammenhängen geäußert, z.B. von Georg Kühlewind, erhebt sich sogleich mächtiger Gegenwind. Warum?

Eine Krise ist ein Übergangsstadium zu etwas Neuem – mit Gefahren und Leiden verbunden, aber nicht «schlecht», sondern unausweichlich und zukunftsöffnend. Man muss die Gefahren erkennen, um ihnen begegnen zu können. Man muss aber auch die Keime des Neuen erkennen, um ihnen die rechte Pflege angedeihen zu lassen. Es könnte sich als folgenreiche Ignoranz erweisen, einfach zu behaupten: «Da ist nichts ‹Neues› ... Keine Kinder, die mit besonderen Aufgaben (und Fähigkeiten) die Erde beträten ... nichts dergleichen ...»

Ich biete ein Bild an: In dieser Schwellenzeit verbindet *alle* Kinder wie ein unsichtbares Band eine gemeinsame Aufgabe. Sie wollen bestimmte Entwicklungen anstoßen, heilsame soziale Prozesse in Gang setzen, Keime für Zukünftiges legen. Aber nicht alle haben bei diesem «Projekt» dieselben Aufgaben. Es gibt in der Tat eine Art Arbeitsteilung. Darauf hinzuweisen bedeutet nicht die geringste Wertung. *Jedes* Kind ist ein Himmelsbote! Und *jedes* Kind nimmt heute tief innerlich teil an den großen Veränderungen, die sich vollziehen. Die einen stürmen voran, die anderen sichern den Rückraum. Man vertiefe sich in die Vorstellung, sie hätten regelrecht verabredet, wer welche Rolle übernimmt! Die einen pflegen das Bestehende und sorgen dafür, dass nicht alles aus den Fugen gerät. Die anderen holen die Zukunft ins Heute – und machen sich natürlich unbeliebt. Jene brauchen keine Lobby. (Ihnen ist keiner feindlich gesonnen. Ihnen rückt keiner mit Ritalin und sonstigen Zumutungen zu Leibe.) Diese aber sind darauf angewiesen, dass wir sie erkennen und verteidigen, denn ohne unseren Beistand schweben sie in großer Gefahr. – Gewiss, das ist «nur» ein Bild, die Grundskizze für einen Mythos. Wir übertreten hier die Grenze zu einer Wirklichkeitsebene, die eigentlich nur noch bildhaft oder poetisch beschreibbar ist. Aber es gibt einen Unterschied zwischen Fantastereien und Wahrbildern. Hier haben wir ein Wahrbild. Und ich stimme James Hillman, Neil Postman und anderen zu, wenn sie sagen, die Zeit brauche neue Mythen, neue «Meta-Erzählungen» ...

7. Auch im Bereich der Kleinstkindforschung findet eine stille Revolution statt. Ging man bisher davon aus, einem Säugling sei kein Eigenwille, keine kommunikative Kompetenz, kein Unterscheidungsvermögen zuzugestehen, sondern er gehorche ausschließlich seinen Triebregungen und unterliege ansonsten wehrlos den Umwelteinflüssen, setzt sich nun die Einsicht durch, dass vom ersten Lebenstag an ein gestaltungsfähiges, auswählendes, neugieriges, Kontakt knüpfendes Selbst die Entwicklung steuert – auch wenn es erst im Verlaufe des zweiten Lebensjahres als Ich «zur Sprache kommt». Im Hinblick auf den Beginn des Erdenlebens zeichne sich ein neues Menschenbild ab, schreibt Martin Dornes: «das Bild eines aktiven, planenden, nach Meisterung strebenden Subjekts». In neueren Darstellungen werden besonders hervorgehoben:

- das angeborene emotionale Einsichtsvermögen
- die überraschend frühe Fähigkeit, Kontingenzen (Sinnzusammenhänge) zu erfassen
- das selektive (auswählende) Nachahmungsverhalten,
- die von Anfang an bemerkbare eigene Interessenlage
- die subjektive Interpretation von Erfahrungen. (Vor allem Jerome Kagan wird nicht müde, hervorzuheben, dass Erfahrungen als solche keineswegs prägend sind, sondern alles davon abhängt, welche subjektiven Interpretationen das Kind an ihnen vornimmt, d.h. welche Bedeutungen es ihnen gefühlsmäßig beimisst.)

Im Zusammenhang mit den oben erwähnten Phänomenen gewinnen diese Beobachtungen besondere Brisanz. Und wiederum ist zu fragen: Hat sich nur der Forschungsstand oder auch der Forschungs*gegenstand* verändert? Angenommen, der «kompetente Säugling» (Dornes), wie er heute beschrieben wird, wäre – zumindest in dieser Eindeutigkeit und Häufigkeit – eine neuartige Erscheinung? Vermutlich hätte die staunenswert frühe individuelle Präsenz (oder wie soll man es sonst nennen?) noch vor wenigen Jahrzehnten *so* nicht nachgewiesen werden können. Es ist nämlich eine Tatsache, dass damals – bis auf sehr wenige Ausnahmen – die Neugeborenen noch wochenlang wie in einen unsichtbaren Kokon eingesponnen waren. Überhaupt ließen sich die Kinder viel mehr Zeit, ihr *Eigenes* zum Vorschein zu bringen. Heute stehen wir immer häufiger vor dem Phänomen einer sehr frühen und sehr entschiedenen Entwicklungsoriginalität. Durch das Erstarken der Individualkräfte – nicht zu verwechseln mit den Ego-Kräften – scheint eine Zeit anzubrechen, in der es immer weniger möglich sein wird, von Kindern im Plural zu sprechen.

Das individualistische Credo, dass jeder Mensch ein Universum für sich ist – bisher eher ein unverbindliches Ideal – wird sich auf eine sehr konkrete Weise bewahrheiten und einen Paradigmenwechsel des pädagogischen Denkens und Handelns erzwingen.
8. Immer mehr Kinder gelten als «schwierig» oder «seltsam», und es ist einfach nicht wahr, dass die meisten von ihnen bei versagenden Eltern aufwüchsen. (Anthroposophen sollten sich mit dieser Behauptung nicht so weit aus dem Fenster lehnen, denn auch in vorbildlichen «Waldorf-Familien» sind «Problemkinder» ziemlich verbreitet.) Man kann sich noch so viel Mühe geben und mit ganzem Herzen bei der Erziehungsaufgabe sein: es gibt trotzdem keine Gewähr. Ich kenne viele Mütter und Väter, die gern mal ein ernstes Wörtchen mit dem lieben Gott reden: «Wie hältst du es eigentlich mit der Gerechtigkeit? Wir tun wirklich alles, um unseren Kindern eine kindgemäße Umgebung zu schaffen, nehmen uns Zeit, pflegen Rituale, verbannen die Medien aus der Kinderstube, achten auf Sinnespflege ... und zwei von unseren Dreien gelten als ‹schwierig›. Die Nachbarn hingegen sind pädagogisch völlig ahnungslos. Sie leben so vor sich hin, ganz im Geist der Zeit. Aber die Kinder funktionieren. Keine Probleme, keine Klagen aus der Schule ... Aus welchem Grund, lieber Gott, soll man sich eigentlich bemühen, den Kindern eine gute Erziehung angedeihen zu lassen?» Ich habe mich zu diesem außerordentlich schwierigen Thema in meinem Buch *Was haben wir nur falsch gemacht?* ausführlich geäußert. Hier mag ein Hinweis genügen: Liebestaten sind (hoffentlich) niemals berechnend. Wir bemühen uns nach Kräften, den Kindern zu geben, was sie brauchen, aber nicht aus Kalkül, sondern *weil es ihnen zusteht* – und auf dass sie möglichst gut gerüstet seien für *ihren* Schicksalsweg. Wir können ihnen ja nichts anderes Bleibendes mitgeben als Liebe, Vertrauen und Wertschätzung. Wohin sie ihr Engel führen wird, liegt *nicht* in unserer Hand. Jeder muss *sein* Kreuz auf sich nehmen.

Wie man es auch dreht und wendet: Die Tatsache, dass immer mehr Kinder aus dem Rahmen fallen und Rätsel aufgeben, lässt sich nicht allein aus äußeren Umständen erklären. Es ist im Grunde widersinnig, bei angenommenen dreißig, vierzig oder mehr Prozent Normabweichungen überhaupt noch von einer Norm zu sprechen. Und die Annahme, Verhaltensauffälligkeiten seien prinzipiell etwas Negatives und müssten möglichst rasch und effektiv beseitigt werden, ist nichts als ein bedingter Reflex, der unendlich viel Schaden anrichtet.

Natürlich sind Kinder, allgemein gesprochen, heute in keiner beneidenswerten Lage. Sie leiden an den atem- und ruhelosen Lebensbedingungen in unserer durchmaschinisierten, zubetonierten, perfektions- und geschwindigkeitssüchtigen Welt. Die Begegnungen mit der Natur sind selten und flüchtig. Man macht sich gar nicht genügend klar, welchen Verlust an Lebensqualität das für Kinder bedeutet. In der Natur findet das Kind Erquickung für Körper und Seele, dort kann es atmen, dort fühlt es sich getröstet – getröstet in dem Teil seiner Seele, der das Dasein in der Welt der «harten Realitäten» erleidet und ablehnt. Die Natur ist der wahre Andachtsraum des kleinen Kindes, denn dort findet es Rückverbindung (religio) zur Sphäre der gestaltenden Urkräfte – zu jenem Dasein in «reiner Kommunikation» (Georg Kühlewind), von dem es Abschied nehmen musste, als es sich auf den Weg zur Erde machte. Vergessen wir außerdem nicht, dass die Natur ein unersetzliches Sinneserfahrungsspektrum bietet. Heute befinden sich viele Kinder, wenn sie eingeschult werden, in Bezug auf die basale Sinnesreifung noch im Kleinkindzustand. Das Körperbild ist unscharf, die Eigenbewegungswahrnehmung beeinträchtigt, das Gleichgewicht instabil. Ängste und Unruhezustände können die Folge sein. Erschwerend kommt hinzu, dass immer mehr Kinder unter Stresssymptomen leiden. Im großstädtischen und großstadtnahen Raum ist bereits die Mehrheit davon betroffen. Zu viel Lärm. Zu viel Hektik. Zu viele Eindrücke. Zu viel Fernsehen. Und so weiter.

Aber was mich noch stärker bewegt als dies alles: Die Kinder tragen mit an der Depression der Zeit, direkt und indirekt. Sie spüren die Kälte, die sich über den Planeten ausbreitet. Sie spüren die Unsicherheit der Erwachsenen um sich herum, ihre Zerrissenheit, ihre Frustration, ihre Überforderung, ihre innere Leere. Ein Schatten liegt auf der Welt und auf unseren Seelen. Es steht schlecht um die Menschheit, und das bleibt den Kindern nicht verborgen, auch wenn wir uns noch so viel Mühe geben, es von ihnen fernzuhalten. Gegen dieses tiefsitzende Gefühl der «Weltangst» (H. E. Richter) oder existenziellen Beunruhigung ist kein Kraut gewachsen. Bundespräsident Johannes Rau hat kürzlich gesagt: «Wir dürfen den Kindern nicht vorgaukeln, die Welt sei heil. Aber wir dürfen ihnen auch nicht das Gefühl geben, sie sei unheilbar.»

Macht man sich dies alles klar und führt sich auf der anderen Seite noch einmal vor Augen, was ich oben beschrieben habe, nämlich wie früh sich immer mehr Kinder (sicherlich *auch* durch die Zeitverhältnisse bedingt, alles hängt mit allem zusammen) aus jenem «unsichtbaren Kokon» befreien und dadurch einen natürlichen Schutz verlieren, den man ihnen gerade in der heutigen Zeit so dringend wünschen würde; wie angreifbar sie sich überdies machen durch ihr *unbeirrbares Anderssein* (wann diskutiert man je über die *Leidensbereitschaft*, die sich darin äußert?), dann wird man eines gewiss nicht tun: die Situation verharmlosen. Ich weiß sehr gut, dass viele verhaltensoriginelle Kinder Hilfe brauchen: Seelenpflegenden Beistand. Das heißt aber zuallererst: tiefe Wertschätzung; aufrichtiges Interesse an dem Geheimnis, von dem sie umgeben sind.

Man wird dann auch bemerken: Es gibt noch eine andere Seite. Eine Seite der Stärke. Wir können doch wieder aufatmen. Die «Problemkinder» haben oft eine große seelische Widerstandskraft, mit der man zunächst gar nicht rechnet. Sie sind einerseits feinfühlig, offen, verletzlich, andererseits so stark, um nicht zu sagen: unbeugsam, dass man sich zuweilen ganz mickrig neben ihnen fühlt. Angesichts dieser wahrlich staunenswerten Mischung drängt sich die Frage geradezu auf: Welchen Auftrag haben sie übernommen im Rahmen des großen Projekts, das Novalis mit den Worten umschrieb: «Wir sind auf einer Mission: zur Bildung der Erde sind wir berufen»? Welche heilenden, zeitwendenden Impulse, welche Zukunftskeime tragen sie herein? Das ist aus anthroposophischer Perspektive *die* entscheidende Frage.

Manche werden nun wieder einwenden (so sicher wie das Amen in der Kirche): «Ja, sind denn dann die ‹unkomplizierten› Kinder schlechtere Kinder?» Ich wundere mich immer, wie man auf so einen Unsinn überhaupt kommen kann. Als Antwort eine Frage, die nur scheinbar vom Thema abweicht: Steht ein Bäcker, der jeden Tag mit sicherer Hand und gediegenem Können sein Brot backt und damit eine sehr wichtige, altehrwürdige Tätigkeit ausübt, auf niedrigerem Rang als beispielsweise ein Komponist, der ganz neue Wege geht, die Hörgewohnheiten der meisten Musikliebhaber brüskiert und sich dadurch eine Menge Scherereien einhandelt? Der eine tut etwas, was die Menschen jeden Tag brauchen. Deshalb wird er allseits geschätzt. Der andere turnt einsam in der Zukunft herum, und man sagt ihm nach, er beleidige die Ohren kultivierter Menschen. Er braucht, anders als der Bäcker, dringend den einen oder anderen Freund, der die Wichtigkeit seines Tuns begreift. – Wer in der Feststellung dieser Unterschiede eine Wertung zugunsten des Komponisten wittert, hat ein Problem. Aber das ist nicht *mein* Problem. Für mich sind Bäcker und Komponist nämlich absolut gleichwertig.

*

Man kann die aufgezählten Symptome eines epochalen Erscheinungswandels der Kindheit so deuten, wie es kürzlich ein amerikanischer Genetiker tat, der – mit besonderem Hinblick auf hyperaktive Kinder – einen evolutionsbiologischen Degenerationsprozess konstatierte und entsprechende

Gegenmaßnahmen empfahl. Siehe da: Auch eingefleischte Materialisten müssen zugeben, dass offenbar mehr und etwas anderes vorliegt, als es sich der treuherzige Alltagsverstand ausmalt, der hinter jeglicher Verhaltensauffälligkeit einen hübsch benachbarten exogenen Grund vermutet (und natürlich auch findet). Die Annahme einer «genetischen Epidemie» ist freilich auch nicht viel origineller.

Natürlich hat man für die erwähnten zerebralen Modifikationen die These der Anpassung an veränderte Umweltbedingungen zur Hand. Sie ist gewiss nicht ganz falsch, aber ich erinnere an die frappierende Tatsache, dass sich die gesellschaftliche Entwicklung und die Veränderungen in der kindlichen Begabungslandschaft teilweise *paradox* zueinander verhalten. Hier liegt ja der Kern des Dilemmas! Um ein Beispiel zu nennen: Nur zwanghafte Kulturoptimisten bestreiten, dass wir in einer Zeit der sozialen Kälte leben. Und was geschieht? Immer mehr sozial hochbegabte Kinder mit außerordentlichem Einfühlungsvermögen und hohem Gerechtigkeitssinn strömen herein – und es ist kein Wunder, dass sie sich so fühlen, als seien sie auf dem falschen Planeten gestrandet. Nein, die Anpassungserklärung genügt nicht. Die Leute bleiben in solchen Behelfstheorien stecken, weil sie nicht den allergeringsten Begriff haben von der menschlichen Geist-Individualität und dem existenziellen Drama, das darin besteht, «hinunterwachsen» zu müssen (Hillman) in eine entgeisterte Welt.

Man kann, last but not least, auch behaupten, alles sei auf Erziehungsfehler oder ungenügenden erzieherischen Schutz vor negativen Zeiteinflüssen zurückzuführen – was uns allerdings, wie schon erwähnt, in heftige Erklärungsnot bringt angesichts der Tatsache, dass «seltsame» Kinder so auffallend oft in pädagogisch sehr umsichtigen Familien anzutreffen sind …

All diesen Erklärungsmustern ist gemeinsam, dass sie

1. systematisch den Blick auf die Möglichkeit versperren, dass kindliche Verhaltensauffälligkeiten auch etwas Sinnvolles, Begrüßenswertes, um nicht zu sagen: Bewunderungswürdiges, sein könnten: «Talentsignale», wie Ron Davis sagt, oder (was mir besonders wichtig ist) äußere Anzeichen für verborgene Intentionen, die es zu «dechiffrieren» gälte
2. Kinder lediglich als *Resultate* beschreiben, ihnen also einen (unter Umständen von der Norm abweichenden) Entwicklungseigensinn absprechen
3. von einem Menschen- und Geschichtsbild ausgehen, das nicht mit einer geistig-übersinnlichen Welt rechnet, von der aus Not-wendende Impulse in das Erdengeschehen hereinwirken – z.B. in Gestalt von Kindern, die durch ihr Anderssein Veränderungen anstoßen.

Insofern sind die genannten Erklärungsmuster für spirituell orientierte Menschen (und namentlich für Anthroposophen) höchst unbefriedigend – sollte man zumindest meinen. Wir teilen das Unbehagen mit einer wachsenden Anzahl von kritischen Köpfen, die zwar von Anthroposophie nichts wissen wollen, aber aus einer radikal humanistischen Gesinnung heraus unter keinen Umständen zu akzeptieren bereit sind, dass eine Gesellschaft, die den uniformierten Jasager zum Idealtypus erhebt und in der es immer weniger Platz für Außenseitertum, Originalität und kreative Regelverletzungen gibt, nun auch noch mit «biopolitischen Stigmatisierungen» (Wolfgang Jantzen) auf ungewöhnliche Kinder losgeht und einen immer stärkeren Druck auf Eltern ausübt, dafür zu sorgen, dass ihr Nachwuchs «nicht auffällig wird». Als ob es ein Makel wäre, auffällig zu sein! Und als ob Erziehung unter diesem Druck gelingen könnte!

Man tut gut daran, die vielfältigen Anzeichen für Veränderungen des menschlichen Wesensgefüges und die sich abzeichnenden Konturen einer neuen Begabungslandschaft zusammenzuschauen mit den Angaben bedeutender Bewusstseinsforscher des 20. Jahrhunderts (an erster Stelle Rudolf Steiner und Jean Gebser) über den gegenwärtig sich vollziehenden bewusstseinsgeschichtlichen Schwellenübertritt, der gekennzeichnet ist durch große soziale Verwerfungen auf der einen, das Hereindrängen neuer Wahrnehmungsweisen und Seelenfähigkeiten auf der anderen Seite. Das ist ein unerhört spannendes, eng mit den neuen pädagogischen Fragestellungen zusammenhängendes Thema. Je mehr man sich damit beschäftigt, desto deutlicher steht einem vor Augen, dass sich in unserer Zeit gleichsam zwei Kulturepochen ineinander schieben. Gebser spricht vom Heraufkommen des «integralen», «aperspektivischen» Bewusstseins, welches das «mentalrationale» (d.i. unsere gegenwärtige Intellektualität) nach und nach ablösen wird, und wenn man seine Angaben über das allenthalben aufkeimende Zukünftige mit den Eigenschaften so genannter aufmerksamkeitsgestörter Kinder vergleicht, kommt man aus dem Staunen nicht mehr heraus.

Steiner verwendet andere Begriffe. Ihm zufolge stehen wir heute im «Bewusstseinsseelenzeitalter» und damit unter der Führung einer kosmischen Kraft, die er mit dem Erzengel Michael in Verbindung bringt. Dessen Mission ist es, die Egoität zu durchlichten, zu «durchchristen», d.h. den Übergang vom Egoismus zum wahren Individualismus zu inaugurieren und das intellektuelle Denken zum erkennenden Fühlen – zur wahren Aufmerksamkeit – emporzuheben. Noch ist die Bewusstseinsseelenkultur stark beeinflusst von der ausklingenden Epoche der «Verstandesseele», ja, es erheben sich Kräfte, die dieses Prinzip verewigen wollen, was dazu führt, dass es mehr und mehr zum «Bösen» ausschlägt. Denn in Wahrheit ist die legitime «Amtszeit» dieser Art von Intelligenz abgelaufen. Daher kann sie sich nur noch diktatorisch an der Macht halten – ein Winterfürst, der überall riesige Kältemaschinen aufstellt, um das Land mit Eis zu überziehen, weil er nicht wahrhaben will, dass sich überall schon der Frühling regt, nämlich jener «michaelische» Bewusstseinsfrühling, den Steiner auch als «Geistselbst»-Kultur beschreibt. (Ich würde ganz knapp sagen: Das ADHD-Konstrukt ist ein Ergebnis des Zusammenstoßes der völlig verständnislosen alten Intellektualität mit kindlich-unausgereiften Erscheinungsformen des neuen Bewusstseins.)

*

Von Generation zu Generation betreten mehr Kinder den irdischen Plan, «die die Welt anders sehen» (Thom Hartmann) und in besonderer Weise von dem Impuls durchdrungen sind, «das graue Gesicht der Menschenerde licht zu machen» (Martin Buber). Hierbei lassen sich, wie gesagt, verschiedene Gruppen von Wesensähnlichkeit unterscheiden, ohne dass man scharfe Grenzen ziehen könnte. Die blitzhell-überwahrnehmenden «furchtlosen Erkunder» (Jerome Kagan), denen man so gern das ADS-Etikett anheftet, sind nur *eine* Variante. Ich zähle (ohne festlegende Interpretation) einige Phänomene auf, von denen ich meine, dass man sie in Zukunft besonders beachten sollte, damit man Kinder, die nicht mehr nach herkömmlichen Maßstäben zu messen sind, immer besser verstehen lernt. Dabei stütze ich mich auf eigene Wahrnehmungen, Berichte von Eltern, Lehrern und Therapeutenkollegen sowie auf Lebensbilder jüngerer Erwachsener, die als verhaltensgestört galten und sich später als eigenwillige Talente entpuppten.

Was also sticht häufig ins Auge?

- Dickköpfige Entschlossenheit, sich nicht vom eigenen Weg abbringen zu lassen. Die Kinder gelten als «sonderbar» oder «schwierig», von Anfang an. (Viele werden später sagen: «Ich war immer anders als die anderen.»)
- Frühreife auf bestimmten Gebieten – und die Tendenz, nichts anderes wirklich wichtig zu nehmen.
- Das eigenwillige Entwicklungs-«Drehbuch»: «Ich entscheide selbst, wann ich was lernen will.» (Oft fällt erst im Rückblick auf, dass das Kind zwar so ziemlich alle Regeln außer Kraft gesetzt, aber letztendlich doch «irgendwie alles geschafft» hat.)
- Manchmal spricht aus den Augen, aus dem Antlitz, aus dem ganzen Habitus des Kindes etwas frappierend Unkindliches. Ich zitiere einige

Elternstimmen: «Totale Unabhängigkeit. Sein Blick und seine ganze Haltung signalisieren: Lasst mich. Ich weiß selbst, was ich zu tun habe.» – «Wissender Ernst.» – «Eine Bekümmerung, die irgendwie von weit her kommt.» – «Finstere Entschlossenheit.» – «Überlegene Klarheit. Man hält diesen Blick kaum aus.» – «Eine Art Weltvorbehalt. Es ist, als wollte sie sagen: Ich weiß gar nicht, ob ich hier sein will.» – Es gibt viele unterschiedliche Nuancen, denen aber allen gemeinsam ist, dass die Eltern, eigenartig berührt, ein Wechselspiel zwischen naiver Unschuld und abgeklärter Reife wahrnehmen, das alles über den Haufen wirft, was man von kleinen Kindern erwartet.

- Der fragende, ja «prüfende» Blick aus Kinderaugen *direkt nach der Entbindung.*
- Oft tritt schon in der Schwangerschaft bei den Müttern das Gefühl auf, eine Individualität sei anwesend, «der ich einfach nicht gewachsen bin».
- Das Hellfühligkeits- und Hellhörigkeits-Phänomen: Sehr häufig wird berichtet (manchmal auch beklagt), man könne vor den betreffenden Kindern *nichts* verbergen – keine Gefühle, keine Gedanken, keine Spannungen und Konflikte (etwa in der Ehe), nicht einmal den Inhalt von Gesprächen hinter verschlossenen Türen.
- Alle Lügen und Listen werden durchschaut, Ehrlichkeit und Geradlinigkeit machen Eindruck.
- Unansprechbarkeit auf der Kommando-Ebene (oder das fassungslose Zurückweichen vor dieser Haltung und diesem Tonfall).
- Große Mitleidsfähigkeit und Hilfsbereitschaft; tiefe Betroffenheit von Ungerechtigkeiten, die *anderen* Kindern (oder auch Erwachsenen) widerfahren.
- Anhaltende und hartnäckige Weigerung, die Ebene der distanzierten, «sachlichen», analytischen Aufmerksamkeit und formalen Logik zu betreten und sich auf den dazugehörigen zielgerichtet-planvollen Handlungsstil einzulassen; dies bei offensichtlich unbeeinträchtigter, ja zumeist überdurchschnittlicher Intelligenz. Sie wollen – je nach Typ – träumen, sinnieren, in die Ferne schweifen, umherflattern, ausprobieren, staunen, erforschen, erfinden, lauschen, ungezwungen kommunizieren …
- Spielsachen werden oft verschmäht. Die Kinder «machen aus allem alles».
- Frühe und intensive Auseinandersetzung mit dem Bösen, schwankend zwischen tiefer Betroffenheit und Fasziniertheit.
- Frühes Aufbrechen von existenziellen Fragen nach dem Sinn, nach

Gott, nach dem Woher und Wohin. Plötzliche, verblüffende Aussagen – «wie aus heiterem Himmel» – über die tiefsten Lebensrätsel.
- Kommunikation mit unsichtbaren persönlichen Begleitern.
- Naturgeister und Engel werden auf einer Bewusstseinsebene sehr früh als «strittig» erkannt, auf einer anderen nie in Frage gestellt, als handle es sich um etwas ganz Normales. Die Kinder wissen sehr gut, dass «man» ab einem bestimmten Alter nicht mehr an so etwas glaubt. Aber auf eine stille, unspektakuläre Art halten sie daran fest.
- Bestimmte Menschen werden auf Anhieb (und nachhaltig) akzeptiert, andere auf Anhieb (und nachhaltig) nicht.

Die Aufzählung ist *keine diagnostische Checkliste, auch nichts annähernd Ähnliches,* sondern lediglich eine (mit Sicherheit unvollständige) Aneinanderreihung von Phänomenen, die mir zu denken geben, mich in Erstaunen versetzen und nicht ohne weiteres in herkömmliche Raster einzuordnen sind.

(Immer wieder wird behauptet, die «spirituellen Kinder» sprächen oft über Reinkarnation. Das kann ich nicht bestätigen. Wo mir solches berichtet wurde, waren jedes Mal die Eltern außerordentlich stark mit dem Thema beschäftigt. Allerdings haben *alle* Kinder eine natürliche Sympathie für diesen Gedanken – seltsamerweise ganz besonders die Mädchen.)

*

Georg Kühlewind nennt die «Kinder, die uns vor neue Aufgaben stellen», auch «Sternkinder». Er will damit sagen, dass sie sehr früh und konsequent ihrem eigenen Stern folgen. Unter «Stern» versteht er das höhere Selbst, den ungeborenen Wesensanteil, der das Erden-Ich überstrahlt und inspiriert, den «Genius», wie James Hillman sagt. Er repräsentiert das überbewusste erkennende Fühlen, die Intuitionsfähigkeit. Sich einzuleben in die Erdenverhältnisse, sagt Kühlewind, ist gleichbedeutend mit einer Verdunkelung des «Sterns». Nur so können wir die «mich-empfindende Hülle» (das Ego, das leibgebundene Gegenstandsbewusstsein) entwickeln. Diese Tendenz ist aber in unserer Kultur viel zu stark geworden. Unser «Stern» verdunkelt sich nicht nur – wir sind in Gefahr, gänzlich die Erinnerung an ihn zu verlieren. «Sternkinder» machen eine Gegenbewegung. Sie lassen die Verdunkelung nicht (oder nur sehr wenig) zu. Dadurch verfügen sie über besondere Fähigkeiten. Aber dadurch schweben sie auch in besonderer Gefahr. Sie werden zwar, wie ich es oben beschrieben habe, in gewisser Hinsicht sehr früh selbstbewusst, aber es handelt sich hierbei nicht um die leibgebundene, hüllenbildende, schutzbietende Selbstbewusstheit, die unser abgetrenntes Erden-Ich konstituiert, sondern um eine «frei flottierende» Art von hellfühlendem Über-sich-hinaus-Sein. Nicht das zentrierte Ego, sondern das Umkreis-Ich macht diese eigentümlich frühe und intensive Geistes-Gegenwärtigkeit aus, die man – ich erinnere noch einmal daran –, in verschiedenen Varianten antreffen kann, so z.B. in einer introvertierten, stillen, melancholischen «Moll»-Variante, oder hell, quirlig, sprühend in Dur, oder auch zart, verhalten, staunend, scheu. – Man muss die Phänomene völlig wertfrei betrachten. Es ist einerseits etwas unbedingt zu Respektierendes und Schutzwürdiges, was sich da vollzieht. Andererseits besteht bei diesen Kindern die Tendenz, Entwicklungsschritte zu vernachlässigen, die nötig sind, um wirklich «auf dem Boden der Tatsachen anzukommen» und «lebenstüchtig» zu werden. Diese Tendenz verstärkt sich, wenn wir sie traumatisieren, indem wir versuchen, ihnen unsere Normalität *aufzuzwingen*. Nein, wir müssen sie dazu *verlocken*. Ohne ihnen im geringsten streitig zu machen, was sie als ihre Mission empfinden: Verbindung herzustellen zwischen Erde und Himmel, nein, Verbindung zu *sein* zwischen Erde und Himmel.

Ist das alles so schwer zu verstehen?

Kühlewind hat Recht. Es gibt «Sternkinder». Dafür verbürge ich mich. Ob nun der Begriff glücklich gewählt ist, sei dahingestellt. Immerhin imponiert sein gleichnamiges Buch im Unterschied zu den reichlich verschwommenen und sensationsheischenden «Indigo-Kinder»-Bestsellern durch wohltuende spirituelle Nüchternheit. Dort wird erklärt, was es mit der Begriffswahl auf sich hat. Und dort wird der Leser aufgefordert, nicht so viel in der Gegend herumzuspekulieren, sondern sich stattdessen auf den Weg zu machen, Wahrnehmungsfähigkeiten zu entwickeln, die ihm ein *eigenes* Urteil ermöglichen. Man absolviere das in dem Buch angegebene «Praktikum» – und melde sich *dann* in der Sache zu Wort.

Es gibt nicht nur ein paar vereinzelt exotische «Sternkinder», sondern eigentlich sind wir schon mittendrin in einer «Sternkinder-Epoche». Denn über der ganzen Kindheit leuchtet ein Riesenstern, den man über früheren Kindheitsgenerationen nicht leuchten sah, jedenfalls nicht so hell. *Das* ist die (geistige) Realität. Dreißig, vierzig Prozent «Störfälle»? Auf der Rückseite entdeckt man das genaue Gegenteil.

Ronald D. Laing, der berühmte Querdenker der Psychiatrie, zitiert in seinem Buch *Gespräche mit meinen Kindern* die kleine Natascha mit den Worten: «Ich wollte, der Himmel wäre hier unten. Ich würde mich drauflegen.» Das ist die Frage, die ich an alle Therapeuten richte: Wie helfen wir diesen Kindern, den Himmel herunterzuholen und sich daraufzulegen?

Zur Diagnose

Roswitha Spallek schreibt in ihrem Buch *Große Hilfe für kleine Chaoten:* «Die Diagnose wird aufgrund verschiedener Verhaltensauffälligkeiten gestellt, die alle auch bei normalen Kindern und Jugendlichen zu finden sind, sich aber von diesen insofern unterscheiden, als sie wesentlich häufiger, intensiver und nachhaltiger auftreten.» Es ist natürlich schwer, einen objektiven Maßstab dafür zu finden, ab welchem Häufigkeits-, Intensitäts- und Nachhaltigkeitsgrad Verhaltensweisen, die im Prinzip normal sind, als pathologisch einzustufen seien. Deshalb bleibt die Diagnose letztlich Ermessenssache. «Es gibt keine Laborparameter, die (sie) beweisen» (Jeffrey Freed und Laurie Parsons 1998). Das kann auch gar nicht anders sein, denn «die Entstehung des Hyperkinetischen Syndroms ist bis heute praktisch unbekannt» (*Ärzteblatt Rheinland-Pfalz*, 4/2001). Eine Diagnose vor ungeklärtem ätiologischem Hintergrund ist per definitionem ein Konstrukt (vgl. Jüttemann 1991, Bühler-Niederberger 2001, Jantzen 2001). Auch Spallek (2000) räumt ein: «Nach meiner Kenntnis gibt es bisher noch kein Verfahren, das die Diagnose eines ADS völlig sichert.» Man sammle «Bausteine». Zudem verfahren viele Gutachter so, dass man in der Juristik von einem Urteil aufgrund vager Anhaltspunkte sprechen würde. Die Schlamperei hat sich in letzter Zeit zu einem regelrechten Skandal ausgewachsen, vor allem deshalb, weil aufgrund der Anhiebsdiagnosen häufig Ritalin verordnet wird. Seit 1996 mahnt der UNO-Suchtstoffkontrollrat Jahr für Jahr, der «Überdiagnostizierung» Einhalt zu gebieten. Jetzt soll das Problem hierzulande per Gesetz gelöst werden. Die Bundesregierung will strenge diagnostische Richtlinien festlegen, wie es in skandinavischen Ländern längst der Fall ist. So weit, so gut. Aber die Sache hat einen Haken: Das Pendel droht in die andere Richtung auszuschlagen. Mangels beweiskräftiger Laborparameter und in Anbetracht der Tatsache, dass Konzentrationsstörungen und Unruhezustände sehr unterschiedliche Ursachen haben können (siehe Teil I, «Die Krux mit der Diagnose»), gehen nun viele dazu über, Qualität durch Quantität zu ersetzen, nämlich einen gigantischen diagnostischen Aufwand nach dem «Bausteine»-Prinzip zu treiben. Manche Kinder (und Eltern) werden einem zwölf-, dreizehnstündigen Untersuchungs- und Testmarathon unterzogen: biografische Anamnese, Fragebögen zum Kind-Eltern-Schule-Komplex, ärztliche Basisdiagnostik (die ganze Laborpalette), neurologische Untersuchungen mit traditionellen und neuen, bildgebenden Verfahren, Teilleistungs-,

Motorik- und Koordinationstests, kognitive Tests, projektiv-tiefenpsychologische Tests ...

Ist das die Lösung? Inwiefern gewinnt man auf diese Art mehr Sicherheit? Die Tatsache, *dass bis heute niemand mit Sicherheit weiß, was ADS eigentlich ist und woher es kommt* (siehe oben), wird durch solchen Aktionismus nicht außer Kraft gesetzt. Die Akkumulation von Daten erhöht nicht deren Aussagekraft.

Als Richtschnur gelten auch in Europa die Kriterien des DSM IV (*Diagnostisches und Statistisches Manual Psychischer Störungen* der amerikanischen psychiatrischen Vereinigung). Die diagnostischen Eckpfeiler sind:

- Unaufmerksamkeit
- Bewegungsunruhe (Hyperaktivität)
- mangelnde Impulskontrolle.

Man spricht auch von der «klassischen Trias». Ich wundere mich, dass der Umstand, der in den meisten Fällen überhaupt erst dazu führt, dass ein Kind in ADS-Verdacht gerät, nicht als viertes Minimalkriterium gilt: das so genannte «oppositionelle Problemverhalten».

Zu Punkt 1 ist zu anzumerken, dass «Unaufmerksamkeit» heute auch von Befürwortern der Krankheitszuschreibung immer häufiger als «Fehletikettierung» (Hallowell u. Ratey 1998) bezeichnet wird. Es handle sich in Wahrheit um eine «Aufmerksamkeitsinkonsistenz».

Gegenüber der «klassischen Trias» erheben sich nun folgende Fragen:

1. Welche Art von Aufmerksamkeit ist gemeint, wenn man bei den betreffenden Kindern ein Aufmerksamkeitsdefizit konstatiert? Offensichtlich wird als Maßstab diejenige Art von Aufmerksamkeit angelegt, die man in erster Linie für die Ausbildung des gegenständlichen Denkens und für logische Operationen benötigt. Hauptkennzeichen dieser in unserer Kultur als «Konzentration» bezeichneten Aufmerksamkeitsleistung sind: Fokussierung (sich auf einen zentralen Punkt richten), Diskrimination (Absonderung, Unterscheidung), Distanz (Reserviertheit, Zurückhaltung) und Fixation (Haftung, willentliches Beharren).

Ich erwähnte dies schon im ersten Kapitel. Nun wissen wir aber im Prinzip alle, dass Kinder, vor allem kleine Kinder, die Welt anders wahrnehmen.

- Es fällt ihnen schwer, zu *fokussieren*, also den Blickwinkel derart einzuengen, wie es Erwachsene tun, wenn sie etwas oder jemanden «scharf ins Auge fassen». Der Blick des kleinen Kindes ist «exzentriert»: in die Peripherie geweitet. Er «zielt» nicht, sondern «umfängt» die Dinge träumerisch. Er hält nicht an beim Wahrnehmungsgegenstand, sondern greift über ihn hinaus in eine unbestimmte Ferne. Ein kleines Kind, das mich unverwandt ansieht, *starrt* mich gleichwohl nicht an, sondern «umrahmt» mich und scheint zugleich auf etwas «hinter» mir gerichtet zu sein.

- Die Bewusstseinshaltung des *distanzierten* Beobachtens ist kleinen Kindern noch ganz fremd. Sie kommunizieren (verbinden sich) im wahrsten Sinne des Wortes mit den «Objekten» ihrer Aufmerksamkeit. (Es sind also kein Objekte.) Der Übergang von der «urkommunikativen» zur gegenständlichen Wahrnehmung vollzieht sich langsamer, als man gemeinhin annimmt - vorausgesetzt, er kann sich ungestört vollziehen. (Das heutige Schulwesen erzwingt diesbezüglich eine Beschleunigung, die unermesslichen Schaden anrichtet.)
- Auch das Prinzip der *Diskrimination* (des Herauslösens von Einzelheiten aus dem Weltzusammenhang, um sie «gesondert» zu betrachten), liegt kleinen Kindern noch ganz fern. Sie nehmen *alles in allem* wahr, es gibt für ihr Bewusstsein keine in Bruchstücke zerfallene Wirklichkeit, sie schneiden keine Fuguren aus dem Gesamtbild heraus, ziehen keine scharfen Grenzen. Ihre Aufmerksamkeit oszilliert in Zwischen-Räumen; sie richten sich, wenn ich es so ausdrücken darf, mehr auf das Licht an den Rändern denn auf die Verdichtung im Zentrum der Dinge aus.
- In diesem Modus *haftet* die Aufmerksamkeit nicht. Sie kann verweilend hingegeben sein (auf die beschriebene «exzentrierte» Art) – und bleibt doch *ungezwungen*: jederzeit abschiedsbereit. Denn sie hat noch nichts Besitzergreifendes an sich, unterliegt noch nicht jenem Trieb, der unsere Erwachsenen-«Wiss-Begier» leitet: sich der Dinge, nach dem man sie auf Abstand gebracht und gebannt hat, zu bemächtigen. Vergessen wir nie: Wissen «anzusammeln», um Verfügungsmacht über die Welt zu erlangen, ist für kleine Kinder noch kein Thema – es sei denn, wir zwingen es ihnen auf.

Nun kann man verschiedene Varianten des kindlich-urkommunikativen Wahrnehmungsweise beobachten. Bei manchen überwiegt die Tendenz, lange und hingegeben zu verweilen wie in einem stillen Zwiegespräch mit den Dingen (was, um es zu wiederholen, nichts zu tun hat mit dem *beziehungslosen Haften*, das wir «Fixation» nennen). Andere bevorzugen die umherschweifende Art – sie sind wie Bienen, die von Blüte zu Blüte fliegen und Nektar saugen. Bei wieder anderen imponiert eine staunend-entrückte, gleichsam «adventliche» Haltung. «Adventlich» deshalb, weil diese Kinder immer wirken wie in Erwartung einer großen Bescherung: eingestimmt auf Wunder über Wunder, zugleich aber auch ein bisschen erschrocken, überfordert, wehrlos, schlimmstenfalls gleichsam «aufgerissen». Dass der verweilend-hingegebene und der erwartungsvoll-entrückte Stil nicht objektivierend, nicht distanzierend, sondern in hohem Maße kommunikativ sind, liegt auf der Hand. Aber auch die vagabundierende Aufmerksamkeit («Bienen-Stil») ist keine unverbindliche! Ganz und gar nicht! Die betreffenden Kinder verweilen nur kurz bei dem jeweiligen Wahrnehmungs-«Gegenstand», aber dieser kurze Moment ist ein Moment des Einswerdens. Das wird oft verkannt. (Näheres dazu in dem Kapitel *Unruhige, ungeduldige und überaufmerksame Kinder – Häufig beobachtbare Wesenseigentümlichkeiten, Schwächen und Stärken.)*

Können wir uns darauf einigen, dass der urkindliche Aufmerksamkeitsmodus gerade deshalb so etwas Zauberhaftes ist, weil er *nicht* den Anforderungen der kühl-distanzierten, «sachlichen» Intellektualität entspricht? Können wir uns ferner darauf einigen, dass es nicht gut für Kinder ist, wenn man sie aus diesem innigen und zugleich zwanglos-verspielten Weltverhältnis zu früh hinaustreibt? (Die erste Vertreibung aus dem Paradies haben sie hinter sich. Die zweite kann warten. Oder?) Wenn wir uns in den genannten Punkten einig sind (was heute keineswegs selbstverständlich ist), erhebt sich die Frage: *Wer entscheidet mit welcher Vollmacht und nach welchen Kriterien, ab welchem Alter und wie gründlich sich ein Kind den urkindlichen Wahrnehmungsstil abgewöhnen muss, um nicht in Pathologieverdacht zu geraten?* Könnte es sein, dass sich diesbezüglich in unserer Kultur die Maßstäbe auf bedenkliche Weise zu Lasten der Kinder verschoben haben und *darin* das eigentliche Problem liegt? Eines immerhin wird im Lichte dieser Frage überdeutlich: «Aufmerksamkeitsdefizit» ist kein objektiver Befund, sondern eine konventions- und traditionsgebundene, relative Einschätzung. – Demselben Grundgedanken folgend, können wir auch Punkt 2 und 3 der «klassischen Trias» hinterfragen.

2. *Wer entscheidet mit welcher Vollmacht und nach welchen Kriterien, ab welchem Alter und wie gründlich sich ein temperamentvolles Kind seine Bewegungslust verkneifen muss, um nicht in Pathologieverdacht zu geraten?* Sind unsere diesbezüglichen konventionsgebundenen (!) Maßstäbe gesund?

3. *Wer entscheidet mit welcher Vollmacht, ab welchem Alter und wie gründlich sich ein Kind seine Impulsivität abgewöhnen muss, um nicht unter Pathologieverdacht zu geraten?* Impulsivität ist ja *das* kindliche Privileg schlechthin, nicht wahr? Wenn nicht einmal mehr Kinder impulsiv sein dürfen, können wir wirklich «die allgemeine Weltenpleite erklären» (Kühlewind). Könnte es sein, dass man heute den Kindern mit der absurd verfrühten Forderung nach «Impulskontrolle» oder «Selbstdisziplin» re-

gelrecht die Kindheit vermasselt? Schon in Süditalien ist ADS praktisch unbekannt! Sagt das nicht alles?
Nach *DSM IV* werden vier «Subtypen» der ADHD-Störung unterschieden:

- der vorwiegend unaufmerksame Typ (ADS ohne Hyperaktivität)
- der vorwiegend hyperaktiv-impulsive Typ, bei dem die Unaufmerksamkeit eine sekundäre Erscheinung ist
- der gleichermaßen unaufmerksame und hyperaktiv-impulsive Typ
- der teilremittierte Typ, bei dem sich die Symptomatik zum Zeitpunkt der Erstuntersuchung schon so weit gebessert hat, dass er nicht mehr alle diagnostischen Kriterien erfüllt.

Folgende Einschränkungen sind zu beachten: Eine Aufmerksamkeitsdefizit-Hyperaktivitätsstörung liegt nach *DSM IV* nur dann vor, wenn die Symptomatik

- schwerwiegender ist, als man es bei Personen der gleichen Entwicklungsstufe typischerweise erwarten kann
- bereits vor dem siebten Lebensjahr begonnen hat
- seit mindestens sechs Monaten andauert
- zu einer deutlichen Beeinträchtigung der sozialen Eingliederung und / oder des altersentsprechenden Leistungsvermögens führt
- mit Sicherheit keine andere Ursache hat (Störungen der Persönlichkeitsentwicklung, psychische Belastungen oder anderes)

Umfangreiche diagnostische Fragebögen, die in der Aufmachung etwa denen von Persönlichkeitstests in Illustrierten gleichen, dienen der detaillierten Ermittlung. Beispiel: «Kann sich nicht ruhig verhalten, ist ständig in Bewegung. – Gar nicht: O Punkte / Gering: 1 Punkt / Mittel: 2 Punkte / Stark: 3 Punkte.» Die mir vorliegende Checkliste umfasst rund einhundert (!) Fragen dieser Art. Es ist nicht nötig, sie hier alle aufzulisten. (Quellen: Spallek, Neuhaus, Flick, Eichlseder, J. Hartmann, Wolfram u.a.)

Gerald Hüther schreibt in seinem sehr empfehlenswerten, 2002 erschienenen Buch *Neues vom Zappelphilipp* (mit Helmut Bonney): «Bei ADHS ist die Liste der (diagnostisch relevanten) Auffälligkeiten im Verlauf der letzten Jahre immer länger geworden. Sie umfasst mittlerweile nahezu alles, was am Verhalten eines Kindes auffallen kann.»

Die Liste (frei nach Hüther):

- Hyperaktivität und Ruhelosigkeit
- Ideen- und Redefluss
- Bauchbeschwerden mit Schlafstörungen als Frühmanifestation

- Gleichgewichts- und Koordinationsprobleme
- geringe Aufmerksamkeitsspanne
- geringe Konzentrationsfähigkeit und leichte Ablenkbarkeit
- Neigung zu ständigen Wiederholungen
- Lernschwierigkeiten
- niedrige Frustrationstoleranz
- soziale Verhaltensauffälligkeiten
- Ungehorsam, schlechte Anpassungsfähigkeit
- Bindungsunsicherheit
- extravertiertes und distanzloses Verhalten
- psychische Labilität, mangelnde Impulskontrolle, beeinträchtigte Reaktivität

Nicht zu vergessen:

- Verträumtheit
- mangelnder Ordnungssinn
- Vergesslichkeit
- Unzuverlässigkeit
- Frechheit, clowneskes Verhalten
- Gier nach Reizen

In Anbetracht der Interpretationsoffenheit und Toleranzabhängigkeit fast aller aufgezählten Punkte verwundert es nicht mehr, dass gegenwärtig weltweit schätzungsweise 10 Millionen Kinder unter einer ADHD-Störung leiden sollen und Ritalin erhalten.

Ein Vorschlag zur Diagnostik

Wir – das sind die MitarbeiterInnen des Janus-Korczak-Instituts und KollegInnen in anderen Arbeitszusammenhängen, die uns nahestehen – empfehlen die folgende diagnostische Vorgehensweise:

Erstabklärung

Mitgebrachte (Vermutungs-)Diagnosen werden zur Kenntnis genommen, dann aber zunächst als gegenstandslos behandelt, um einen unvoreingenommenen, «bei Null beginnenden» Zugang zum Kind und zu seiner Familie zu finden. Wir erklären den Eltern dieses Prinzip: «Im Grunde kann ich mich nur auf meine eigenen Wahrnehmungen in der Kommunikation mit Ihnen und Ihrem Kind verlassen.» Ich messe dem, was mir die Einfühlung vor dem

Hintergrund reicher Erfahrung sagt, mindestens so viel Bedeutung zu wie dem Verstandesurteil aufgrund von Sachverhalten.

Wir erheben eine gründliche, sehr detaillierte biografische Anamnese und Familienanamnese und legen von vornherein besonderen Wert darauf, dass nicht nur die Schwächen des Kindes beschrieben werden, sondern auch – ja sogar in erster Linie – seine Stärken. Nach unserem Dafürhalten hat als goldene Grundregel der psychologischen Diagnostik zu gelten: Ich kann einem Menschen in einer seelischen Krise nur dann beistehen, wenn ich Zugang zu *ihm* finde. Dabei nützt es mir nichts, fortwährend auf seinen «Schatten» zu starren, gleich wie viel wissenschaftliche Akribie ich darauf verwende, denselben zu beschreiben. Vielmehr muss ich mein Hauptaugenmerk auf die Gestalt richten, die den Schatten wirft (die also im Licht steht). – Eine Anamnese, die nur oder in erster Linie Allerweltsdaten über äußere Ge- und Begebenheiten enthält, taugt wenig. Natürlich ist der pragmatische Teil wichtig. Viele Details der körperlichen, emotional-sozialen und kognitiven Entwicklung einschließlich gesundheitlicher Beschwerden und psychisch belastender Ereignisse sind zu erfragen. Vor allem jedoch wollen wir ein *lebendiges*, farbiges Bild des Kindes in den verschiedenen Altersabschnitten entstehen lassen. Das *Wie* ist hierbei ebenso wichtig wie das *Was*.

- *Wie* hat es gespielt?
- *Wie* begann es zu sprechen?
- *Wie* äußerte es Trauer?
- *Wie* begann es sich mit der Welt und mit sich selbst fragend auseinander zu setzen?

Und so weiter.

Im zweiten Schritt erfragen wir den aktuellen Stand der Dinge.

- Wie verhält sich das Kind heute?
- Wie spielt es?
- Wie schläft es?
- Wie reagiert es in verschiedenen Situationen?
- Worunter leidet es besonders heftig?
- Welches sind seine Interessenschwerpunkte und Begabungen?
- Was fällt ihm schwer?
- Wogegen entwickelt es auffallende Antipathien?

Mit welchen Menschen kommt es gut aus, mit welchen nicht? Und vieles mehr.

Natürlich erkundigen wir uns auch eingehend nach der familiären sowie nach der schulischen Situation.

Wir holen die Erlaubnis der Eltern ein, mit den LehrerInnen (oder mit der Kindergärtnerin) telefonieren zu dürfen, gegebenenfalls auch mit dem behandelnden Arzt.

Es folgen mindestens zwei (an verschiedenen Tagen stattfindende) diagnostische «Kennenlernstunden» mit dem Kind (ohne Eltern). Standardisierte Tests werden in diesen Stunden *nicht* durchgeführt, unter anderem deshalb, weil die Kinder in der «Laboratmosphäre» erfahrungsgemäß verunsichert, wenn nicht blockiert sind. Stattdessen nutzen wir die Möglichkeit, im zwanglosen Gespräch und in vorbereiteten Spielszenarios so viel wie möglich in Erfahrung zu bringen. So gewinnen wir z.B. unter Vermeidung von Teststress aussagekräftige Eindrücke in Hinsicht auf:

- Dialogfähigkeit, Fähigkeit zur kritischen Selbstreflexion und zu schlüssigen, zusammenhängenden Darstellungen vergangener Ereignisse
- Konzentrations- und Merkfähigkeit
- Formerfassungsvermögen, bildnerischer Ausdruck
- visumanuelle Koordination
- grob- und feinmotorische Geschicklichkeit
- Körperbild, Balance, taktile Feinwahrnehmung
- Zielsicherheit, Entfernungsabschätzung
- Situationsübersicht, Reaktionsschnelligkeit, strategisches Denken
- die Fähigkeit, still zu werden und zuzuhören
- die Fähigkeit, bei einer Sache zu bleiben
- Rhythmusgefühl
- Schreiben und Lesen (falls Anzeichen für eine diesbezügliche Schwäche vorliegen)

Zusammen mit den Informationen aus dem Elterninterview und dem Bericht aus der Schule bzw. aus dem Kindergarten haben wir nun schon ein sehr detailliertes Bild gewonnen (und können die eventuell mitgebrachten Diagnoseberichte wieder aus der Schublade holen, um sie mit unseren Erhebungen zu vergleichen).

Es folgt das erste Bilanzgespräch mit den Eltern. Wir schildern ihnen unsere Eindrücke in Form eines sorgfältig ausgearbeiteten Vortrags, der ca. 30 bis 45 Minuten dauert und bewusst so abgefasst ist, dass ein ausgewogenes, würdigendes, also *nicht* einseitig problembezogenes Wesensbild des Kindes entsteht. In soundso vielen Fällen gilt es klarzustellen, dass kein therapeutischer, sondern nur erziehungsberaterischer Bedarf besteht. Ansonsten wird informationshalber erwähnt, welche diagnostische Ziffer nach *DSM IV* ungefähr oder eindeutig in Betracht käme. Der Bericht schließt – wenn nötig – mit Vorschlägen für eine mittelfristige Strategie mit klarer

Aufgabenverteilung zwischen Elternhaus, Schule und heilpädagogischem Therapeutikum. Die Eltern erhalten sofort praktische Anregungen («Wir brauchen Sie als Co- Therapeuten»). Wenn Verdachtsmomente aufgetreten sind, die sicherheitshalber fachärztlich ausgeschlossen werden sollten (z.B. Anzeichen für eine bisher unentdeckte Seh- oder Hörschwäche, eine verdeckte allergische Problematik oder eine Schilddrüsenerkrankung), leiten wir die entsprechenden Schritte ein. Aber auch sonst raten wir in sehr vielen Fällen, einen naturheilkundlich und ernährungswissenschaftlich versierten Arzt hinzuzuziehen.

Die zweite (eigentliche) diagnostische Phase

Nach unserem Verständnis bedeutet «heilpädagogische Diagnostik»: intimes Kennenlernen des Kindes und seiner Probleme auf der Basis gegenseitigen Vertrauens. Kein noch so ausgeklügelter Test- und Fragebogenmarathon kann dies ersetzen. Hat der Erstabklärungsblock ergeben, dass das Kind in Not ist und Hilfe braucht, setzen wir eine *zweite diagnostische Phase* an. Sie ist schon mit therapeutischen Elementen durchsetzt und umfasst

- fünf bis sieben, manchmal auch zehn Einheiten (je sechzig Minuten) mit dem Kind
- begleitende Elterngespräche
- nach Möglichkeit eine abendfüllende «Kinderkonferenz» mit allen Erwachsenen, denen das Kind viel bedeutet und die dem Kind viel bedeuten: Eltern, Lehrer, Arzt, evtl. Paten, Großeltern oder andere Verwandte
- bei Bedarf permanenten telefonischen Austausch mit den Lehrern und / oder dem behandelnden Arzt
- in einzelnen (eher seltenen) Fällen auch standardisierte Tests, z.B. zur Abklärung einer Lese-Rechtschreib-Schwäche oder zur Feststellung eventueller schulischer Leistungsgrenzen. Fast immer jedoch genügen die heilpädagogischen Spiel- und Übungsstunden mit dem Kind und die erwähnten vielfältigen Kontakte, um in den fraglichen Punkten Klarheit zu gewinnen.

Wir bewegen uns natürlich insofern ganz gegen den Trend, als wir es letztlich für unwichtig halten, ob die Ziffer für ADHD gemäß *DSM IV* in Betracht kommt oder nicht. Unser Ideal von psychologischer und heilpädagogischer Diagnostik ist aus der Sicht des akademischen Zeitgeistes völlig inakzeptabel, darüber sind wir uns im Klaren. Trotzdem stehen wir glücklicherweise nicht allein mit unserem Anliegen einer Rückbesinnung auf das Ethos der Psychologie als *Seelenkunde*, die einmal angetreten war, den Empathiefaktor als Heilfaktor methodisch zu erschließen. Begriffshülsen zur psychopathologischen Kategorisierung abweichender Verhaltensweisen sind nach unserer Auffassung Blendwerk. Sie erzeugen eine Illusion von Wissen und Macht. Demgegenüber gilt es, eine Diagnostik der phänomenologischen Wesenserkundung und des erkennenden Fühlens zu entwickeln, also die Imaginations- und die Inspirationsfähigkeit in die Urteilsbildung hereinzuholen. Was darunter genau zu verstehen ist und welche Übungswege man in diese Richtung gehen kann, werden Georg Kühlewind und ich demnächst in einem gemeinsamen Buch darlegen. So viel sei schon jetzt verraten: Wer nicht zur Tugend der «sokratischen Bescheidenheit» (gegenüber dem jeweiligen Kinderschicksal) zurückkehren will, hat wenig Aussicht voranzukommen.

An dieser Stelle kann ich mir eine Feststellung nicht verkneifen, die natürlich mancher schroff zurückweisen wird: *Die ganze Schema-F-Testerei ist zum allergrößten Teil nichts als ein schlechter Ersatz für mangelnde Aufmerksamkeit und mangelnde Schulung des menschenkundlichen Blicks.* Im Übrigen wird durch dieses Alle-über-einen-Kamm-Scheren der Grundsatz verletzt, den Hans Thomae als «vornehmste Aufgabe des Psychologen» bezeichnete: «in erster Linie ein Anwalt der Vielfalt menschlicher Innerlichkeit im Kampf gegen ihre Standardisierung zugunsten eines glatten Verlaufs der äußeren Dinge» zu sein. Im Übrigen sei auf Gerd Jüttemanns dankenswert präzisierte Kritik an der «Systemimmanenz als Ursache der Dauerkrise ‹wissenschaftlicher› Psychologie» verwiesen. Die Testpsychologie ist hier ganz besonders angesprochen.

*

Beispiele für «Pseudo ADD»

Ich habe im ersten Teil sorgfältig begründet, warum ich der Meinung bin, dass die pauschalisierende und unscharfe ADS- bzw. ADHS-Diagnose einer sorgfältigen, einzelfallbezogenen Vorgehensweise nur im Wege steht, und bitte noch einmal nachzuschlagen, wie viele Ursachen für Unruhe und Konzentrationsstörungen es geben kann, die offenkundig nichts mit ADS zu tun haben («Die Krux mit der Diagnose»).

Hier einige Beispiele von «Pseudo-ADD», die uns häufig begegnen, mit knappen Hinweisen für die Eltern:

Das vegetativ labile und rhythmisch instabile Kind

Permanente vegetativ bedingte Beeinträchtigungen des körperlichen Wohlbefindens mit gesteigerter Reaktionsbildung sind seit jeher bekannt. Es handelt sich oft um eine angeborene Grundproblematik, die heute durch Stress, Reizüberflutung, falsche Ernährung, unregelmäßige Lebensführung und Umweltgifte verstärkt wird. Die betroffenen Kinder leiden häufig unter Bauchweh und Übelkeit, migräneartigen Kopfschmerzen, Blässe, jähen Schwächezuständen, nervöser «Aufgekratztheit», Wärmeregulationsstörungen (die Verteilung der Wärme im Körper ist unregelmäßig und ständig fluktuierend), Schlafstörungen, unklaren Schmerzen in einzelnen Körperteilen, chronischer Nebenhöhlenverschleimung, grippalen Infekten und Enkopresis (ungewolltem Einkoten). Sie fühlen sich, kurz gesagt, ständig von ihrem Körper gepeinigt. Daher rührt ihr planloser Bewegungsdrang. Auf diese Weise lenken sie sich von den leiblichen Missempfindungen ab. Ihre Stimmungslage ist begreiflicherweise oft frustriert, gereizt, wehleidig. Sie haben wenig Grundvertrauen, fühlen sich immer benachteiligt und ungerecht behandelt, sind voller Vorwurf. Natürlich gibt es unterschiedliche Schweregrade, ich schildere hier den Extremzustand.

Wenn es diesen Kindern gut geht, kommen ganz andere Züge zum Vorschein. Eine Mutter erzählt: «Raphael wird dann plötzlich anschmiegsam und hilfsbereit. Sein ausgeprägter ästhetischer Sinn kommt zum Vorschein, sein Liebe zum Detail, seine große Verbundenheit mit der Tier- und Pflanzenwelt.» Nicht alle vegetativ labilen und rhythmisch instabilen Kinder sind unruhig. Manche wirken eher antriebsschwach und ängstlich-schwermütig.

Im Folgenden die wichtigsten Stichworte für Pädagogik und Therapie. (Manches davon überschneidet sich mit dem, was sich weiter unten in den «allgemeinen pädagogischen und therapeutischen Richtlinien für unruhige, ungeduldige und überaufmerksame Kinder» findet.)

- Rhythmuspflege und rhythmische Lebensgestaltung, auch rhythmische Übungen und Anwendungen als Therapie
- schonende Ernährung (Suchen Sie fachlichen Rat!)
- Wärme! Immer gut darauf achten, dass das Kind an der Peripherie warm ist! Alles Erforderliche tun, um die Wärmeregulation zu unter-

stützen! Fieber bei grippalen Infekten sollte willkommen sein – und nicht medikamentös «niedergebombt» werden. (Wenden Sie sich an einen Arzt für Naturheilverfahren!)

- pflegende Bäder, Leibwickel, Einreibungen
- medizinische und Seelen-pflegende Hilfen, um ausreichenden, tiefen, erquickenden Schlaf zu gewährleisten
- viel körperliche Zuwendung in Augenblicken, in denen das Kind danach verlangt bzw. dafür empfänglich ist
- Abschirmung gegen Reizüberflutung
- maßvolle (!) sportliche Betätigung ohne Leistungsdruck
- viel frische Luft und Bewegung im Freien
- Der Aspekt der Selbsterziehung des Erziehers. Richtschnur ist das «Pädagogische Gesetz» Rudolf Steiners (GA 317). Um auf die Lebensprozesse des Kindes regulierend und beruhigend zu wirken, soll der Erzieher bei sich selbst für seelischen Ausgleich sorgen. Er muss seine Emotionen und Affekte in den Griff bekommen. Dies ist am besten durch meditative oder kontemplative Übungen möglich, die zu mehr Gelassenheit und innerer Ruhe führen. (Vgl. dazu: Steiner, *Innere Ruhe.*)
- Die betreffenden Kinder sind in besonderer Weise darauf angewiesen, dass Sie ihnen jeden Tag das Geschenk aufrichtiger *innerer* Wertschätzung erbringen. Dazu habe ich einiges in dem Kapitel «Achtsamkeit» ausgeführt. Weitere Hinweise finden sich als «erziehungskünstlerische Anregungen» in meinem Buch *«Schwierige» Kinder gibt es nicht.*
- Der behandelnde Arzt sollte etwas mit dem Hinweis anzufangen wissen, dass die rhythmischen Kräfte und die Wärmeregulationskräfte von der organischen Seite her gestärkt werden müssen. (Lesen Sie dazu auch meine Ausführungen über «Lebenssinnstörungen» in dem Buch *Von ängstlichen, traurigen und unruhigen Kindern.*)

Welche Ursachen dieses Beschwerdebild hat, ist umstritten. Als sicher gilt, dass die vielen toxischen Umweltbelastungen, die heute sozusagen allgegenwärtig sind, zumindest eine deutlich verstärkende Rolle spielen. (Abrams u. Ludwig 2000, Simonsohn 2001). Manchmal rühren die Unruhezustände samt Körperbeschwerden von einer Schilddrüsendysfunktion oder von einer Darmerkrankung her. Solches festzustellen bzw. auszuschließen bleibt dem Arzt vorbehalten.

Das verspannt-nervöse Kind mit allergisch-asthmatischer Grundverfassung

Die Übergänge zur vegetativen Labilität sind fließend. Ich spreche jetzt nicht von offen ausgebrochenem Asthma oder schwerer Neurodermitis (dann ist hoffentlich *jedem* sonnenklar, dass die Unruhezustände keinen neurologischen Hintergrund haben!), sondern von einer eher diskreten allergisch-asthmatischen Tendenz, die gern übersehen oder bagatellisiert wird. Die betroffenen Kinder leiden oft unter Heuschnupfen. Unter ihnen finden sich viele Einnässer (Enuresis nocturna). Alle Schleimhäute sind überempfindlich. Phasenweise kann Belastungsasthma auftreten.

Die Seelenlage bei allergisch-asthmatischer Grundverfassung ist eher ängstlich-zaghaft, in das «hysterische Bild» hinüberspielend, wie es Rudolf Steiner beschreibt (GA 317). Infolge der enormen Feinfühligkeit (Überbeeindruckbarkeit) können (müssen aber nicht unbedingt) Unruhezustände auftreten. Diese Kinder atmen tendenziell zu stark ein, physiologisch und seelisch. Sie können sich schlecht abgrenzen, sind außerordentlich schreckhaft. Oft ist das Körperbild unscharf, was die Mitmenschen als sehr verunsichernd erleben.

Für Kinder mit allergisch-asthmatischer Grundverfassung gelten die meisten Hinweise, die für das vegetativ labile Kind angegeben sind, ebenfalls – mit folgenden Einschränkungen und Ergänzungen:

- Bei Einreibungen und Bädern muss man darauf achten, dass man die Kinder nicht überfordert. Die Haut ist oft sehr empfindlich. Sie geraten schnell in einen Zustand der panischen Beengung. Dennoch sind einhüllende Ganzkörpereinreibungen – fest, Sicherheit vermittelnd und doch behutsam – sehr gut
- Was den Sport betrifft, ist *noch* mehr Vorsicht geboten als bei vegetativ labilen Kindern. Leichte Bewegungsspiele genügen. Man soll oft mit ihnen spazieren gehen (in ruhiger Umgebung).
- Selbsterziehung des Erziehers («Pädagogisches Gesetz»): Auch für das ängstlich-allergische Kind ist es hilfreich, wenn man etwas für die eigene innere Ruhe tut. Vor allem jedoch kommt der Zusammenhang zwischen dem Bildekräftegefüge des Erziehers und dem *physischen* Leib des Kindes in Betracht. Indem sich der Erwachsene um Form- und Gestaltungssicherheit (etwa durch künstlerisches Tun) und positive Gewohnheitsbildung im Alltag (seelisch getragene Rituale) bemüht, bringt er sich in eine Verfassung, die dem Kind Sicherheit vermittelt und ihm hilft, sich besser zu «erden», ein deutlicheres Gefühl für den eigenen physisch-leiblichen Daseinsgrund zu entwickeln. (Was es ge-

nau bedeutet, wenn Steiner sagt, der Erzieher wirke vermittelst seines Bildekäftegefüges auf den *physischen Leib* des Kindes, ist sehr schwer zu beantworten. Man nimmt diesen Teil des pädagogischen Gesetzes meistens wie eine Selbstverständlichkeit hin, aber er müsste einmal gründlich diskutiert werden. Ist «physischer Leib» nicht das – von Lebenskräften durchdrungene – rein Materielle, Stoffliche? Wie aber kann dieses pädagogisch beeinflusst werden? In Anbetracht der Schwierigkeit dieser Frage habe ich mich hier darauf beschränkt, das Leib-Gefühl als Aspekt des Mich-Empfindens und der Daseinssicherheit hervorzuheben.)
Aber letztlich klingt beim «Pädagogischen Gesetz» (vgl. auch meine Bezugnahme im Kapitel «Achtsamkeit») immer alles mit allem zusammen.

- Der behandelnde Arzt sollte in erster Linie etwas mit dem Hinweis anzufangen wissen, dass die *Abgrenzungskräfte* von der organischen Seite her gestärkt werden müssen (abgesehen von allem anderen, was er bei allergischer Disposition zu tun pflegt).

Über die Ursache von Allergien gibt es viele Vermutungen, aber keine Klarheit. Die Umweltmedizin hat wohl gegenwärtig am meisten dazu zu sagen. Am 28.5.2002 wurde in einem Beitrag der Fernsehsendung «Globus» das skandalöse Ausmaß der *Giftverseuchung von Kinderspielzeug* angeprangert. Ein Arzt erklärte, die Zunahme von Allergien sowie viele Fälle von hyperaktivem Verhalten könnten darauf zurückzuführen sein, dass die Kinderstube, ja überhaupt unsere Lebenswelt heute die reinste Giftküche ist. Auf diese Dinge zu achten, ist ein zentrales Gebot der Prävention.

Unruhezustände und Konzentrationsstörungen infolge von belastenden Lebensumständen, verstörenden oder tief bekümmernden Erlebnissen, Misshandlung, Vernachlässigung

Hierzu wurde schon einiges gesagt. Ich wiederhole: Wenn seelische Hintergründe übersehen oder bagatellisiert werden, weil der Gutachter auf die Diagnose ADS fixiert ist, sehe ich darin einen skandalösen Vorgang.

Die Therapie mit Kindern, deren Verhaltensauffälligkeiten auf verstörende Lebensumstände, bekümmernde Erlebnisse oder erschreckende Begebenheiten zurückzuführen sind, ist ein großes Thema für sich, das den Rahmen dieses Buches sprengen würde.

Auch wenn ein Kind bei gütigen, verantwortungsbewussten Eltern aufwächst, können Ereignisse eintreten, die tief und nachhaltig verstörend wirken. Ich habe in dem Kapitel *Die Krux mit der Diagnose* Beispiele genannt. Es ist gut möglich, dass bei reaktiven Verhaltensauffälligkeiten die äußerliche Symptomatik genau den ADS-Kriterien entspricht, länger als sechs Monaten andauert und schon vor dem 7. Lebensjahr begonnen hat.

Mein Rat an Mütter und Väter: Wenn Sie spüren, dass hinter dem besorgniserregenden Verhalten Ihres Kindes eine seelische Not steckt, lassen Sie sich nicht mit der ADS-Diagnose abspeisen, sondern suchen Sie eine Beratungsstelle auf, wo man Ihr Gefühl ernst nimmt.

Und meine Bitte an TherapeutenkollegInnen: Vergessen Sie nie, dass, um die wahren Gründe für sogenannte kindliche Verhaltensstörungen zu erfassen, «ein langes, ausgedehntes Kreisen über dem offenen Fall» nötig ist, wie es James Hillman ausdrückt. Jeder erfahrene Kollege kennt das: Man hat nach der Erstabklärung zwar eine Ratio (das geht schnell), aber zugleich das unangenehme Gefühl, sie sei irgendwie nutzlos, aufgepropft. Man spürt: «Hier stimmt etwas nicht, wir tappen alle miteinander noch im Dunkeln.» Oder man kann sich des Verdachts nicht erwehren, dass einem wichtige Informationen vorenthalten werden. Auch das kommt manchmal vor. Forderndes Insistieren nützt da nichts. Man braucht Geduld. Daher mein Appell: Stellen Sie keine voreilige Diagnose anhand von Symptomen! Wenn von der Schule Druck kommt, erklären Sie ggf. den Lehrern (ohne nähere Angaben), dass eine gründliche Abklärung Zeit braucht und überhastete Maßnahmen fatale Konsequenzen haben könnten. Es gibt Schichten des kindlichen Seelenlebens, die keiner standardisierten Diagnostik zugänglich sind. Auch projektive Verfahren sind kein Ersatz für verstehende Einfühlung (und im übrigen so interpretationsoffen, dass man ihren Wert generell bezweifeln kann). Bauen Sie Vertrauen zum Kind und zu den Eltern auf. Selbst bei Missbrauchsverdacht gibt es ja keinen anderen Weg als den vertrauensbildenden! - Binsenweisheiten? Gewiss. Aber leider wird immer wieder dagegen verstoßen, speziell bei unruhigen Kindern. Oft stehen die Zeichen in der Schule schon auf Sturm, wenn endlich eine diagnostische Abklärung erfolgt. Dann will man schnelle Lösungen. Es entsteht ein ungeheurer Druck. Und so manche ADS-Diagnose samt Ritalinverschreibung ist, so fürchte ich, vor allem ein Resultat dieses Drucks.

Unruhezustände und Konzentrationsstörungen infolge von Stress

Freed und Parsons benutzen dafür den Begriff «Pseudo-ADD». Ein ziemlich narrensicheres Indiz ist die Beobachtung, dass alle Besorgnis erregenden Symptome nach kurzer Zeit verschwinden, sobald das Kind in eine stressfreie Umgebung versetzt wird. Immer dann, wenn sich die Familie in ihr Feriendomizil am Bodensee zurückzieht (und auch Mutter und Vater viel entspannter sind), kann sich der kleine Manuel plötzlich wunderbar konzentrieren. Er hört nach zwei oder drei Tagen mit dem hektischen Herumgezapple auf und mutiert vom kleinen Ungeheuer zum liebenswerten Frechdachs, der zwar weiterhin kein «Brävling» ist und weiterhin gern in der Gegend herumstromert, aber durchaus auch Grenzen akzeptiert und auf Ermahnungen reagiert. Nun quasselt er nicht mehr pausenlos, malt hingebungsvoll mit Wasserfarben, beobachtet Vögel, kann eine Stunde lang versunken Blumen pflücken, hilft umsichtig beim Kochen. – In diesem Fall kann man ja wohl kaum von einer genetisch bedingten Hirnreifeverzögerung sprechen.

Viele Kinder, die Ritalin bekommen, brauchen die Droge im Urlaub nicht. Manche noch nicht einmal am Wochenende. Es ist schon seltsam, dass man auch dann starrsinnig von einer endogenen Ursache der Unruhezustände ausgeht, wenn sie eindeutig reaktiv (situationsabhängig) sind.

Nun könnte man einwenden: Du sprichst jetzt von Grenzfällen, bei denen in der Tat offen bleiben kann, ob es sich um ein ADS handelt. Für die Therapie macht das jedoch keinen großen Unterschied. – Dem stimme ich im Prinzip zu ... nur dass ich unter Therapie eben etwas anderes verstehe als pharmakologische Ruhigstellung und Verhaltenskonditionierung. Bei einer Stresssymptomatik lautet die erste Frage, welche Stressoren beseitigt werden können, und die zweite, wie man dem Kind helfen kann, mit Stress besser umzugehen (vgl. dazu Lohaus u. Klein-Heßling). Dafür sind brauchbare Strategien entwickelt worden. Es geht im Kern immer darum, wie man zur inneren Stille und zur spielerischen Gelassenheit zurückfindet; wie man sich enspannt; wie man wieder ruhig atmen lernt; wie man der Kreativität zum Durchbruch verhilft. Sehr hilfreich in diesem Zusammenhang sind z.B. die Bücher *Warum Huckleberry Finn nicht süchtig wurde* von Eckhard Schiffer und (voller praktischer Hinweise und weiterführender Literaturangaben) *Die Seele befreien* von Wolfgang G. Esser und Susanne Kothen. Die meisten Anregungen, die Sie unten in den «pädagogischen und therapeutischen Anregungen für unruhige, ungeduldige und überaufmerksame Kinder» finden, sind auch geeignet, Stress abzubauen.

Hier ist auch das Problem des exzessiven Medienkonsums zu nennen, ein Stressfaktor ersten Ranges.

Ferner verweist uns das Thema Stress auf die Schulmisere. Viele Kinder leiden heute unter Schulstress und Schulangst! Ich staune, wie oft dieser Hintergrund von Verhaltensauffälligkeiten übersehen wird. Muss denn immer erst eine Schulphobie ausbrechen, damit die Erwachsenen endlich reagieren? Und hat sich immer noch nicht herumgesprochen, dass das notorische Störenfried-Syndrom vielfach nur eine maskierte Variante der Schulphobie ist?

*

Jede Art von Verhaltensauffälligkeit, ganz gleich wo die Ursachen liegen, kann mit außerordentlichen Talenten und wunderbaren Wesenszügen einhergehen. Wenn ich es recht bedenke, ist mir noch kein Kind begegnet, das *nicht* über außerordentliche Talente und wunderbare Wesenszüge verfügt hätte. Und mir sind weiß Gott viele Kinder begegnet.

Ich lehne Kategorisierungen wie «minderbegabt», «durchschnittlich begabt» oder «hochbegabt» ab. Es sei denn, man sagt: Jedes Kind ist hochbegabt – aber nicht in allen Bereichen.

*

Alle Kinder arbeiten heute in einer großen unsichtbaren Zukunftswerkstatt zusammen. Man kann diese unsichtbare Werkstatt als Sternkinder-Werkstatt bezeichnen, denn über ihr steht der Stern von Bethlehem. Und nur der Stern von Bethlehem weist den Weg zur Erkenntnis dieser Zusammenhänge.

Manche Kinder haben nun allerdings im Dienste des gemeinsamen Vorhabens, «das graue Gesicht der Menschenerde licht zu machen» (Martin Buber), einen besonders kühnen Part übernommen. Sie sind auf derart konsequente Weise *anders* und rütteln durch ihr Anderssein so sehr an den Grundfesten des Überkommenen, dass sie unweigerlich ins Schussfeld der restaurativsten Kräfte geraten. – Man kann nur hoffen, dass niemand auf die Wahnsinnsidee verfällt, irgendwelche Ausleseverfahren zu entwickeln, um Sternkinder von Nichtsternkindern zu unterscheiden und jene auf irgendeine Weise zu bevorzugen oder ihnen einen Elite-Status zuzuweisen. (Leider scheinen manche «Indigo»-Aktivisten in diese Richtung zu denken.) Jedes Kind ist ein Sternkind! Die besonders Gefährdeten brauchen freilich unseren besonderen Schutz. Das ist der ganze Unterschied. (Vgl. auch das Kapitel *Sternkinder – gibt es die überhaupt?*)

*

An dieser Stelle erhebt sich wiederum die Frage: Gibt es denn nun überhaupt ein AD- oder ADH-Syndrom als genetisch bedingte Reizweiterleitungsstörung des Gehirns? Wie ich im ersten Teil des Buches gründlich auseinandergesetzt habe, steht diese Annahme auf schwachen theoretischen Fundamenten, auch wenn man mit einer scheinbaren Beweisführung blendet, deren Trick darin besteht, einige Symptome als Ursachen auszugeben. (Der Neurologe Gerald Hüther schreibt dazu: Durch die neuen bildgebenden Verfahren «läßt sich leicht der Eindruck erwecken, dass man damit auch die Ursachen ... gefunden hätte. Was diese Bilder und Befunde zeigen, sind aber bestensfalls Korrelate.») Man könnte das populäre Begründungsmodell dennoch als *Arbeitshypothese* gelten lassen, wenn es nennenswerte Früchte für die Praxis abwürfe, was jedoch nicht der Fall ist. Stattdessen dient es als Legitimationsgrundlage für die massenhafte Verschreibung eines Medikaments, dessen Risiken nicht abschätzbar sind, und sorgt dafür, dass – unter therapeutischem Deckmantel – das längst überwunden geglaubte dressurtechnische Erziehungsverständnis unserer Groß- und Urgroßeltern wieder zu Ehren kommt, wenn auch an die Stelle von körperlichen Züchtigungen andere, «wissenschaftlichere» Gehorsamserzwingungsmethoden getreten sind.

Substrahiert man die aufgezählten Problemlagen und Beschwerdebilder, die dem sogenannten ADS symptomatologisch ähneln, aber in Wahrheit nichts damit zu tun haben, bleiben als mögliche «echte» ADS-Kandidaten nur noch solche Kinder übrig, die den Kriterien der «klassischen Trias» entsprechen obwohl

a) vegetative und/oder allergische Befindlichkeitsstörungen, wenn überhaupt, nur eine untergeordnete, sekundäre Rolle spielen (der Körper kann z.B. auch auf soziale Spannungen so reagieren, dass Schwächezustände, Bauch- und Kopfweh, ja sogar überschießende Immunreaktionen auftreten),
b) das auffällige Verhalten mit hoher Wahrscheinlichkeit nicht auf Stress und Umweltbelastungen zurückzuführen ist,
c) die Symptomatik keine seelischen bzw. sozialen Ursachen zu haben scheint.

Obwohl eindeutige Abgrenzungen schwierig sind, würde ich doch zu der Auffassung neigen, dass dies für eine gewisse (wachsende?) Anzahl von Kindern zutrifft. Aber auch ihnen gegenüber ist die Diagnose ADS leider als aphänomenologisch, kontraproduktiv und unnötig stigmatisierend abzulehnen. Dies habe ich im ersten Teil des Buches sorgfältig begründet.

Zwei Gruppen (mit fließenden Übergängen) sind zu unterscheiden:

1) Die «Michels aus Lönneberga», für die es in unserer Welt keinen Platz, keine Toleranz und (fast) keine Lobby mehr gibt: kerngesunde, energiestrotzende, bewegungsfreudige, blitzgescheite, kreative, verspielte, erlebnishungrige, tatendurstige, unerschrockene, freche kleine Wirbelwinde mit goldenem Herzen. (Sprechen wir von den propulsiv-vitalen Variante.)
2) Ganz ähnlich geartete, sprühende, oft – aber nicht immer – bewegungsfreudige, verspielte, kreative, eigensinnige, doch zugleich über die

Maßen zarte, dünnhäutige, einfühlsame Kinder, die als unerschrocken zu bezeichnen falsch wäre, da ihre staunende Offenheit so groß ist, dass sie, bei aller Weltzugewandtheit, immerfort «leise erschrecken». Auch sie sind eigentlich völlig gesund. Aber es besteht die Gefahr, dass sie durch permanente Überforderung in eine Irritation hineingetrieben werden, die sich schließlich auch körperlich auswirkt. (Sprechen wir von der hypersensiblen Variante.

Ich fasse in der folgenden Aufzählung die beiden Varianten zusammen und berücksichtige auch die fließenden Übergänge zu vegetativen Befindlichkeitsstörungen, die vor allem bei der zweiten Gruppe *reaktiv* – als Stressfolgen oder Zeichen des Leidens unter sozialen Spannungen – auftreten können. Den Typ «Momo» (in sich gekehrte Träumer) berücksichtige ich hingegen *nicht*. Es reicht schon, dass man die ganze Zeit gezwungen ist, Äpfel mit Birnen zu vergleichen. Aber bitte nicht auch noch Himbeeren mit Blumenkohl!

Unruhige, ungeduldige und überaufmerksame Kinder

Häufig beobachtbare Wesenseigentümlichkeiten, Schwächen und Stärken

Nicht stigmatisierende Bezeichnungen in der Literatur, die explizit oder implizit auf diesen Typ hindeuten, sind: «Hunter» («Jäger»), «Späher» (Thom Hartmann); «furchtlose Erkunder» (Jerome Kagan); «Neuerer» (Howard Gardner); «Sucherseelen»; «Sturmkinder» (Henning Köhler); «Powerkids» (Kathy McCloskey); «Indigo-Kinder» (Jan Tober), hier besonders die *humanistisch* und *künstlerisch* orientierten. Zu den sensitiv Hochbegabten unter ihnen passt Georg Kühlewinds Beschreibung der «Sternkinder».

Leichte Ablenkbarkeit

Hier ist noch einmal zu betonen, dass *leichte Ablenkbarkeit* im Prinzip zu den urkindlichen Eigenschaften gehört. *Diese* Kinder freilich sind oftmals *sehr* leicht ablenkbar. Aber warum wird immer nur der negative Aspekt herausgestrichen? Man könnte statt «leichte Ablenkbarkeit» ebenso gut beispielsweise sagen: *ausschweifendes Weltinteresse.* Die Sucherseelen interessieren sich immer für alles! Das geht manchmal entschieden zu weit, gewiss. Aber es ist im Kern eine wunderbare Eigenschaft inmitten einer Zivilisation, die nicht ganz zu Unrecht manchmal als *kollektiv autistisch* gebrandmarkt wird.

Kurze, aber überaus intensive Aufmerksamkeitsspanne

Man täuscht sich gewaltig, wenn man den Sucherseelenkindern ein *Aufmerksamkeitsdefizit* unterstellt. Was bei ihnen vorliegt (und was jeder Lehrer wissen muss), ist das Folgende: *Wenn* sie ihre Aufmerksamkeit einer Sache, einem Vorgang oder einem Menschen zuwenden, tun sie es außerordentlich intensiv – *so* intensiv, dass wir es uns, ausgehend von unserer gewöhnlichen, distanzierten Wahrnehmung, kaum vorstellen können. (Unsereins würde bei dieser Wahrnehmungsintensität nach zehn Minuten eine Panikattacke bekommen.) Es bleibt ihnen nichts anderes übrig, als eine spezifische *Aufmerksamkeitsökonomie* zu entwickeln, die eigentlich sehr sinnvoll ist, aber in der Schule (vor allem dort) zu riesigen Missverständnissen führt. Sie besteht darin, dass nach *maximal* zwanzig Minuten Konzentration – was bei ihnen bedeutet: hingegebene Offenheit – *der Vorhang fallen muss.* Sonst würden sie sich verlieren! Also erlischt die Aufmerksamkeit plötzlich. Wenn nun aber in diesem Augenblick der Lehrer interveniert (sei es auch nur durch Blicke) und den Vorhang wieder hochreißen will («Hallo! Wo bist du? Nicht träumen! Hier vorn spielt die Musik!»), fangen sie an zu kaspern und zu stören. Nach einiger Zeit wird das Kaspern und Stören zur Gewohnheit. Sie tun es ganz automatisch, weil sie in dem Augenblick, in dem sie spüren, dass die Genze erreicht ist, sofort in einen Gewissenskonflikt geraten. Übrigens (eine erfahrene Lehrerin, die mit diesem Phänomen umzugehen gelernt hat, gab mir diesen Hinweis): Geht man von Anfang an so vor, dass man sie einfach erst einmal wegträumen oder sich auf die Bank hinlümmeln lässt, zeigt sich bald etwas Erstaunliches. Sie folgen nämlich dem Unterrichtsgeschehen auf eine geheimnisvolle Weise *trotzdem.* Das Wichtigste entgeht ihnen nicht! Sie nehmen es träumend auf.

Die folgende Begebenheit sagt viel über den Aufmerksamkeitsstil der Sucherseelenkinder aus: Raphael (zehn Jahre) kommt zur ersten Kennenlernstunde. Er bleibt an der Türschwelle stehen – mit einem seltsamen, auf nichts Bestimmtes gerichteten Blick, der den ganzen Raum zu umfassen scheint. Es ist nur eine Sekunde. Dann beginnt er mit den Augen umherzuschweifen und Einzelheiten *abzutasten* – blitzschnell, aber keineswegs oberflächlich. (Man irrt sich gewaltig, wenn man diesen Kindern Oberflächlichkeit nachsagt; es liegt nur daran, dass unser Alltagsverstand einen *kurzen* Blick automatisch für *flüchtig* hält. Manche Kinder nehmen im visuellen Feld tatsächlich *flüchtig* wahr, aber nicht diese!) Wir gehen zum Tisch, setzen uns, reden ein bisschen. Es folgt ein Streifzug durch verschiedene vorbereitete Spielangebote. Gegen Ende der Stunde fängt R. ein Wachsfarbenbild an. Es soll beim nächsten Mal fertig gemalt werden.

Nun muss man sich mein Behandlungzimmer vorstellen: eine Art Bauernstube, geräumig, hell und farbenfroh, ausgestattet mit vielen Sachen, die ein Kinderherz erfreuen können: Stoff- und Holztiere, Kasperlefiguren, große und kleine Puppen, Teddybären, Zielscheibe, Bälle, Geschicklichkeitsspiele, Staffelei, Papier und Farben, Kinderbücher, Übungsgeräte, Puppenstube, Ritterburg etc. Auf einem von fünf Fenstersimsen, zwischen zwei Blumentöpfen und halb hinter dem Vorhang versteckt, stand, während Raphael bei mir war, ein etwa handtellergroßer Stoffzwerg, den er jedoch nicht beachtete (so schien es jedenfalls). – Am nächsten oder übernächsten Tag baute ich mit einem kleinen Mädchen ein Märchenreich. Dazu brauchten wir den Zwerg. Später warf ich ihn achtlos in eine Kiste.

In der darauf folgenden Woche kam Raphael zur zweiten Kennenlernstunde. Wieder blieb er für einen Moment an der Schwelle stehen und bekam diesen seltsamen *Panoramablick*. Dann, während wir uns setzten, sagte er beiläufig: «Wo ist denn das Zwerglein?», und deutete mit dem Arm zielsicher zu dem Fenstersims, auf dem es gestanden hatte.

So viel zum *Aufmerksamkeitsdefizit*.

Visuelle Dominanz

Sucherseelenkinder sind keineswegs unaufmerksam. Ganz im Gegenteil ist ihr Ausgangszustand *Hyper*aufmerksamkeit. Nicht nur im Sinnesfeld, sondern auch auf einer nichtsinnlichen Ebene des emotionalen Gewahrseins leben sie intensiv mit der Umgebung mit. (Es ist immer wieder verblüffend zu erleben, dass ihnen Dinge bekannt sind, die sie auf *normalem* Wege nicht erfahren haben können. Manches lässt sich durch den so genannten physiologischen Synchronismus erklären, aber längst nicht alles.)

Eine hervorragende Bedeutung kommt jedoch im *Zur-Welt-Sein* dieser Kinder dem *Sehen* zu. Ausgehend von der Polarität *Sehfeld – Hörraum*, kann man bei ihnen durchaus von einer einseitigen visuellen Grundorientierung sprechen. Dem Hören schenken sie wenig Beachtung. Es scheint ihnen aus irgendwelchen Gründen suspekt zu sein.

Nicht dass sie irgendwie hörbeeinträchtigt wären, o nein, sie hören sehr gut. Ihre hohe Sensibilität erstreckt sich im Prinzip über *alle* Sinne. Wenn die Überwachsamkeit im Sehfeld nachlässt – interessanterweise vor allem dann! –, sind sie oft sogar extrem geräuschempfindlich und entsprechend schreckhaft. Nicht ihr Hör*vermögen*, sondern ihr *Engagement* im Hörraum lässt zu wünschen übrig. Sie verhalten sich so, als berge die Haltung des lauschenden Hingegebenseins ein unkalkulierbares Risiko. Man bekommt eine Ahnung davon, um welche Art von Risiko es sich handelt, wenn man sie in Situationen erlebt, die es ihnen erlauben, den Vorbehalt aufzugeben. Geradezu *entrückt* können sie in Märchen und märchenhafte Geschichten eintauchen und wirken nun plötzlich wie umgedreht: von Kopf bis Fuß *Ohr.* Stimmungsvolle Erzählstunden sind ja im Allgemeinen eine ganz sichere Möglichkeit, die kleinen Wirbelwinde zur Ruhe zu bringen. (Das trifft *nicht* zu, wenn primär eine Lebenssinn-Irritation infolge von peinigenden Körperempfindungen vorliegt; vgl. dazu meine Ausführungen über vegetative Labilität und allergische Störungen in den Kapiteln «Die Krux mit der Diagnose» und «Zur Diagnose».*)* Offenbar besteht in dieser geschützten Situation kein Risiko mehr. Das Kind *lässt sich fallen. Offenen Auges schließt es die Augen.* Der Blick wendet sich nach innen. Es sieht dich an und sieht dich nicht. Ganz lauschend hingegeben, bleibt es andererseits doch in seinem visuellen Lebenselement, denn Geschichten regen die innere, bilderzeugende Fantasie an, und in diesem Punkt sind Sucherseelenkinder unschlagbar. (Es ist ein Jammer, wenn sie dauernd vor dem Fenseher sitzen. Ihre größte Fähigkeit wird dadurch blockiert.)

Wenn man dieses Ausmaß von Selbstvergessenheit erlebt, liegt der Gedanke nahe, Sucherseelenkinder hätten nicht zuletzt deshalb den Hang, sich einseitig ins Sehfeld – Gegenstandsfeld – zu orientieren, weil sie so ungeheuer offen und aufnahmefähig sind und immer auf der Hut sein müssen, sich nicht im Wahrgenommenen zu verlieren. (Bei der gemütlichen Erzählstunde ist das kein Problem, im gewöhnliche Leben schon.)

Dies bedarf einiger erläuternder Worte. Jeder Wahrnehmungsprozess ist ein feines Wechselspiel zwischen Identifikation und Distanzierung. Das identifikatorische Moment kann derart prädominieren, dass die Gefahr des vollständigen Distanzverlustes droht. Dann wird der Segen eines hohen Einfühlungs- und Situationserfassungsvermögens zum Fluch. Vollständiger Distanzverlust wäre Bewusstlosigkeit: eine Art Trancezustand. Sucherseelenkinder bewegen sich oft an der Grenze zur Trance infolge von Überidentifikation. Sie neigen dazu, die Verschmelzung mit dem Gegenüber (sei es eine Sache, sei es ein Wesen) zu weit zu treiben. Nun muss man bedenken, dass Hören – im Spektrum der unteren und mittleren Sinne – *die* identifikatorische Sinnestätigkeit schlechthin ist (gefolgt vom Riechen). *Sehen* geschieht urphänomenal aus *Distanz* (man erlebt sich deutlich *gegenüber*), während es im Grunde ein Ananchronismus ist, distanziert zu lauschen. Um dazu in der Lage zu sein, müssen wir Eigenschaften des Sehsinns und des Tastsinns in den Hörvorgang transferieren. Denn Sehen und Tasten konstituieren jenen Mindestabstand zur Welt, den wir benötigen, um *gegenüber* zu sein. Man kann den Hörsinn als Hingabesinn oder Transzendenzsinn bezeichnen (Transzendenz hier vor allem in der Bedeutung von *Grenzüberschreitung zum Anderen hin*). Deshalb muss sich, auch wenn es paradox klingt, ein Kind mit extrem hohem, spontanem Einfühlungsvermögen in gewisser Hinsicht vor dem Hören hüten, um nicht ständig *wegzutreten* (in einen Zustand der Selbstvergessenheit zu geraten). Die Alternative wäre, dass es den Hörsinn bewusst ergriffe und *ökonomisch* damit umzugehen lernte. Dies aber fällt ihm zunächst sehr schwer. Gerade *wegen* seiner Tendenz zur Überidentifikation entwickelt es eine Antipathie gegen den Sinn, der, sobald er tätig wird, Grenzen auflöst.

Sucherseelenkinder sind Urkommunikatoren. In ihrer entgrenzenden Wesensart liegt eine große Kraft, die zugleich eine große Schwäche ist. (Jede große Kraft ist zugleich eine große Schwäche.) Sie spüren, dass sie ständig in Gefahr sind, sich zu verlieren, mit der Umgebung zu verschmelzen, und setzen die Präferenzen im Sinnesspektrum so, dass das Risiko vermindert wird. Noch im achten, neunten Lebensjahr gelingt es ihnen mühelos, den kleinkindlichen Bewusstseinszustand der *magischen* Ungetrenntheit wieder herzustellen, ja ich möchte behaupten, mit einem Teil ihres Wesens sehnen sie sich mächtig danach, *ganz* in diesen Zustand zurückzukehren. (Oft sprechen sie es aus: «Am liebsten wäre ich wieder im Himmel.» Man braucht dabei nicht gleich an suizidale Anwandlungen zu denken.) Aber ihr *innerstes* Anliegen ist ein anderes. Im tiefsten Seelengrund sind sie von glühender Liebe zum Leben erfüllt und mobilisieren von dort her immer wieder die Kraft eines beherzten, stürmischen (oft überstürzten) *Entschlusses zur Welt*. Sie wollen *mitten hinein und mitten hindurch*, rückhaltlos Erdenbürger werden ... und trotzdem nie die *religio* abreißen lassen, trotzdem an der Quelle bleiben. Ihr Lebenselement ist das Immer-neu-Beginnen. Wo sie sind, bricht «Geburtlichkeit» (Peter Sloterdijk) in die alternde Zeit ein.

Einerseits sind sie ständig *nach vorn gezogen*, um nicht zu sagen: nach vorn *gerissen*, überwach und erlebnishungrig, voller Sympathie für die *diesseitige* Welt, wild entschlossen, sie zu erkunden und zu erobern. Dann wieder, in friedvollen Stunden, offenbart sich die andere Seite. Man hat ein *überirdisches* Wesen vor sich – verträumt, unschuldig, selbstvergessen. Und man spürt: Es kann noch gar nicht richtig fassen, dass es tatsächlich – unwiderruflich – *hier* angekommen ist. Zwar erleben diese Kinder (solange sie nicht traumatisiert sind) jeden Tag das Hiersein als grandioses Abenteuer, aber am liebsten hätten sie ein jederzeit einlösbares Rückreiseticket (zu den Engeln) in der Tasche. Glühende Weltliebe und stiller Weltvorbehalt. Beides in einem. Ein jubelndes Ja zum Leben und ein melancholisches, zuweilen auch zorniges Nein zu den Konsequenzen des Ja ...

Ohne Zweifel ist die Positivitätskraft der Sucherseelen riesig. Andererseits bleiben sie zu sehr mit dem Himmel verbunden, als dass sie jemals *ganz* auf der Erde heimisch werden könnten. Der Widerspruch zwischen starker Rückverbundenheit (die Schicht, die uns im körperhaften Sein von der geistigen Welt trennt, ist bei diesen Kindern ungewöhnlich dünn) und stürmischem Vorwärtsdrang (sie sind von dem glühenden Wunsch erfüllt, *sich ein-*

zubringen, teilzunehmen, mitzugestalten) ist ersichtlich das Kernproblem beim so genannten ADHD. Die gesellschaftlichen Verhältnisse haben sich so entwickelt, dass diese Wesensverfassung immer mehr mit den Lebensrealitäten und mit der Erwartungsnorm in Konflikt geraten ist. Seit ca. fünfzehn Jahren eskaliert die Situation. Sucherseelenkinder sind unerwünscht. Gleichwohl strömen immer mehr von ihnen herein. Ein pathologisches Denken stellt sie unter Pathologieverdacht. Sie spüren es – und haben oft keine andere Wahl, als das Vorurteil zu bestätigen.

Fassen wir noch einmal zusammen: Sucherseelenkinder stürzen sich regelrecht ins Leben, mit einem jubelnden JA. Das ist die eine Seite ihres Wesens: der kraftvolle, positive (jedoch übers Ziel hinausschießende) Inkarnationsimpuls. Aber man spürt auch, wie viel es sie kostet, sich immer wieder loszureißen – von *jener* Welt – und nach vorn zu werfen. Ihr Uroptimismus kann leicht darüber hinwegtäuschen, dass sie in einer tieferen (oder höheren) Schicht nicht bereit sind, sich mit letzter Konsequenz auf *diese* Welt einzulassen. Überbordende Vitalität und ungestümer Kreativitätsdrang korrelieren mit einer tief sitzenden «ontologischen Unsicherheit» (Ronald D. Laing). Sie kommen nie *ganz* an. Oder besser: Sie wirken noch nach Jahren so, als wären sie gerade erst angekommen – Besucher auf einem fremden Planeten, der zwar höllisch interessant, aber nicht ihre Heimat ist (und nie ihre Heimat sein wird). Jeden Tag aufs Neue blicken sie voller Verwunderung und Neugier, aber auch ein bisschen erschrocken, ein bisschen befremdet um sich. Ihr ganzes Wesen spricht: «Dort! Da! Sieh nur! Was ist das? Was bedeutet das? Wie heißt das? Was kann man damit machen?» Und die ganze Zeit umgibt sie ein Licht, das von anderswoher leuchtet (Ritalin bringt es zum Erlöschen). Ein Glanz, der nicht von dieser Welt ist.

Augendominanz als Wesenszug bedeutet, wie wir gesehen haben: Neugier, Ausspähen und Auskundschaften, Suchen und Forschen. Die Kehrseite dieses *ausschweifenden Weltinteresses* ist eine unterschwellige Antipathie gegen das Lauschen. Anders ausgedrückt: Die visuelle Grundorientierung dient *auch* als eine Art Sicherheitsvorkehrung, um nicht in der Lauschgebärde *einzuschlafen.* Wer Sucherseelenkinder genau beobachtet, bemerkt bald: Sie können ihr Sehen so erweitern oder vertiefen, *als hörten sie mit den Augen.* Die Kolonisierung des Hörens durch das Sehen verleiht letzterem eine besondere Qualität. Sucherseelenkinder *schauen fühlend hindurch.* Sie nehmen weniger die Gegenstände als deren Bedeutung und deren Beziehungen untereinander wahr. Ihre Welt ist eigentümlich transparent. Sie halten sich erlebend mehr in den Zwischen-Räumen auf, nicht so sehr in der Faktizität der getrennten Einzelheiten. Andererseits kommt der Hörsinn, indem er gewissermaßen in den Sehnsinn hineingestülpt wird, nicht wirklich zu *seinem* Recht. Visuelle Dominanz ist zweifellos eine *Kompetenz*. Es gibt nichts Prinzipielles gegen diesen Wahrnehmungsstil einzuwenden. Aber er darf nicht zu einseitig werden.

Zukunftsorientiertheit

Unter dem zeitlichen Aspekt betrachtet, kann man die visuell dominante, nach vorn und außen gezogene Wesensart auch als eine einseitig zukunftsorientierte oder *ganz von Zukunft erfüllte* bezeichnen. Wir haben gesehen, dass Sucherseelenkinder – aus den genannten Gründen – wenig Interesse zeigen, sich lauschend zurückzuneigen. Das bedeutet auch: Sie knüpfen ungern an die Vergangenheit an. Manchmal kann es einem fast so vorkommen, als *hassten* sie den Rückbezug auf abgelebte Zeit. Ihre Seelenlage verweist uns auf eine Dramatik, die Georg Kühlewind (1997) in einer Studie über den Gralsmythos so beschrieben hat: «Der Schritt in die Freiheit, der Schritt aus dem Bedingtsein durch eine Ursache in das ursachelose Anfangen, ist mit allen Paradoxien des Ich-Wesens behaftet. (...) Weil die Selbst-Bewusstseinsseele gerade im aufblitzenden Ich-bin-Erleben besteht, muss ein beträchtlicher Teil der in Formen gefangenen Aufmerksamkeit befreit sein, anders kann die Aufmerksamkeit sich nicht begegnen. Dadurch muss ihre Intensität weit über das alltägliche Maß hinaus gesteigert werden; eben durch die Auflösung der Formen, die in der Vergangenheit entstanden sind.»

Hier ist die Rede von wahrer Geistes-Gegenwart als dem Zustand des Heraustretens aus Vor-Geschichtlichkeit – davon also, dass schöpferisches Menschentum bedeutet, das Koordinatensystem der Gewordenheiten zu verlassen und den Schritt ins Offene, Ungesicherte zu wagen; davon, dass es einen Zustand der reinen Bereitschaft gibt, in welchem uns nichts mehr bindet an die vergangenheitsbezogen-kausative Ebene des Mich-Empfindens oder der Selbst-Identifikation, wo wir uns gewohnheitsmäßig wie Lots Weib verhalten: zurückblickend zu Stein erstarren. Ich will nur andeuten, dass wir heute in einer Übergangszeit leben zwischen dem (alten) Bewusstseinszustand, der uns ein resultatives Selbstbild vermittelt («Ich bin, der ich war»), und jenem, der uns in die Lage versetzen wird, als tief erlebte Tatsache auszusprechen: «Ich bin, der ich sein werde.» Eine neue Bewusstseinskultur dämmert herauf (vgl. das Kapitel *Sternkinder*

– *gibt es die überhaupt?*) Der künftige Mensch wird, um sich selbst zu finden, nicht in erster Linie zurückblicken, sondern er wird in erster Linie fragen: «Was ist das Zu-Verwirklichende? Was wartet auf mich? Was ruft nach mir?»

Beginnt man hier nicht zu ahnen, dass hinter dem Phänomen der so genannten ADHS-Kinder viel mehr und etwas ganz anderes steckt als eine *Verhaltensstörung* oder ein *Aufmerksamkeitsdefizit*? Dass ihre «andere Art, die Welt zu sehen» (Hartmann) zwar heute noch auf Unverständnis stößt, aber auf eine Bewusstseinshaltung vorverweist, die in nicht allzu ferner Zeit kein Mensch mehr anstößig finden wird? (Erich Fromm hat diese Haltung als «Seinsmodus» und «biophile Orientierung» sehr gut beschrieben.) Wer Sucherseelenkinder zu erziehen hat, kennt ihren frappierenden Hang, in die Ferne des noch Ungefundenen, noch zu Vollbringenden hinauszuspähen, hinauszufühlen, kennt ihren Argwohn gegen das Prinzip des Sich-Zurückwendens, um aus erstorbener Zeit Rohstoffe für Zukunftsgestaltungen abzubauen. Sie drehen den Spieß um und wollen aus der Zukunft die Substanz zur Transformation des Gewordenen bergen (womit der eigentliche Kreativitätsbegriff umrissen ist). Sie haben nicht die bewusste Absicht, dies zu tun, sondern es ist ihr Wesen, ihre geistig-seelische Grundbefindlichkeit, ihre angeborene (aber nicht *biologisch* angeborene) Neigung. Und in der Tat führt die Kompromisslosigkeit, mit der sie dieser Neigung folgen, zu problematischen Einseitigkeiten. Es sind ja Kinder, nicht wahr? Kinder verstehen nicht, was gemeint ist, wenn die Erwachse-nen sagen: «Der Klügere gibt nach» oder «Der Klügere tut wenigstens so, als passe er sich an» oder «Alles mit Maß und Ziel».

Gleichwohl: Mit ihrer tiefen Antipathie gegen *Formen, die in der Vergangenheit entstanden sind,* stehen Sucherseelen in unserer (noch) von ganz anderen Bewusstseinsstrukturen geprägten Welt auf verlorenem Posten, wenn es uns nicht gelingt, ihnen nahe zu bringen, dass sie ein wenig einlenken müssen (und sich dennoch treu bleiben können). Wir müssen versuchen, sie für das Prinzip des Anknüpfens an die Vergangenheit zu erwärmen. Hier bietet unter anderem die Kunst ideale Möglichkeiten. In gestalterischen Prozessen lernt man ohne Worte, dass Impulse aus dem Raum des noch zu Verwirklichenden im *Materialraum* der gewordenen Welt aufprallen *müssen*, um nicht folgenlos zu versiegen; dass Inspirationen nutzlos bleiben, wenn wir nicht mit ihnen *zu Werke,* das heißt: in die Todeszone der erstarrten Fomen, gehen.

Vergesslichkeit und Diskontinuität

Sucherseelenkinder sind oft sehr vergesslich. Das ergibt sich zwangsläufig aus ihrer *vorwärtsstürzenden* Wesensart. Sie verlieren ständig den Kontakt zur Vergangenheit. Eigentlich ist ihre Merkfähigkeit unbeeinträchtigt, aber es widerstrebt ihnen, sich entsinnend zurückzuwenden. Da haben wir wieder diesen merkwürdigen Drang, dem Gewesenen zu entfliehen. Wer erzieherisch mit diesen Kindern umzugehen versteht, weiß, dass oft ein Erinnerungsanstoß genügt, um die Verbindung wieder herzustellen. (Dann kommt das legendäre: «Ach jaaa, Entschuldigung, jetzt fällt's mir wieder ein!») Die Eindrücke verschwinden also nicht. Sie bleiben unbeachtet liegen.

Sucherseelenkinder haben sogar ein ausgesprochen gutes und weit zurückreichendes Gedächtnis für Menschen und Ereignisse, von denen sie stark beeindruckt waren. (Immer wenn die Stärke des *Spähers* zum Tragen kommt, wenn sie also mit etwas Neuem, Interessantem konfrontiert werden oder wachsam ein unbekanntes Szenario betreten, prägen sie sich alle Einzelheiten exakt ein.) Doch im Alltag entgleitet ihnen oft, was kurz zuvor geschah oder besprochen wurde. Das Kind fasst einen Vorsatz («Ich gehe jetzt ins Bad und putze mir die Zähne») ... aber im nächsten Augenblick ist etwas anderes viel wichtiger. Im Grunde ist diese Art von Vergesslichkeit nur eine Begleiterscheinung der unter Punkt 1 erwähnten leichten Ablenkbarkeit. Um auch die positive Seite hervorzuheben, spricht Thom Hartmann vom «Edison-Effekt», bezugnehmend auf den berühmten Erfinder Thomas Alva Edison, der das Geheimnis seiner ungeheuren Kreativität einmal so beschrieb: «Sehen Sie, hier fange ich bei einem Experiment an, und dorthin will ich gelangen» – er zeichnet eine imaginäre Linie in die Luft –, «aber wenn ich einen Teil des Weges auf dieser geraden Linie zurückgelegt habe, dann stolpere ich über irgendein Phänomen, und das führt mich in eine ganz andere Richtung, zu völlig unerwarteten Dingen.» (Edison, der nie lange bei einer Sache bleiben konnte und immer an mehreren Projekten gleichzeitig arbeitete, meldete über 1000 Patente an. Einige seiner Erfindungen veränderten die Welt. Er war ein vollständiger Schulversager, ging schon mit zwölf von zu Hause fort und schlug sich mit Gelegenheitsjobs durch.)

Eltern und Lehrer müssen zunächst einmal mit der Vergesslichkeit von Sucherseelenkindern leben lernen. Sie sollten aufhören, sich ständig darüber zu ärgern. In der Tat verbergen sich hinter dem Defizit enorme potenzielle Stärken, und das kann ein Trost sein. Aber man darf natürlich auch nicht über die Nachteile hinwegsehen und muss sich Gedanken darüber machen, wie sie abgemildert werden können. Wenn die Vergangenheit dauernd achtlos abgekoppelt wird, bleibt das Gefühl für Kontinuitäten und Kontingenzen, der Sinn für Entwicklungsprozesse (auch für den Entwicklungsstrom der eigenen Biografie) undeutlich. Unterschwellig entsteht der Eindruck, das Leben sei eine Aufeinanderfolge unzusammenhängender Einzelsequenzen, ja überhaupt alles sei irgendwie unverbunden. Das ist wahrlich kein angenehmer Zustand. Auch Edison musste natürlich lernen, *geschichtlich* zu denken (und zu fühlen), planvoll zu handeln und sich bei jedem Schritt auf den vorherigen zurückzubeziehen. Am Ende entsprang seine Genialität einer Mischung aus ungebrochener (!) Sucherseelenmentalität und hinzugewonnenen komplementären Fähigkeiten, die es ihm ermöglichten, sich auch in der *Bestands- und Wiederholungswelt* sicher zu bewegen.

Ich frage, also bin ich ...

Menschen des Sucherseelen-Typs sind ganz auf FRAGE eingestellt. Die Antwortwelt ist nicht ihre Welt. Das bedeutet auch: Der Prozess interessiert sie, nicht das Ergebnis, das Beginnen, nicht das Beenden, das Provisorische, nicht das Verfertigte. Sie wollen aussäen und pflanzen, nicht ernten. Entwerfen ist ihr Schaffeneselement, nicht Konkretisieren. Im Experiment, in der Improvisation und in der offenen Kommunikation fühlen sie sich zu Hause. Nicht in Regelwerken und unabänderlichen Formen. Man muss das berücksichtigen und als große Kompetenz erkennen. Die auf Resultate, Verfertigungen, Erträge und Regularien eingeschworene Welt braucht solche Menschen. Aber auch hier gilt wieder: Sie müssen Kompromisse eingehen. Was die Stärke und Schönheit ihres Wesens ausmacht, ist unantastbar. Es verdient Bewunderung und Bestärkung. Gerade das *Andersartige* daran sollte uns interessieren (und nicht zu kaschierten Denunziationen veranlassen.) Allerdings muss dieses Andersartige irgendeinen sinnvollen Bezug zu den Gegebenheiten finden, sonst kann es sie nicht befruchten, sondern prallt immerfort an ihr zurück – und das hält auf Dauer kein Mensch aus. Sucherseelenkinder haben keine andere Wahl, als sich vertraut zu machen mit einer sozialen Realität, deren Regeln und Maßstäbe ihnen fremd sind. Ich sage: sich vertraut zu machen, nicht: sich anzupassen! Der Gast aus der Zukunft braucht kein «Muggel» zu werden, um sich unter «Muggeln» bewegen zu lernen. Er soll es auch gar nicht, denn schließlich ist er gekommen, um in der «Muggelwelt» heilsame Verwirrung zu stiften. (In den Harry-Potter-Geschichten werden die normalen Menschen von den mit Zauberkräften Begabten als «Muggel» bezeichnet.) Das ist die große Aufgabe für Erzieher und Therapeuten, die Sucherseelenkindern *gerecht werden* wollen: ihnen einen Einführungskurs in die Muggelwelt zu geben, ohne sie zu Muggeln machen zu wollen.

Impulsivität

In der Tat sind Sucherseelenkinder überaus impulsiv. Ihr «ausschweifendes Weltinteresse» bringt dies mit einer gewissen Notwendigkeit mit sich. (Wenn etwas ihre Aufmerksamkeit fesselt, können sie sich kaum zügeln.) Aber warum wird der Begriff Impulsivität immer so negativ besetzt, auch noch im Hinblick auf Kinder? Von «mangelnder Selbstkontrolle» ist dann die Rede. Oder von der «Schwierigkeit, sich zu organisieren». Wie gut muss sich ein temperamentvolles Kind ab welchem Alter kontrollieren und organisieren können, um nicht unter Pathologieverdacht zu geraten? Sind diesbezüglich die heutigen Maßstäbe noch gesund? Wie gut organisiert und kontrolliert war Michel aus Lönneberga? Glücklicherweise hielt es sich in Grenzen. Deshalb lieben wir ihn ja so.

Kaum einmal werden die positiven Seiten der Impulsivität gewürdigt: das unbändige Mitteilungs- und Kommunikationsbedürfnis (ein urkindlicher Wesenszug), die hohe Flexibilität. Freilich: Viele Menschen sehen darin gar nichts Positives (außer im Roman). Man fühlt sich gestört. Das heißt aber noch lange nicht, dass das *Kind* gestört sei.

Sagen wir es einmal in aller Schärfe: Ein Kind, das von Kopf bis Fuß auf Interaktion eingestellt und obendrein noch so erlebnishungrig, spontan und unerschrocken ist, wie es die Michels nun einmal sind, verstößt gegen die Regeln einer pathologisch überkontrollierten und sozial defizitären Normalität, die wir längst als Richtmaß für schickliches Verhalten akzeptiert und verinnerlicht haben. Die tänzerische, ungestüme Wesensart der Michels kollidiert mit unserem Bedürfnis nach Distanz, Ordnung, Gründlichkeit und Vorhersehbarkeit. So begreiflich das sein mag – die Schuld der Kinder ist es nicht. Statt sie mit aller Macht in unsere pedantischen Benimmregeln und Umgangsformen zu zwingen, sollten wir die Chance ergreifen, ihnen und uns selbst zuliebe ein bisschen lockerer, großzügiger, humorvoller und spielerischer zu werden. Denn in Wahrheit leiden wir nicht unter der Impulsivität der Kinder, sondern unter unserer eigenen Steifheit.

Nur wer Gefallen daran findet, selbst wieder Kind zu sein und den Tanz der Michels mitzutanzen (nicht immer, aber immer wieder), kann ihn günstig beeinflussen (nämlich in kreative Bahnen lenken). Schlechte Nachrichten für alle Erzieher mit Gleichschritt-Marsch-Mentalität: Unter eurem Einfluss werden impulsive Kinder zu wild um sich schlagenden. Deshalb lasst die Finger von ihnen! Man muss Tänzer sein, um sie zu führen. Der pädagogische Improvisationskünstler ist gefragt. Einer, der Monotonie hasst und das Wort *plötzlich* liebt. (Raphael, ein Sucherseelenkind, sagte einmal mit leuchtenden Augen zu mir: «Soll ich dir verraten, was mein Lieblingswort ist? *Plötzlich*!») Einer, der über Missgeschicke und Pannen aus vollem Hals lachen kann. Einer, der von den Kindern keine Ehrerbietung erwartet, weil er gar nicht begreift, um welche *Ehre* es da gehen soll. Einer, der keinen Gedanken an Autorität verschwendet – und eben deshalb Autorität ausstrahlt. Einer, der ab und zu etwas Verrücktes tun (oder erleben) will. Einer, der in Kindern mehr und etwas anderes sieht als unfertige – weil noch nicht ausreichend disziplinierte, kontrollierte, organisierte – Erwachsene. Ich weiß schon, was jetzt viele Leser denken (es ist ein Pawlowscher Reflex): «Aber man muss doch auch Grenzen setzen!» – Habe ich das je bestritten? Darüber braucht man doch nicht ständig zu diskutieren. Es ist eine Binsenweisheit. Ich sprach eben über einige Voraussetzungen, die ein Erzieher oder Lehrer erfüllen muss, um von Sucherseelenkindern als Autorität anerkannt zu werden. Wenn sie dich anerkennen, kannst du ihnen auch Grenzen setzen. Eine Grundbedingung ist, dass du ihre Impulsivität liebst.

Aber zumeist ist das Gegenteil der Fall. Die Michels ziehen aufgrund ihrer Impulsivität nur Ärger und Ablehnung auf sich. Den ganzen Tag geht ein Hagel von Ermahnungen und Drohungen auf sie nieder, und sie reagieren natürlich mit Verstocktheit. Das permanente Ausgebremst- und Zurückgewiesenwerden erzeugt einen Druck, unter dem sie sich immer mehr verkrampfen und verzerren. Atypische Verhaltensweisen treten auf. So ist es Sucherseelenkindern eigentlich ganz fremd, anderen Menschen absichtlich wehzutun oder Schaden zuzufügen. Fängt Michel an, sich bösartig zu verhalten, muss man wissen, dass dies *überhaupt nicht* seinem Charakter entspricht. Er leidet kolossal darunter. Die sozialen Konflikte, die er ungewollt auslöst, schlagen als tiefe Verunsicherung auf ihn zurück, und allmählich verkehrt sich seine arglose Impulsivität in eine Art notorisches Querulantentum, sein Ur-Kommunikationsdrang in verbissene Aufdringlichkeit.

Impulsives Verhalten ist auch unmaskiertes Verhalten. Ich selbst bin ein ziemlich reservierter Mensch. Sucherseelenkinder helfen mir, mich zu zeigen. In ihrer Gegenwart ist jede Maskerade überflüssig, ja lächerlich. Man spürt es sofort und hat die Wahl, sich darüber zu ärgern oder zu freuen.

Sehr viele Menschen sind hochgradig impulsiv, nur haben die meisten frühzeitig gelernt, es zu verbergen. Sie *beherrschen* ihre Gefühlsaufwallungen. Jeder geht vor jedem in Deckung, jeder spielt jedem (und sich selbst) von morgens bis abends etwas vor – das ist unsere zwischenmenschliche und intrapsychische Realität. Sucherseelenkinder hingegen sind frappierend offen. Sie zeigen, was sie fühlen, und sagen, was sie denken. Ich habe ihre unverblümte Art schätzen gelernt, was nicht ausschließt, dass ich sie gegebenenfalls meinerseits unverblümt in die Schranken weise. («Blödmann» lasse ich mir noch gefallen, «Arschloch» nicht mehr. Ich reagiere unverzüglich und völlig undiplomatisch. Damit können sie viel besser umgehen als mit erhobenen moralischen Zeigenfingern und taktischen Winkelzügen. Kein Wunder, Impulsivität ist ja ihre Ebene. Sie nehmen es dem Lehrer nicht übel, wenn er mal explodiert – vorausgesetzt, die Beziehung stimmt.) Gleichwohl muss ihnen natürlich irgendwie beigebracht werden, dass man in dieser Welt enorme Schwierigkeiten bekommt, wenn man nicht lernt, das Maskenspiel mitzuspielen, Gefühle zu verbergen, Gedanken für sich zu behalten.

Eine problematische Begleiterscheinung der ausgeprägt impulsiven Wesensart ist das unwillkürliche Einschießen von Bewegungsimpulsen, auch aggressiven Bewegungsimpulsen (zumeist in Bedrängnis). Zwar handelt es sich hierbei zunächst um ein ganz normales kindliches Verhaltensmuster, aber etwa ab dem vierten Lebensjahr sollte sich die Fähigkeit herausbilden, Affekte *abzubremsen* und im Reiz-Reaktions-Wechselspiel *die Lücke des Innehaltens* zu finden.

Bewegungsunruhe (Hyperaktivität)

Zwanghafte Getriebenheit bei vegetativen Befindlichkeitstörungen, Allergien oder nachweislichen Zerebralschädigungen muss unterschieden werden von einem gesunden, wenn auch sehr starken Aktivitätsdrang, wie es ihn, vor allem bei Buben, schon immer gab. Man muss bei solchen Kindern von vornherein darauf sehen, dass sie genügend Gelegenheiten bekommen, ihren Bewegungsdrang auszuagieren. Es gibt keine bessere Vorbeugung gegen jenes zwanghafte Zappelverhalten, das sich erst infolge der permanenten Unterdrückung eines natürlichen Bedürfnisses einstellt.

Sucherseelenkinder sind nicht nur sehr bewegungsfreudig, sondern verfügen im Allgemeinen auch über eine große Bewegungs*geschicklichkeit*. Viele von ihnen erfüllen die Kriterien der von Howard Gardner (1994) beschriebenen «kinästhetischen Intelligenz». Sie sind also im sportlichen oder tänzerischen Bereich für anspruchsvolle Aufgaben prädestiniert, sofern es gelingt, sie zu einer gewissen Übungdisziplin anzuhalten. Als Gegengewicht brauchen sie aber auch Freiräume für *wilde* Bewegung. In den heutigen urbanen Lebensverhältnissen leiden gerade diese Kinder enorm unter dem Mangel an Möglichkeiten zum ungezwungenen Spiel in natürlicher Umgebung. Wenn sie sich nicht wenigstens einmal am Tag nach Herzenslust austoben können, sind sie furchtbar frustriert. Daraus resultieren auf Dauer fast zwangsläufig soziale Verhaltensauffälligkeiten. Man stelle sich vor, Michel aus Lönneberga wäre gezwungen worden, den größten Teil seiner Kindheit hübsch anständig sitzend, Bilder malend, mit Bauklötzchen bauend, spazieren gehend, unter mütterlicher Überwachung in der Sandkiste spielend, Flöte übend und mit anderen geordneten Tätigkeiten zu verbringen, von denen die Erwachsenen meinen, sie seien pädagogisch sinnvoll ...

Viele betroffene Eltern sehen das Dilemma, aber keinen Ausweg. Sie wohnen mitten in der Stadt, fernab von Wald und Wiesen, direkt an einer belebten Verkehrsstraße vielleicht, und ein Blick auf den Kontostand genügt, um alle Träume von einem Leben unter kindgemäßeren Bedingungen zerplatzen zu lassen. Was sollen sie tun? Ich verstehe ihre Zwangslage – und rate dennoch: Lassen Sie nichts unversucht! Tun Sie sich mit anderen betroffenen Eltern zusammen und suchen Sie gemeinsam nach Teillösungen! Erkundigen Sie sich z.B. nach der nächstliegenden Jugendfarm, treten Sie dort als Selbsthilfeguppe auf und erarbeiten mit den Leitern ein finanziell erschwingliches Konzept für betreute Freizeitwochenenden.

Keine Entschuldigung gibt es dafür, dass man in Kindergärten und Schulen weiter an überkommenen Formen festhält. Seit den siebziger Jahren machen Fachleute darauf aufmerksam, dass den pädagogischen Institutionen objektiv neue Aufgaben zugewachsen sind, unter anderem im Hinblick darauf, dass heute immer mehr Kinder unter der permanenten Frustration ihres natürlichen Bewegungsbedürfnisses leiden. Trotzdem bleibt in der Breite alles beim Alten, ja schlimmer noch: Seit dem «PISA-Schock» steht zu befürchten, dass man – typisch deutsch? – in der Restauration eines völlig veralteten Bildungsbegriffs Zuflucht nehmen wird, statt endlich die seit Jahrzehnten anstehenden Innovationen in Angriff zu nehmen.

Atemlos …

Nicht nur äußerlich, sondern auch *innerlich* sind Sucherseelenkinder sehr aktiv. Ihre Normalverfassung ist ein Erregungspegel, den unsereins schon als Ausnahmezustand erleben würde. Sie nehmen zu intensiv an allem teil … aber was heißt das schon: *zu intensiv* teilnehmen? Wer setzt die Maßstäbe? Außerdem sitzt ihnen ständig das Gefühl im Nacken, *zu spät zu kommen*, etwas zu versäumen. Auch so ein Geheimnis: Warum stehen sie immer unter dem Eindruck, im nächsten Moment könne alles vorbei sein? Warum schalten sie ihre Gehirne auf *«So viel wie möglich jetzt»*? (Inwiefern wir berechtigt sind zu sagen: «Sie schalten ihre Gehirne auf …» und nicht: «Sie werden durch die Funktionsweise ihrer Gehirne gezwungen zu …», habe ich in Teil I ausführlich erläutert.) Ich will es offen lassen. Der bei Sucherseelenkindern anzutreffende Erlebnishunger löst Assoziationen wie *Nachholbedürfnis* oder *lange Entbehrung* aus. Freilich ist in *diesem* Leben nichts auffindbar, woraus sich das Phänomen erklären ließe. Sie kommen schon so zur Welt, als hätten sie beschlossen, zehn Leben in einem zu leben … Der Grundzug von *Überengagement* und *Übereiltheit* birgt zweifellos Gefahren, kann sich aber auch zum Positiven wenden wie bei Thomas Alva Edison. Er war seinen Mitmenschen immer einen entscheidenden Schritt voraus und erkannte Zusammenhänge, wenn andere noch vor einem Wirrwarr unverbundener Einzelheiten standen.

Zunächst ist eine angeborene Eigenschaft zu berücksichtigen, die man als a) weltaneignende und b) individuative *Hast* bezeichnen könnte: zum einen der mächtige, ungezügelte Drang nach sinnlicher Realitätsvergewisserung; zum anderen das ungeduldige seelische Vorwärtsstürmen zum Punkt der Erdenreife (Akzelerationstendenz; weit verfrühtes Hervortreten quasi-pubertärer Interessen, Fragen und Ansprüchlichkeiten; vgl. auch «Früher Autonomieanspruch»). Kein Wunder, dass diese Kinder immer *atemlos* wirken. Konkret: Sie sind tendenziell *kurz- und hochatmig mit Ausatmungsdominanz.* Das tiefe, ruhige Hineinatmen in den Körper *bis ganz unten* (jene Atmung, bei der sich nicht der Brustkorb, sondern der Unterbauch hebt und senkt) gönnen sie sich – im Wachzustand – selten. Wir sollten ihnen helfen, dass sie es sich häufiger gönnen.

Früher Autonomieanspruch

Machen wir es kurz: Was den meisten Pädagogen, die mit Sucherseelenkindern zu tun haben, besonders gegen den Strich geht, ist deren verfrühter pubertärer Gestus. Ich verstehe unter dem pubertären Gestus jene Freiheitsansprüchlichkeit an der Schwelle zur Erden- und Geschlechtsreife, die sich darin äußert, dass der Heranwachsende trotz seiner Weltunerfahrenheit nicht mehr *erzogen* und überwacht werden will, sondern danach verlangt, eigene Entscheidungen zu treffen und dabei auch Risiken in Kauf zu nehmen, um gegebenenfalls aus Fehlern zu lernen; die sich ferner darin äußert, dass der Heranwachsende vollkommen gleichgestellt und aus aller Bevormundung entlassen sein will in Hinsicht auf Beziehungs- und Liebesangelegenheiten. Das heißt konkret: Er erhebt den Anspruch, nach eigenem Gutdünken zu wählen, mit wem er sich verbinden will (und mit wem nicht), vom wem er sich belehren lassen will (und von wem nicht), wem er Vertrauen schenkt (und wem nicht).

Dies zu akzeptieren fällt uns schon gegenüber den Pubertierenden schwer genug – wie erst gegenüber einem Sechs- oder Siebenjährigen! Bereits in diesem Alter scheinen viele Sucherseelenkinder das klassische pubertäre Konfliktfeld eröffnen zu wollen: «Du hast mir überhaupt nichts zu befehlen! Ich weiß selber, was für mich gut ist! Immer kommandiert ihr herum! Ich gehorche, wenn *ich* will!» Und so weiter. (Ich sehe schon den Ausdruck von Entsetzen und Tragik in den Gesichtern mancher Leser. Es gibt Pädagogen, für die es Sodom und Gommorha ist, solche Aussprüche aus dem Munde eines Erstklässlers zu vernehmen. Gut, die Sache ist schwierig. Aber deshalb droht nicht gleich der Untergang des Abendlandes. Meine provozierende These: Ein guter Erzieher findet widerspruchslosen Gehorsam nicht so furchtbar wichtig, eher ein bisschen unsympathisch ...)

Besonders problematisch ist der frühe Autonomieanspruch in Beziehungsangelegenheiten. Alles andere lässt sich im Prinzip verhandeln, wenn die Erwachsenen unerschrocken und gradlinig ihre Position vertreten (und genau wissen, warum sie was verbieten). Der achtjährige Kevin wird schließlich zähneknirschend einsehen, dass er abends nicht mit der doppelt so alten Schwester in die Disco gehen kann (statt ins Bett). Denn er weiß ja im Grunde ganz genau, wie absurd sein Verlangen ist. Anders verhält es sich, wenn Kevin eines Tages bekannt gibt: «Ich pass in der Schule nur noch bei Herrn X und Frau Y auf. Bei Herrn Z nicht mehr. Der guckt immer so. Er findet mich blöd. Ich ihn auch. Für den mach ich keine Hausaufgaben. Der soll nicht mein Lehrer sein.» Aufkündigung einer gescheiterten Beziehung. Solche Entscheidungen sind unter Umständen stahlhart und irreversibel. Kevin ist tief davon überzeugt, dass es ihm zustehe, sich seine wichtigsten Bezugspersonen (und dazu gehören die Lehrer ja wohl) selbst auszusuchen. Der abgemeldete Kollege hat nur eine Chance: Wenn er sein persönliches Verhältnis zu dem Jungen – es ist mit Sicherheit tatsächlich gestört – bereinigt und nicht mehr «immer so guckt», kann die Sache wieder in Ordnung kommen …

Schwankungen der Schmerz- und Berührungsempfindlichkeit und der Wärmeregulation; tendenzielle rhythmische Instabilität

Durch ihr starkes Hinausgezogensein in den Umkreis, ihre Kurzatmigkeit und ihre Überbeeindruckbarkeit sind Sucherseelenkinder immer in der Gefahr, ein Stresssyndrom zu entwickeln. Stress (engl.) bedeutet so viel wie Druck, Belastung, Spannung. Der medizinische Begriff bezeichnet einen Prozess der psychischen und körperlichen Destabilisierung durch permanente Überforderung. In der Regel kommen verschiedene Entstehungsursachen zusammen, so z.B. Reizüberflutung, soziale Spannungen und Schulangst. Die Symptomatik ähnelt dem Zustandsbild bei vegetativer Labilität.

Infolge von Stress treten Beeinträchtigungen des «Mich-Empfindens» (Georg Kühlewind) in Verbindung mit funktionellen Beschwerden auf. Typisch dafür sind starke Schwankungen der Schmerz- und Berührungsempfindlichkeit. Einer meiner kleinen Klienten, der im Sommer grundsätzlich keine Schuhe tragen wollte, zog sich einmal auf dem Weg zur Therapiestunde blutende Schnittwunden am rechten Fuß zu, *ohne auch nur das geringste davon zu bemerken*. Derselbe Junge erwies sich wenig später bei einer taktilen Feinwahrnehmungsübung – er sollte mit geschlossenen Augen den Moment erspüren, in dem ein herabschwebende feines Flaumfederchen seinen Fußrücken oder seinen Oberschenkel berührte – als rekordverdächtig sensibel! Diese Inkonstanz des Berührungssinnes zwischen Hyperempfindsamkeit und Fühllosigkeit ist bei Sucherseelenkindern häufig anzutreffen und steht wie ein Bild für ihre seelische Verfassung in kritischen Phasen.

Auch Schwankungen der Wärmeregulation sind häufig zu beobachten (ungleichmäßige und ständig sich verändernde Verteilung der Wärme über den Körper). Jeder kennt diesen Zustand, zumindest ansatzweise. Wenn wir ihn beschreiben wollen, sagen wir etwa: «Mir wurde heiß und kalt» (und weisen damit auf die körperlichen Symptome einer unangenehmen Erregung oder einer Schrecksituation hin). Kreislauflabilität, plötzliche Schwächezustände, leichte Schwindelgefühle und Verdauungsstörungen können als Symptome einer stressbedingten rhythmischen Instabilität hinzukommen.

Schlagartiges Einschlafen und Aufwachen, übergangslos

Viele Sucherseelenkinder *stürzen* – wenn man es geschehen lässt – in die Nacht und *schießen* morgens wieder in den Tag hinein. Es fehlen die *Übergänge.* Es fehlt also auf der seelischen Ebene im Pendelschlag zwischen Schlafen und Wachen dasjenige, was den Dämmerungszeiten der Natur entspricht.

Irgendwann am Abend kommt plötzlich bleierne Müdigkeit über das Kind, als hätte ihm jemand mitten im emsigen Spiel ein Narkotikum verabreicht. Am liebsten würde es sofort einschlafen, wo es gerade steht oder sitzt, ohne weitere lästige Umstände wie Ausziehen, Zähneputzen etc. – Das morgenliche Aufwachen und Aufstehen vollzieht sich blitzartig. Zack! Kein langsames Zu-sich-Kommen. Ein Raketenstart. Der Rest der Familie schläft noch, Michel rumort schon in der Wohnung herum. (Allerdings ändert sich das an *Wochentagen* zumeist gegen Ende des ersten oder Anfang des zweiten Schuljahres, wenn von der einstigen riesigen Vorfreude des ABC-Schützen nichts mehr übrig ist und das Drama der Schulunlust, die bald in Schulhass und Schulangst übergehen wird, seinen Anfang nimmt. Plötzlich ist der kleine Frühaufsteher morgens kaum wachzukriegen. Pünktlich sonntags und in den Ferien jedoch das alte Bild: Michel springt mit dem ersten Hahnenschrei wie von der Tarantel gestochen aus dem Bett und hat so viel vor, dass er gar nicht weiß, wo er anfangen soll.)

Man muss bedenken, dass sich die ständigen *Brüche* und *Abbrüche* bei Sucherseelenkindern zu einem Lebensproblem auswachsen können. Wir sprachen schon über Kontinuität und Diskontinuität. Die Kehrseite der überaus flexiblen und mutigen Alles-oder-nichts-Wesensart (erwachsene Sucherseelen pflegen zu sagen: «*Wenn* ich etwas mache, dann mache ich es *total*!») ist ein Hang, ohne Rückbesinnung und Übergang von einer Situation in die nächste zu springen. *Hast.* – Wir müssen den so genannten ADHD-Kindern helfen, die Qualität des *Zwischen-hier-und-Dort* oder *Zwischen-jetzt-und-Nachher* zu entdecken und schätzen zu lernen: die kostbaren Momente des Sich-Verabschiedens vom Zurückliegenden und Sich-Einstimmens auf das Kommende. Bei der Gestaltung der Übergänge zwischen Tag und Nacht kann man ansetzen.

Starkes Mitteilungsbedürfnis (unersättlicher Kommuniktionsdrang)

Wer mit den Sucherseelenkindern innerlich fertig ist und sie nur noch als Störenfriede wahrnimmt, wird Sätzen wie den folgenden gern zustimmen:

«Sie leiden unter Verbaldurchfall.» – «Ihr pausenloses, hemmungsloses Gequassel ist kaum auszuhalten.»

Wer diese Kinder – ohne ihre Probleme zu bagatellisieren – liebt und schätzt, wird es anders ausdrücken: Sie sind nicht auf die Erde gekommen, um sich in einer verschwiegenen Innenwelt aufzuhalten und ständig abzuwägen, was sie von sich geben oder für sich behalten sollen. Sie sind auf die Erde gekommen, um zu kommunizieren, in allererster Linie deshalb! «Das Schönste ist wertlos, wenn ich es nicht mit anderen Menschen teilen kann», spricht der Sucherseelengenius. «Erst in der Hinwendung zu einem Du, mein Innerstes nach außen kehrend, spüre ich mich richtig.» Deshalb gilt: Diese Kinder brauchen, um zu sich zu kommen – mit sich selbst ins Reine zu kommen –, ein offenes Ohr: jemanden, der ihnen mit aufrichtigem Interesse zuhört. Ich habe wieder und wieder die Erfahrung gemacht, dass der so genannte Verbaldurchfall – das verzweifelte Anquasseln gegen innerlich verschlossene Ohren – schlagartig nachlässt, sobald sich die Eltern (oder andere wichtige Bezugspersonen) dazu entschließen können, dem Kind regelmäßig das Geschenk *echten* Zuhörens zu machen. (Ich meine die von Michael Ende in seinem Roman *Momo* so wunderbar beschriebene Qualität des tief anteilnehmenden Schweigens, welches dem Sprechenden hilft, sich selbst zu verstehen.) Wenn dies gewährleistet ist – nur dann! –, kann fernerhin darüber nachgedacht werden, welche Möglichkeiten es gibt, den kleinen Urkommunikatoren zu vermitteln, dass Geheimnisse und verschwiegene Innenräume auch so manches für sich haben.

Es gibt Leute, die sich damit wichtig tun, Sucherseelenkinder zu kleinen Dämonen zu stilisieren und ihnen so etwas wie eine konstitutionelle Soziopathie («Moralblindheit») zu bescheinigen. Wahr ist: Sie haben einen schwach entwickelten «antisozialen Trieb» (Steiner). Früh und heftig regt sich bei ihnen das *dialogische Ich-Prinzip* – nicht jedoch das monologische, nicht also der Drang nach egoitärer Einschließung. Im Klima der Nicht-Gemeinsamkeit sind sie wie ein Fisch auf dem Trockenen. Die in unserer Gesellschaft auf allen Ebenen immer mehr sich verdichtende antisoziale Atmosphäre von Gleichgültigkeit, Rivalität, Unehrlichkeit und Missgunst, die wir für normal und angemessen halten, verunsichert diese Kinder zutiefst, und das sehen wir dann an ihrem hilflos-bizarren Verhalten. Man unterstellt mangelndes Auffassungvermögen für Moral, wo in Wahrheit eine tiefe (unbewusste) Enttäuschung vorliegt.

Überflutung des Bewusstseins von inneren Bildern und Gemütsaufwallungen

Die Überbeeindruckbarkeit von Sucherseelenkindern bezieht sich nicht nur auf die von außen herandringenden Reize, sondern auch auf das, was in ihrem Inneren vorgeht, was aus Seelenuntergründen heraufdrängt an Gefühlen und Bildern. Ihre Gemütsbewegungen sind oft viel zu stark. Deshalb müssen sie Gegenmaßnahmen ergreifen, indem sie die Situation, die derartig starke Gefühle in ihnen auslöst, durchkreuzen oder ihr zu entfliehen versuchen. Die Alternative wäre, mit der eigenen Innenwelt *umgehen* zu lernen, bewusst aus ihr zu schöpfen, sie als Gestaltungsraum zu entdecken. Dabei können wir den Kindern durch therapeutische Märchenarbeit helfen. Und bald wird sich zeigen, welch ungeheure Reichtümer da zutage treten.

Der Führungsanspruch

Sucherseelenkinder sind Führernaturen. Es hat keinen Zweck, sich immer nur darüber zu ärgern. Offenbar sind sie mit der tiefen Überzeugung zur Welt gekommen, es stehe ihnen zu, die erste Geige zu spielen.

Das ist zweifellos mehr als eine Anmaßung. Ihre Begabungsstruktur prädestiniert sie tatsächlich, voranzugehen, neue Horizonte zu erschließen, kühne Pläne zu schmieden, andere mitzureißen. Mit anderen Worten: Sie *wollen* nicht nur führen – sie haben auch das Zeug dazu. Im Prinzip jedenfalls. Oft formieren sich Kindergruppen spontan so, dass einem Michel oder einer rote Zora ganz selbstverständlich die Rolle des Ideengebers und *Planungschefs* zukommt.

Das Dumme ist nun allerdings, dass die kleinen Häuptlinge zunächst der Meinung sind, sie könnten ihren Führungsanspruch auch auf Erwachsene ausdehnen. Dagegen müssen wir uns natürlich verwahren. Und das ist auch möglich, denn es gibt da noch einen anderen Aspekt: Sucherseelenkinder haben, in eigentümlichem Kontrast zu ihrem Freiheitsverlangen, ein großes Bedürfnis nach glaubwürdiger Autorität. Sie brauchen jemanden, an den sie sich anlehnen können: einen Menschen, der ihnen echte Wertschätzung entgegenbringt und zugleich Stärke und Zuverlässigkeit ausstrahlt.

Ansonsten ist der richtige Umgang mit dem *eingeborenen Führungsanspruch* eine gesunde Mischung aus Bestätigung und Einschränkung desselben. Man muss diesen Kindern, wann immer möglich, Aufgaben übertragen, bei denen sie ihre Fühungsqualitäten zeigen können. Dann sind sie auf der anderen Seite auch bereit, sich unterzuordnen, und lernen auf diese Weise, dass soziale Gemeinschaftsbildung stets «wandernde Führerschaft» bedeutet. Das lernen sie *nicht*, wenn man ihr Bedürfnis, sich an die Spitze zu stellen, einfach ignoriert.

Frühe Auseinandersetzung mt dem Bösen

Sucherseelenkinder sind, wie wir gesehen haben, in mancher Hinsicht Entwicklungsbeschleuniger. Dazu gehört auch, dass sie sich sehr früh und sehr intensiv mit der Frage nach dem Bösen auseinander setzen. Hin- und hergerissen zwischen Faszination und Entsetzen, entwickeln sie oft schon als Vierjährige ein deutliches Bewusstsein davon, welche destruktiven Urgewalten in der Menschenseele aufbrechen können und wie viel Entsetzliches in der Welt geschieht, und versuchen auf ihre Weise, das Unfassliche zu verarbeiten. Die kindliche Verarbeitungsebene ist das Spiel.

Man darf also nicht gleich einen amoralischen Zug dahinter vermuten, wenn Sucherseelenkinder im Spiel häufig Motive des Bösen inszenieren, entsprechende Bilder malen etc. Ein Erwachsener ist ja auch nicht deswegen amoralisch, weil er über das Böse (und sein eigenes Verhältnis dazu) reflektiert. Vier-, fünfjährige Kinder können das Problem noch nicht reflektieren. Also gehen sie es spielend und fantasierend an. Wenn sie damit nicht weiterkommen – was man daran bemerkt, dass die Spiele stereotyp und die Fantasien zwanghaft werden –, müssen wir ihnen Lösungswege zeigen. Auf *ihrer* Verarbeitungsebene.

Phasenweise Unsicherheit im basalen Sinnesfeld

Auch wenn sich keine neurologischen Defizite nachweisen lassen, sind übersensible Kinder zeitweise im basalen Sinnesfeld (Körperbild, Gleichgewicht, Eigenbewegungswahrnehmung und Wahrnehmung der inneren Körperzustände) verunsichert, dies vor allem in kritischen Phasen und Belastungssituationen. Alles Wichtige dazu findet sich in meinem Buch *Von ängstlichen, traurigen und unruhigen Kindern*. Viele der beschriebenen Auffälligkeiten hängen damit zusammen, dass die so genannten basalen Sinne zwar nicht manifest beeinträchtigt, aber gewissermaßen vernachlässigt sind. Unbenommen bleibt, dass bei einer geringen Anzahl von hyperaktiven Kindern möglicherweise die sensomotorische Reifung infolge einer leichtgradigen frühkindlich-exogenen Hirnverletzung (etwa durch Sauerstoffmangel bei der Geburt) verzögert sein kann.

sind Sucherseelenkinder, wenn es ihnen einigermaßen gut geht, *kreativ, einfallsreich, hilfsbereit, verzeihend, originell, unbekümmert, humorvoll* und verfügen über einen *hohen Gerechtigkeitssinn*, der sich auch dann heftig regt, wenn *anderen* Unrecht getan wird. (Eine befreundete Lehrerin hat einmal gesagt: «Sie haben das Naturell von Advokaten.»)

Habe ich das berüchtigte «oppositionelle Problemverhalten» vergessen? Nein, ich habe es lediglich anders genannt. (Vgl. den Abschnitt *Früher Autonomieanspruch.*) Es liegt überhaupt nicht in meiner Absicht, die Probleme herunterzuspielen. Aber man muss sie «reinlich anschauen», wie Rudolf Steiner sagt, und sollte sich dabei «jeder Kritik enthalten». Das haben wir getan.

Es sei noch einmal betont, dass bei Sucherseelenkindern die problematischen Seiten ihrer Veranlagung nur dann besorgniserregende Ausmaße annehmen, wenn sie in eine seelische Notlage geraten. Dass und warum es falsch ist, sie aufgrund ihrer Wesensart als krank, defekt oder defizitär zu betrachten, habe ich ausführlich erörtert.

Was tun? – Therapie und Elternarbeit

Vorab: Sind typologische Klassifizierungen sinnvoll?

«Sucherseelenkinder» ist eine Typenbezeichnung, ähnlich wie «hyperaktives Syndrom», nur ohne den Beigeschmack von Krankheit. Manche KollegInnen sind der Meinung, es wäre besser, völlig von solchen Klassifizierungen Abstand zu nehmen. Meines Erachtens kann eine bestimmte Art von typologischer Betrachtungsweise hilfreich sein, beispielsweise im Hinblick auf die Differenzierung des Schulunterrichts; nicht nur die interindividuelle Variationsbreite, sondern auch die Vielfalt unterschiedlicher Begabungstypen. Wo Wesensähnlichkeiten zu beobachten sind, gibt es keinen Grund, sie nicht zu beschreiben. Das darf uns aber niemals dazu verleiten, in der heilerzieherisch-therapeutischen Praxis den Grundsatz der strikten Einzelfallbezogenheit zu verletzen.

Physio-Typologien bieten keine verlässliche Arbeitsgrundlage, jedenfalls nicht für die pädagogische Psychologie. Lassen wir das 19. Jahrhundert jetzt endlich hinter uns. Von konstitutionellen Anlagen auf seelisch-geistige

Eigenschaften zurückzuschließen, ist ein Lotteriespiel und zudem unter ethischen Gesichtspunkten höchst fragwürdig. (Auf einem ganz anderen Blatt steht die Tatsache, dass in der modernen Zivilisation immer mehr Menschen – teils von Geburt an – unter Schwächungen der Lebensprozesse und des Immunsystems leiden und dadurch auch psychisch belastet sind.) Wir versprechen uns mehr davon, in Zukunft nach *Ähnlichkeitengruppen* in Hinsicht auf *Wahrnehmungs-, Kommunikations- und Lernstile* zu differenzieren, wie es z.B. Howard Gardner vorexerziert hat. (Vgl. das Kapitel *Sternkinder?*) Zeigen sich dann im Querschnitt *auch* physiologische Ähnlichkeiten, mögen sie als Fußnoten registriert werden. Man muss aber wissen, dass der Umkehrschluss schon im nächsten Versuch fehlschlagen kann.

Jedes Kind innerhalb der *Ähnlichkeitengruppe Sucherseelen* repräsentiert dieselbe auf ganz eigene Weise. Was sie alle verbindet, ist – um es bildhaft auszudrücken – ihre Vorliebe für eine bestimmte «Musikrichtung», aber innerhalb dieser Musikrichtung entwickelt jeder Komponist oder Interpret seinen unverwechselbaren, authentischen Stil. (Carlos Santana und Eric Clapton sind beide Rockmusiker, ja sie spielen sogar beide Gitarre, aber kein Mensch, der sich ein bisschen mit diesem Genre beschäftigt hat, käme je in Gefahr, sie zu verwechseln.)

Unsere Auffassung von heilpädagogischer Diagnostik wurde schon beschrieben. Es ist ein Prozess des *Vertrautwerdens* mit *diesem* Kind. Ein Prozess, der jedes Mal zum ersten Mal stattfindet. Ein Beziehungsangebot. Schauen, Lauschen, Abspüren, in Bereitschaft sein, Frage sein. Die Grundstimmung ist Diskretion. Behutsamkeit. Geduld. Therapeutische Ideenbildung vollzieht sich in diesem sehr individuellen, sehr intimen Prozess.

Allgemeine Angaben zur heilpädagogischen Förderung, wie ich sie im folgenden dennoch riskieren will, stehen also unter dem Vorbehalt, dass sie in gewisser Hinsicht irreal sind. Es wäre grundverkehrt, sie als Rezepte herumzureichen. Denn das handlungsleitende Ereignis ist nicht der Griff in irgendein Standard-Repertoire, sondern die Begegnung von Angesicht zu Angesicht. Deshalb können verallgemeinernde Angaben bestenfalls als ungefähre Richtungshinweise dienen. Bei jedem einzelnen Kind müssen wir in gewisser Hinsicht wieder bei Null beginnen. Wahre Erfahrenheit zeigt sich darin, dass der Therapeut immer wieder bereit ist, ins Offene, Ungesicherte zu treten; dass er reif genug ist, sich einzugestehen: «Ich werde diesem Kind nur helfen können, wenn es uns gelingt, eine *Beziehung* aufzubauen.» Therapeutische Gestaltungsideen, die den Namen verdienen, sind Früchte vom Baum der Freundschaft. Man erkennt den souveränen

Seelentherapeuten daran, dass er nicht mehr theoretisch zu begründen vermag, was er warum tut. Denn er ist ein Künstler.

Fragen Sie einen genialen Dichter, wie «man» Meistererzählungen schreibt. Er wird mit den Achseln zucken und antworten: «Wenden Sie sich an jemanden, der es *nicht* kann; an einen Literaturwissenschaftler vielleicht; die haben nämlich so ihre Therorien dazu.»

Bitte blättern Sie auch noch einmal zurück zum Kapitel *Achtsamkeit* (S. 165ff.). Von der inneren Haltung hängt (fast) alles ab! Vor dem Hintergrund einer defekt- und defizitorientierten Sichtweise kann nichts Heilsames geschehen. Merke: Was *wirkungsvoll* ist, braucht noch lange nicht *heilsam* zu sein. Sonst müsste jede erfolgreiche Dressur als heilsam bezeichnet werden. Die Magie des Wirkungsvollen hat den Begriff des Heilens ruiniert. Heute sind wir so weit, dass – anders als in den sechziger, siebziger Jahren – weit und breit niemand mehr aufmuckt, wenn Konditio nierungstechniken als Therapieverfahren bezeichnet werden.

Uns geht es *nicht* darum, die ungewöhnlichen Kinder «funktionstüchtig» zu machen. Wir wollen dazu beitragen, dass sie auch unter misslichen Bedingungen die Stärken und Schönheiten ihrer Wesensart zum Vorschein bringen und ihre Schwächen so integrieren können, dass sie ihnen nicht zum Lebenshindernis werden. Vielleicht werden sie sich anpassen. Vielleicht ziehen sie ein Dasein als exzentrische Außenseiter vor. Das ist *ihre* Entscheidung.

*

Welche Hilfen können angeboten werden? (Der Rahmen)

Ambulante heilpädagogische Betreuung, wie wir sie verstehen und nach Möglichkeit praktizieren (ich sage *nach Möglichkeit,* weil uns immer wieder finanzielle und bürokratische Hindernisse im Weg stehen, so dass nicht in jedem Falle getan werden kann, was aus rein therapeutischen Gesichtpunkten getan werden müsste), ist wirkliche Lebensbegleitung. Sie setzt sich zusammen aus:

- Therapiestunden für das Kind (bei Jugendlichen auch Beratungsgespräche),
- Elternberatung / Einbeziehung der Eltern als Co-Therapeuten / Familienbegleitung,
- Koordinationsaufgaben (Vernetzung aller Bezugs- und Betreuungspersonen).

Erläuterungen:

Wann sollte eine Therapie eingeleitet werden? Und welche?

Bei vielen Kindern des unruhigen, ungeduldigen und überaufmerksamen Typs, die uns vorgestellt werden, besteht (noch) kein Therapiebedarf. Es genügt, die Eltern intensiv zu beraten (und vielleicht mit der Schule Verbindung aufzunehmen). Hingegen fühlen wir uns aufgerufen, direkt therapeutisch tätig zu werden, wenn wir die Kinder in einem hochgradig verunsicherten Zustand antreffen; wenn sie seit geraumer Zeit unter starkem psychischem Druck stehen, weil sie Tag für Tag die «Inkompatibilität» ihrer Wesensart mit den Gegebenheiten (und mit den Erwartungen der Mitwelt) leidvoll erfahren.

Wenn wir nun eine so genannte heilpädagogische Fördermaßnahme einleiten, sind wir uns völlig darüber im Klaren, dass wir kein primär krankes oder «gestörtes», wohl aber ein umständehalber *ver*störtes Kind in unsere Obhut nehmen, welches vor allem unter den Spannungen und Missverständnissen (zuhause, in der Schule) leidet, die es ständig ungewollt heraufbeschwört.

Die seelische Dauerbelastung hat dann oft schon zu einer alarmierenden Verzerrung des Verhaltensbildes geführt. In extremen Fällen benehmen sich die Kinder «notorisch querulantisch», wirken gehetzt, reagieren auf jede Kleinigkeit, die ihnen nicht ganz geheuer ist, panisch abwehrend und zeigen typische Stresssymptome: Schwankend zwischen Aufgekratztheit und Erschöpfung, können sie sich kaum mehr gegen Reize abschirmen, schlafen schlecht (böse Träume!), klagen oft über Kopf- und Bauchweh. Die allgemeine Desorientierung und Anspannung schlägt zunehmend ins Körperliche durch.

Fast immer zeigt die Anamnese, dass der *Ausgangszustand*, der seinerzeit zu erster Beunruhigung Anlass gab, weitaus weniger dramatisch war. Rückblickend wird von einem schwer zu bändigenden, pausenlos aktiven, erlebnishungrigen, ungehorsamen, aber eigentlich nicht krank oder verstört wirkenden Kind berichtet. Man musste immer darauf gefasst sein, dass es, vor lauter Neugier und Experimentierfreude, irgendein Malheur anrichtete. Dieses Leben in permanenter Alarmstimmung ist für die Eltern, besonders für die Mütter (allemal für Alleinerziehende mit zwei oder drei Kindern!) eine ziemlich strapaziöse Angelegenheit. Für Kindergärtnerinnen und Grundschullehrer ebenfalls. Dennoch muss man nüchtern sagen: Der Teufelskreis beginnt zumeist mit einem Verhaltensbild, wie es Astrid Lindgren in ihren Michel-Büchern beschreibt – mit dem Unterschied freilich, dass dies alles mitten in unserer heutigen Realität geschieht; dass die Erwachsenen nicht wissen, wie sie sich verhalten sollen, und in ihrer Ratlosigkeit natürlich auch Fehler begehen.

Das ist kein Vorwurf an die Eltern. Was soll man auch machen mit so einem kleinen Irrwisch, wenn man nicht auf einem schwedischen Bauernhof der fünfziger Jahre, sondern zu Beginn des 21. Jahrhunderts in Düsseldorf lebt; und wenn man noch zusätzlich von allen Seiten bedrängt wird, endlich etwas zu unternehmen, um dieses «verhaltensgestörte» Kind in Ordnung zu bringen. Ein enormer Druck lastet heute auf Eltern von auffälligen Kindern! Hin- und her gerissen zwischen widersprüchlichen Expertenmeinungen und belagert von Legionen ungebetener Ratgeber werden sie von Angst gepackt, verlieren das Vertrauen in sich selbst, folgen allen möglichen Empfehlungen und Einflüsterungen, probieren mal dies, mal das – bis das Chaos perfekt ist.

Nach einigen Jahren – das Kind geht nun zur Schule, und auch dort häufen sich die Schwierigkeiten – ist der oben beschriebene desolate Zustand erreicht. Im Fachjargon könnte man von einer psycho-reaktiven Überformung mit Somatisierungstendenzen sprechen. Fast alle Anamnesen sind *Geschichten eines kontinuierlichen Abstiegs* vom energiegeladenen Frechdachs zum verstörten Querulanten, und es ist sehr zu beklagen, dass dies in der Debatte über das so genannte ADS kaum thematisiert wird. Man tut so, als fiele das Syndrom vom Himmel (ein Ergebnis der genetisch-neurobiologischen Blickverengung). Was «vom Himmel fällt», ist eine komplizierte Wesensverfassung mit Schwächen und Stärken, nicht mehr und nicht weniger. Und ich kann leider nicht umhin, zu erwähnen, dass beim *Abstieg* auffallend oft die *Schule* eine verhängnisvolle Rolle spielt.

*

In derart zugespitzten Situationen muss rasch geholfen werden. Nach Möglichkeit sollte für das Kind ein wöchentlicher Therapienachmittag eingerichtet werden. (In seltenen Fällen auch zwei Nachmittage.)

Empfehlenswert ist z.B. folgende Kombination:

- Heilpädagogische Spiel- und Übungstherapie, einzeln, ab dem 9., 10. Lebensjahr auch Gesprächsberatung (60 bis 90 Min.)
- Künstlerische Therapie, einzeln (60 Min.) oder Gruppe (90 Min.)
- Rhythmische Massage oder Bewegungstherapie (z.B. Heileurythmie) epochenweise im Wechsel, einzeln (30 bis 45 Minuten)
- Therapeutische Zirkusgruppe (90 Min.), evt. nur alle vierzehn Tage.

Die Dauer sollte zunächst auf ein Jahr festgesetzt werden, mit Option auf Verlängerung. Zwei oder drei Jahre Gesamttherapiedauer sind nicht ungewöhnlich. In aller Regel kann aber die Stundenanzahl nach und nach reduziert werden.

Wir legen großen Wert auf Regelmäßigkeit und Verlässlichkeit: immer derselbe Wochentag, feste Betreuungspersonen. (Näheres zur Therapie s.u.)

Elternarbeit, Familienbegleitung
Anfangs beziehen wir die Eltern möglichst intensiv ein, später kann der Kontakt etwas gelockert werden. Es empfiehlt sich, im ersten Halbjahr ein Beratungsgespräch pro Woche anzusetzen (mindestens jedoch alle vierzehn Tage) und im zweiten Halbjahr zum monatlichen Rhythmus überzugehen. (Hat das Kind Geschwister, kann es ratsam sein, sie locker mit einzubeziehen.)

Gleich zu Beginn des Prozesses wird eine Aufgabenteilung vereinbart. Wir betrachten die Eltern als Mitarbeiter (Co-Therapeuten). Wenn sie lediglich unsere Anordnungen befolgen, ist dies ein unbefriedigender Zustand. Der therapeutische Prozess sollte zugleich ein gemeinsamer Erkenntnisprozess sein. Was man nicht versteht, tut man ohne echte Überzeugung, und was man ohne echte Überzeugung tut, ist im subtilen Bereich heilpädagogischer Hilfestellungen wirkungslos. Wichtig ist es auch, in Hinsicht auf die *Zielsetzung* einen Konsens herzustellen. Was streben wir überhaupt an? Und was ausdrücklich nicht? Unser Ansatz ist vielen Eltern zunächst fremd. Im Herzen sympathisieren sie irgendwie damit. Aber der Verstand macht Einwendungen: Überall, wo wir bisher waren, wehte ein ganz anderer Wind. Wie kann das eine echte Therapie sein, wenn unser Kind immer nur begeistert erzählt, es sei *gespielt* worden? (Ja, das steckt in vielen Köpfen: Therapie ist, wenn es keinen Spaß macht.) Deshalb müssen prinzipielle Fragen erörtert werden. Zum Beispiel: Was bedeuten die Begriffe *Seelenpflege* und *Sozialpflege* im Unterschied zu einem manipulativen Therapieverständnis? (Natürlich muss man darauf achten, in einer für die Eltern verständlichen Sprache zu sprechen.) Wir stellen klar, dass es uns nicht um Normalisierung und Anpassung geht, sondern darum, dem Kind Individuationshindernisse aus dem Weg zu räumen; und dass wir keinen unsichtbaren Virus namens ADS oder POS zu bekämpfen, sondern eine schwierige Lebenslage gemeinsam zu meistern haben. Kurz: Wir legen unsere durchaus ungewohnte Sicht der Dinge dar, um die Eltern für eine gemeinsame Grundhaltung zu gewinnen. Gleichzeitig erhalten sie eine Fülle praktischer Ratschläge. Diese sind *nicht* ins Belieben gestellt. Hier verläuft die Grenze zwischen Freiheit und Verbindlichkeit. Wir bringen zum Ausdruck, dass der Erfolg unserer Bemühungen in hohem Maße davon abhängt, ob das in den Beratungsstunden Besprochene zuhause umgesetzt wird.

Hierbei handelt es sich um:

- Anregungen zur häuslichen Lebensgestaltung und pädagogischen Beziehungspflege
- Spezielle Übungen und Anwendungen für das Kind
- Übungen und Rituale für die Eltern selbst, um innerlich zur Ruhe zu kommen und die Probleme ihres Kindes *anders sehen* zu lernen.

Außerdem stehen wir als Ratgeber für viele Alltagsfragen zur Verfügung (Ernährung, Freizeitgestaltung, Umgang mit Medien, Hausaufgaben, Vorlesestoff, Spielzeug u.v.m.)

Die Eltern werden von Anfang an ermutigt, ihrerseits Ideen zu entwickeln und Vorschläge zu unterbreiten. Sie müssen das Laien-Experten-Rollenspiel als das erkennen lernen, was es ist: unproduktiv und unwahr. Der Berater ist kein Fragenbeantwortungsautomat, und die meisten Eltern sind viel kompetenter, als sie selbst annehmen. Ihnen dies zu Bewusstsein zu bringen, betrachten wir als unsere wichtigste Aufgabe in der Erziehungsberatung. – Zur Familienbegleitung gehört es auch, abzuspüren, ob die Eltern möglicherweise eine Eheberatung in Anspruch nehmen sollten, oder ob ein Elternteil in einer persönlichen Lebenskrise steckt und Hilfe braucht. Gegebenenfalls kann dann ein Kontakt zu unserer Abteilung Lebensberatung, Eheberatung und Biographiearbeit hergestellt werden. (Mehr zur Elternarbeit s.u.)

Vernetzung: Das Prinzip des schützenden Kreises

In den meisten Fällen stehen die Kinder nicht zuletzt deshalb so unter Stress, weil sie der Anlass dafür sind, dass unter den Erwachsenen ein Klima von Streit, Groll, gegenseitigen Schuldzuweisungen und Vorwurfshaltungen herrscht. Dies löst wiederum bei den Kindern diffuse Schuldgefühle aus, und jeder weiss, dass die menschlich-allzumenschliche Reaktion auf diffuse Schuldgefühle eine aggressive Abwehrgebärde gegen die Personen ist, die man als Verursacher der Gewissensnot erlebt. Dies gilt vor allem dann, wenn sich die Gewissensnot im Kern auf nichts Konkretes bezieht, sondern dem Erlebnis entspringt: Ich bin einfach deshalb, weil ich bin, wie ich bin, für die anderen eine Belastung, eine Quelle ständigen Kummers.

Es bestürzt mich immer wieder sehr, zu erleben, wie ungeheuer schuldbeladen sich die «schwierigen» Kinder fühlen, auch wenn vom äußeren Anschein her zunächst ein ganz anderer Eindruck entsteht. Wenn es in neueren Publikationen über so genannte Indigo-Kinder (und da wird ja immer wieder auf die fließenden Grenzen zur Hyperaktivität hingewiesen) heißt, sie verspürten keine Gewissensbisse wegen der sozialen Auswirkungen ihres Verhaltens, muss ich heftig widersprechen. *Hier trügt der Schein gewaltig*, und ich frage mich, wenn ich so etwas lese, ob die Autoren wohl jemals tiefe Freundschaften mit solchen Kindern gepflegt haben. Ihr Therapeut zu sein, bedeutet für mich, ihnen eine echte Freundschaft anzubieten; anders geht es gar nicht.

Im übrigen kann natürlich in einem Klima der Feindseligkeit und Missgunst unter den Erwachsenen (zwischen Mutter und Vater, zwischen Eltern und Lehrern, vielleicht auch zwischen Therapeuten und Lehrern) nichts Gedeihliches geschehen für ein Kind, das derart feinfühlig ist, wie es die Sucherseelenkinder sind. Da werden alle therapeutischen Bemühungen durch die Hintertür wieder zunichte gemacht. Deshalb betrachten wir es als unsere Aufgabe, alle Menschen, die im Leben des Kindes eine wichtige Rolle spielen und objektiv in der Mitverantwortung stehen, zusammenzurufen und sie für eine gemeinsame Haltung zu gewinnen, die wir *das Prinzip des schützenden Kreises* nennen. Alle Beteiligten sollten ihre Feindseligkeiten begraben, ihre Empfindlichkeiten hintan stellen und eine Art verschworene Gemeinschaft bilden, deren Aufgabe es ist, dem Kind beizustehen, das Kind zu *retten*. Solange die Lehrer den Eltern die Schuld geben, die Eltern der Schule, Vater und Mutter einander gegenseitig, sind die Aussichten schlecht. Es ist ganz natürlich, dass der Therapeut, der in dieses verworrene Szenario hineingerufen wird, für die Rolle des unparteiischen Friedensstifters am besten geeignet ist. Alle behaupten natürlich, es gehe ihnen nur um das Kind, aber das ist zumeist nur die halbe Wahrheit. Es geht auch um verletzte Eitelkeiten, Verdächtigungen, Antipathien, Rechthabereien, Macht und Angst. Hier ist Ehrlichkeit vonnöten. Dem eben erst hinzugezogenen, unvorbelasteten Therapeuten aber geht es wirklich nur um das Kind. Er hat an der ganzen Vorgeschichte der Kreuz-und-quer-Verfeindung nicht teilgenommen. Daher sollte ihm von allen Beteiligten für eine gewisse Zeit die Rolle des Moderators und Schlichters zugestanden werden, der am ehesten dazu in der Lage ist, diejenigen Schritte einzuleiten, die *allein* aus der Wahrnehmung der Bedürfnisse des Kindes eingeleitet werden müssen. Er braucht diesen Vertrauensvorschuss, um die ihm zukommende Aufgabe zu erfüllen.

Der Königsweg, um eine spirituelle Gemeinschaftsbildung zugunsten des Kindes zu erreichen, ist die vom Therapeuten geleitete *Kinderkonferenz*, in der das gemeinsame Bemühen waltet, im Geiste echter Wertschätzung, mit Andacht und Ehrfurcht – ich verwende das Wort mit Bedacht; wer keine ehrfürchtige Scheu empfinden kann vor dem Schicksal eines Kindes, das sich auf dieser Welt wie ein Fremdling, wie ein Ausgestoßener fühlt, hat noch einen weiten Weg vor sich – so über das Kind zu sprechen, dass auf einer höheren Ebene ein schützendes, tröstendes, ermutigendes Wärmefeld entsteht. Sagen wir ruhig: Eine Stimmung der gemeinsamen Für-Bitte. Wir reden immer von heilpädagogischer Milieubildung. An das «spirituelle Milieu» denkt dabei kaum einmal jemand. – Zu solchen Konferenzen können auch nahestehende Bezugspersonen aus dem Verwandten- oder Bekanntenkreis eingeladen werden, wenn sie im Leben des Kindes eine besondere Rolle spielen, und natürlich ist es wunderbar, wenn auch ein Arzt teilnimmt, der die Familie schon lange begleitet und das Kind praktisch von Geburt an kennt. – Wenn dies ernstlich gepflegt wird, geschehen kleine und große Wunder. Ich sage manchmal: Das *Prinzip des schützenden Kreises* ist die eigentliche Alternative zu Ritalin. Und das meine ich nicht einmal provokativ. Es entspricht einfach der Wahrheit. Nicht immer gelingt es leider, den *Kreis* zu bilden. Manchmal ist er unvollständig, hat «Löcher», zum Beispiel wenn der Vater grollend außen vor bleibt oder der Klassenlehrer meint, er hätte das nicht nötig. Man sollte alle Anstrengungen unternehmen, den vollständigen *Kreis* zu bilden! (Weitere Gesichtspunkte zum *schützenden Kreis* s. S. 252ff.)

*

Anmerkungen zur empfohlenen Vorgehensweise
– Heilpädagogische Spiel- und Übungstherapie
– Künstlerische Therapie
– Rhythmische Massage (im Wechsel mit Bewegungstherapie)
– Therapeutische Zirkusarbeit (in der Gruppe)
– Erziehungsberatungsgespräche (intensive Elternmitwirkung)
– Ärztliche Begleitung (bei Bedarf)
– Bildung eines *schützenden Kreises*

Dieser Kanon ist sicher nicht der einzig mögliche, sondern ein Beispiel dafür, wie man vorgehen kann, um den Kindern die Droge (und drogengestützte Dressurprogramme) zu ersparen. Natürlich kostet das alles Geld. Aber dieses Geld ist vorhanden. Man müsste nur begreifen, dass jeder Euro, der bereitgestellt wird, um verstörte Kinder *seelisch (!) zu unterstützen*, eine Investition in die Zukunft ist, die sich tausendfach auszahlt. Wir bieten in unserem Institut seit einigen Monaten auch Reittherapie an und machen ausgezeichnete Erfahrungen damit. Musiktherapeutische Elemente werden bislang in die heilpädagogischen Stunden integriert, aber es ist geplant, eine musiktherapeutische Abteilung zu eröffnen.
Die Therapien sind spielerisch angelegt. Wir legen Wert darauf, dass sich

die Kinder bei uns wohl fühlen. Es wäre das Falscheste, sie im heilpädagogischen Rahmen wiederum unter Stress zu setzen und in Frustrationen hineinzutreiben, indem wir ihnen dauernd vor Augen führen, was sie alles *nicht* können und wie sehr sie sich noch ändern müssten, um für die Mitmenschen annehmbar zu sein.

Stichworte zu den Therapieformen

Die *heilpädagogische Spiel- und Übungstherapie* (einschl. *Gesprächstherapie*) ist in ihren Möglichkeiten sehr breit angelegt: Szenisches Spiel, Puppenspiel, Märchenarbeit (geführtes Fantasieren), Übungen zur inneren Sammlung, Such- und Zielübungen, Bewegungsspiele, Geschicklichkeitsspiele, Formenzeichnen, Tastübungen, Aufmerksamkeitsübungen, Handwerkliches, problembezogene Wochenrückblicke und Gespräche u.v.m. – In der *künstlerischen Therapie* entstehen Bilder, Reliefs, Ton- und Steinplastiken, Materialskulpturen, Mosaike u.a. Wir arbeiten nicht deutungsorientiert. Es geht darum, dass die Kinder lernen, mit ihrem kreativen Potential – daran mangelt es ihnen ja nicht! – sinnvoll umzugehen. Weder reflexhaft «aus dem Bauch» noch «kopfgesteuert» zu handeln, sondern sich einer inneren Führung anzuvertrauen, die man vielleicht als ästhetisches Fühlen bezeichnen kann – das ist eine neue, ermutigende Erfahrung, ein wirklicher Reifeschritt. Dabei muss manche Hürde überwunden werden. Das Kind lernt, einen Weg zu Ende zu gehen, einer Sache treu zu bleiben, und nicht gleich bei den ersten Schwierigkeiten aufzugeben. – *Rhythmische Massage* beruhigt den Atem und trägt zur vegetativen Stabilisierung bei. Sie verbessert das Körpergefühl und wirkt positiv auf den «Lebenssinn» (Behagenssinn), wie auch auf den Tastsinn. – *Bewegungstherapie (Heileurythmie)* wird angeboten, damit die Kinder lernen, sich von innen heraus zu führen und nicht mehr so leicht «fortreißen» zu lassen. Sie hat darüber hinaus im Seelischen eine klärende, ordnende Wirkung. *Pantomimische Spiele* sind eine gute Alternative oder Ergänzung. – In der *therapeutischen Zirkusgruppe* werden, hinarbeitend auf kleine Aufführungen, nicht nur Konzentration und Geschicklichkeit geübt, sondern es geht mehr noch um die soziale Komponente: Das Team muss reibungslos zusammenarbeiten, jeder hilft dem anderen, jeder führt und jeder dient einmal. (Damit sind die einzelnen Therapieformen nur sehr unzureichend beschrieben. Ich bitte vor allem die MasseurInnen und HeileurythmistInnen um Entschuldigung, dass ich hier nicht auf tiefergehende menschenkundliche Aspekte eingehe.)

Das Prinzip der Insel

Unser Leitbild für die Therapie mit dem Kind ist das *Prinzip der Insel*: «Wenn du hier vor Anker gehst, bleibt der ganze Stress und Ärger, den du sonst die ganze Woche über erlebst, draußen vor der Tür. Hier bist du willkommen, wie du bist. Hier freut man sich auf dich. Hier findest du einen Raum der Wärme, des Friedens und der Aufmerksamkeit. Niemand wird enttäuscht von dir sein, weil niemand etwas anderes erwartet, als dass du einfach du bist.» In gewisser Hinsicht stellen wir also das gängige Prinzip auf den Kopf, denn normalerweise hat ein verhaltensauffälliges Kind in einem therapeutischen Rahmen das Erlebnis: «Ich bin hier, weil etwas nicht mit mir stimmt, und nun wird irgendwie an mir herumgemacht, um mich in Ordnung zu bringen.» So ist es ja auch. Aber dadurch steht der therapeutische Prozess von Anfang an unter einem falschen Vorzeichen. Denn wir haben ja in Wahrheit nicht das allergeringste Recht, an den Kindern herumzureparieren, nur weil ihre Wesensart gegen eine abstrakte Durchschnittsnorm verstößt. Nach unserer Überzeugung dürfen verhaltensoriginelle Kinder in der Therapie ganz entschieden *nicht* Woche für Woche mit ihren vermeintlichen Defekten und Defiziten konfrontiert werden, denn gerade dieses Stigma – und alles, was daraus folgt – macht sie ja krank. Deshalb geben wir uns alle erdenkliche Mühe, ihnen zu vermitteln: «Überall und dauernd machen Leute an dir herum, um dich in Ordnung zu bringen, aber nicht hier, nicht auf der *Insel*. Hier *bist du* in Ordnung.»

Viele Kinder «riechen» schon im Wartezimmer oder bei den ersten Kennenlernstunden, woher der (geistige) Wind weht. Natürlich spielt dabei auch eine Rolle, dass unsere Räume überhaupt nicht nach Praxisräumen aussehen. Sie sind wie eine Mischung aus Wohnzimmer und Kinderstube eingerichtet. Jedenfalls kommen unsere kleinen Klienten in aller Regel sehr gern, und wenn sich die Therapie dem Ende zuneigt, sind sie traurig. Das liegt nicht daran, dass wir irgendwelche spezielle Spaßfaktoren eingebaut hätten. Nein, es liegt am *Prinzip der Insel*. Also an der Grundhaltung der Therapeuten. Die Kinder sollen nie das Gefühl haben, sie müssten andere Menschen werden, um in unseren Augen als «vollwertig» zu gelten. Nie darf der Eindruck entstehen, unsere Zuneigung und Anerkennung sei käuflich. (Zahlungsmittel: opportunes Verhalten.) *Die persönliche Beziehung ist die eigentliche Therapie.* In Wahrheit heilt Liebe. Sonst nichts.

Zusammenarbeit der Therapeuten

Wenn mehrere Therapeuten mit einem Kind beschäftigt sind, trägt einer die Hauptverantwortung (i.d.R. derjenige, der den so genannten diagnostischen Block durchgeführt hat). Er ist für das Kind die zen-

trale Bezugsperson und für die Eltern der erste Ansprechpartner. Die Therapeuten sind ständig in Kontakt und stimmen sich ab. Ein- bis zweimal pro Woche trifft sich abends das ganze Institutsteam zu ausführlichen Kinderbesprechungen (Intervision).
Nicht alle als hyperaktiv etikettierten Kinder brauchen eine so umfangreiche Betreuung. Manchmal genügt eine wöchentliche heilpädagogische Spiel- und Übungsstunde mit begleitenden Elterngesprächen und Hintergrundkontakten. Es gibt aber auch (seltene) Fälle, in denen das Kind anfangs an *mehreren* Wochentagen kommen sollte.
Die Aufgabenverteilung unter den Therapeuten ergibt sich aus deren Arbeitsschwerpunkten. Vieles geht ineinander über, die Grenzen sind nicht streng gezogen. In die heilpädagogische Stunde können z.B. Bewegungsspiele integriert werden. Andererseits versteht es eine gute Kinderheileurythmistin, ihre Übungen in szenische Spiele «einzupacken», oder die Maltherapeutin arbeitet mit dem Kind an einem Märchen, obwohl Spiel- und Märchentherapie eigentlich heilpädagogische Domänen sind. Jedenfalls bei uns.

*

Ein Streifzug durch die therapeutische Werkstatt

Ich gehe noch einmal die Liste der *häufig anzutreffenden Wesenseigentümlichkeiten* Punkt für Punkt durch und gebe stichwortartige Hinweise zur Therapie. Diese kurze *Werkstattbesichtigung* soll einen Eindruck davon vermitteln, wie therapeutische Gestaltungselemente unmittelbar aus den Phänomenen abgeleitet werden können. Das Zeichen * zeigt an, dass im Nachtrag ein Beispiel oder eine Erläuterung gegeben wird. Wenn ich von «Übungen» spreche, sind diese – man kann es nicht oft genug wiederholen – *spielerisch angelegt* bzw. in ein Spielgeschehen integriert. Erst ab dem 12., 13. Lebensjahr kann allmählich davon abgesehen werden.

1. Stichwort: leichte Ablenkbarkeit
– Konzentrative Tastübungen*
– Übungen zur inneren Sammlung*
– Laß-dich-nicht-beirren-Spiele*
– Rhythmische Übungen
– Balanceübungen*
– Bogenschießen

2. Stichwort: kurze Aufmerksamkeitsspanne
– Distanzierungsübungen*
– Übungen zur inneren Sammlung*

3. Stichwort: einseitige visuelle Orientierung
– Lauschübungen*
– Zielübungen i.V. mit Lauschen*
– Musikalische Improvisationen

4. Stichwort: einseitige Zukunftsorientiertheit
– Rückschau-Übungen, auch zuhause.* – Siehe *Denkanstöße.*
– Arbeit an einer fortlaufenden selbsterfundenen Geschichte (therapeutische Märchenarbeit)*
– Nacherzählungen
– Rückwärts-Vorwärts-Vorstellungsübungen (dienen auch der Konzentrationsförderung)
– Begebenheiten aus der Erinnerung malerisch darstellen (und das Bild kommentieren)
– Spielerisches Training der Kurzzeit-Merkfähigkeit* (dient auch der Konzentrationsförderung)

5. Stichwort: Vergesslichkeit (das Diskontinuitätsproblem):
– Alles, was mit Lebenssinn-Pflege zu tun hat.* Ansonsten siehe 4)

6. Stichwort: Ich frage, also bin ich … (Das Kind will im Provisorischen, in der Frage *bleiben und hat deshalb Schwierigkeiten, sich festzulegen, etwas zuende zu bringen):*
– Fertigungsprozesse vom Entwurf bis zur Vollendung (auch als Anregung für zuhause)
– Alles, was mit *konkreten* Planungen zu tun hat, bei denen man Schritt für Schritt vorgehen und alles mögliche bedenken muss
– Therapeutische Märchenarbeit*
– Steinbearbeitung, Plastizieren (nebenbei konzentrationsfördernd)
– Spiele, bei denen Gegenstände oder Personen anhand umschreibender Hinweise identifiziert werden müssen

7. Stichwort: überschießende Impulsivität
– Alles, was mit künstlerischen Gestaltungen und gestalteter Bewegung zu tun hat
– Beschleunigung, Verlangsamung, Beschleunigung, Verlangsamung usw.

- Toben, hampeln – auf ein Signal hin erstarren
- Malerische Übungen unter dem Motto: Chaos gebiert Form
- Zeitlupenspiele
- Ansonsten siehe 1)

8. *Stichwort: Bewegungsunruhe*
- Siehe 1) und 7)

9. *Stichwort: Atemlosigkeit*
- Die Zauberworte sind: Rhythmus, innere Sammlung, Balance, siehe 1) und 2)

10. *Stichwort: verfrühter Autonomieanspruch*
- Dazu wurde bereits in der Aufzählung der Wesenseigentümlichkeiten etwas gesagt. Siehe auch *Pädagogische Denkanstöße.*

11. *Stichwort: Schwankungen der Schmerz- und Berührungsempfindlichkeit und Wärmeregulation, rhythmische Instabilität*
- Rhythmische Massage
- Rhythmische Übungen
- «Wärmekuren»*
- Alles, was zur Beruhigung und zum Stressabbau beiträgt, siehe 1) und 2)
- Naturheilkundlich-medizinische Hilfen (vgl. auch die Hinweise für vegetativ labile Kinder im Kapitel *Zur Diagnose S. 190ff.*)

12. *Stichwort: Schlafen und Wachen (fehlende Übergänge)*
- Gestaltung des Tagesausklangs und Tagesbeginns
- Einschlafstörungen oder Durchschlafstörungen sind bei diesen Kinder zumeist psychisch bedingt. Trotzdem kann von der naturheilkundlich-medizinischen Seite her etwas Unterstützendes getan werden.

13. *Stichwort: zügelloser Mitteilungsdrang*
- Einiges dazu wurde im Kapitel über *häufig beobachtbare Wesenseigentümlichkeiten* schon ausgeführt. Künstlerische Tätigkeiten sind hilfreich, weil sie nonverbale Ausdrucksfelder eröffnen. Auch alles, was unter den Punkten 1) bis 3) aufgeführt wurde, kommt hier in Betracht, vor allem Lauschübungen. – Siehe auch Kapitel *Denkanstöße S. 259ff.*

14. *Stichwort: Überflutung des Bewusstseins von inneren Bildern und Gemütsaufwallungen*
   - Künstlerische Therapie
   - Geführtes Fantasieren (im szenischen Spiel, in der therapeutischen Märchenarbeit)
   - Gefühle wie Angst, Traurigkeit, Einsamkeit, Mitleid und Zuneigung (oder Abneigung) ausdrücken und reflektieren lernen. – Siehe auch *Pädagogische Denkanstöße.*

15. *Stichwort: Führungsanspruch*
   - Einiges wurde im Kapitel über *häufig beobachtbare Wesenseigentümlichkeiten* schon ausgeführt. Siehe Kapitel *Denkanstöße.*

16. *Stichwort: frühe Auseinandersetzung mit dem Bösen*
   - Siehe 14)
   - Bei kleineren Kindern muss auf die Auswahl des Erzählstoffs geachtet werden: Märchen und Geschichten vom Sieg der Liebe. (Am Abend eher leichte Vorlesekost.) Spieltherapie ist hier sehr geeignet*. Ab dem Schulalter, oft aber sogar schon etwas früher, kann und soll man mit Sucherseelenkindern auf altersgemäße Art über das Thema sprechen. Warum tun Menschen Böses? Warum frisst die Katze die Maus? Warum gibt es Kriege? Diese Fragen *brennen* in ihnen!
   - Kinder haben ein Urbedürfnis nach Religiosität! Dieses muss erfüllt werden, ganz unabhängig vom persönlichen weltanschaulichen Standort der Eltern. Siehe Kapitel *Denkananstöße.*

17. *Stichwort: phasenweise Unsicherheit im basalen Sinnesfeld:*
   - Übungen zur Eigenbewegungswahrnehmung, Tastübungen, Balanceübungen, Einreibungen, Bäder, rhythmische Übungen und Anwendungen.
   - Vor allem aber: *viel Bewegung in freier Natur.* Die Natur ist *das* heilpädagogische Milieu!

*

Beispiele und Erläuterungen zu den therapeutischen Hinweisen

Ein Beispiel für konzentratives Tasten und eine taktile Feinwahrnehmungsübung:

Das Fußtast-Ratespiel. Das Kind sitzt mit verbundenen (oder geschlossenen) Augen auf einem Stuhl. Verschiedene Gegenstände müssen mit den Füßen abgetastet und erraten werden. (Früchte, Tannenzapfen, Gebrauchsgegenstände, Holztiere etc.)

Das Kind sitzt mit geschlossenen Augen, hält in der linken Hand eine Triangel, in der rechten das Schlagstäbchen. Der Therapeut lässt ein zartes Flaumfederchen auf den Fußrücken oder auf das Knie des Kindes herabschweben. Aufgabe: «Schlag die Triangel an, wenn das Federchen deine Haut berührt. Spürst du den Moment?»

Literaturtipp: Renate Zimmer, *Handbuch der Sinneswahrnehmung, Kapitel Tast-Spiele.*

Übungen zur inneren Sammlung, Stilleübungen, Lauschübungen:
Es gibt nahezu unendlich viele Möglichkeiten. Beliebt sind «Anschleich-Spiele» wie zum Beispiel dieses: Das Kind steht oder sitzt mit verbundenen Augen und hält einen Stab in der Hand. Der Therapeut schleicht sich von vorn an. Wenn das Kind meint, er sei nahe genug, versucht es ihn mit dem Stab zu berühren.

Eine andere Variante: Der Therapeut schleicht sich von hinten an. Das Kind kann ihn stoppen, indem es sich umdreht. Die höchste Punktzahl gibt es, wenn er in dem Moment gestoppt wird, in dem er die «magische Grenze» (etwa eine Armlänge hinter dem Kind) überschreitet.

Ein Hörraum-Spiel: Der Therapeut steht vier, fünf Meter entfernt im Rücken des Kindes und spielt auf der Kinderharfe. Das Kind soll die linke Hand heben, sobald sich die Klänge entfernen, und die rechte, sobald sie sich nähern.

Literaturtipps: Wolfgang G. Esser, Susanne Kothen, *Die Seele befreien*; Maria Montessori, *Wie Kinder zu Konzentration und Stille finden*; Else Müller, *Inseln der Ruhe*; Gabriele Faust-Siehl, *Mit Kindern Stille entdecken.*

Zielübungen in Verbindung mit Lauschen:
Das Kind steht in der «professionellen» Ausgangshaltung wurfbereit vor der Dart-Scheibe. Hinter ihm steht der Therapeut mit der Triangel oder mit einem Klangstab. Das Kind wartet bewegungslos auf das akustische Signal zum Werfen. Eine wahre Geduldsprobe! Auch Bogenschießen im Freien ist für Lausch-Ziel-Übungen geeignet. (Als Signal zum Abschuss ertönt z.B. ein Gong.) Bitte richtige Sportbögen verwenden. Der Therapeut sollte mit den traditionellen Regeln des Zen-Bogenschießens vertraut sein.

Lass- dich-nicht-beirren-Spiele …

… machen mächtig Spaß und sind eine große Herausforderung. Beispiele: Wir imaginieren im szenischen Märchenspiel eine Situation, in der alles davon abhängt, dass das Kind einen Gegenstand nicht aus den Augen lässt. («Der Schatz ist verloren, wenn du auch nur für einen Augenblick wegsiehst.») Nun spielt der Therapeut den bösen Kobold, der nur eines im Sinn hat: das Kind abzulenken, und zu diesem Zweck alles mögliche vollführt.

Oder: Das Kind steht aufrecht, mit ausgebreiteten Armen rücklings gegen die Wand gelehnt. Auch der Hinterkopf muss die Wand berühren. Der Therapeut steht etwa drei, vier Meter entfernt und fuchtelt mit einem weichen Stoffball vor dem Kind herum. Mal deutet er nur einen Wurf an, mal wirft er wirklich (ganz sachte natürlich) und trifft das Kind an verschiedenen Körperstellen, auch am Kopf. Aufgabe: «Du darfst dich nicht rühren, nicht zwinkern, nicht ausweichen, nicht mit den Händen abwehren, nicht den Kopf wegdrehen.» Später werden die Rollen getauscht. In einem zweiten Spielabschnitt geht es genau um das Gegenteil: den Werfer genau beobachten, dem Ball blitzschnell ausweichen oder ihn mit der Hand abwehren. (Frühestens ab 8 J.)

Balance-Übungen:

Jeder weiß, was das ist, und der Fantasie sind keine Grenzen gesetzt. Es geht allerdings bei Sucherseelenkindern nicht darum, dass das physiologische Gleichgewicht gestört wäre, sondern um den *inneren* Aspekt des Gleichgewichtssinnes, anders ausgedrückt: um die seelische Urerfahrung des ruhigen Gleichgewichtszustandes. Das hat auch etwas mit Konzentration zu tun. Ich bevorzuge es, die Kinder in ein Wechselspiel zwischen dem Erlebnis der *Schwere* und dem Erlebnis des *fast schwebenden Aufgerichtetseins* hineinzuführen. Zum Beispiel: Dreimal kräftig aufspringen oder vom Tisch herunterspringen, vielleicht mit einem schweren Stein in den Händen; dann einen Stab oder ein Buch ohne Zuhilfenahme der Hände auf dem Kopf balancieren und von einem Ort zum anderen tragen.

Intermezzo: Wie bringt man die Kinder zu solchen Übungen?

Das ganze Therapiezimmer ist wie ein großes Brettspiel hergerichtet. Die Spielfiguren sind wir selbst. Mit einem großen Schaumgummiwürfel wird ausgewürfelt, wer wie viele Stationen weitergehen darf. An bestimmten Punkten muss ein Kärtchen gezogen werden. Auf den Kärtchen sind kleine «Schikanen» angegeben.

Beispiel: «Der Spielteilnehmer hat 90 Sekunden Zeit, um dreimal seine

Schuhe aufzubinden, auszuziehen, ordentlich nebeneinanderzustellen, wieder anzuziehen und wieder fest zuzubinden. Bei Zeitüberschreitung wird der Vorgang wiederholt. Bei nochmaliger Zeitüberschreitung: Fünf Stationen zurück. Geht alles gut: Zehn Bonuspunkte.»

Oder: «Der Spielteilnehmer nimmt den Stein auf und springt vom Tisch, ohne ihn fallen zu lassen. Dann trägt er den Kupferstab auf dem Kopf von Punkt x nach Punkt y. Der Vorgang wird dreimal wiederholt. Fällt der Stein herunter: Fünf Stationen zurück. Fällt der Stab herunter: Drei Stationen zurück. Geht alles gut: Zehn Bonuspunkte.»

Die *Spielstraße* ist eine Art Überraschungs- und Hindernisparcours. Er wird zusammen mit den Kindern entworfen (so dass sie ihre Ideen einbringen können). Man kann eine Fülle von Übungen einbauen – Konzentrationsübungen, Stilleübungen, Geschicklichkeitsübungen, Geduldsübungen, Wahrnehmungsübungen etc. Trotzdem ist das Ganze weit entfernt von trockenem «Training». Es macht Spaß! Und darauf kommt es an. Gespielt wird zu zweit oder in kleinen Gruppen.

Echte Kinderspiele waren zu allen Zeiten entwicklungsfördernde Spiele. Heute spielen die Kinder kaum mehr echte Kinderspiele. Dafür gibt es verschiedene traurige Gründe.

Wir verstehen unter Therapie, den Kindern ein Stück geraubte Kinderwelt zurückzugeben.

Distanzierungsübungen …

… zielen darauf ab, dass das Kind *ruhig betrachtenden Abstand findet.* Wir haben gesehen, dass die kurze Aufmerksamkeitsspanne ein Resultat der überaus hohen Beeindruckbarkeit ist. Das Kind wird geradezu identisch mit dem, was es sieht. Daher ist die *Vorstellungsbildung* erschwert, denn Vorstellungsbildung setzt ein ausgewogenes Verhältnis zwischen Identifikation und Distanzierung im Wahrnehmungs-Prozess voraus. Das *analytische Prinzip* (Einzelheiten aus dem Weltzusammenhang isolieren und *gesondert* betrachten) ist ihnen fremd. Ihr Lebenselement ist das *Alles-in-allem-Erfassen*, und wenn sie beim Einzelnen verweilen, wird das Einzelne die ganze Welt. Dann ist es aber nicht mehr das *Andere.*

Alles, was *in greifbarer Nähe* ist, macht auf hyperaktive Kinder einen so kolossalen Eindruck, dass sie sich kaum dagegen abgrenzen können. Sie werden mächtig angezogen von den Dingen, die direkt vor ihnen liegen. (Das Kind ist schon *dort*, wenn es die Blume sieht. Der Körper «schnappt» nur noch hinterher.) Mit diesem Zustand ist immer eine latente Angst vor Bewusstseinsverlust verbunden. Daher neigen Sucherseelenkinder instinktiv dazu, ständig die Perspektive zu wechseln, das Naheliegende nur kurz zu fixieren und sogleich wieder den Blick in die Ferne schweifen zu lassen, in die Ferne zu *weiten*. («Ferne» ist hier zu verstehen als das Entlegenere, nicht unmittelbar Betreffende.) Es mag paradox klingen, aber die Kürze ihres Verweilens bei den Dingen ist Selbstschutz: um sich nicht zu verlieren. Denn schon das kurze «Anblitzen» der Blume ist Verschmelzung mit der Blume. (Vgl. dazu den Abschnitt über die *kurze, aber intensive Aufmerksamkeitsspanne* in dem Kapitel *Unruhige, ungeduldige und überaufmerksame Kinder – Häufig beobachtbare Wesenseigentümlichkeiten, S. 209ff.*)

In der Konsequenz deuten diese Phänomene auf ein schwach entwickeltes *Gegenstandsbewusstsein* hin. Gegenstandsbewusstsein bedeutet Distanzierungsvermögen. Die Welt ist für das Erleben der Sucherseelenkinder keine Dingwelt. Alles *west* (klingt, ruft). Sie fühlen sich im *Fiktiven* sicherer als im *Faktiven*, im *Dazwischen* sicherer als im *Dies oder Das.* Darin liegt eine große Stärke, aber auch eine Einseitigkeit, die behutsam ausgeglichen werden muss. *Hier sind Übungen angezeigt, die die Fähigkeit zur beobachtenden und beschreibenden Distanz verbessern* und dem Kind helfen, sich einzuleben in dasjenige, was wir «Objektivität» nennen. Dies muss aber so geschehen, dass man sie dort abholt, wo sie sich heimisch fühlen. Sie fühlen sich heimisch in der *Fluxus-Zone* – dort, wo nur eines beständig ist: der Wandel. Die *künstlerische Therapie* (Malen, Zeichnen) bietet diesbezüglich viele Möglichkeiten, denn Kunst ist das Zwischenreich, wo der Widerspruch zwischen Exaktheit und Fantasie, Wesen und Erscheinung, Objektivität und Subjektivität aufgelöst wird.

Ein weiterer Hinweis: Sucherseelenkinder haben eine *Urbeziehung zur Pflanzenwelt*, an die man anknüpfen kann. *Lebendig-künstlerisch dargebotene Pflanzenkunde* trifft bei ihnen auf ein Ur-Interesse. Immer wieder habe ich erlebt, wie leicht sie dafür zu gewinnen waren, regelrechte botanische Studien zu betreiben (aber bitte, man muss sich schon in die Natur hinausbewegen!) und sich vor allem auch künstlerisch mit den jeweiligen Phänomenen auseinandersetzen. Gibt es ein geeigneteres Feld, um Sinnlichkeit, Imaginationskraft und Exaktheit des Beobachtens zu verbinden?

Natürlich kommt hier ab einem bestimmten Alter auch alles in Betracht, was mit *Handwerk, Materialkunde und Materialverarbeitung* zu tun hat. Unter dem Gesichtspunkt der Sinnesnachreifung ist der *Differenzaspekt des Tastsinnes* zu beachten: die *Körpergrenzerfahrung.* (Vgl. dazu mein Buch *Von ängstlichen, traurigen und unruhigen Kindern.*)

Eine einfache, spielerische Distanzierungsübung:
Ich baue vor der Therapiestunde eine kleine «Märchenlandschaft» auf und stelle mit den Spielfiguren eine bestimmte Szene. Dann wird ein Tuch darüber gebreitet. Wenn das Kind hereinkommt, ist es neugierig. «Was ist unter dem Tuch?» Ich schlage ein Spiel vor: «Wir nehmen jetzt das Tuch weg, und du hast zwanzig Sekunden Zeit, dir genau einzuprägen, was du siehst. Dann gehst du in den Nebenraum, und ich nehme eine Veränderung (oder mehrere Veränderungen) vor. Wenn ich dich wieder hereinrufe, sagst du mir, was anders ist als zuvor.» – Eine andere Möglichkeit: Ich enthülle das Arrangement für zwanzig Sekunden und decke es wieder zu. Das Kind soll aus der Vorstellung schildern, was es gesehen hat. Ich schreibe mit. Der erste Bericht ist vermutlich lückenhaft. Das Tuch wird nochmals für zehn Sekunden weggenommen, dann ergänzen wir den Bericht. Der Vorgang kann mehrmals wiederholt werden. (Es gibt natürlich weitere Variationsmöglichkeiten, etwa unter Einbeziehung des Malens. – Um diese Aufgaben zu erfüllen, darf sich das Kind nicht im Anblick der Märchenlandschaft verlieren. Es darf auch nicht desinteressiert außen vor bleiben. Vielmehr muss es jenes ausgewogene Verhältnis zwischen Identifikation und Distanzierung finden, das nötig ist, um ein Vorstellungsbild zu entwickeln, welches nicht sogleich wieder erlischt.

Be-Freundung mit Dingen
Als Leitlinie: Jede Anregung zum *genauen Beobachten* hilft dem Kind, inneren Abstand zu finden *und trotzdem bei der Sache zu sein.*

Mit größeren Kindern (ab ca. 9 J.) gehe ich manchmal so vor, dass wir Gegenstände tastend erkunden (mit den Händen, mit den Füßen), dann durch ein Spielfernrohr betrachten und uns dabei an die Tasteindrücke erinnern («Weißt du noch, wie es sich angefühlt hat?»), dann mit der Sofortbildkamera fotografieren (und das Foto betrachten), dann wieder ertasten (mit geschlossenen Augen) und zuletzt abmalen, wobei im ersten Schritt eine möglichst naturgetreue Darstellung verlangt ist, die im zweiten Schritt künstlerisch-spielerisch «aufgelöst» wird. Man kann auch eine Geschichte einflechten, die den jeweiligen Gegenstand in einen fantasievollen Ereigniszusammenhang stellt. – Was dabei stattfindet, ist eine Art Beziehungsaufnahme: Be-Freundung mit Dingen. In dem Wort Freund steckt die Wurzel *fri*: frei. Be-Freundung setzt Freiheit voraus. Echtes Interesse ist eine Paradoxie: Nähe aus Abstand.

Das Kind tut in einem geschützten Raum etwas, wovor es sich normalerweise *fürchtet*: sorgsam erkundend beim Naheliegenden verweilen …

Rückschau-Übungen …
… sind z.B. problembezogene (oder auch einfach nur erzählende) Wochenrückblicke; oder Rückblicke auf die letzte Therapiestunde. Auch Nacherzählungen sind gut. *Alles kommt in Betracht, wodurch das Kind angeregt wird, an die Vergangenheit anzuknüpfen.* Grundprinzip: *Rückbesinnung – dann der nächste Schritt.* Die Eltern werden angehalten, mit dem Kind abends auf den Tag zurückzuschauen, zunächst ungeordnet-anekdotisch (bei älteren Kindern auch chronologisch), dann «auswertend». Wir nennen diesen kleinen bilanzierendende Dialog *die Waage*: Welches waren heute die schönsten, welches die unangenehmsten Erlebnisse? Wie kann das Unangenehme in Zukunft besser vermieden werden? (Keine langen Erörterungen, sondern eine kurze, ermutigende Ansprache.) Das Ritual schließt mit den Worten: «Morgen ist ein neuer Tag. Ein *ganz* neuer Tag.» Die wichtigsten Punkte der «Auswertung» werden am nächsten Morgen noch einmal kurz in Erinnerung gerufen, wiederum verbunden mit einigen Worten, die positiv auf den *neuen* Tag einstimmen.

Therapeutische Märchenarbeit:
Das Kind erfindet eine fortlaufende märchenhafte Geschichte, der Therapeut schreibt mit und begleitet den Prozess als zurückhaltender Berater.
Der Auftakt: Wir legen
– *die Haupthauptperson(en)*
– *die Nebenhauptpersonen*
– *die Hauptnebenpersonen*
– *die Nebennebenpersonen* fest
Vorgaben:
– Die Haupthauptperson ist ein Kind. Es können auch zwei sein, aber nicht mehr.
– Auch Tiere sind «Personen».
– In der Geschichte kommen Märchen- und Fabelwesen vor.

Nun legen wir fest, wo die Geschichte beginnt. Der Ort wird beschrieben (z.B. ein Häuschen am Dorfrand in der Nähe des Waldes.) Eine Landkarte wird gemalt.

Im nächsten Schritt werden *vier Gesetze* erlassen. Erstes Gesetz: *Erzählt ist erzählt.* (Nachträglich kann nichts geändert werden.) Zweites Gesetz: *Eine Geschichte ist eine Geschichte.* (Der Handlungsverlauf muss eine innere Logik haben, sonst darf der Therapeut einschreiten.) Drittes Gesetz: *Die Haupthauptperson gerät in eine Notlage* (weil das in Märchen nun mal so ist). Viertes Gesetz: *Ende gut, alles gut* (weil das in Märchen nun mal so ist).

Dann beginnt die Geschichte: «*Es war einmal ...*» Das Kind hat innerhalb des Reglements alle Freiheiten. Auf diese Weise entstehen Märchen, in denen die Kinder *unweigerlich* ihre Ängste und Konflikte thematisieren und Lösungswege imaginieren. Sie lernen, ihre überbordenden Fantasiekräfte bewusster zu handhaben, treten sozusagen unter dem Schutz des Therapeuten eine Erkundungsreise durch das Reich der flutenden Bilder und Emotionen an und bewegen sich in dieser Sphäre als *Gestaltende.* Ferner bietet die therapeutische Märchenarbeit ein gutes Übungsfeld für Kontinuität und Stringenz und erfordert jene innere Bewegung der Rückbesinnung vor dem nächsten Schritt (erstes und zweites Gesetz). – *Diese Methode ist hier nur sehr knapp dargestellt. Wer sie anwenden will, muss vorher ausführlich mit jemandem sprechen, der Erfahrung damit hat, denn es gibt Risiken, über die man im Bilde sein sollte.*

Spielerisches Training der Merkfähigkeit:
Die Zielrichtung ist dieselbe wie bei den *Distanzierungsübungen.* Beliebt und hilfreich sind z.B. auch Spiele, bei denen eine kontinuierlich länger werdende Reihe immer wieder von vorn begonnen werden muss. Zum Beispiel das «Endloswortspiel»: Fuß, Fußball, Fußballtor, Fußballtorwart, Fußballtorwartmütze, Fußballtorwartmützenschublade, Fußballtorwart mützenschubladenschrank, Fußballtorwartmützenschubladenschranktür ... und so fort. – Oder das bekannte Spiel «Wir machen eine Reise zum Mond und nehmen mit ...»

Ich male zu Beginn der Stunde auf ein Pappschild mit großen bunten Buchstaben ein Fantasiewort: «LOBA-RATZI-TATZI». Wir rezitieren es laut. Dann erfindet das Kind ein Fantasiewort und malt es auf ein anderes Pappschild. Auch dieses rezitieren wir. Nun werden die Schilder umgedreht. Am Ende der Stunde gilt es, ob ich mich an das Fantasiewort des Kindes und das Kind sich an meines erinnert. Dann werden die Worte erweitert (oder abgewandelt). «LOBA-RATZI-TATZI-LO». Ob wir uns in der kommenden Woche erinnern können?

Natürlich gibt es eine schier unerschöpfliche Vielfalt anderer Möglichkeiten. Auch Rückschau-Übungen und Nacherzählungen (s.o.) unterstützen die Merkfähigkeit.

Eigentlich ist «Merkfähigkeit» nicht ganz das richtige Wort für das, worum es im Kern geht, nämlich um die *innere Bewegung des Sich-Zurückwendens.*

Lebenssinn-Pflege:
Der Lebens- oder Vitalsinn (auch: Behagenssinn), in der neurologischen Sinnesforschung bekannt als «Organbefindlichkeitssinn» oder «viszera-

ler Input», vermittelt – zusammen mit dem Tastsinn – die fundamentale Leibsicherheit. Alles, was ein positives Körpergefühl fördert, stärkt den Lebenssinn, denn sein primärer Wahrnehmungsinhalt *ist* das positive Körpergefühl. Ins Seelische metamorphosiert gibt der Lebenssinn ein Grundgefühl von innerer Ruhe, Beständigkeit, Identität. «Ich bin im Strom der Zeit und im Wechsel der Ereignisse immer derselbe.» Wir verdanken diesem Sinn also die Kontinuitätserfahrung schlechthin. Das organische Zentrum ist, wenn mich nicht alles täuscht, der Solar plexus. Bei Kindern ist im Hinblick auf den Lebenssinn vor allem auf Rhythmus, Wärme, guten Schlaf und ausreichende Reizabschirmung zu achten.

Ausführliches dazu findet sich in meinem Buch *Von ängstlichen, traurigen und unruhigen Kindern.*

«Wärmekuren»:
Wenn wir bemerken, dass ein hyperaktives Kind unter Wärmeregulationsstörungen leidet (was oft der Fall ist, vor allem in Belastungssituationen), rate ich den Eltern, zuhause regelmäßige Rituale der *körperlichen und seelischen Durchwärmung* einzuführen. Nach meiner Auffassung ist Wärmemangel oder Wärmeunbeständigkeit, sofern es keine direkte äußere Ursache dafür gibt, bei einem Kind (vielleicht bei allen Menschen?) niemals *nur* ein physiologisches Problem. Ich führe diesen Punkt unter *therapeutische Hinweise* an, um ein Beispiel dafür zu geben, wie Eltern zu Co-Therapeuten werden können (siehe *Anmerkungen zur Erziehungsberatung, S. 253ff.*), indem sie sozusagen ein Stück verloren gegangene Selbstverständlichkeit ins Famimilienleben zurückholen.

Das Kind soll sich am späten Nachmittag nochmal kräftig austoben (Fahrrad fahren, Ball spielen, rennen, was auch immer), dann, gegen Abend, bereitet die Mutter ein gut warmes Bad vor, vielleicht mit einem Schuss Lavendel-Bademilch (wirkt beruhigend). Nicht zu lange ausdehnen! 15 – 20 Minuten genügen. Danach wird das Kind abfrottiert und mit einem milden Hautöl eingerieben. In den kälteren Jahrszeiten sollte ein vorgewärmter Schlafanzug und Bademantel bereit liegen. Nun folgt das «Relaxen». Im Wohnzimmer brennt eine Kerze, ein warmer Tee und ein paar Kekse stehen bereit, man hat Zeit füreinander, kuschelt sich auf dem Sofa zusammen, die Mutter (oder der Vater) liest ein Geschichte vor …

Eine Anmerkung zur Bewegungstherapie:
Es ist mit der Bewegungsbegabung wie mit der Fantasie: Die meisten Sucherseelenkinder sind mit beidem überreich ausgestattet. Aber sie

wissen nicht so recht, was sie mit ihrem Reichtum anfangen sollen, außer ihn ungestüm in alle Richtungen zu «verpulvern». Sich von innen – aus der Stille – führen lernen mit einem sicheren Gefühl für den Umraum … *darum* geht es.

Viele Kinder sind heute im basalen Sinnesfeld verunsichert, weil es ihnen an Möglichkeiten mangelt, auf natürliche Weise in der frühen Kindheit ein sicheres Körpergefühl auszubilden und ihre Bewegungsgeschicklichkeit zu schulen. Davon sind nicht speziell die hyperaktiven Kinder betroffen. Im Gegenteil verfügen sie – wie gesagt – häufig über eine außerordentlich gute Reflexmotorik. Was ihnen jedoch nicht gut gelingt, ist die *musikalische* Bewegung.

Eine andere Indikation für Bewegungstherapie liegt vor, wenn ein Kind in seiner grob- und feinmotorischen Geschicklichkeit aufgrund einer leichtgradigen Hirnverletzung beeinträchtigt ist. Dies gehört – darüber herrscht seit Mitte der achtziger Jahre Einigkeit – *nicht* zu den primären Merkmalen von Sucherseelenkindern, kann aber auch bei solchen Kindern vorkommen. Die so genannte minimale Zerebralschädigung (etwa infolge von Sauerstoffmangel bei der Geburt) bleibt allerdings eine Vermutungsdiagnose. Anders ist es, wenn nach einer krankheits- oder unfallbedingten Hirnschädigung deutliche Rückschritte gegenüber dem zuvor schon erreichten Reifestand in Hinsicht auf die Bewegungssicherheit zu konstatieren sind. Motorische Defizite gehören nicht zur typischen Symptomatik bei Sucherseelenkindern. Häufig trifft man bei ihnen jedoch eine *verwahrloste Bewegungsgenialität* an.

Beispiele sind Beispiele! Illustrationen! Immer wieder wird der Fehler begangen, dass man Beispiele für die Sache selbst nimmt. Dann erzählt vielleicht jemand herum: «Henning Köhler empfiehlt als Therapie für hyperaktive Kinder das Spiel *Reise zum Mond*.» Und schon wäre ein dummes Missverständnis in der Welt. Man soll mit Sucherseelenkindern spielerisch üben, an die Vergangenheit, an das Vorherige anzuknüpfen. *Eine* unter zahllosen Möglichkeiten ist das Spiel *Reise zum Mond*. – Im übrigen wird jeder gute Therapeut sein eigenes Repertoire an spielerischen Übungen entwickeln und von Kind zu Kind immer wieder neue Möglichkeiten entdecken.

*

Anmerkungen zur Erziehungsberatung

Einiges dazu wurde schon in dem Überblickskapitel *Welche Hilfen können angeboten werden?*, *S. 232ff.* ausgeführt.

Ethik des Beratungsgesprächs
Wir fühlen uns einer strengen Ethik des Beratungsgesprächs verpflichtet: Die Eltern sind keine demütigen Bittsteller, sondern Auftraggeber und somit Partner. Nur in einem vertrauensvollen, wertschätzenden Klima können die Begegnungen fruchtbar sein. Voraussetzung dafür ist ein gemeinsamer Bewusstseinsakt: die Aufhebung der formellen Hierarchie, welche im Bewusstsein der Eltern zwischen uns, den «Experten», und ihnen, den hilfesuchenden «Laien», naturgemäß zunächst besteht. Die daraus resultierende Befangenheit (auf *beiden* Seiten) verhindert den Aufbau einer tragfähigen Beziehung.

Eine kleine Ansprache zur Einstimmung auf den Geist der angestrebten Partnerschaft könnte etwa lauten:

«Niemand auf der Welt kennt dieses Kind so gut wie Sie. Deshalb brauchen wir Ihre Hilfe und wollen nichts ohne Ihr Einverständnis tun. Unser Plan ist es, Ihnen zu zeigen, dass die eigentlichen Experten für *Ihr* Kind *Sie* sind, nicht wir, nicht die Lehrer in der Schule, nicht all die Ärzte und Psychologen, bei denen Sie in letzter Zeit vorgesprochen haben, nicht die Autoren der Fachbücher, die sich bei Ihnen zuhause stapeln. Das heißt: Wir sind davon überzeugt, dass Sie als Eltern im Grunde genommen besser als irgendjemand sonst wissen, was für Ihr Kind gut ist.

Sie selbst sind davon freilich nicht im geringsten überzeugt, sondern würden sogar auf das Gegenteil wetten. Jegliches Selbstvertrauen ist Ihnen abhanden gekommen. Angst, Groll und Schuldgefühle haben die Quelle der mütterlichen und väterlichen Intuition verschüttet. Letztere ist jedoch durch nichts zu ersetzen. Deshalb muss sie wieder freigelegt werden. Wir haben die Absicht, uns so rasch wie möglich überflüssig zu machen – indem wir Sie daran erinnern, über welche Fähigkeiten Sie in Wahrheit verfügen.»

An dieser Stelle werden soundso viele Leser – vor allem Lehrer und Therapeutenkollegen – eine Stimme in sich vernehmen, die wie auf Knopfdruck ertönt und etwa den folgenden Einwand vorbringt: «Viele Eltern sind doch auf dieser Ebene überhaupt nicht ansprechbar!» Dazu kann ich nur sagen: Es empfiehlt sich, einer bestimmten Art von Wenns und Abers kräftig zu misstrauen, nämlich denen, die sich reflexartig einstellen, sobald ein Ideal formuliert wird, das liebgewordene Denkgewohnheiten in Frage stellt. Man versuche es erst einmal eine Weile ernsthaft mit der angedeutetem Grundhaltung in Beratungsgesprächen und teile *dann* gegebenenfalls als Erfahrungswert mit, das Bemühen scheitere regelmäßig an der Unzulänglichkeit oder Dumpfheit der Eltern. Ich erlebe das überwiegend anders, obwohl in unserem Institut weiß Gott nicht nur hochkultiviertes Publikum verkehrt. (Nebenbei bemerkt sind mir die schlichten Leute manchmal lieber als die hochkultivierten.) Gewiss kommt es vor, dass man vor einer Wand der Ignoranz steht. Aber das ist selten und ganz unabhängig vom so genannten Bildungsgrad. Bei der obigen fiktiven Elternansprache kommt es auf den Inhalt an. Die Form ist austauschbar. Man muss als Berater lernen, von Fall zu Fall die richtige Tonart zu treffen. Ich komme seit 25 Jahren aus dem Staunen nicht heraus, welches Niveau mit «einfachen» Menschen erreichbar ist, wenn sie unter Leidensdruck stehen und tief besorgt um ihre Kinder sind. Und letzteres ist bei 90% aller betroffenen Eltern aus allen so genannten Bildungsschichten der Fall. Leidvolle Betroffenheit bricht Krusten auf. Viele Menschen verfügen über viel mehr Herzensklugheit, als sie selbst wissen ... und wenn ein geliebtes «schwieriges» Kind ihr Leben durcheinander wirbelt, eröffnet sich ihnen die Chance, zu erkennen, wer sie wirklich sind. Ich habe diesbezüglich die unglaublichsten, wundervollsten Geschichten erlebt.

Im übrigen formuliert man Ideale, um sich in der Realität immer wieder und wieder nach ihnen zu strecken. Wer immerzu den Status quo gegen das Ideal in Stellung bringt, ist einfach zu faul, sich zu strecken. Meine Kollegen und ich haben beschlossen, uns unermüdlich nach jenem partnerschaftlichen Geist in der Elternarbeit zu strecken, und wenn es nicht recht gelingen will, dann suchen wir den Fehler erst einmal bei uns. Auch das ist natürlich ein Ideal. Auch wir sind manchmal ungerecht und merken es erst danach.

Nehmen wir doch die Eltern einfach ernst, statt schon von vornherein an ihrer Einsichtsfähigkeit zu zweifeln! Der Dünkel, wir stünden über ihnen, wäre auch dann schädlich, wenn er den Tatsachen entspräche, was aber nicht der Fall ist. Ich habe den Verdacht, dass die Ansichten und Erfahrungen von Elternberatern in diesem Punkt einfach deshalb so krass divergieren, weil hier das Sprichwort gilt, dass es aus dem Wald so heraustönt, wie man hineinruft.

Großen Wert legen wir darauf, die Eltern von Anfang an als «Co-Therapeuten» einzubeziehen. Das ist ganz praktisch zu verstehen: Wir sprechen darüber, dass wir im Institut nur einen Teil dessen abdecken können, was das Kind jetzt braucht, und dass demzufolge einiges im häuslichen Rahmen geleistet werden muss. Dabei sind die jeweiligen familiären Bedingungen zu berücksichtigen. Es ist illusorisch und in der Regel auch gar nicht nötig, eine plötzliche totale Umkrempelung des Lebens zu verlangen. Es sei denn, man setzt die ganze Familie unter Ritalin, damit sie die Roßkur durchsteht. Schon beim Abschlussgespräch des Erstabklärungsblocks (siehe *Zur Diagnose,* S. 190ff.) erhalten die Eltern eine Reihe praktischer

Anregungen. Hierbei handelt es sich, wie schon erwähnt, um Elemente der Lebensgestaltung und Beziehungspflege, sowie um kleine Übungen und Anwendungen für das Kind.

Das Prinzip der Fragezurückspiegelung

Erstens: Der Erziehungsberater kann nicht für alle Probleme Patentlösungen liefern. Zweitens: Selbst wenn er es könnte, sollte er es nicht tun. Das betrifft vor allem die berühmten Was- tun-wenn-Fragen. («Was sollen wir tun, wenn Robert abends nicht ins Bett will?»)

Ich lasse solche Fragen oft unbeantwortet stehen, weil ich das Gefühl habe, die Eltern müssten (und könnten) selbst eine Antwort finden. Wir beleuchten also das Problem von allen Seiten, und dann gebe ich es ihnen noch einmal zum Überdenken mit nach Hause.

Oft bringen die vermeintlich so unfähigen Eltern in der folgenden Stunde einen Lösungsvorschlag mit, der besser ist, als es mein schnellfertiger Expertenrat je hätte sein können, und vielleicht haben sie ihre Idee bereits erfolgreich umgesetzt.

Keine Sorge – natürlich gebe ich auch praktische Tipps. Aber jede Antwort, auf die die Eltern selbst kommen, ist dreimal so viel wert. Das Prinzip der Fragezurückspiegelung kann dazu beitragen, dass sie allmählich ihre Souveränität zurückgewinnen.

Vergessen wir nie: Die wahren Experten für *ihr* Kind sind die Eltern. Sie wissen es aber oft nicht.

Mutter und Vater beraten sich gegenseitig (Rollenspiele)

Eine bewährte Möglichkeit für Eltern, sich gewissermaßen wieder in die selbständige Urteilsbildung einzuüben, ist das *Erziehungsberater-Rollenspiel.* Mutter und Vater legen sich beide ein Tagebuch für Eintragungen über das Kind zu. Auf der linken Seite steht die Überschrift «Wahrnehmungen», auf der rechten Seite die Überschrift «Fragen». Zuerst ist der Vater am Zug. Seine Aufgabe: Im Laufe der Woche (sagen wir: von Freitag bis Freitag) soll er sein Kind, wann immer die Möglichkeit dazu besteht, aufmerksam beobachten und seine Eindrücke im Tagebuch festhalten. Nun soll aber hier keineswegs Psychologie gespielt werden. Um dies zu vermeiden, legen wir ein paar Grundregeln fest: Keine Meinungen, keine Urteile, keine Wertungen oder Deutungen … einfach nur Beobachtungen. Es geht darum, *Andacht zum Kleinen* zu entwickeln. Darüber sprechen wir zuvor ausgiebig. Außerdem ist der Vater angehalten, Fragen zu notieren – Fragen, die er normalerweise dem Erziehungsberater stellen würde. Stattdessen stellt er sie jedoch seiner Frau. An dem Abend, der als wöchentlicher «Kinderkonferenz»-Abend festgelegt wurde, schlüpft sie in die Beraterrolle. Zuerst schildert er seine Beobachtungen. Sie hört nur zu. (Auch das muss oft wieder gelernt werden: einander zuhören.) Dann stellt er seine Fragen, und sie antwortet, so gut sie kann. – In der folgenden Woche wechseln die Rollen.

Ich erhalte regelmäßig Einsicht in die Tagebücher, und die Eltern berichten mir von ihren Erfahrungen in den «Kinderkonferenzen». Nach einiger Zeit ist das Rollenspiel kein Rollenspiel mehr, sondern etwas ganz Unverfängliches und Selbstverständliches. Die Tagebücher sind dann nicht mehr unbedingt erforderlich. Viele Eltern halten aber gern daran fest.

Alleinerziehende Mütter ermutige ich, eine Freundin oder einen guten Bekannten als Partner für das «Spiel» anzufragen. Dann muss die Sache allerdings modifiziert werden, weil die Freundin das Kind vermutlich nicht so oft sieht. Oder ich stelle mich selbst als Partner zur Verfügung.

Kernstück der Erziehungsberatung ist bei uns das Bemühen, den Eltern zu vermitteln, dass sie von ihrem Kind als engste Schicksalgefährten erwählt worden sind; und dass dies ein großes Privileg ist – gerade weil es sich um ein «schwieriges» Kind handelt.

*

Noch einiges zum «schützenden Kreis»

Über den *schützenden Kreis* wurde das Wichtigste schon ausgeführt in dem Kapitel *Welche Hilfen können dem Kind und der Familie angeboten werden? (S. 232ff.)*

Die vom Therapeuten moderierten so genannten Kinderkonferenzen sind wie gesagt das Kernstück dieser spirituellen Gemeinschaft. Ich spreche von einer spirituellen Gemeinschaft, weil das, was sich dort in Wahrheit abspielt, auf einer unsichtbaren (übersinnlichen), gleichwohl völlig realen Ebene geschieht. Es entsteht ein heilendes Feld. Das heißt in diesem Fall: ein soziales Wärmefeld, in dem sich das Kind geborgen, anerkannt und gestärkt fühlt. Ich verstehe hier unter «heilend», was dem Kinde Daseinsvertrauen vermittelt. Mit «Heilung» im hier gemeinten Sinne hat es hingegen *nichts* zu tun, wenn wir beabsichtigen, das Kind zum Funktionieren zu bringen, anzupassen, nach unseren Vorstellungen und Wünschen zu manipulieren. Keine wie auch immer geartete Manipulationsabsicht verträgt sich mit dem Prinzip des schützenden Kreises.

Unter welchen Bedingungen kann ein schützender Kreis entstehen?
Die erste Bedingung ist eine gemeinsame *Absichtsverzichtserklärung*: Die Gemeinschaft will *nichts anderes* als

- das Kind beschützen
- das Kind besser verstehen lernen.

Alle anderen Absichten sind Gift!

Eine zweite Bedingung betrifft die Art des Sprechens über das Kind. Die Grundregel kann als Frage formuliert werden: «Angenommen, das Kind wäre schon so verständig wie ein Erwachsener und könnte uns zuhören: Würde es sich *geadelt* oder *gedemütigt* fühlen?» Im schützenden Kreis darf nur so gesprochen werden, dass nicht der geringste Zweifel daran besteht: Es würde sich geadelt fühlen!

Die dritte Bedingung ist eher methodischer Natur. Die Gemeinschaft sollte sich mit einem Grundgedanken vertraut machen, der, mag er auch seltsam klingen, sehr ernst genommen werden muss: Auf der Ebene, die hier betreten wird, findet eine Umkehrung der Gewichte bzw. Wichtigkeiten statt. Was uns für gewöhnlich grell ins Auge sticht und überaus bedeutungsschwanger dünkt, wird nebensächlich, und was uns normalerweise nebensächlich erscheint, erweist sich nun als das *Wesentliche.* Konkret: Die Gesprächsteilnehmer sollen, wenn sie über das Kind berichten, nicht über spektakuläre, aufregende Ereignisse, nicht über (scheinbar) psychologisch tiefgründige und symbolträchtige Phänomene sprechen. Sie sollen auch keine Scharfsinnigkeiten austauschen. Sie sollen stattdessen Wahrnehmungen schildern, die man normalerweise als völlig bedeutungslos bezeichnen würde. Wie ein Kind die Welt sieht, so sollten die Teilnehmer des *Kreises* das Kind sehen. Wie die japanischen Haiku-Dichter Naturerscheinungen beschreiben, (schlicht, schnörkellos, holzschnittartig, aber mit sorgsam gewählten Worten), so sollen die Teilnehmer des *Kreises* einander über das Kind erzählen. (Vgl. dazu das Kapitel *Achtsamkeit,* S. 165ff.) Und nachdem man die *kleinen Bilder* ausgetauscht hat, soll Schweigen einkehren, mindestens zehn Minuten lang. (Diese Anregung verdanke ich Georg Kühlewind.) – Nach solcher Einstimmung mag man wieder das tun, was gemeinhin «menschenkundliche Betrachtungen» genannt wird, aber immer noch gelten die oben genannten Bedingungen! Und wenn wir schon bei den «menschenkundlichen Betrachtungen» sind: Sie werden keinen Deut schlechter, sondern im Gegenteil immer besser, je weniger sie durchsetzt sind von Bewertungen, Deutungen, Interpretationen, Mutmaßungen und dick aufgetragenen Psychologismen. Das erkennende Fühlen erwacht an Phänomenen und regt sich in der Andacht zum (scheinbar) Kleinen. Durch alles «Ausgedachte» wird es abgelähmt.

Gelingt es einem Kreis von Menschen, in diesem Geist zusammenzutreten, dann ist das Kind, dem sie sich widmen, mitten unter ihnen.

*

Denkanstöße und Gestaltungsanregungen für Eltern, Erzieher und Lehrer

Die Sache mit der inneren Ruhe Oder: Unbeweglich stehen die grünen Berge ...

Ausgerechnet für die Sucherseelenkinder, die bei den meisten Erwachsenen so viel Unruhe und Verunsicherung auslösen, hängt unendlich viel davon ab, dass sie ruhige, unerschrockene Menschen in ihrer Umgebung finden; Menschen, die sich *nicht* von ihnen bedroht fühlen, sondern *gern* mit ihnen zusammen sind. Mit untrüglichem Instinkt nehmen sie es wahr und bedanken sich auf ihre Weise.

*

Wie aber soll man zu einer solchen Haltung finden, die, wenn sie unter Pädagogen verbreiteter wäre, tonnenweise Ritalin überflüssig machen würde? (Letzteres meine ich völlig ernst.) Wie gelangt man zu mehr innerer Ruhe? Um Missverständnissen vorzubeugen: Ich spreche nicht von Behäbigkeit, Trägheit oder gar Gleichgültigkeit. Es gibt einen Schutzmechanismus des «Alles-an-sich-abrieseln-lassens», der leicht mit innerer Ruhe verwechselt werden kann. Aber in Wahrheit handelt es sich hierbei um eine Art seelische Taubheit.

Man kann die Ruhe in Person und trotzdem quicklebendig und voller Tatendrang sein. Es gibt verschiedene Ebenen im Menschen. Wir brauchen ein ruhendes Fundament, um uns frei zu bewegen, wie der Tänzer festen Boden unter den Füßen spüren muss, um nicht das Gleichgewicht zu verlieren. (Niemand hat ein freundschaftlicheres Verhältnis zur Schwerkraft als der Tänzer.) Im Zen-Buddhismus gilt es als höchstes Ziel, *Shikanzata* zu erreichen: ruhige Geistesgegenwart. Meister Harrada wählt ein Bild: «Unbeweglich stehen die grünen Berge. Die weißen Wolken kommen und gehen.» Wer *Shikanzata* erreicht hat, *ist* die grünen Berge: Ihn kann nichts mehr erschüttern.

Nun kann (und will) natürlich nicht jeder ein Buddha oder ein Paulus Eremita (das ist ein christlicher Eingeweihter, von dem die *legenda aurea* berichtet) werden. Aber in jedem von uns gibt es diesen inneren Ort der Stille, und man kann lernen, ihn regelmäßig aufzusuchen und dadurch wenigstens ein bisschen unerschütterlicher zu werden. Das ist in gewisser Hinsicht etwas ganz Pragmatisches.

*

Wir brauchen im Umgang mit hyperaktiven Kindern eine gewisse Unerschütterlichkeit. Manche Pädagogen bringen diese Voraussetzung mit. Aber das sind Ausnahmen. Jeder, der ernstlich will, kann heute etwas tun, um zu mehr innerer Ruhe und Gelassenheit zu finden. Es handelt sich hierbei um eine ganz konkrete Zielsetzung, nicht mysteriöser als körperliche Ertüchtigung durch tägliche Gymnastik. Wenn wir einen inneren Übungsweg einschlagen, um unserer pädagogischen Aufgabe besser gerecht zu werden, geht es allerdings nicht um das eigene Wohlbefinden, sondern darum, die Voraussetzungen dafür zu schaffen, dass wir den Kindern mit echter, vorbehaltloser (angstfreier) Aufmerksamkeit begegnen können. Indem wir Halt in uns selbst finden, geben wir *ihnen* Halt. Statt tausend Befehle zu erteilen und hunderttausend Grenzen zu ziehen, wirken wir dann allein durch unsere Anwesenheit ordnend, aufrichtend, rückenstärkend. Nichts gegen Grenzen, aber keinem Kind ist geholfen, wenn es vor lauter Stopp- und Warnschildern nur noch im Viereck springt – oder vorsichtshalber überhaupt nicht mehr springt. Noch viel wichtiger aber ist dies: Wenn wir die grünen Berge in uns spüren, stören uns die Kapriolen des kleinen Wirbelwinds viel weniger als zuvor. Wir sind uns ja hoffentlich einig, dass er weiterhin seine Kapriolen vollführen soll! Michel ohne Kapriolen? Das wäre ein *gebrochenes* Kind.

*

Es gibt heute eine Vielfalt von erprobten Techniken und Übungswegen, die uns helfen können, der Hektik des Alltags von innen heraus etwas entgegenzusetzen. Jeder soll wählen, was ihm zusagt. Ich bin (als überzeugter Christ) mit Menschen befreundet oder geistig verbunden, die buddhistische Achtsamkeitsübungen pflegen, aber auch mit solchen, die autogenes Training oder Yoga vorziehen; wieder andere wenden sich lieber an die christliche Tradition und finden in so genannten Ruhegebeten oder Herzensgebeten eine Kraftquelle. Man kann sich denken, dass ich große

Stücke auf Anregungen von Rudolf Steiner halte (eine gute Einführung gibt das Büchlein *Innere Ruhe* mit Anweisungen Rudolf Steiners, s. Literatur) und darüber hinaus natürlich selbst die Übungen praktiziere, die ich in meinen Büchern empfehle. Hierbei handelt es sich um ritualisierte Formen der bewussten inneren Hinwendung zum Kind, die zugleich den Charakter von Stille- bzw. Andachtsübungen haben. Ein Beispiel ist *der poetische Weg* (in: *«Schwierige» Kinder gibt es nicht*). Ein anderes die so genannte *Brückenwächter-Übung* (in: *Von ängstlichen, traurigen und unruhigen Kindern.*) Sie wurde von Moniek Terlouw, Annette Mensink und Hans de Rijke in ihrem Buch *Kinder mit Rätseln* (2002) auf sehr schöne Weise aufgegriffen, erläutert und erweitert. Auch am Ende dieses Buches findet sich eine Übung. – Seit einiger Zeit beziehe ich immer stärker Georg Kühlewinds Anweisungen zur Aufmersamkeitsschulung ein. In seinen zahlreichen Büchern werden Elemente aus der Anthroposophie, dem spirituellen Christentum, dem Zen-Buddhismus und eigener Geistesforschung auf spürbar erfahrungsgesättigte Weise verschmolzen, dies mit einem gedanklichen Anspruch, der die Grenze zur Fast-food-Esoterik dankenswert deutlich markiert (so z. B. in: *Der sanfte Wille, Aufmerksamkeit und Hingabe, Sternkinder* u.a.). Man hat, wie gesagt, die Wahl unter vielen Möglichkeiten, und die Sache muss vollständig in die Freiheit des Einzelnen gestellt bleiben. In Zukunft dürfte es jedoch keine pädagogische oder therapeutische Ausbildung mehr geben, in der Anregungen zur kontemplativen Praxis fehlen. Dasselbe gilt für Elternschulen und Elternfortbildungen.

Keine Debatten um das Unvermeidliche!

Sucherseelenkinder sind zumeist rhetorisch sehr geschickt und zugleich völlig unbeeindruckt von dem, was die Erwachsenen unter logischen Argumenten verstehen. Deshalb sollte man sich nicht auf Rededuelle mit ihnen einlassen. Die Großmutter eines typischen Michels sagte einmal: «Er kann einem derartig das Wort im Mund herumdrehen, dass eigentlich nur zwei Berufe für ihn in Frage kommen: Rechtsanwalt oder Pfarrer.» (Die Advokaten dürfen sich geschmeichelt fühlen, die Pfarrer mögen verzeihen.)

Aus kontroversen Diskussionen geht Michel *immer* als Sieger hervor. Er verfährt nach dem Motto: Gewonnen hat, wer am längsten durchhält und jederzeit bereit ist, seinen Kopf dafür zu verwetten, dass die Sonne im Osten untergeht. Lange Debatten über das, was nun einmal sein muss (oder nicht sein darf) sind also nach Möglichkeit zu vermeiden. Man erweist einem Kind nicht dadurch den ihm gebührenden Respekt, dass man es in Entscheidungsprozesse einbezieht, die es noch gar nicht überblicken kann. *Sie*, liebe Eltern, liebe ErzieherInnen und LehrerInnen, müssen sich klar darüber sein, was warum erlaubt oder verboten ist. Und wenn Sie Anweisungen geben, dann tun Sie es mit knappen, klaren Worten. Das Kind muss von Anfang an spüren: Die Angelegenheit steht *nicht* zur Diskussion. Faustregel für Situationen, die erfahrungsgemäß Konfliktstoff bergen: Keine Verhandlungen! Sichern Sie sich für einen Moment die ganze Aufmerksamkeit des Kindes, etwa indem Sie es entschlossen an die Hand nehmen und in den Nebenraum führen. «Komm mal mit, ich muss dir etwas erklären.» Sprechen Sie kurz, deutlich, sachlich, unmissverständlich – und trotzdem warm. Es braucht ja nichts Drohendes oder Verärgertes von Ihnen auszugehen, nur weil Sie sagen, was zu sagen ist! Oft haben es sich die Erwachsenen selbst zuzuschreiben, wenn aus jeder Bagatelle ein Riesenkonflikt wird. Der Vater sagt: «Wir essen in einer halben Stunde.» Er sagt es aber im Tonfall einer Strafandrohung. Und das Kind reagiert auf diesen Tonfall. Feindselig nämlich.

Wozu herumkommandieren?

Vermeiden Sie den Befehlston! Sie treffen nur eine schlichte Feststellung, die nicht weiter der Rede wert ist. «Du gehst erst nach den Hausaufgaben spielen» muss klingen wie: «Heute Abend wird es dunkel.» Wortreiche Erklärungen sind überflüssig, ja sogar hinderlich, denn sie «verwässern» im Bewusstsein des Kindes die Mitteilung, auf die es ankommt. Fragen Sie sich stets, ob Ihnen selbst überhaupt klar ist, was Sie genau wollen und warum sie es wollen. Lieber eine Ansprache weniger als eine zu viel. Ist sich der Erwachsene seiner Sache ganz sicher, geht eine Überzeugungskraft von ihm aus, die das Kind spürt.

*

Es spürt aber auch jede Unsicherheit. Das ist ein Markenzeichen von Sucherseelenkindern. Deshalb geben Sie keine Anweisungen und erlassen Sie keine Verbote, hinter denen Sie nicht wirklich stehen können. Das ist ja meistens der Grund für wortreiche Erklärungen: Man will sich selbst überzeugen.

*

Freiheitsgeister kommen am besten mit anderen Freiheitsgeistern aus. Wer gern Macht ausübt, hat bei Sucherseelenkindern keine Chance. Wer hingegen eine gesunde Abneigung dagegen verspürt, andere Menschen herumzukommandieren, ist diesen Kindern von vornherein sympathisch. Und es hängt viel davon ab, dass man ihnen von vornherein sympathisch ist.

*

Im übrigen sind Sucherseelenkinder ja alles andere als dumm. Sie können sehr wohl zwischen plausiblen und unsinnigen Anweisungen unterscheiden. (Plausible Anweisung: «Du gehst jetzt nicht mehr auf den Bolzplatz, wir essen in zehn Minuten.» Unsinnige Anweisung: «Du wirst bei Tisch den Mund halten, weil die Erwachsenen etwas zu besprechen haben.») Zwar ist auch bei plausiblen Anweisungen, sofern sie einen Verzicht bedeuten oder auf etwas Unangenehmes hinauslaufen, mit einer Trotzreaktion zu rechnen. Aber der Erwachsene darf sich dadurch nicht aus dem Konzept bringen lassen. Dann zeigt sich, dass das Protestgeschrei eher rituellen Charakter hat und keineswegs als Ausdruck einer unnachgiebigen Haltung zu interpretieren ist. Viele Eskalationen wären vermeidbar, wenn sich die Erwachsenen klar machen würden, dass es unsinnig ist, von diesen Kindern ein unverzügliches Ja zu erwarten, wenn *in ihnen* ein deutliches und heftiges Nein ertönt. Sie sind nämlich grundehrliche Häute! Zuerst muss das Nein heraus, mit mächtigem Getöse. Erst dann ist die Luft rein. Und es folgt vielleicht ein, nun ja, nicht gerade einsichtsvolles, aber gnädigmauliges «Na guuut!»

*

Sie sagen, was zu sagen ist: einfach, unverschnörkelt, ruhig. Das Kind muss spüren: «Niemand fürchtet sich auch nur im geringsten vor meinem Nein.» Warum auch? Das Schlimmste, was passieren kann, ist doch, dass es seinen berühmten Rumpelstilzchentanz aufführt. Na und? Es geschehen schlimmere Dinge auf der Welt. Ich wundere mich, wie leicht es den kleinen Frechdächsen immer wieder gelingt, die großen Leute in Angst und Schrecken zu versetzen. Keine Frage, dass ein Reiz darin liegt, es immer wieder auszuprobieren …

Aufrichtigkeit ist (fast) alles

Keine List, keine Taktik, keine Diplomatie! Seien Sie offen, geradlinig, unverhohlen. Sucherseelenkinder lassen sich nicht manipulieren und durchschauen jede Maske, jede unausgesprochene Absicht. Sie reagieren außerordentlich ungnädig auf Erwachsene, die mit psychologischen Tricks zu arbeiten versuchen. (Haben deshalb viele Therapeutenkollegen eine unterschwellige Wut auf diese Kinder und bezeichnen sie als resistent, unbeeinflussbar, notorisch oppositionell? Man müsse sie mit Ritalin erst «empfänglich» machen für die Segnungen der Verhaltenstherapie, heißt es.) Die Michels lassen einen gnadenlos auflaufen, wenn man hinterrücks oder listig von der Seite kommt. Aufrichtigkeit ist gefragt. Direktheit. Unverstelltheit. Und Wärme. Man darf auch mal kameradschaftlich grob werden. Diese Ebene ist ihnen vertraut. Nur kein Gesäusel! Nur kein betont pädagogisches Getue!

Nun könnte man einwenden: Das verträgt sich ja wohl kaum mit der Empfehlung, stets die Ruhe zu bewahren! Nun, letzteres ist ein Ideal, und Ideale haben es so an sich, dass man sich ihnen immer nur *annähern* kann. Gewiss fährt man am besten mit einer offenen, direkten und *zugleich* seelenruhigen Art. Andererseits gilt: Es ist im Umgang mit diesen Kindern immer noch besser, einmal ehrlich aus der Haut zu fahren, als dauernd eine ruhige Überlegenheit zur Schau zu stellen, die in Wahrheit nur mühsame Selbstbeherrschung oder aufgesetzte Attitüde ist. Sucherseelenkinder spüren *hindurch*! Wenn der Erwachsene äußerlich die Contenance verliert, aber innerlich dem Kinde warm zugetan bleibt, richtet er weniger Schaden an, als wenn er freundlich tut, aber innerlich kalt und abweisend ist. – Ich messe der Ehrlichkeitsforderung großes Gewicht bei. Bei Sucherseelenkindern löst die noch so wohlmeinende Unaufrichtigkeit der Erwachsenen ein geradezu körperlich spürbares Unbehagen aus. Sie «riechen» Verhaltenslügen! Das gilt übrigens auch für jede Art von erziehungsstrategischem Hintenherumgerede. Es ist ja eine verbreitete Unart unter Pädagogen, in Abwesenheit der Kinder listige Pläne zu schmieden, wie man sie dazu bringen könne, zu wollen, was sie müssen …

Den Willen des Kindes respektieren

Ich sagte weiter oben und unterstreiche noch einmal: Über *Unvermeidlichkeiten* wird nicht verhandelt! Zum Beispiel darüber, dass die Hausaufgaben gleich nach dem Essen oder nach der Mittagsruhepause gemacht werden (weil sie sonst bekanntlich überhaupt nicht mehr gemacht werden). In den Tagesverlauf sind also einige «Pflöcke» eingeschlagen, an denen nicht zu rütteln ist, und es gibt ein paar Grundregeln, deren Einhaltung nicht zur Debatte steht. Ansonsten aber empfiehlt es sich, ein Sucherseelenkind so oft wie möglich *selbst entscheiden* oder *mitentscheiden* zu lassen. Stellen Sie, wann immer es die Situation zulässt, mehrere Möglichkeiten zur Wahl. «Wir könnten heute Nachmittag spazierengehen gehen, im Garten arbeiten oder Spiele machen. Vielleicht arbeiten wir auch zuerst ein bisschen im Garten und machen dann Spiele ... und backen anschließend Pizza. Was schlägst du vor?» So erlebt das Kind, dass sein Wille respektiert wird und dass man auf seine Meinung Wert legt. Und das bedeutet diesen Kindern sehr viel!

Man muss dem frühen Autonomieanspruch Grenzen setzen, aber man darf ihn nicht ignorieren. Im Gegenteil. Man sollte ihn im Prinzip begrüßen und positiv beantworten.

*

Die Grundregel lautet: Gewähren Sie dem Kind innerhalb eines weit gespannten «gesetzlichen» Rahmens möglichst viel innere und äußere Bewegungsfreiheit. Wenn es in ein kleinkariertes, engmaschiges Regelwerk eingezwängt und ständig bevormundet und kontrolliert wird, erlebt es dies als atemabschnürend. Sein Verhalten verzerrt sich. Dann geht wirklich nichts mehr ohne Ritalin. Ich weiß, dass ich mich mit dieser Empfehlung völlig quer lege zu dem, was gemeinhin geraten wird. Aber könnte es nicht sein, dass man in der ADS-Frage eben deshalb seit Jahrzehnten nicht vorankommt, weil gemeinhin ein Unsinn geraten wird? Tatsächlich halte ich die von den meisten Fachleuten favorisierte Strategie, hyperaktive Kinder möglichst lückenlos zu reglementieren, für verheerend falsch.

Natürlich brauchen auch Sucherseelenkinder in den ersten Lebensjahren die Betreuung, die allen kleinen Kindern zusteht. Trotzdem sollten Sätze «Du darfst nicht» oder «Du musst» möglichst sparsam gebraucht werden.

Besinnung

Wie, wenn mein Kind mich *gewählt* hätte?
Wie, wenn es um alle bevorstehenden Schwierigkeiten gewusst hätte, als es mich wählte?

Wie, wenn es mich gewählt hätte im Vertrauen auf mein tief innerliches Ja?
Und mein tief innerliches Wissen?
Mein Ja zu *diesem* Kind?
Mein Wissen um *dieses* Kind?

Affenliebe?

Man wirft Ihnen, liebe Eltern, kritiklose «Affenliebe» zu Ihrem Kind vor. Natürlich ist es nicht gut, ein Kind zu verhätscheln, es an eine maßlose Anspruchshaltung zu gewöhnen. Das wissen Sie ja. Eine diesbezügliche kritische Selbstbefragung kann nie schaden. Liebende Eltern sind nun mal anfällig dafür, ihre Kinder durch die rosarote Brille zu betrachten. Das habe ich als Vater selbst erlebt.

Aber Sie dürfen sich auch nicht irre machen lassen von all denen, die Ihnen einreden wollen, es sei falsch, wie ein Fels hinter dem eigenen Kind zu stehen. Das hat nämlich mit «Affenliebe» überhaupt nichts zu tun.

Es gibt Kraft für das ganze Leben, wenn man im Rückblick sagen kann: Damals, als ich von aller Welt verlassen war, standen meine Eltern unerschütterlich zu mir und ließen mich spüren: Du bist uns so, wie du bist, teuer ... wir hätten nie ein anderes Kind an deiner Statt haben wollen!

Viele so genannte ADS-Kinder fühlen sich von aller Welt verlassen – *innerlich* verlassen. Und es darf nicht geschehen, dass sie auch noch von ihren Eltern (innerlich) verlassen werden.

Wann verlässt man ein Kind innerlich? Wenn man ihm das Gefühl gibt, es sei so, wie es ist, nicht annehmbar.

Ein Wort an gestresste Mütter

Vielleicht gibt es in diesem Augenblick keine wichtigere Frage als diese: Was könnten Sie tun, um gelegentlich ein wenig Abstand von den Problemen des Alltags – auch des Alltags mit Ihrem Sorgenkind – zu gewinnen?

Sprechen Sie offen mit Ihrem Mann, Ihren Freunden, anderen nahestehenden Menschen. Sie brauchen Entlastung! Es *muss* einen Weg geben!

Ich weiß, Sie denken jetzt: «Der hat gut reden ... das ist in meiner Situation völlig illusorisch!» Ist es das wirklich?

Als illusorisch erweist sich bei näherem Hinsehen oft das totale Unentbehrlichkeits- und Unabkömmlichkeitsgefühl der Mütter! Ich spreche da aus langer erziehungsberaterischer Erfahrung.

Natürlich, Sie *sind* unentbehrlich. Als Mensch. Als Mutter. Als zentrale Bezugsperson für das Kind. Aber daraus folgt nicht, dass Sie jahraus jahrein zu jeder Tages- und Nachtzeit auf dem Posten sein müssten. – Jeder Mensch braucht ein bisschen Zeit für sich selbst! Mütter und Kinder brauchen gelegentlich Urlaub voneinander, allein schon deshalb, dass sie wieder erleben, was es bedeutet, einander zu vermissen und *sich aufeinander zu freuen.*

Irgendeine Möglichkeit *muss* es geben! Und wenn sich Ihr Gatte querstellt, dann heizen Sie ihm kräftig ein! Manchmal müssen Mütter ultimativ auftreten: Streikdrohung!

Fassen Sie einen Entschluss! Jetzt!

Vielleicht empfiehlt es sich, einen Berater einzuschalten, der mit Ihnen zusammen Pläne schmiedet.

Keine Pedanterie!

Wer Sucherseelenkinder zu erziehen hat, darf um Gotteswillen kein Pedant sein! Kein Erbsenzähler! Keiner, dem es schlaflose Nächte bereitet, wenn abends noch ein paar ungespülte Gläser herumstehen oder ständig irgendwo einzelne Schuhe herumstehen. Keiner, der das Zimmeraufräumen so wichtig nimmt, als hinge davon der Fortbestand der christlich-abendländischen Wertegemeinschaft ab.

Übertrieben ordnungsbeflissene Menschen werden wahnsinnig an diesen Kindern – und sie an ihnen.

Man muss sich zu einer gewissen Großzügigkeit hin erziehen, was die vielen kleinen Unordentlichkeiten, Nachlässigkeiten und Vergesslichkeiten des Kindes betrifft. Ich rede keiner Laisser-faire-Haltung das Wort! Aber es vergiftet nur das Familienklima, wenn man sich allzu sehr über diese Dinge echauffiert. Und der Effekt ist gleich Null. Sucherseelenkinder lernen nur sehr langsam, in ihrem unmittelbaren Umfeld Ordnung zu halten. Hier liegt ein objektives Handicap vor. Oft zeigt sich in diesem Punkt eine deutliche Besserung erst um das 16., 17. Lebensjahr. Bis dahin muss man mit viel Geduld und ruhiger Konsequenz gewisse Dinge üben (ich habe einige praktische Anregungen gegeben) und ansonsten eine Menge Toleranz aufbringen. Blättern Sie noch einmal zu meinen Ausführungen über den Wahrnehmungsstil dieser Kinder zurück und beachten Sie besonders das Kapitel *Beispiele und Erläuterungen zu den therapeutischen Anregungen*, Abschnitt *Distanzierungsübungen* (S. 244ff.). Dann werden Sie besser verstehen, woher diese Schwäche rührt.

Bemühen Sie sich, innerlich das Wichtige vom Unwichtigen zu unterscheiden, indem Sie sich z.B. sagen: *Das ständig unaufgeräumte Zimmer und andere Schlampereien sind ärgerlich, gewiss, aber sie sind es nicht wert, dass unsere Beziehung daran zerbricht!*

Ansonsten rate ich, dem Kind, statt es in puncto Ordentlichkeit pausenlos zu überwachen und zu tadeln, eine überschaubare Zahl von kleinen Aufgaben zu übertragen, deren Durchführung Sie, liebe Mutter, lieber Vater, persönlich sicherstellen. Das heißt: *Erwarten* Sie keine Zuverlässigkeit, sondern *sorgen* Sie für Zuverlässigkeit. «Mittags räumen wir zusammen den Tisch ab. Abends treffen wir ein paar Vorbereitungen für den nächsten Tag, damit wir morgens keinen Stress haben (Schultasche, Kleider). Jeden Mittwoch Nachmittag von 15 Uhr bis 15.30 Uhr ist gemeinsame Kinderzimmeraufräumzeit.» Sie können ein Pflichten-Plakat anfertigen und irgendwo aufhängen in der kühnen Hoffnung, dass das Kind gelegentlich einen Blick darauf wirft. Sie können die Tage feiern, an denen das Tischabräumen auch mal ohne Extraaufforderung klappt. Aber Sie können nicht davon ausgehen! Wichtig ist *Ihre* ruhige Konsequenz.

«Immer ich!»

«Immer, immer ich!», ruft der kleine Jakob verzweifelt, wenn er wieder mal zur Rede gestellt wird, und die Tränen schießen ihm in die Augen. Uneinsichtigkeit? Vielleicht. Aber vielleicht steckt auch eine berechtigte Not dahinter.

Sucherseelenkinder geraten oft in eine Lage, in der sie tagaus tagein nur noch wegen jeder Bagatelle kritisiert und getadelt werden. Oft handelt es sich um «Delikte», die man anderen Kindern ohne weiteres nachsieht. – Das kommt daher, dass die kleinen Störenfriede schon ihren Stempel tragen und von den Erwachsenen ständig mit Argusaugen beobachtet, um nicht zu sagen: belauert werden. Vielleicht genießt Jakob inzwischen tatsächlich viel weniger Freiheiten als seine Mitschüler oder Geschwister? – Kann es sein, dass er gestern eine Strafarbeit bekam, weil er seinem Nebensitzer etwas zuflüsterte – während sich die anderen Kinder *ständig* gegenseitig etwas zuflüstern und der Lehrer überhaupt kein Problem damit hat? Kann es sein, dass bei Jakob aus jeder Mücke ein Elefant gemacht wird?

Eine Klarstellung

Es ist kein Unglück, ein hyperaktives Kind zu haben. Es ist ein Unglück, dass es als Unglück gilt, ein hyperaktives Kind zu haben. Die Eltern hyperaktiver Kinder sollten sich zusammentun, um dagegen zu kämpfen, dass es als Unglück gilt, ein hyperaktives Kind zu haben. Sie sollten alle Welt wissen lassen: «Wir sind stolz, solche Kinder zu haben. In jedem Beruf gilt es als Auszeichnung, wenn man eine besonders anspruchsvolle Aufgabe übertragen bekommt. Ausgerechnet im Elternberuf sollte das *nicht* gelten?» Die himmlischen Mächte haben Ihnen, liebe Eltern, diese anspruchvolle Aufgabe übertragen! Das ist meine tiefe Überzeugung. (Auch Lehrer könnten einmal in diese Richtung denken ...)

Ein heikler Punkt

Es ist heikel, in der heutigen Zeit darüber zu sprechen, dass Elternsein (und Lehrersein) eine gewisse Leidensbereitschaft verlangt. Es ist noch heikler, in der heutigen Zeit darüber zu sprechen, dass wir nur aneinander wachsen, indem wir auch aneinander leiden. Glückliche, harmonische Stunden sind der Lohn für bejahtes Leid. Eine wirklich gefestigte, innige, unzerstörbare Beziehung ist das Ergebnis langen bejahten Leidens aneinander. Das klingt wie eine katholische Predigt, ich sage ja ... es ist ein heikler Punkt. Nun bin ich aber der Allerletzte, der je einer pastoralen Leidensvergötzung das Wort geredet hätte. Ganz im Gegenteil würde ich mich als etwas übertrieben harmoniebedürftig mit einem Hang zum Hedonismus bezeichnen. Das ändert aber nichts daran, dass ich, rein aus der Lebenserfahrung, feststellen muss: Wo das Leiden aneinander *nicht* bejaht wird, zerbrechen Beziehungen: Ehen, Freundschaften, Eltern-Kind-Beziehungen, Lehrer-Kind-Beziehungen. Die «inoffizielle» soziale Krise der Zeit – unsere Unfähigkeit, die Bedürfnisse anderer Menschen zu erkennen und aus dem egoistischen Bewusstseinskäfig auszubrechen, um auch einmal *für andere da zu sein* – ist eine Krise des übezogenen Anspruchs auf Glück und Zufriedenheit. Jeder erwartet vom anderen: Sei mein Zufriedenheitsspender! Verschönere mir das Leben! – Das erwarten auch die Erwachsenen von den Kindern! Und hier liegt ein riesiges, folgenschweres Missverständnis.

Es ist mir, jenseits aller Polemik, sehr ernst damit, wenn ich sage: An der Ritalinfrage wird das Problem der zwanghaften Leidensverneinung als sozial-zwischenmenschliches Kernproblem unserer Zeit greifbar. In vielen Fällen ist der Entschluss, auf pharmakologischem Wege den häuslichen und schulischen Frieden sicherzustellen, nichts anderes als ein *Beziehungsabbruch*, auch wenn es den betreffenden Eltern oder Lehrern nicht zu Bewusstsein kommt. Man wiegt sich dann in der Illusion: Endlich funktioniert unsere Beziehung! Aber eine pharmakologisch gestiftete Beziehung ist keine. In Wahrheit wird die Beziehung, wenn schon nicht beendet, so doch in eine substanziellen Verödungs-Prozess getrieben. Die schlagartigen äußeren Entspannung hat aber eine derart magische Wirkung, dass der substanzielle Verödungs-Prozess lange unbemerkt bleibt.

Ein heikler Punkt. Manche werden mich dafür steinigen wollen. Aber dieser Gefahr setze ich mich ja mit dem vorliegenden Buch ohnehin aus.

Eltern, die keinen andere Möglichkeit sahen, als vorübergehend zu der Ritalin-Scheinlösung Zuflucht zu nehmen, brauchen sich nun deshalb nicht mit Schuldgefühlen zu quälen. Es gibt immer einen Weg zurück. Wenn man Ritalin nur ganz selten und zeitlich begrenzt einsetzen würde, hätten wir ja auch kein gar kein Problem. Aber die Verschreibungshäufigkeit verdoppelt sich hierzulande Jahr für Jahr. Und 90% der Fachleute plädieren dafür, verhaltensauffälligen Kindern die Droge über Jahre hin, ja lebenslang zu verabreichen. Wir müssen *radikal umdenken*. Und diese geistige Revolution kann nur von den *Eltern* ausgehen.

Fukuyamas Prophezeiung

«Es ist gewiss zu erwarten, dass der Berufsstand der Psychiater das Unglücklichsein zu einer Krankheit erklären und dafür sorgen wird, dass es in die nächste Auflage des DSM gleich neben ADHD aufgenommen wird.» (Aus: Francis Fukuyama, *Das Ende des Menschen*)

Wenn Sie über Ihr Sorgenkind sprechen …

… sollten Sie sich jedes Mal die Frage vorlegen: «Angenommen, es hörte uns jetzt zu. Angenommen, es hörte mit den Ohren eines Erwachsenen zu. Würde es sich gewürdigt oder gedemütigt fühlen?»

Man kann die Frage auch so stellen: «Wie würde *ich* mich fühlen, wenn *ich* unfreiwilliger Zeuge eines derartigen Gespräches über *meine* Person wäre?»

Das Kind *ist* unfreiwilliger Zeuge der Gespräche, die über es geführt werden!

Das gilt auch für Gespräche in Lehrerkonferenzen.

Verrohung der Gespräche

Am allerschlimmsten, schlimmer noch als Ritalin, ist die Verrohung der Gespräche über ungewöhnliche Kinder. Im Kleinen wie im Großen.

*

Rituale der Nähe

Es ist viel davon die Rede, wie wichtig Rituale in der Erziehung sind. Aber man darf nicht vergessen, dass es auch *leere* Rituale gibt. Heute wird oft empfohlen, den Alltag mit hyperaktiven Kindern bis ins Kleinste «durchzuorganisieren» und «durchzustrukturieren». Ich habe schon erklärt, warum ich das für einen Fehler halte. Hier soll Qualität durch Quantität ersetzt werden, und man nimmt die Form wichtiger als den Inhalt. Nein, es geht nicht um all diese Äußerlichkeiten. Sie sind zum Teil nötig, aber nicht eigentlich wichtig. Es geht darum, im Tages- und Wochenlauf verlässliche *Zeitinseln der zwischenmenschlichen Wärme* zu schaffen. Inseln der Zweisamkeit. Inseln des familiären Miteinander. Beziehungspflege ist die wahre Therapie. Das darf nicht im Ungefähren bleiben. Es ist eine konkrete Gestaltungsherausforderung.

Beispiele:
- Der feierlich gestaltete Abendabschluss mit Geschichte, Tagesrückblick, Musik und Gebet kann für *alle* – auch für die Eltern – zu einer Oase werden.
- Über den Tagesrückblick sprach ich schon. (Vgl. *Rückschauübungen* in dem Kapitel *Beispiele und Erläuterungen zu den therapeutischen Hinweisen, S. 250.*)
- Das Wecken mit Musik. Die liebevolle Gestaltung des Tagesbeginns. Haben Sie schon mal bedacht, wie wichtig der Start in den Tag sein kann? Mit welcher Stimmung Ihr Kind abends einschläft im Vorgefühl auf den nächsten Morgen? Sucherseelenkinder haben das Problem, dass sie schlagartig einschlafen und aufwachen. (Darüber habe ich in dem Kapitel über häufig beobachtbare Wesenseigentümlichkeiten gesprochen.) Deshalb ist es wichtig, *die Übergänge zu gestalten.* Das gibt ihnen ein ganz anderes Lebensgefühl.
- Wie wichtig kleine soziale Gestaltungselemente im Alltag sein können, zeigt das Beispiel unter der Überschrift *Hören Sie Ihrem Kind zu!* (Siehe unten)

- Ein Backnachmittag. Zum Beispiel jeden Dienstag, mit anschließendem fürstlichem Schmaus.
- Ein Geschichten- und Spielenachmittag. Oder für die Kleineren ein Kasperltheater-Nachmittag.
- Ein Waldnachmittag. Zu jeder Jahreszeit, bei jedem Wetter.
- Jeden zweiten Samstag darf man lange aufbleiben, Spiele machen, Musik hören. Es gibt Gebäck, Kakao und zum Abschluss eine Mitternachtsgeschichte.
- Vgl. auch den Abschnitt *Wärmekuren* in dem Kapitel *Beispiele und Erläuterungen zu den therapeutischen Hinweisen,* S. 252.

Und so weiter.

Hören Sie Ihrem Kind zu!

Vor einiger Zeit kam eine Mutter zur Beratungsstunde und war den Tränen nahe. Ich fragte nach dem Grund ihres Kummers, und sie antwortete: «Ach, wissen Sie, vorhin hatten wir Krach, und jetzt tut es mir leid. Er kam von der Schule und fing an zu quasseln, quasseln, quasseln. Ohne Punkt und Komma. Ich hab' einfach die Nerven verloren und ihn angebrüllt. Wenn er nicht draußen herumstromert, ist er mir ständig auf den Fersen und schwallt mich pausenlos zu. Das hält kein Mensch aus.»

Ich fragte: «Was hat er denn vorhin erzählt?»

Sie schaute mich verdutzt an. «Was er erzählt hat?» Pause. «Keine Ahnung. Ich schalte auf Durchzug, wenn er loslegt.» Nun kamen wir in ein zuerst etwas schwieriges, dann immer ergiebigeres Gespräch über eine traurige Tatsache: Sie hatte schon lange aufgehört, ihrem Jungen überhaupt noch zuzuhören. Ich spürte ihre Betroffenheit, als sie sich darüber klar wurde.

Ich riet ihr folgendes: «Ab morgen bereiten Sie Ihrem Jungen, wenn er mittags von der Schule kommt, einen richtigen Empfang. Ihr setzt euch gemütlich zusammen, Sie servieren ein Getränk, und dann hören Sie aufmerksam zu, was er zu erzählen hat.» Nach einigem Sträuben beherzigte sie den Rat, und es zeigte sich zweierlei: Erstens hatte der Junge wirklich was zu erzählen. Es ging um Konflikte mit Lehrern und Mitschülern, aber auch um Unterrichtsinhalte, die ihn faszinierten. Zweitens versiegte der Redestrom nach etwa 10 Minuten, und ein echtes Gespräch kam in Gang.

Das kleine Ritual wirkte Wunder. Es hatte eine positive Auswirkung auf den Rest des Tages. Beim Abendabschluss wurden auf meinen Rat hin die Konfliktpunkte noch einmal angesprochen, verbunden mit einem ermutigenden Ausblick auf den nächsten Tag.

Prävention?

Wo keine Krankheit ist, kann auch nicht die Rede davon sein, sie präventiv abwenden zu wollen. Ich weigere mich auch, Präventivmaßnahmen gegen «Verhaltensabweichungen» anzugeben, denn «Unauffälligkeit» ist ein destruktives Ideal.

Die beste Vorbeugung dagegen, dass Ihr kleiner Wirbelwind derartig in die Klemme gerät, wie ich es für die Kinder beschrieben habe, die, obwohl sie keineswegs krank sind, dennoch therapeutische Hilfe brauchen, ist Ihr tief innerliches Einverstandensein damit, dass *dieses* Kind (mit allen seinen Problemen) zu Ihnen gekommen ist. Ansonsten steht den kleinen Sucherseelen genau das zu, was eigentlich *allen* Kindern zusteht – ganz unabhängig davon, welchen Problemen man damit vorzubeugen hofft.

- Sie brauchen emotionale Wärme und Wertschätzung. (Vergessen wir dabei nie: Kleine Kinder wollen *die Liebe am Leib erfahren.*)
- Sie brauchen Aufmerksamkeit. Ich spreche von der *inneren* Aufmerksamkeit. (Vgl. das Kapitel *Achtsamkeit.*)
- Sie brauchen eine kleine, übersichtliche, geschützte Welt – einen «heimatliche Hafen».
- Sie brauchen Bezugspersonen, an denen sie sich moralisch orientieren können.
- Sie brauchen Konsequenz, wo Konsequenz unerlässlich ist, und Freiheit, wo Freiheit gewährt werden kann.
- Sie brauchen Menschen in ihrer Umgebung, die liebevoll oder wenigstens respektvoll miteinander umgehen.
- Sie brauchen Ruhe und Zeit, um sich nach ihrem jeweiligen individuellen Duktus zu entwickeln. Diese Forderung kollidiert mit dem heutigen *Wahn*, man müsse jede noch so geringfügige Abweichung von einer abstrakten Durchschnittsnorm sogleich korrigieren.

In der heutigen Zeit und mit besonderem Hinblick auf die Hyperaktivitätsproblematik ist es außerdem wichtig, darauf zu achten, dass genügend Freiräume für ungezwungenes Spiel gegeben sind, dass die Kinder ihren natürlichen Bewegungsdrang ausleben können, dass sie viel mit der Natur in Kontakt kommen und lange genug vor der «Medienmagie» (Rainer Patzlaff) geschützt werden.

Ich habe zu allgemeinen Erziehungsfragen einige Bücher geschrieben, auf die ich hiermit verweise (siehe Literaturverzeichnis).

Abends ist Zeit zum Verzeihen …

Mit Sucherseelenkindern geht kein Tag vorbei, an dem es nicht das eine oder andere Mal «kracht», so ist das eben. Aber abends, wenn Sie gemeinsam den Tag beschließen, vor dem Nachtgebet, ist es Zeit, alles Entzweiende symbolisch in die Mülltonne zu werfen, die nachts von den Engeln entsorgt wird. (Man muss freilich den Schrott hineinwerfen, sonst wird nichts aus der Entsorgung. Über die Beziehung des Kindes zu seinem Engel habe ich in *Von ängstlichen, traurigen und unruhigen Kindern* geschrieben.)

Es geht nicht um eine sentimentale Versöhnungszeremonie, sondern einfach darum, nicht nachtragend zu sein. Sucherseelenkinder sind die verzeihensbereitesten Wesen der Welt. Diesbezüglich können wir viel von ihnen lernen. Sprechen Sie also beim Abendritual kurz und nüchtern die hässlichen Szenen an, die sich tagsüber abgespielt haben – ohne vorwurfsvollen Unterton, und beschließen Sie diesen herben Teil der Rückschau (zum Beispiel) mit den Worten: «Jetzt kommt der ganze Mist in die Mülltonne. Morgen ist ein neuer Tag, und wir nehmen uns vor, dass es ein guter Tag wird.»

Abschluss: Die Frage-Raum-Übung

Jeden Nachmittag oder jeden zweiten Nachmittag ziehen Sie sich zu einer bestimmten Zeit für etwa 15 Minuten an einen ruhigen Ort zurück.

Der Alltag bleibt draußen. Sie ziehen Ihr Alltagsgewand aus und legen es vor der Tür ab. Man geht nicht im zerschlissenen Arbeitskittel zu einer Feierstunde.

Sie nehmen eine bequeme Haltung ein und schließen die Augen.

Sie lauschen hinaus in den Umkreis. Sie hören die nahen und fernen Geräusche: Vogelgezwitscher, Automotoren, Stimmen im Haus …

Ihre «unsichtbaren Ohren» werden immer größer und größer.

Draußen – ringsum *draußen* – ist die Geräuschkulisse. Das ist *draußen. Draußen.*

Sie sind hier. Zwischen hier und *da draußen* ist ein Raum der Stille.

Der Zwischen-Raum der Stille wächst. Es ist ein dunkler, stiller Raum.

Nun geht ihnen dies und das durch den Sinn. Gedanken kommen und gehen. Wie Wolken, die über den Himmel ziehen.

Auch die Gedanken sind *da draußen*: bei den Geräuschen.

Sie versuchen nicht, nichts zu denken. Aber die Gedanken sind *draußen.*

Draußen ist die Geräusch- und Gedankenkulisse. Sie sind hier. Zwischen hier und *da draußen* ist ein dunkler Raum der Stille.

Sie machen Licht in dem Raum der Stille. Sie machen Licht in dem dunklen Raum, indem Sie ihn zum Frage-Raum werden lassen.

Der Zwischen-Raum wird Frage-Raum.

Es geht nicht um diese oder jene bestimmte Frage, sondern darum, dass nun der Zwischen-Raum erfüllt ist von einer Fragestimmung, und diese Fragestimmung ist Licht. (Versuchen Sie es: Man erzeugt in sich eine Fragestimmung. Es ist ganz leicht.)

Sie sind hier, im lichten Frage-Raum. Draußen sind die Geräusche. Draußen ziehen Gedanken vorüber. Draußen.

Sie sind nicht *in* dem lichten Frage-Raum – Sie sind selbst dieser Raum. Er ist Ihr unsichtbarer Leib.

Und nun lassen Sie das Kind ein.

Sie *erfühlen* das Kind. (Nichts weiter. Nur dies.)

Das Kind ist fühlbar anwesend im Frage-Raum. Alles andere ist draußen.

Vielleicht erscheint ein Bild des Kindes – wie es spielt, wie es lacht –, vielleicht nicht. Man kann innerlich zu dem Kind sprechen, es begrüßen. «Da bist du ja. Bleib ein bisschen.» Man kann es auch lassen.

Entscheidend ist, dass Sie das Kind deutlich fühlen.

Jetzt sind Sie ganz *Frage*, und in Ihrem *Frage-Sein* west das Kind an.

Dann lassen Sie zu, dass sich der innere Andachtsraum gewissermaßen an den Rändern auflöst. Die Welt strömt herein.

Lernen Sie, in diesem Moment darauf zu achten, was Ihnen einfällt – etwa zu der Frage, welche Freude Sie dem Kind bereiten könnten; oder was Sie ihm schon lange einmal sagen wollten; oder wie Sie dieses oder jenes Problem im Zukunft anders lösen könnten.

Man kann auch im Nachklang der inneren Begegnung eine kleine märchenhafte Geschichte für das Kind niederschreiben, um sie ihm bei Gelegenheit zu erzählen (oder zukommen zu lassen). Mit Sicherheit wird es diese Geschichte lieben.

*

Eine Anmerkung: Solche Übungen verlaufen *vollkommen ereignislos* – will sagen: sie misslingen –, wenn der Übende auch nur die geringsten egoistische Absichten damit verfolgt oder hofft, auf diese Weise das Kind besser manipulieren zu können.

Praktiziert man solche Übungen jedoch mit der einzigen (!) legitimen Absicht, das Kind besser zu verstehen, wird man bald bemerken, dass sich die *Beziehung* entspannt, oder genauer gesagt: auflichtet.

Andere Übungsanregungen finden sich in meinen Büchern *Von ängstlichen, traurigen und unruhigen Kindern, «Schwierige» Kinder gibt es nicht* und *Was haben wir nur falsch gemacht?*

Missverstehen

von Ute Wagner-Zavaglia

Missverstanden zu sein – und das vielleicht kindheitslang – ist schwerwiegender als körperliche Beeinträchtigungen oder frühe Entbehrungen (etwa durch zu frühe Geburt, lange Krankenhausaufenthalte, schwere Operationen) oder andere Entwicklungserschwernisse.

Missverstanden sein – und das kindheitslang – kann auch schwerer wiegen als traumatische Erlebnisse.

Was wird missverstanden?

Diese Frage mag beantwortet werden in einer aphoristischen Form, die die Klage eines Kindes formuliert:

«Ihr versteht die Bedeutung meines Verhaltens miss. Es gibt für Euch darin keinen Sinnzusammenhang zu erkennen. Euer Interesse richtet sich erst gar nicht darauf, was die von mir gemeinten oder mich leitenden Bedeutungen sind.

Das, was an der Oberfläche erscheint, nehmt Ihr für wahr – das hier und jetzt Sichtbare ist Euch nicht Rätsel, nicht Frage, nicht zu ergründendes Zeichen.

Euch fehlt eine Dimension – und zwar die entscheidende: die der Tiefe. Der Blick dorthin, wo mein heiles, ganzes Wesen auf die Welt trifft, aufschlägt, sich wund reibt, sich heiser schreit, vor Angst erstarrt oder entmutigt verkriecht.

Wisst Ihr überhaupt (noch) von meinem ganzen, heilen Wesen? Und davon, dass ich kam und mich euch anvertraut habe? Jedenfalls nennt Ihr meinen Schmerz «Störung», meine Wut «oppositionelles Problemverhalten», meine Weigerung «Bockigkeit», mein Verzagen «Faulheit». Ich bin für Euch ein Störenfried, eine Nervensäge geworden, – Einer, für den Ihr Euch gar schämt ...

Wenn Ihr mir so einen Spiegel vorhaltet, in dem sich Euer Ärger, Eure Ängste und die davon geleiteten Interpretationen meines Verhaltens abgebildet haben, dann erschrecke ich über die Fratze, die mir entgegenstarrt: ein unverständliches Zerrbild meiner selbst. Wenn Ihr mich so seht, könnt Ihr mich nicht lieben!

Ich bin allein!

Ihr aber seid in guter Gesellschaft. Auch die Anderen sehen, was Ihr seht. Und sie geben Euch Recht, wenn Ihr mir droht, mich straft, mich ruhig stellt. Ihr nennt es Erziehungsmaßnahme, Hilfe.

Ihr fühlt Euch im Recht, weil Ihr es nicht anders wisst. Eure Gedanken (und bald auch Eure Gefühle) sind dazu erzogen, in den immer gleichen Bahnen zu kreisen. (Wer erzog Euch dazu? Wem schenktet Ihr Glauben?)

Je länger Ihr in dieser Bahn lauft, desto tiefer wird die Rinne, desto eingeengter wird Euer Blick. Bald könnt Ihr nicht mehr über den Rand schauen und nichts mehr sehen, was schön ist.

Vielleicht müsstet Ihr dazu nur einmal stehen bleiben, innehalten, den Blick erheben. Aber stattdessen hechelt Ihr weiter in dem, was Ihr ‹Notwendigkeit› nennt oder ‹Normalität› – gleich abgerichteten Hunden, die Nasen immer auf Eurer Fährte.

Aber Ihr ward doch auch einmal KIND! Wie konntet Ihr vergessen? Wann geschah die Umwendung, durch die Euch das Unbedeutende, das Laute groß wurde und das Wichtige, das Leise klein?

Wann? Ab der Zeit, als Euer Bewusstsein begann, seine Fühler auszustrecken in der Begriffswelt? Was Euch da angeboten wurde, hat Euch weit weggetragen von einem mitfühlenden Begreifen. Zu Glücksrittern hat man Euch gemacht unter dem Banner des ‹mir-mein-mich› und darüber seid Ihr blind geworden und taub für das ‹Du›. Behindert!

Wegen dieser, Eurer Behinderung verzeihe ich Euch.

Jeden Tag aufs Neue.

Und hoffe, doch noch wenigstens Einen zu finden unter Euch, der sich auf den Weg macht zu mir.

Einer wäre genug.

Ich hoffe, ihn zu finden, ehe meine Seele abstumpft, um den Schmerz nicht mehr zu fühlen, und dann auch so blind wird wie Ihr.

Eine Kindheit lang hoffe ich.

Jeden Tag aus Neue.»

Nachwort von Georg Kühlewind

Im Hintergrund dieses Buches stehen zwei Phänomene, gegen die Henning Köhler mit allen wissenschaftlichen Mitteln ankämpft:

Erstens die allgemeine Angst vor der Kindheit und zweitens die spezielle Angst vor den besonderen, neuartigen Kindern.

Es gibt wohl mehrere Gründe, wie in der Welt der Erwachsenen Angst vor den Kindern, vor dem, was sie darstellen, verursachen:

- Dass jemand anders ist als wir, ist an sich schon irritierend und wirft Probleme auf. Das sieht man nicht nur an der verbreiteten Zurückweisung von allem, was aus anderen Kulturen stammt, sondern auch an den Schwierigkeiten, Ansichten und Einstellungen zu verstehen, die anders als die unsrigen sind.
- Die Kinder erinnern uns an unsere verlorene Fähigkeiten – könnten wir eine Fremdsprache erlernen, wenn wir noch keine Muttersprache hätten und auch nicht denken könnten? Jedes gesunde Kleinkind ist dazu fähig. Wir sind beflissen, diese Fähigkeiten bei den Kindern so schnell wie möglich auszutreiben.
- Die Kluft zwischen unserer Lebensweise und Weltauffassung und der Kindlichkeit wird durch die Veränderung beider Seiten immer tiefer und breiter. Dagegen wirkt die Anpassungspädagogik: die Kinder so schnell wie möglich an unsere Welt anzupassen. Goethe sagt im Wilhelm Meister: «Jeder Mensch ist beschränkt genug, um andere zu seinem Ebenbild erziehen zu wollen.»
- Wir haben Angst, dass sich unser Kind nicht rechtzeitig anpassen kann, und was wird dann aus ihm? Das heißt, wir sind absolut überzeugt, dass auf dieser Welt keine andere Lebensweise als unsere eigene möglich ist. Obwohl wir Einiges aus der Vergangenheit wissen …
- Konsequenterweise kann eine materialistische Anschauungsweise im Kind nur den noch unvollkommenen Erwachsenen sehen.

In unserem unbewussten Wesen wissen wir jedoch, dass wir uns in allen fünf Punkten falsch verhalten, und daher rührt die Angst. Angst aber wird leicht zu Hass.

Obwohl wir sehr wohl wissen, dass sich die Welt der Erwachsenen durch viele Jahrtausende andauernd verändert hat, haben wir es nicht leicht, uns eine unerwartete Veränderung vorzustellen. Wenn es uns gelänge, die Kinder immer an die Elterngeneration anzupassen, wie es in der Tierwelt geschieht, so wären wir heute noch irgendwo in der

Vorsteinzeit. Die Veränderung geschieht durch die nicht angepassten Genies. Genialität war und ist immer ein Störfaktor in der Welt der Mittelmäßigkeit, in der es eine Zielsetzung zu werden scheint, dass man so unauffällig wie möglich sein soll. Zugleich sind wir so stolz auf den «Fortschritt». Sehr wenige Lehrer bemerken, dass in ihrer Klasse in den Bänken so manches Genie sitzt ...

Die Veränderungen in der Welt geschehen immer schneller und immer bewusster. Früher hat man die Veränderungen im nachhinein wahrgenommen; heute werden sie in ihrem Charakter von genialen Menschen, wie Ortega y Gasset, Gebser oder Steiner vorausgesagt. Schauen wir die achtzig Jahre zwischen 1840 und 1920 an; dann vergleichen wir die Veränderung mit der zwischen 1920 und 2000. Keine Frage, welche Epoche reicher an Veränderungen war. Im Hinblick auf die Pädagogik wird diese Tatsache aber nicht genügend in Betracht gezogen. Die Veränderungen bei den Kindern werden immer größer und gehen schneller, während es bei den Lehrern und Eltern in entgegen gesetzter Richtung geht: Die Kinder werden immer spiritueller, die Erwachsenen immer egoistischer und materialistischer. Die «besonderen» Kinder werden als «anders» empfunden. Insofern ihre Anzahl wächst, könnte es passieren, dass sie *uns* «besonders» finden – denn das sind wir schon für sie. So ähnlich wie Antonio de Mello sagt: «Wir sind alle verrückt. Die einzige Ursache, warum wir nicht in einem Institut eingesperrt werden, ist, dass wir in der Mehrzahl sind.»

Die neuartigen Kinder, mit *auffälligem* Verhalten bringen wie alle Kinder starke spirituelle Impulse mit, die unsere Zivilisation gerade braucht. Einer der ersten, die das bemerkt haben, war Henning Köhler. Die neuartigen Kinder scheinen, im Gegensatz zu den früher geborenen, ihre mitgebrachten Impulse nicht zu vergessen. Das ist größtenteils der Tatsache zuzuschreiben, dass sie die Egoität zunächst nicht in dem Maße ausbilden wie es die angepassten, «unauffälligen» Kinder tun – denn «angepasst» heißt vor allem, an die egoitätsbeherrschte Welt angepasst zu sein. Anders ausgedrückt: sie sind nicht so stark abgetrennt von der Umgebung und auch nicht von ihren geistigen Quellen. Das bedeutet wiederum, dass kleinkindliche Fähigkeiten, als eine Art von Hellfühlen, erkennenden Fühlen, bei ihnen nicht aufhören (wie es bei den unauffälligen geschieht). Andererseits sind jene Fähigkeiten, die durch das Verlorengehen jener kleinkindlichen Fähigkeiten ermöglicht werden (Intellektualität z.B.) bei ihnen schwach ausgebildet oder fehlen ganz. Da sie den unauffälligen Erwachsenen besonders irritierend an seine verschwundenen Fähigkeiten erinnern, verwandelt sich seine Resonanz schnell in Ungeduld: er will diese Fähigkeiten beim Kind ausmerzen, und dazu ist jedes Mittel willkommen.

Deshalb richtet sich der moderne «Kindermord» hauptsächlich gegen die «auffälligen» Kinder.

Die konventionell akzeptierte Weltansicht erweist sich im Hinblick auf das menschliche Wesen als ein rein biologistisches Bild des Bewusstseins oder der «Seele». Diese Auffassung wird durch traditionelle geistige Anschauungen und eine entsprechende Bewusstseinspraxis kaum gestört, weil viele Menschen gewöhnt sind, eine doppelte Buchhaltung zu führen: auf der einen Seite das Privatleben – da sagt man noch «ich liebe dich», anstatt von Hormonpegeln zu sprechen –, dazu gehört auch das Pflegen von traditionellen geistigen Übungen; auf der anderen Seite die «wissenschaftliche» Ansicht. Dem kindlichen Wesen gegenüber aber versagt die «doppelte Buchführung»: da strahlt die Geistigkeit des Menschenwesens noch ohne Schatten. Daher ist es das Ziel des «Unauffälligkeitswesens», die Kindheit als solche zu verleugnen und zu vernichten.

Henning Köhlers Buch zeigt einerseits, dass diese Bestrebungen sich letztlich wissenschaftlich gar nicht halten lassen, andererseits, welche Interessen dahinter stehen.

Henning Köhlers Anliegen ist es deshalb, die Schwierigkeiten (sprich: das Ungewöhnliche, deshalb Auffällige) bei den Kindern zu verstehen und sie in Fähigkeiten zurück zu verwandeln, die sie ursprünglich sind. Ich hoffe sehr, dass die «Aufklärung» über diese Fragen viele Herzen erreicht.

Vielleicht nehmen die Leser diese Buches wahr, was die Erscheinung der «Auffälligen» bedeutet: dass sich nämlich die Menschheit der Möglichkeit nach auf dem aufsteigenden Ast der Weltparabel befindet – daher kommen die Kinder mit Auffälligkeiten und Ungewöhnlichkeiten auf die Erde, mit einem spirituellen Impuls, der verstanden werden müsste. Alle Genies haben in der Schule und zuhause alles falsch, d.h. anders als die Unauffälligen gemacht. Wird aber entdeckt, was hinter dem Phänomen dieser Kinder arbeitet, dass sie eine neue Spiritualität in die Welt tragen, was mit dem «Reden» über diese Geistigkeit nichts zu tun hat, dann erst kann man hoffen, dass aus der Möglichkeit des Aufstiegs auch Wirklichkeit wird.

Anmerkungen

Zu Teil 1

1 Näheres in Teil 3, Kapitel *Zur Diagnose,* S. 190ff.

2 Vgl. dazu das Kapitel *Altbekannte Denkmuster in neuen Gewändern, S. 71ff.*

3 Cordula Neuhaus (siehe Literatur) spricht von einem «Defizit ... in Form einer Dysfunktion», welche(s) «bei der natürlichen Selektion» entstanden und «in einer Völkergruppe universell anzutreffen» sei. Die Entfaltung ... naturgegebener Strukturen» ist ihrer Ansicht nach bei den ADS-Kindern «im Individuum fehlgeschlagen». Kurz: Es handelt sich nach Auffassung der Autorin um eine bevölkerungspolitisch relevante erbbiologische Degenerationserscheinung.

4 Vgl. dazu auch meinen Aufsatz *Welchen Auftrag bringen Sorgenkinder mit?* in: *Seelenpflege* 4/1999.

5 Vgl. dazu in Teil 3 meine Ausführungen zum *schützenden Kreis, S. 236ff.*

6 Man lernt dergestalt damit umzugehen, dass man zunächst «Gedankenkontrolle» (Rudolf Steiner) übt und als ganz reale Tatsache nimmt: Wie oder was ich über das Kind denke, bleibt nicht «in meinem Kopf», sondern es ist davon betroffen, gerade so, als würde ich es ansprechen. Meine Gedanken sind beziehungspflegende (oder beziehungsvergiftende) Realitäten. Meine Gedanken sind *Taten.*

7 Vgl. dazu James Hillman 1998 und Henning Köhler 2000 (siehe Literatur).

8 Vgl. meinen Essay *Jedes Kind hat das Recht, so zu sein, wie es ist* (siehe Literatur).

9 Als cartesianische Dualismus (Bezug nehmend auf den Philosophen Rene Déscartes) bezeichnet man die Vorstellung, der Mensch sei ein Doppelwesen: Geistseele und Natur bzw. Geistseele und Leib. Der materialistische Monismus versucht diesem Auseinanderdividieren des *ganzen* Menschen dadurch entgegenzutreten, dass er Geist und Seele als eigenständige Wesensanteile leugnet. (Sie seien nur Eigenschaften des Leibes). Der spirituelle Monismus fasst (sehr vereinfacht gesagt) den Leib als Eigenschaft des Geistes auf: Alles ist Geist. Auch die Materie.

10 Den Begriff «metareal» verwenden Guitton u. Bogdanov 1998; er taucht dort im Zusammenhang mit quantenmechanischen Überlegungen auf, die auch Eccles im Versuch eines interdisziplinären Dialogs einbezog.

11 Ein englisches Forscherteam um Sam Parnia und Peter Fenwick (Londoner Institut für Psychiatrie) hat Beweise dafür vorgelegt, dass bei einigen Patienten, die klinisch tot waren, jedoch wiederbelebt werden konnten, in der Nahtodphase das Bewusstsein vollständig erhalten blieb. Die Betroffenen wussten Einzelheiten über das, was um sie herum vorging, die sie unmöglich hätten wissen können, wenn alles «mit rechten Dingen» zugegangen wäre. Sogar die seriöse Tagespresse berichtete von den Versuchen. Vgl. PM-Perspektive 1/2002.

12 Vgl. mein Buch *Vom Ursprung der Sehnsucht* (siehe Literatur).

13 Um das Thema der Einbeziehung einer «vorgeburtlichen» oder überraumzeitlichen Seinsebene kreisen seit Jahren im Grunde genommen alle meine Schriften.

14 Die Gene wählen und bewerten nicht! Sie «tun» überhaupt nichts. Allenfalls begrenzen sie die Fülle der Möglichkeiten.

15 *Der Spiegel*, 8/02, *Machtlose Gene.*

16 Eine gute Zusammenfassung seines Lebenswerkes findet sich bei Rattner (1995). Überhaupt ist Rattners Buch sehr empfehlenswert. Ich nehme ihm nur seine völlig unnötige Abkanzelung Viktor E. Frankls übel.

17 Aus den Zusammenhängen des Korczak-Instituts ist eine kleine Internatsschule hervorgewachsen, die Reutlinger Werk-Statt-Schule, gegründet von dem Waldorflehrer Thomas Kinzler. Dort erhalten Jugendliche zwischen 12 und 18 J., die als unbeschulbar gelten, einen altersgemischten Unterricht, der überwiegend aus paktisch-handwerklichen Tätigkeiten, künstlerischen Aktivitäten und sozialem Lernen besteht. Die Jugendlichen (viele von ihnen sogenannte ADS-ler) werden auf eine externe Schulabschlussprüfung vorbereitet – mit minimalem «trockenem» Lernaufwand. Die Erfolgsquote liegt so hoch, dass wir selbst überrascht sind.

18 Hier ist eine Bemerkung in Richtung Scientology-Church angebracht. Man versucht von dieser Seite aus, den wachsenden Protest gegen Ritalin zu instrumentalisieren. Scientologen sind totalitär und psychiatriefeindlich. Deshalb kommt ihnen die ADD-Debatte sehr gelegen. Ich spreche aber den Anhängern einer Gruppierung, die alles daran setzt, Kontrolle über Seelen auszuüben, das Recht ab, sich zu empören, wenn andere mit anderen Mitteln dasselbe tun.) (Hier ist eine Bemerkung in Richtung Scientology-Church angebracht. Man versucht von dieser Seite aus, den wachsenden Protest gegen Ritalin zu instrumentalisieren. Scientologen sind totalitär und psychiatriefeindlich. Deshalb kommt ihnen die ADD-Debatte sehr gelegen. Ich spreche aber den Anhängern einer Gruppierung, die alles daran setzt, Kontrolle über Seelen auszuüben, das Recht ab, sich zu empören, wenn andere mit anderen Mitteln dasselbe tun.

19 Vgl. Steiner GA 23 u. 24. (s. Literatur).

20 Vgl. H. Köhler, *Die schöpferischen Kräfte der Nachahmung*, in: Lintz, M. (Hg), Von der Würde des Kindes, Stuttgart 1999

21 Das Steiner-Zitat stammt aus dem Vortrag vom 12. Dezember 1918 (GA 186), in dem das Absterben sozialer Wahrnehmungsfähigkeiten thematisiert und davor gewarnt wird, den anderen Menschen mit einem «Bündel abstrakter Begriffe» zu beurteilen, statt «intensives Interesse» für seinen individuellen Wesensausdruck aufzubringen. Vgl. dazu: Steiner 1999.

22 Aus dem Buch des Autors *Was haben wir nur falsch gemacht* (siehe Literatur)

23 Aus der Schrift des Autors *Das Geheimnis der Kindheit* (siehe Literatur).

24 Nebenbei bemerkt: Ich schätze den Mann sehr, habe die Elmauer Rede gründlich gelesen und muss trotzdem feststellen: Sie ist in den beanstandeten Teilen ein Ausrutscher und auch sonst nicht gerade ein Höhepunkt seines Schaffens.

25 Es fällt mir nicht ein, nun wieder einen allgemeinen Elternbeschuldigungsgesang anzustimmen. Ich denke, ich bin durch meine flammenden Verteidigungsreden für Eltern – zuletzt in dem Buch *Was haben wir nur falsch gemacht?* – legitimiert, auch einmal auf das Problemfeld Misshandlung – seelisch, körperlich – und Vernachlässigung hinzuweisen. Dabei liegen mir simple kausale Ableitungen fern. Ich bin im Bilde über den aktuellen Stand der Resilienzforschung, weiß also, dass Kinder über unerhörte Widerstandsressourcen gegen kränkende Lebensumstände verfügen und eine belastete Kindheit noch lange nichts darüber aussagt, wie das spätere Leben gemeistert wird. Näheres zu diesen Fragen in meinem Buch *Was haben wir nur falsch gemacht?*

26 Vgl. auch das Kapitel *Sternkinder ...?* Ich arbeite seit längerem an einer Phänomenologie ungewöhnlicher Begabungsprofile, um auf dieser Grundlage Schulen zu beraten. Andeutungen hierzu finden sich in jüngeren Publikationen wie z.B. in der Wochenschrift *Das Goetheanum* 11/01 oder in *Erziehungskunst* 9/01. Vor allem das Interview im *Goetheanum* löste heftige Reaktionen aus, bis hin zu zwei denunziatorischen Hetzartikeln in der Zeitschrift *Medizinisch-Pädagogische Konferenz.* Ich arbeite außerdem an einem Forschungsbericht über *Konturen einer sich verändernden Begabungslandschaft* (Arbeitstitel), der ca. 2004/5 erscheinen wird.

27 Übrigens betont Kühlewind ausdrücklich, dass die begriffliche, phänomenologisch-menschenkundliche Arbeit – unter den oben in Anlehnung an Krawitz aufgezählten Bedingungen! – keinesfalls überflüssig wird. Im Gegenteil. Ihr Nutzen erweist sich erst durch meditative «Verifizierung».

Das begriffliche Urteil muss sich vor dem «überbegrifflichen» rechtfertigen.

28 Zu Beginn seines *Heilpädagogischen Kurses* (GA 317) sagt Rudolf Steiner mit aller Deutlichkeit, was er von dem «philiströsen» Gefasel über «normal» und «abnormal» hält. An anderer Stelle deutet er jedoch an, dass er Kompromisse mit den damaligen Seh- und Sprachgewohnheiten eingehen zu müssen glaubte. Ich bin mir nicht sicher, ob dies nötig gewesen wäre. Jedenfalls könnte man heute, völlig im Sinne des Urhebers, entsprechende Zugeständnis-Formulierungen («abnorm», «minderwertig») durch andere ersetzen.

29 Horst F. Wimmer, Kriminalhauptkommissar in Fürth, untersucht den möglichen Zusammenhang zwischen Ritalin und steigender Gewaltkriminalität unter Jugendlichen. Vgl. dazu *Raum & Zeit* 2/02. Das Thema wird in Teil 2 (fiktive Gespräche) noch einmal aufgegriffen.

30 Zur Methodenkritik in der empirischen Psychologie vgl. auch Jüttemann (2000); seine Analyse ist in allen Punkten auch auf unser Thema anwendbar.

31 Anders als z.B. Eccles oder Penfield schließt Damasio die Existenz eines unableitbaren geistigen Wesenskerns aus. Der auf S. 320 seines Buches unvermittelt auftauchende Begriff «Meta-Selbst» wird rein mechanisch – und ziemlich verschwommen – erklärt. So erfährt man z.B., dass «sich durch partielle Aktivierung topografisch organisierter sensorischer Karten immer wieder ein Identitätsbegriff rekonstruieren lässt». Falls es sich, was ich für unwahrscheinlich halte, tatsächlich um einen Rekonstruktionsvorgang handeln sollte: *Wer* rekonstruiert? Immerhin bedauert der Autor etwas später in einem Intermezzo über die «Grenzen der gegenwärtigen Neurobiologie», letztlich nichts darüber sagen zu können, wie das Gehirn «Geist hervorbringt», und fügt hinzu: «Ich fürchte, niemand kann es.» Wenn nun aber der Geist gar nicht vom Gehirn «hervorgebracht» würde, sondern von Anfang an darin tätig wäre als bildnerisches Kraftzentrum, das sich die eigene organische Basis zubereitete; als gestaltungsmächtiges Feld, das über das Potenzial verfügte, erkennend über sich selbst hinauszuwachsen und mit sich selbst zu kommunizieren? Womöglich hatte John C. Eccles doch Recht.

32 Vgl. Teil 2 (fiktive Gespräche). Dort wird das Thema ausführlich diskutiert.

33 Vgl. Karl-Heinz Ruckgaber, Zur Hyperkinese-Behandlung mit Ritalin, *Erziehungskunst* 3/2000.

34 Wir hatten im Janusz-Korczak-Institut kürzlich eine Veranstaltung zum ADS. Unter den Zuhörern saß eine Scientologin, die bei meinen Referaten

ständig dazwischenapplaudierte und sich mit mir gemein zu machen versuchte. Als sie später im Plenum begann, für Hubbards Schriften zu werben, sagte eine Teilnehmerin ganz ruhig zu ihr: «Sie wissen so gut wie ich, dass Hubbards Ansichten und Ziele nichts mit dem Geist dieser Tagung zu tun haben.» In der nächsten Kaffeepause verschwand die Frau.

Zu Teil 3, Sternkinder – gibt es die überhaupt?

1 In einem persönlichen Gespräch fragte ich Largo: «Glauben Sie, dass die enorme interindividuelle Variabilität, auf die Sie nicht müde werden hinzuweisen, ein neuartiges Phänomen ist? Oder waren frühere Entwicklungsforscher auf diesem Auge einfach blind?» Seine Antwort: «Es gab schon immer viel größere Unterschiede, als man annahm. Aber natürlich haben sich auch die Lebensbedingungen verändert, und mit den Lebensbedingungen die Kinder.»

2 Vgl. Anm. 26 zu Teil 1.

Literatur

Abrams, K.J. u. Ludwig, H.: *ADHD bei Kindern und Erwachsenen – Alternativen zur medikamentösen Behandlung.* Neusiedl 2000

Ahrend, H.: *Eichmann in Jerusalem – Ein Bericht von der Banalität des Bösen*

Armstrong, Th.: *The Myth of the ADD-Child.* New York 1997

Ders.: *Die Spiritualität des Kindes – Pädagogik im neuen Bewusstsein.* Essen 1994

Arnim, G. v.: *Individualisierung statt Normalisierung.* Schriftenreihe *Soziale Hygiene des Vereins für anthroposophisches Heilwesen*, Bad Liebenzell 1980

Aust-Claus, E., Hammer P.-M.: *Das ADS-Buch.* Ratingen 1999

Barkley, R.A.: Hyperaktive Kinder. *Spektrum der Wissenschaft* 3/1999

Bayer, H.-Ch.v.: *Das All, das Nichts und die Achterbahn – Physik und Grenzerfahrungen.* Reinbek 1997

Beck, J. (Hg): *Das Recht auf Ungezogenheit.* Reinbek 1983

Beckmann, H.: *Die Elternfalle – Schluss mit den Schuldgefühlen bei Müttern und Vätern.* Zürich 1999

Begemann, E.: *Gemeinsam leben und lernen von «Behinderten» und «Unbehinderten» als Anrecht aller Menschen.* In: *Zeitschrift für Behindertenpädagogik* 28/1989

Bittner, W.: *Problemkinder – Zur Psychoanalyse kindlicher und jugendlicher Verhaltensauffälligkeiten.* Göttingen u. Zürich 1996

Blank, R.: *Allergische Diathese bei Kindern mit hyperaktiven Störungen und hyperaktivem Verhalten mit Atopien.* – In: Steinhausen (Hg): *Hyperkinetische Störungen im Kindes- und Jugendalter*, Stuttgart 1995

Brandau, H.: zitiert nach Fukuyama 2002

Buber, M.: *Ich und Du.* Heidelberg 1997

Ders.: *Reden über Erziehung.* Heidelberg 1999

Bühler-Niederberger, D.: *Makellose Kindheiten und die Konstruktion abweichender Kindergruppe.* In: Behnken u. Zinnecker (Hg): *Kinder, Kindheit, Lebensgeschichte.* Seelze-Velber 2001

Breggin, P.R.: *Talking back to Ritalin.* Monroe/USA 1988

Breggin, P.R. u. Ginger, R.: *War Against Cildren.* New York 1994

Capra, F.: *Wendezeit – Bausteine für ein neues Weltbild.* München 1999

Ders.: *Synthese.* München 2000

Carroll L. u. Tober, J.: *Die Indigo-Kinder.* Burgrain 2000
Ciaramicoli, A.: *Der Empathie-Faktor.* München 2001
Conrad, P.: *Die Entdeckung der Hyperkinese.* – In: Voss 1990
Crick, F.: *Was die Seele wirklich ist.* Reinbek 1997
Damasio, A.R.: *Descartes Irrtum – Fühlen, Denken und das menschliche Gehirn.* München 2001
Davis, R.D.: *Legasthenie als Talentsignal.* Kreuzlingen 1998
Denneke, F.-W.: *Psychische Strukturen und Gehirn – Die Gestaltung subjektiver Wirklichkeiten.* Stuttgart u. New York 1993
Diller, L.: ziziert nach Fukuyama 2002
Dörner, K.: *Irren ist menschlich oder Lehrbuch der Psychiatrie, Psychotherapie.* Weinstorf 1996
Dornes, M.: *Der kompetente Säugling.* Frankfurt a. M. 2001
Dreitzel, H.P.: *Emotionales Gewahrsein.* München 1992
Dunn, J. Plomin, R.: *Warum Geschwister so verschieden sind.* Stuttgart 1996
Eccles, J.C.: *Wie das Selbst sein Gehirn steuert.* Berlin u. Heidelberg 2000
Ders.: *Die Evolution des Gehirns – Die Erschaffung des Selbst.* München 1989
Ertl, H.: Zitiert nach Thielmann 2001
Esser, W.G. u. Kothen, S.: *Die Seele befreien.* München 1998
Faust-Siehl, G.: *Mit Kindern Stille entdecken.* 1999
Fink-Eitel, H.: *Michel Foucault.* Hamburg 1990
Flick, G.L.: *Ganz bei der Sache – Aufmerksamkeitstraining für impulsive Kinder.* Kreuzlingen 1998
Föller-Mancini, A.: Wer ist aufmerksamkeitsgestört? Der Streit über ADS und Ritalin. – In: *MENSCH – Beiträge für morgen*, 2/02
Foucault, M.: *Die Geburt der Klinik – Eine Archäologie des ärztlichen Blicks.* Frankfurt a. M., Berlin, Wien 1976
Ders.: *Mikrophysik der Macht – Über Strafjustiz, Psychiatrie und Medizin.* Berlin 1976
Ders.: *Die Geburt des Gefängnisses.* Frankfurt a.M. 1976
Ders.: *Wahnsinn und Gesellschaft – Eine Geschichte des Wahns im Zeitalter der Vernunft.* Frankfurt a.M. 1973
Fox, M. u. Sheldrake, R.: *Engel – Die kosmische Intelligenz.* München 1996
Frankl, V.E.: *Ärztliche Seelsorge.* Frankfurt a.M. 1994
Freed, J. u. Parsons, L.: *Zappelphilipp und Störenfriede lernen anders.* Frankfurt 1998
Ders.: *Der Mensch vor der Frage nach dem Sinn.* München 1998
Fukuyama, F.: *Das Ende des Menschen.* Stuttgart u. München 2002
Gardner, H.: *Frames of Mind: The Theory of Multiple Intelligences.* New York 1983 (deutsch 1994)

Gazzaniga, M.S.: *Rechtes und linkes Gehirn. Split-brain und Bewusstsein. Spektrum der Wissenschaft*, Dezember 1998
Gerspäch, M.: *Wohin mit den Störern?* Stuttgart, Berlin, Köln 1998
Goleman, D.: *Emotionale Intelligenz.* München 1997
Greenspan, S.J. u. Benderley B.L.: *Die bedrohte Intelligenz.* München 1997
Gronemeyer, M.: *Lernen mit beschränkter Haftung – Über das Scheitern der Schule.* Berlin 1996
Gruen, A.: *Der Wahnsinn der Normalität – Realismus als Krankheit.* München 1987
Guggenbauer, B.: *Sein oder Design? Im Supermarkt der Lebenswelten.* Hamburg 1998
Guggenbühl, A.: *Wer aus der Reihe tanzt, lebt intensiver.* München 2001
Haeberlin, U.: *Das Menschenbild für die Heilpädagogik.* Bern, Stuttgart, Wien 1999
Hafer, H.: *Die heimliche Droge Nahrungsmittelphosphat.* Heidelberg 1990
Haibach, S. u. Janus, L.: *Seelisches Erleben vor und während der Geburt.* Neu-Isenburg 1997
Hallowell, E.M. u. Ratey, J.: *Zwanghaft zerstreut.* Hamburg 1998
Harris, J.R.: *Ist Erziehung sinnlos? Die Ohnmacht der Eltern.* Reinbek 2000
Hartmann, J.: *Zappelphilipp – Störenfried.* München 1997
Hartmann, T.: *ADD – eine andere Art, die Welt zu sehen.* Lübeck, Berlin, Essen, Wiesbaden 1997
Hillman, J.: *Charakter und Bestimmung.* München 1998
Hillman, J., Ventura, M.: *Hundert Jahre Psychotherapie – und der Welt geht's immer schlechter.* Solothurn u. Düsseldorf 1993
Högl, B. (Hg): *Störfälle? Die viel zu unaufmerksamen Kinder.* München 2001
Horgan, J.: *Der menschliche Geist – Wie die Wissenschaften versuchen, die Psyche zu verstehen.* München 1999
Ders.: *An den Grenzen unseres Wissens.* Frankfurt 2000
Hüther, G. u. Gebauer, K.: *Kinder brauchen Wurzeln.* Düsseldorf u. Zürich 2001
Hüther, G. u. Bonney, H.: *Neues vom Zappelphilipp.* Düsseldorf u. Zürich 2002
Hurrelmann, K.: *Familienstress, Schulstress, Freizeitstress.* Weinheim 1994
Jantzen, W.: *Über die soziale Konstruktion von Verhaltensstörungen. Das Beispiel ADS. Zeitschrift für Heilpädagogik* 6/2001
Jantzen, C.: *Rätsel Legasthenie – Begabung oder Handicap?* Stuttgart 2000
Ders.: *Allgemeine Therapie und spezielle Therapie.* – In: Holtz (Hg): *Sonderpädagogik und Therapie*, Reinstetten 1980 (zitiert nach Krawitz 1997)
Jüttemann, G.: *Systemimmanenz als Dauerkrise «wissenschaftlicher» Psychologie.* – In: Jüttemann, Sonntag, Wulf (Hg): *Die Seele – Ihre Geschichte im Abendland.* Weinheim 1991

Kabat-Zinn, J. u. M.: *Achtsamkeit – Mit (den) Kindern wachsen.* Freiburg i.Br. 2000.

Kagan, J.: *Die Natur des Kindes.* Weinheim u. Basel 2001

Kamper, D.: *Normalität auf dem Prüfstand.* – In: Stiftung Deutsches Hygiene-Museum / Deutsche Behindertenhilfe (Hg): *Der imperfekte Mensch – Vom Recht auf Unvollkommenheit*

Kast, V.: *Wir sind immer unterwegs – Gedanken zur Individuation.* Zürich u. Düsseldorf 1998

Kette, S.: *Diagnostik und Therapie bei Aufmerksamkeitsstörungen aus tiefenpsychologischer Sicht.* – In: *Forum der Kinder- und Jugendpsychiatrie und Psychotherapie*, Heft 2/01

Köhler, H.: *Von ängstlichen, traurigen und unruhigen Kindern.* Stuttgart 1995

Ders. (Auswahl):

- *«Schwierige» Kinder gibt es nicht.* Stuttgart 1997
- *Vom Ursprung der Sehnsucht.* Stuttgart 1998
- *Eros als Qualität des Verstehens.* Wangen 1998
- *Vom Wunder des Kindseins.* Stuttgart 2000
- *Was haben wir nur falsch gemacht?* Stuttgart 2000
- *Das Geheimnis der Kindheit. Vor welchen Aufgaben stehen Eltern und Lehrer heute?* Jena 2001 (Sonderdruck zum 10-jährigen Jubiläum der Freien Waldorfschule Jena)
- Jedes Kind hat das Recht, so zu sein, wie es ist. Verhaltensstörungen – was heißt das eigentlich? – In: *Erziehungskunst* 9/01

Korczak, J.: *Wie man ein Kind lieben soll.* Göttingen 1995

Krawitz, R.: *Pädagogik statt Therapie.* Bad Heilbrunn/Obb. 1997

Kühlewind, G.: *Der Gral – oder was die Liebe vermag.* Ostfildern 1997

Ders.: *Aufmerksamkeit und Hingabe.* Stuttgart 1999

Ders.: *Der sanfte Wille.* Stuttgart 2000

Ders.: *Sternkinder.* Stuttgart 2001

Laing, R.D.: *Das geteilte Selbst.* Köln 1972

Ders.: *Gespräche mit meinen Kindern.* Köln 1978

Largo, R.H.: *Kinderjahre – Die Individualität des Kindes als pädagogische Herausforderung.* München u. Zürich 1999

Lauth, G.W. u.a.: *Rastlose Kinder – Ratlose Eltern.* München 1999

Lempp, R.: Warum ist unsere Schule zum führenden pathogenen Faktor für Verhaltensstörungen geworden? – In: Ehrhard (Hg): *Aggressivität, Dissozialität, Psychohygiene.* Stuttgart 1975

Levinas, E.: *Totalität und Unendlichkeit.* Freiburg u. München 1993

Lewontin, R.: Zitiert nach Horgan 2000

Llinas, R.: Zitiert nach Horgan 1999

Lohaus, A. u. Klein-Heßling, J.: *Kinder im Stress.* München 1999
Lotz, D.: *Heilpädagogische Übungsbehandlung als Suche nach Sinn.* Bielefeld 1997
Lüpke, H.v.: *Hyperaktivität zwischen «Stoffwechselstörungen» und Psychodynamik.* – In: Passolt (Hg): *Hyperaktivität zwischen Psychoanalyse, Neurobiologie und Systemtheorie.* München u. Basel 2001
Lurja, A.R.: *Das Gehirn in Aktion – Einführung in die Neuropsychologie.* Hamburg 1998
Mahler, M.S. u.a.: *Die psychische Geburt des Menschen.* Frankfurt a.M. 1997
Marti, J.: *Zukunftsfähig bleiben – Die Mission des Kindseins – Was es zu pflegen und zu schützen gilt.* Trubschachen 2001 (Vortrag, unveröffentlicht)
Mattner, D.: *Die Erfindung der Normalität.* – In: Stiftung Deutsches Hygiene-Museum / Deutsche Behindertenhilfe (Hg): *Der imperfekte Mensch – Vom Recht auf Unvollkommenheit*
Mehringer, A.: *Eine kleine Heilpädagogik.* München 1998
Meijs, J.: *Problemkindern helfen.* Stuttgart 1996
Merlau-Ponty, M.: *Phänomenologie der Wahrnehmung.* Berlin 1966 (zitiert nach Rattner 1995)
Metzinger, Th.: *Von der Entstehung eines neuen Menschenbildes.* – In: Rüsen, Leitgeb u. Jegelka (Hg): *Zukunftsentwürfe.* Frankfurt a.M. 2000
Miketta, G.: *Netzwerk Mensch – den Verbindungen von Körper und Seele auf der Spur.* Reinbek 1997
Montessori, M.: *Kinder sind anders.* München 1987
Dies.: *Wie Kinder zu Konzentration und Stille finden.* Freiburg i.Br. 2002
Moody, R.: *Das Licht von drüben.* Reinbek 1989 (Moody veröffentlichte seine Thesen zuerst 1975)
Moritz, H.: *Waldorfpädagogik und Existenzanalyse.* Erlangen u. Nürnberg 1996 (Dissertation)
Morris, D.B.: *Krankheit und Kultur.* München 2000
Müller, E.: *Inseln der Ruhe.* München 1994
Müller-Wiedemann, H.: *Menschenbild und Menschenbildung.* Stuttgart 1994
Needelmann H. u. Landrigan P.J.: *Umweltgifte: So schützen Sie ihr Kind.* Stuttgart 1996
Neill, A.S.: *Theorie und Praxis der antiautoritären Erziehung.* Reinbek 1993
Neuhaus, C.: *Hyperkative Jugendliche und ihre Pobleme.* Berlin 2000
Neuhäuser, G.: *Minimale Cerebrale Dysfunktion – Kritische Betrachtung eines medizinischen Konzepts.* – In: Voss 1990
Newberg, A.: Zitiert aus *PM – Perspektive* 1/2002
Opp, G.: *Zwischen Risiko und Chance – Kinder und Jugendliche mit Auffälligkeiten und Lernproblemen.* – In: Högl 2001

Patzlaff, R.: *Medienmagie*, Stuttgart 1998

Piaget, J. u. Inhelder, B.: Unzulänglichkeiten des Empirismus. – In: Scherer, Stahnke, Winkler (Hg): *Psychobiologie*. München 1987

Plomin, R., De Fries J.C. u. McClearn G.E.: *Behavioral Genetics: A Primer.* New York 1990

Popper, K.R., Eccles J.C.: *Das Ich und sein Gehirn*. Berlin u. Heidelberg 1982

Pousset, R.: *Schafft die Schulpflicht ab – Warum unser Schulsystem Bildung verhindert*. Frankfurt a. M. 2000

Prekop, J.: *Der kleine Tyrann – Welchen Halt brauchen Kinder?* München 1993

Preuschoff, G. u. Mohr, R.: *Störenfriede, Nervensägen, Quälgeister.* 2001

Preuß, O.: *Schule halten – Vom Abenteuer, Lehrer zu sein*. München u. Mering 2001

Rattner, J.: *Klassiker der Psychoanalyse*. Weinheim 1995

Reimann-Höhn, U.: ADS – *So stützen Sie Ihr Kind*. Freiburg i.Br. 2001

Richter, H.-E.: *Umgang mit Angst*. Hamburg 1992

Rombach, H.: *Anthropologie des Lernens*. – In: Wittmann-Institut (Hg): *Der Lernprozess. Anthropologie, Psychologie und Biologie des Lernens*. Freiburg, Basel, Wien 1969 (zitiert nach Krawitz 1997)

Roth, G.: *Das Gehirn und seine Wirklichkeit*. Frankfurt a.M. 1993

Ruber, J.: *Vom Wissen und Fühlen. Einführung in die Erforschung des Gehirns*. München 1999

Rutschky, K.: *Schwarze Pädagogik – Quellen zur Naturgeschichte der bürgerlichen Erziehung*. Frankfurt, Berlin, Wien 1977

Sacks, O.: *Der Mann, der seine Frau mit einem Hut verwechselte*. Reinbek 1991

Schäfgen, R.: *Aufmerksamkeits-Defizit-Syndrom – eine Form der sensorischen Integrationsstörung*. 1999 (ohne Ortsangabe), Selbstverlag. ISBN 3-933321-19-1

Schiffer, E.: *Der kleine Prinz in Las Vegas*. Weinheim u. Berlin 1997

Ders.: *Warum Huckleberry Finn nicht süchtig wurde*. Weinheim u. Basel 1999

Ders.: *Wie Gesundheit entsteht – Schatzsuche statt Fehlerfahndung*. Weinheim u. Basel 2001

Schlottke, P.F.: In: Lauth u.a. 1999, sowie in einem kürzlich erschienenen Interview, vermutlich Stuttgarter Zeitung (leider ohne Quellennachweis notiert, H.K.)

Schmidt, M.H.: Das MCD-Konzept ist überholt. *Deutsches Ärzteblatt* Februar 1992

Schön, B.: *Therapie statt Erziehung?* Frankfurt a.M. 1993

Schrag, P. u. Divoky, A.: *The Myth of the Hyperactive Child*. London 1975

Schulte, G.: *Neuro-Mythen*. Frankfurt 2000

Schweitzer, C. u. Prekop, J.: *Was unsere Kinder unruhig macht*. Stuttgart 1997

Seeßlen, G.: *KONKRET* 3/02 (in einem Nachruf auf Astrid Lindgren)
Shapiro, L.E.: *EQ für Kinder.* München 1999
Sheldrake, R.: *Das schöpferische Universum.* München 1985
Simonsohn, B.: *Hyperaktivität – Warum Ritalin keine Lösung ist.* München 2001
Ders.: *Regeln für den Menschenpark.* Frankfurt a.M. 1999
Sloterdik, P.: *Zur Welt kommen – Zur Sprache kommen.* Frankfurt a.M. 1988
Spallek, R.: *Große Hilfe für kleine Chaoten – Ein Ratgeber bei kindlichen Aufmerksamkeitsstörungen.* Düsseldorf u. Zürich 2000
Sperry, R.: *Naturwissenschaft und Wertentscheidung.* München 1985
Steiner, R.: Alle Zitate sind im Text mit GA-Nummern (Rudolf-Steiner-Gesamtausgabe) versehen:
– GA 23: *Die Kernpunkte der sozialen Frage* (1919). Dornach 1976
– GA24: *Aufsätze über die Dreigliederung des sozialen Organismus 1915–1921.* Dornach 1982
– GA 185: *Geschichtliche Symptomatologie.* Dornach 1982
– GA 186: *Die soziale Grundforderung unserer Zeit – In geänderter Zeitlage.* Dornach 1990
– GA 296: *Die Erziehungsfrage als soziale Frage.* Dornach 1991
– GA 305: *Die geistig-seelischen Grundkräfte der Erziehungskunst.* Dornach 1991
– GA 311: *Die Kunst des Erziehens aus dem Erfassen der Menschenwesenheit.* Dornach 1989
– GA 317: *Heilpädagogischer Kurs.* Dornach 1995
– *Interesse für den anderen Menschen.* Stuttgart 1999
– *Innere Ruhe.* Stuttgart 2000
Strauß, A.A. u. Lethinen L.E.: *Psychopathologie and Education of the Brain-Injured Child.* New York 1947
Strauß, E.: *Vom Sinn der Sinne.* Berlin 1956
Szasz, Th.: *Psychiatrie, die verschleierte Macht.* Frankfurt 1978
Tellenbach, H.: Anthropologie der Reifung. – In: Nissen (Hg): *Psychiatrie des Pubertätsalters.* Bern, Stuttgart, Wien 1985
Terlouw, M., Mensink,A. u. de Rijke H.: *Kinder mit Rätseln.* Stuttgart 2002
Thielmann, B.: Von neuen Hirnen und blauen Auren. *Zeiten-Schrift,* Heft 31/2001
Thomae, H.: zitiert nach Jüttemann et al 1991
Turner, F.: Seltsame Attraktoren. *Lettre International* 4/1999
Voss, R.: Pillen für den Klassenfrieden. – In. Voss, R. (Hg): *Pillen für den Störenfried.* München 1990
Voss, R. u. Wirtz, R.: *Keine Pillen für den Zappelphilipp.* Reinbek 1990

Wässle, H.: Zitiert nach Thillmann 2001
Weeks, D. u. James, J.: *Eccentrics – A Study of Sanity and Strangeness.* London 1996
Wiesel, Th.: Zitiert nach Horgan 1999
Wilber, K.: *Eros – Kosmos – Logos.* Frankfurt a.M. 2001
Winner, E.: Hochbegabte, Wunderkinder und Savants. – In: *Spektrum der Wissenschaft* 1/2002
Winnicott, D.W.: zitiert nach Mahler, M.S. 1997
Wisser, R.: *Kein Mensch ist einerlei.* Würzburg 1997
Wolf, S.: *Martin Buber.* Hamburg 1992
Wolfram, W.-W.: *Hyperaktive und unruhige Kinder im Kindergarten.* Freiburg/Br. 1998
Zimmer, R.: *Handbuch der Sinneswahrnehmung.* Freiburg 2002
Zohar, D. u. Marshall, I.: *Spirituelle Intelligenz.* Bern, München, Wien 2000
Zollinger, B.: *Die Entdeckung der Sprache.* Bern 1999